JN161740

新訂 実務 供託法入門

登記研究編集室編

発行 テイハン

はしがき

　供託とは，金銭，有価証券その他の物または振替国債を国家機関である供託所に提出して，その管理を委ね，最終的には供託所がその財産をある人に取得させることによって，一定の法律上の目的を達成しようとする制度です。

　近年の供託関係法令の増加に伴い，供託事務が複雑化していますが，本書は，これに対応すべく，一問一答形式で供託制度の基本から実務上の諸問題まで，理解しておきたい事項をピックアップし，様々な疑問を題材とした「問」に対して，まず，簡潔・明快な「回答」を示し，その「回答」を導き出すに至った詳細な「解説」により，「回答」に至るまでの経緯を明らかにしています。

　また，単に質問・回答のレベルに止まらず，供託事務の背後にある基本的な考え方をも示しており，時にその問題についての先例の動向・学説の大要にも言及しています。

　本書の活用が，供託事務の適正・円滑な処理に役立つことを切に願っております。

　平成27年2月

登記研究編集室

凡　　例

　本書において使用した括弧内略語は，以下のとおりである。

法＝供託法
規則＝供託規則
準則＝供託事務取扱手続準則
一般法人法＝一般社団法人及び一般財団法人に関する法律
仮担法＝仮登記担保契約に関する法律
社株法＝社債，株式等の振替に関する法律
商登法＝商業登記法
船主責任制限法＝船舶の所有者等の責任の制限に関する法律
民訴法＝民事訴訟法
民訴費用法＝民事訴訟費用等に関する法律
非訟法＝非訟事件手続法
民執法＝民事執行法
民執規則＝民事執行規則
保全法＝民事保全法
保全規則＝民事保全規則
会更法＝会社更生法
独禁法＝私的独占の禁止及び公正取引の確保に関する法律
割販法＝割賦販売法
宅建業法＝宅地建物取引業法
公選法＝公職選挙法
公選令＝公職選挙法施行令
公選規則＝公職選挙法規則
予決令＝予算決算及び会計令
国徴法＝国税徴収法

国徴法施行令＝国税徴収法施行令
滞調法＝滞納処分と強制執行等との手続の調整に関する法律
滞調令＝滞納処分と強制執行等との手続の調整に関する政令
滞調規則＝滞納処分と強制執行等との手続の調整に関する規則
区画整理法＝土地区画整理法
刑訴法＝刑事訴訟法

新訂　実務　供託法入門　目　次

第1章　供託制度の概要 …………………………………………… 1

第1節　供託制度 ……………………………………………… 1
Q 1　供託とはどのような制度か ………………………………… 1
Q 2　供託制度は，どのような仕組になっているか …………… 2
Q 3　わが国の供託制度は，どのような沿革をたどってきたか … 5
Q 4　供託にはどのような効力があるか ………………………… 7
Q 5　供託に関する法規にはどのようなものがあるか ………… 11

第2節　供託の種類 …………………………………………… 14
Q 6　供託にはどのような種類のものがあるか ………………… 14
Q 7　供託の種類により供託の機能はどのように異なるか …… 16

第3節　供託の法的性質 ……………………………………… 19
Q 8　供託とはどのような法律関係をいうか …………………… 19

第2章　供託の機関 ……………………………………………… 23

第1節　供託所 ………………………………………………… 23
Q 9　供託所とはどのような役所か ……………………………… 23
Q10　供託所の管轄はどうなっているか ………………………… 26
Q11　債務の履行地に供託所がない場合は，どうすればよいか … 28
Q12　最寄りの供託所とは，どういうことか …………………… 30

第2節　供託官 ………………………………………………… 33
Q13　供託官の職務内容等 ………………………………………… 33
Q14　供託官はどのような審査権限を有するか ………………… 35

第3節　供託に関する会計機関等 …………………………… 38
Q15　歳入歳出外現金出納官吏，保管物取扱主任官とは何か … 38

Q16　供託物の保管はどのようにして行われているか……………………40

第3章　供託の当事者……………………45

第1節　供託者・被供託者……………………45

Q17　供託者とは，どのような者をいうか……………………45
Q18　被供託者とは，どのような者をいうか……………………47
Q19　供託には，必ず被供託者が存在するか……………………49

第2節　供託の当事者能力・行為能力……………………53

Q20　供託の当事者能力とは，どのようなものか……………………53
Q21　法人格のない社団または財団は，供託することができるか……………………54
Q22　未成年者は，供託することができるか……………………57

第3節　供託の当事者適格……………………60

Q23　供託の当事者適格とは，どのようなものか……………………60
Q24　第三者による供託とは，どのようなものか……………………62

第4章　供託の目的物……………………67

第1節　金　銭……………………67

Q25　供託することができる金銭は，わが国の通貨に限られるか……………………67
Q26　債務額に1円未満の端数があるときは，どうすればよいか……………………68
Q27　金銭を供託すべき場合において，小切手の供託をすることはできるか……………………70

第2節　有価証券……………………72

Q28　有価証券による供託は，主にどのような場合にすることができるか……………………72
Q29　供託することができる有価証券の種類に制限があるか……………………74
Q30　有価証券の価額は，どのように評価されるか……………………76

第3節　振替国債……………………78

Q31　振替国債とはどのようなものか……………………78
Q32　振替国債による供託は，どのような場合にすることができるか……………………79

第4節　金銭・有価証券・振替国債以外のもの……………………80

目　次

Q33　金銭・有価証券・振替国債以外にどのようなものを供託することができるか……………………………………………………………………………80
Q34　不動産を供託することができるか………………………………………82

第5章　供託の申請手続………………………………………………………83

第1節　申請手続通則………………………………………………………83

Q35　供託の申請は，どのような方法によってするか………………………83
Q36　供託書に記載する場合の文字およびその訂正，加入，削除等はどのようにすればよいか…………………………………………………………88
Q37　被供託者に対して供託通知を要するのは，どのような場合か。また，その通知はどのような方法でするのか……………………………………90
Q38　代表者の資格証明書の提示または添付を要する場合の取扱いおよび添付書類の原本還付の手続はどのような方法で行うか……………………92
Q39　簡易確認手続とは，どのような手続か…………………………………95
Q40　国の出先機関が供託をする場合における国を代表する者は誰か………96
Q41　振替国債による供託をする場合には，どのような書類を提供しなければならないか……………………………………………………………99

第2節　供託の受理および供託物の受入れ……………………………100

Q42　供託の受否につき，供託官はどのような事項について審査するのか。また，受理すべきでない場合，供託官はどのような処分をするのか……100
Q43　供託物（金銭，有価証券，振替国債）の受入れはどのようにして行われるか………………………………………………………………………102
Q44　供託後に，供託書の記載事項に誤記を発見した場合または変更が生じた場合どうすればよいか………………………………………………106

第3節　弁済供託………………………………………………………109

Q45　弁済供託とは，どのような供託をいうのか……………………………109
Q46　「受領拒否」とは，どのような場合のことをいうのか………………112
Q47　債権者が「受領しないことが明らかである」とは，どのような場合のことをいうか…………………………………………………………114
Q48　債権者が「受領することができない」とは，どのような場合のことをいうか……………………………………………………………………117
Q49　「債権者を確知することができない」とは，どのような場合のことをいうか……………………………………………………………………119

3

- Q50 地代・家賃の弁済供託をする場合,「月末払い」と「月末まで払い」では,どのように異なるか ……………………………………………124
- Q51 将来発生する地代・家賃の供託をすることができるか ……………126
- Q52 数ヵ月分の賃料を一括して供託することができるか ………………129
- Q53 賃貸人が死亡した場合の弁済供託は,どのようにしてするか ……131
- Q54 電気料・ガス料等を含めて家賃の弁済供託をすることができるか ……134
- Q55 地代・家賃の増額請求を不服とする者は弁済供託をすることができるか ……………………………………………………………………137
- Q56 賃借人は地代・家賃と他の債権とを相殺して弁済供託をすることができるか ………………………………………………………………140
- Q57 反対給付を条件とする地代・家賃の弁済供託をすることができるか ……142
- Q58 交通事故等の不法行為に基づく損害賠償債務について弁済供託をすることができるか ……………………………………………………145
- Q59 家屋の賃借人が死亡した場合,相続人の1人が全員のために供託することができるか ……………………………………………………148
- Q60 第三者も弁済供託をすることができるか ……………………………150
- Q61 利息制限法に違反する利率の約定のある金銭消費貸借に基づく返済金の弁済供託はできるか ………………………………………………152

第4節 担保(保証)供託 ……………………………………………155

- Q62 営業上の保証供託とは,どのような供託をいうのか ………………155
- Q63 裁判上の担保供託とは,どのような供託をいうのか ………………157
- Q64 税法上の担保供託とは,どのような供託をいうのか ………………159
- Q65 担保(保証)供託の目的物は,金銭でも有価証券でも差し支えないか ……161
- Q66 営業上の保証供託にいう「主たる事務所」とは,当該業者が会社であるときは,「本店」になるのか………………………………………164

第5節 執行供託 ……………………………………………………167

- Q67 執行供託とは,どのような供託か ……………………………………167
- Q68 権利供託とは,どのような供託か ……………………………………174
- Q69 義務供託とは,どのような供託か ……………………………………176
- Q70 混合供託とは,どのような供託か ……………………………………178
- Q71 金銭債権に対する差押えがされた場合に供託すべき供託所はどこか ………181
- Q72 金銭債権の一部に対し差押えがされた場合,第三債務者はどのようにすればよいか ……………………………………………………182
- Q73 差押金額を超える供託金はどうなるのか …………………………184
- Q74 金銭債権につき(仮)差押えが競合した場合に,第三債務者はどのよ

目　次

うにすればよいか ……………………………………………………186
Q75　金銭債権について転付命令が発せられた場合，第三債務者としては
どのようにすればよいか。転付命令が確定した場合はどうか ……187
Q76　金銭債権に対する（仮）差押えの競合とは，どのような場合をいうの
か ……………………………………………………………………190
Q77　（仮）差押えが競合した場合における差押効の拡張とは，どのようなこ
とをいうのか ………………………………………………………194
Q78　（仮）差押えが競合した場合には，どのような効果が生ずるか ………200
Q79　複数の差押え等について競合が生ずるのは，いつまでにどのような差
押え等がされた場合か ……………………………………………204
Q80　（仮）差押えが競合した後に一方の差押えが取り消され，または取り下
げられた場合，差押えの効力はどうなるのか …………………209
Q81　第三債務者はどのような場合に供託義務を負うか ………………211
Q82　金銭債権に対する（仮）差押えによって第三債務者が供託義務を負う
場合，供託すべき目的債権の範囲はどのようになっているか ……214
Q83　金銭債権に対し（仮）差押えがされた場合の供託において，利息また
は遅延損害金はどのようにすればよいのか ……………………217
Q84　給与債権，退職金債権につき，差押え等がされた場合の供託は，ど
のようにすればよいか ……………………………………………223
Q85　差押禁止債権（給与債権）についての供託がされた場合，還付請求権
について差押えをすることができるか …………………………226
Q86　金銭債権の債権者から債務者に対して譲渡通知があった後に，債務者
（第三債務者）に対し差押命令の送達がされたが，債権譲渡の有効性に
つき疑義がある場合，第三債務者はどうすればよいか …………228
Q87　金銭債権に対し差押えがされた場合において，第三債務者が供託をし
ないときは，差押債権者はどのようにすればよいか。また，仮差押えの
場合はどうか ………………………………………………………232
Q88　執行裁判所に事情届をしなければならないのは，どのような場合か ……235
Q89　事情届はどのようにして行うか ……………………………………239
Q90　供託費用は，どのような供託の場合に，どのような手続により請求す
ることができるか …………………………………………………241
Q91　金銭債権について仮差押えの執行がされた場合の供託はどうすればよ
いか …………………………………………………………………243
Q92　仮差押解放金とは何か ………………………………………………247
Q93　みなし解放金とは何か ………………………………………………249
Q94　支払禁止の仮処分の執行がされた場合の供託はどうすればよいか …251
Q95　仮処分解放金の供託は，どのような場合にすることができるか ……252

5

Q96 金銭債権について担保権が実行または行使された場合の供託は，どのようにすればよいか …………………………………………………………254

Q97 金銭債権について強制執行または仮差押えの執行などにより供託した場合の効力はどうなるか ……………………………………………257

Q98 滞納処分による差押えがされた金銭債権について，更に強制執行による差押えがされた場合，第三債務者はどのようにすればよいか …………259

Q99 強制執行による差押えがされた金銭債権について，更に滞納処分による差押えがされた場合，第三債務者はどのようにすればよいか …………261

Q100 滞納処分による差押えがされた金銭債権について，更に仮差押えの執行がされた場合，第三債務者はどのようにすればよいか………………262

Q101 仮差押えの執行がされた金銭債権について，更に滞納処分による差押えがされた場合，第三債務者はどのようにすればよいか………………264

Q102 配当留保供託とは，どのような供託か………………………………266
Q103 不出頭供託とは，どのような供託か…………………………………268
Q104 執行停止中の売却による売得金の供託とは，どのような供託か……270

第6節 選挙供託 ……………………………………………………272

Q105 選挙供託とはどのような供託か………………………………………272
Q106 選挙供託は，公示または告示前においてもすることができるか……274
Q107 立候補届出日が日曜その他の休日の場合における供託所の取扱いはどのようになっているか……………………………………………277
Q108 衆議院小選挙区選出議員の選挙供託はどのようにするか……………278
Q109 衆議院比例代表選出議員の選挙供託はどのようにするか……………280
Q110 参議院比例代表選出議員の選挙供託はどのようにするか……………283

第7節 その他の供託 ……………………………………………285

Q111 没取供託とはどのような供託か………………………………………285
Q112 保管供託とはどのような供託か………………………………………286
Q113 譲渡制限株式の譲渡に関する供託は，どのような供託か……………287
Q114 質権の目的となっている金銭債権の第三債務者からする供託の性質はどのようなものか……………………………………………………291
Q115 土地収用法95条2項4号に基づく供託とはどのような供託か………292
Q116 土地区画整理法による換地処分に係る清算金または減価補償金の供託とはどのような供託か……………………………………………294
Q117 仮登記担保法7条に基づく清算金の供託とはどのような供託か……296
Q118 船主責任制限法に基づく供託とはどのような供託か…………………298
Q119 根抵当権の消滅請求をするための供託とはどのような供託か………300

目　次

第6章　供託成立後の権利変動 …………………………………………301

第1節　供託の権利変動 ………………………………………………301
Q120　供託物払渡請求権とは，どのような権利か……………………301
Q121　供託関係の変動とはどのようなことをいうのか………………302

第2節　譲渡および質入れ ……………………………………………304
Q122　供託金払渡請求権の譲渡は，どのようにするのか……………304
Q123　供託物の譲渡通知書に印鑑証明書の添付が必要か……………306
Q124　供託物の払渡請求権の質入れはどのようにするのか…………307

第3節　差押え，仮差押え等 …………………………………………308
Q125　供託金払渡請求権に対しその額以下の強制執行による差押えがされた場合，供託所はどのようにするのか……………………………308
Q126　供託金払渡請求権に対し差押え等が競合した場合，供託所はどのようにするのか……………………………………………………310
Q127　供託金払渡請求権に対し転付命令が発せられた場合，供託所はどのようにするのか……………………………………………………312
Q128　金銭債権に対する仮差押えの執行に基づき，第三債務者が供託した供託金還付請求権に対して差押えがされた場合，供託所はどのようにするのか………………………………………………………314
Q129　供託金払渡請求権に対し担保権の実行または行使としての差押えがされた場合，供託所はどのようにするのか…………………316
Q130　供託金払渡請求権に対し滞納処分による差押えがされた場合，供託所はどのようにするのか…………………………………………317
Q131　供託金払渡請求権に対し強制執行と滞納処分とが競合した場合，供託所はどのようにするのか……………………………………318
Q132　供託金払渡請求権に対し仮差押えの執行と滞納処分とが競合した場合，供託所はどのようにするのか…………………………321
Q133　供託有価証券払渡請求権に対し強制執行による差押え，仮差押えの執行，滞納処分による差押え等がされた場合，供託所はどのようにするのか…………………………………………………………322
Q134　供託振替国債払渡請求権に対して強制執行または担保権の実行もしくは行使がされた場合，供託所はどのようにするのか……324
Q135　供託振替国債払渡請求権の差押え後に代供託，附属供託がされた場

7

合の供託金の払渡しは，どのようにされるのか……………………………326

　第4節　供託の受諾……………………………………………………………329
　Q136　供託の受諾とは何か………………………………………………………329
　Q137　供託の受諾はどのようにするのか………………………………………331
　Q138　供託受諾をすることができるのは誰か…………………………………333
　Q139　供託物還付請求権の譲渡通知は供託受諾としての効力があるか……334
　Q140　留保付きの供託受諾は認められるか……………………………………336

　第5節　供託物払渡請求権の消滅時効………………………………………340
　Q141　弁済供託の払渡請求権の消滅時効は，いつから進行するか…………340
　Q142　保証供託の払渡請求権の消滅時効は，いつから進行するか…………343
　Q143　供託金払渡請求権の消滅時効は，どのような場合に中断するか……345
　Q144　供託有価証券の払渡請求権は時効により消滅するか…………………348
　Q145　供託金利息の払渡請求権は，時効により消滅するか…………………350

第7章　供託物払渡しの手続……………………………………………353

　第1節　払渡手続通則…………………………………………………………353
　Q146　供託物の「還付」と「取戻し」との区別は何か………………………353
　Q147　供託物の払渡請求はどのような方法によってするのか………………355
　Q148　供託物の払渡しを請求する場合は，どのような書類を提出しなければならないか……………………………………………………………359
　Q149　供託物払渡請求書に印鑑証明書の添付を要しないのは，どのような場合か……………………………………………………………………362
　Q150　供託金払渡請求権の差押債権者が払渡請求をするには，どのようにしたらよいか……………………………………………………………366
　Q151　供託金払渡請求権の転付債権者が払渡請求をするには，どのようにしたらよいか……………………………………………………………368
　Q152　供託金払渡請求権の質権者が払渡しを請求するには，どのようにしたらよいか………………………………………………………………370
　Q153　供託有価証券払渡請求権の差押債権者が払渡しを請求するには，どのようにしたらよいか…………………………………………………372
　Q154　供託物の内渡しの手続はどのようにしたらよいか……………………374
　Q155　「一括払渡請求」はどのような場合に認められるか…………………376

目　次

第2節　払渡請求の認可および供託物の交付……………………………378
　Q156　払渡請求の認可につき，供託官はどのような事項につき審査をする
　　　　のか………………………………………………………………………378
　Q157　供託物（金銭）の払渡しは，どのようにして行われるか……………380
　Q158　供託物（供託有価証券）の払渡しは，どのようにして行われるか…381
　Q159　供託物（振替国債）の払渡しは，どのようにして行われるか………383
　Q160　「預貯金振込み」とは，どのような手続か………………………………384
　Q161　「隔地払」とは，どのような手続か………………………………………386
　Q162　供託官から交付を受けた小切手の払渡しを受けずに1年を経過した
　　　　ときは，どうなるか……………………………………………………388
　Q163　供託物の払渡請求を認可すべきものでないときは，どうするか……390

第3節　弁済供託の払渡し…………………………………………………………392
　Q164　弁済供託において供託者が供託物の取戻しをすることができないの
　　　　は，どのような場合か…………………………………………………392
　Q165　還付請求権が差し押さえられた場合でも，供託者は取戻請求をする
　　　　ことができるか……………………………………………………………394
　Q166　被供託者が留保を付して供託物の還付請求をすることができるか…396
　Q167　反対給付が付された供託の還付請求はどのようにするのか…………398
　Q168　債権者不確知を理由とする供託の還付請求はどのようにするのか…399

第4節　保証供託の払渡し…………………………………………………………402
　Q169　裁判上の保証供託の取戻しは，どのようにするのか…………………402
　Q170　裁判上の保証供託の被供託者が権利の実行として供託物の払渡しを
　　　　受けるには，どのようにするのか……………………………………404
　Q171　営業上の保証供託の取戻しは，どのようにするのか…………………405
　Q172　取引上の債権者等が営業保証金に対し権利を行使するには，どのよ
　　　　うにするのか……………………………………………………………407

第5節　執行供託の払渡し…………………………………………………………410
　Q173　裁判所の配当等に基づく払渡請求は，どのようにするのか…………410
　Q174　裁判所の配当等に基づく払渡しの場合，供託金の利息の払渡しはど
　　　　のようになるのか………………………………………………………412
　Q175　金銭債権に対する差押え等を原因として供託がされた後に差押えが
　　　　取り下げられた場合の供託金の払渡しは，どのようにしてされるか…413
　Q176　仮差押えの執行を原因としてされた供託金の払渡しは，どのように

9

　　　　してされるか……………………………………………………………………415
Q177　仮差押解放金の払渡しは，どのようにしてされるか……………………417
Q178　仮処分解放金の供託金の払渡請求手続は，どのようにするのか………419
Q179　滞納処分による差押えと強制執行による差押えとの競合を原因とし
　　　　てされた供託金の払渡しは，どのようにしてされるか……………………423

第6節　その他の供託 ……………………………………………………………425

Q180　供託物の没取は，どのような場合に行われるか…………………………425
Q181　没取した供託物の収納は，どのような手続で行われるか………………426
Q182　衆議院（比例代表選出）議員または参議院（比例代表選出）議員の
　　　　選挙に係る供託金の取戻しの手続はどのようにするのか………………428
Q183　衆議院（小選挙区選出）議員または参議院（選挙区選出）議員の選
　　　　挙に係る供託金の取戻しの手続はどのようにするのか…………………430

第7節　利息・利札の払渡手続 …………………………………………………432

Q184　供託金には利息が付されるのか……………………………………………432
Q185　供託金の利息は，いつ，誰に払い渡されるか……………………………434
Q186　供託有価証券の利札の払渡しは，どのようにしてされるか……………436
Q187　供託振替国債の利息の払渡しは，どのようにして行われるか…………437

第8章　供託法上の特殊手続 ……………………………………………………439

Q188　代供託とは何か………………………………………………………………439
Q189　附属供託とは何か……………………………………………………………441
Q190　供託物の差替えとはどのようなもので，その手続はどのようにする
　　　　のか……………………………………………………………………………443
Q191　供託物の保管替えとは何か…………………………………………………446

第9章　供託に関する帳簿・書類の閲覧・証明 ………………………………451

第1節　供託に関する帳簿・書類 ………………………………………………451

Q192　供託に関する帳簿には，どのようなものがあるか………………………451
Q193　供託に関する書類には，どのようなものがあるか………………………454
Q194　供託に関する帳簿・書類のうち，どのようなものが閲覧・証明の対
　　　　象となるのか…………………………………………………………………456
Q195　供託に関する帳簿・書類の閲覧・証明を制限することはできるか……458

第2節 閲　覧 ………………………………………………………………462
- Q196　供託に関する書類の閲覧を請求することができる者の範囲…………462
- Q197　閲覧の申請はどのような方法により行うか……………………………464

第3節 証　明 ………………………………………………………………466
- Q198　供託に関する事項の証明を求めることができる者の範囲……………466
- Q199　供託に関する事項の証明の請求方法……………………………………467

第10章　供託官の処分に対する不服申立制度 ……………………………469

- Q200　供託官の処分に不服があるときは，どのようにすればよいか………469
- Q201　供託官の処分に対して行政訴訟を提起することはできるか…………471
- Q202　供託物払渡請求が却下された場合，請求者は供託官を被告として供託物の払渡請求の訴えを提起することができるか……………………472

参　考　資　料 ………………………………………………………………475
- ● 供託法 ……………………………………………………………………475
- ● 供託規則 …………………………………………………………………481
- ● 供託根拠法令条項一覧 …………………………………………………501
- ● 供託事務処理手続の流れ ………………………………………………544
- ● 書　式 ……………………………………………………………………552

第1章　供託制度の概要

第1節　供託制度

Q1

供託とはどのような制度か

A　供託とは，供託者が，ある財産（供託物）を国家機関である供託所に提出して，その管理を委ね，供託所を通してその財産をある人に取得させることによって，一定の法律上の目的を達成しようとする制度である。

● 解説

　供託制度は，弁済者が弁済の目的物を債権者のために供託所に寄託して債務を免れる制度として最も広く利用されているが，この弁済の代用としての弁済供託のほか，債権の担保のためにする保証供託，執行供託，没取供託，保管供託，その他特殊な供託のために広く利用されている。それぞれの供託は，その目的および効果を異にし，それぞれ固有の機能を有しているので，これを一元的に説明することは難しいが，これら全ての供託について共通の要素を抽出し，一元的に定義するとすれば，供託とは，「ある財産を国家機関である供託所または国家機関の指定する者に提出して，その財産の管理を委ね，供託所等を通してその財産をある人に取得させることによって一定の法律上の目的を達成させようとする制度」であるということができる。

　ここで達成される法律上の目的は，供託の種類によって異なり，それぞれの供託根拠法規に規定されている。

　上記において，供託の目的物である財産を「供託物」という。供託物は，

金銭，有価証券もしくはその他の有体物または振替国債でなければならない（法1条・5条，社株法278条1項参照）。また、供託を申請する者，すなわち供託所等に供託物を提出する者を「供託者」，供託をされる相手方，すなわち供託所等を通して供託物を取得する者を「被供託者」という。

ところで，上記供託制度を利用するためには，①供託を義務付け，またはこれを許容する法令の規定（供託根拠規定）が存すること，②供託の目的物が供託可能なものであること，および③適法な供託所に供託することの三つの要件を備えていることが必要である。

次に，供託は，供託物の種類により，「金銭供託」，「有価証券供託」，「振替国債供託」および「その他の物の供託」の4種に分類され，また，供託の機能によって，「弁済供託」，「担保（保証）供託」，「執行供託」，「没取供託」，「保管供託」等に分類される。

Q2 供託制度は，どのような仕組になっているか

A わが国の供託制度は，法務局（供託の目的物が金銭，有価証券または振替国債であるとき）および法務大臣の指定する倉庫営業者または銀行（供託の目的物がその他の物品であるとき）が供託所となって，供託者の申請に基づき供託物を受け入れ，これを管理・保管し，被供託者（供託者の場合もある）の請求に基づき供託物を払い渡すという仕組みになっている。

● 解説

(1) 供託の基本構造と供託所

　供託とは，ある財産を国家機関である供託所に提出して，その管理に委ね，供託所を通して，その財産をある人に受領させることにより，一定の法律上の目的を達しようとする制度である。この場合において，ある財産のことを「供託物」といい，供託所に供託物を提出する者を「供託者」，供託所を通じて供託物を受領する者を「被供託者」という。

　次に，供託物の提出を受け，これを管理・保管する供託所は，供託物の種類により，次のように定められている。

① 供託物が金銭，有価証券または振替国債である場合……法務省の下部機構である法務局，地方法務局もしくはこれらの支局または法務大臣が指定したこれらの出張所（以下「法務局」と略称する。法1条，社株法278条1項）

② 供託物が，金銭，有価証券または振替国債以外の物品である場合……法務大臣が指定した倉庫営業者または銀行（法5条1項。もっとも，現在のところ，倉庫営業者の指定があるのみで銀行の指定はない。）

③ 金銭，有価証券または振替国債以外の物の弁済供託において，その地域に法務大臣の指定した倉庫営業者または銀行がない場合，または，その物が指定倉庫営業者または銀行で取り扱わない種類（または数量）のものである場合……裁判所が指定した供託所または供託物保管者（民法495条2項，非訟法94条）

　ところで，法制上も，また実際問題としても，金銭，有価証券または振替国債を供託物とする供託がほとんど大部分を占めているところから，単に供託所というときは，上記①の法務局を指すのが通常である。

(2) 供託の手続

　供託手続は，供託者による供託の申請によって開始され，供託所による供託物の管理・保管により持続され，供託物の払渡しによって終了する。

　　a　供託の申請は，供託者が，法定の供託書に供託物を添えて供託所に提出する方法によってする（法2条，規則13条）。供託所が，当該供託申請を受

理し，供託物を受け入れることにより，供託が成立する。

　b　供託された供託物は，供託所がこれを管理・保管する（法1条）。ただし，法務局が供託所として受け入れた金銭，有価証券および振替国債は，国の会計法規に基づき，さらに法務局から日本銀行（本・支店またはその代理店）に寄託されて，日本銀行において保管することになっている（会計法33条，予決令103条・104条）。

　c　供託物の払渡しには，被供託者に払い渡す場合と，供託者に払い渡す場合とがあり，前者を「還付」，後者を「取戻し」と称する。還付とは供託手続がその本来の目的を達して終了する場合であり，取戻しとは供託手続が本来の目的を達しないで終了する場合である。

　以上，供託所が供託物を受け入れ，これを管理・保管し，さらに払い渡すという供託手続の法的性質については，私法上の法律関係としては一種の寄託契約と解されるが，供託所が供託の申請または払渡しの請求を受けた場合におけるその適否の決定は，単に寄託契約の当事者としての立場においてではなく，国家機関としての立場から行政処分としてこれを行うものである（最判昭45.7.15民集24巻7号771頁）。

(3)　供託物払渡請求権

　供託がされると，被供託者は，供託所に対し，一定の要件の下で供託物の払渡し（還付）を受け得る権利を取得する。また，供託者も，供託所に対し，一定の要件の下で供託物の払渡し（取戻し）を受け得る権利を取得する。前者を「供託物還付請求権」，後者を「供託物取戻請求権」と称する（なお，両者を統一して呼ぶときは，「供託物払渡請求権」と称する。）。

　これらの権利は，供託物が金銭であるときは国（供託所）に対する一種の金銭債権であり，供託物が有価証券その他の物であるときは供託所に対する有体物の引渡請求権であると解され，それ自体財産的価値を有する権利であるから，権利者である被供託者または供託者は，これを他に譲渡し，または質入れすることもできるし，被供託者または供託者の一般債権者がこれを差し押さえることも可能である。

第1章　供託制度の概要

Q3

わが国の供託制度は，どのような沿革をたどってきたか

A

　わが国の供託制度は，明治24年に「供託規則」をもって創設され，明治32年に現行の「供託法」に引き継がれ今日に至っている。

　供託制度の運営は，当初大蔵省が所管していたが，大正11年に至り司法省（現在の法務省の前身）の所管となり，その後数次の機構改革を経て，現在は法務省の下部機構である法務局，地方法務局もしくはこれらの支局または法務大臣の指定したこれらの出張所が供託所となって，金銭，有価証券および振替国債を供託物とする供託事務を取り扱っている。

● 解説

　わが国における供託制度は，明治24年1月1日に創設され，同日から明治32年3月31日までの間は供託規則（明治23年勅令第145号），明治32年4月1日からは現行の供託法（明治32年法律第15号）により運営され，現在に至っている。

　供託事務は，当初は大蔵省の所掌とされ，大正11年4月1日から司法省（現在の法務省の前身）の所掌とされたものである。

(1)　供託法の制定まで

　明治23年の旧民法，旧商法および民事訴訟法の制定に伴って，供託制度が必要となったことから，「供託規則」が明治23年7月25日に明治23年勅令第145号として制定公布され，翌24年1月1日から施行され，わが国の

供託制度が発足した。
　供託規則においては，供託事務は大蔵省の所掌とされ，当初は同省預金局が，明治26年11月1日からは国庫金の出納所管を管掌する「金庫」が，供託所として供託事務を取り扱った。
　ところで，明治23年から金庫に関し委託金庫制度が採用され，日本銀行が国の委託を受けて金庫の業務を取り扱っていたので，供託事務は，実際には日本銀行がこれを取り扱っていたわけである。
　(2)　供託法の制定以降
　　a　当初
　明治30年代に至り，現行民法，商法等の制定に伴い，供託制度の整備の必要が生じ，供託法が明治32年法律第15号として新たに制定され，同年4月1日から施行された。これが現行の供託法である。
　供託法においても，金銭および有価証券の供託所は，同法制定までと同様，金庫とされ，供託制度の運用は原則として大蔵省の所管とされたのである（ただし，物品の供託は，司法大臣の指定する倉庫業者または銀行が供託所としてこれを取り扱うこととされた。）。
　　b　司法省（供託局）への移管
　その後，供託事務については，法律事務たる性質を有することに鑑み，大蔵省から司法省に移管されることとなり，大正11年4月会計法の施行により金庫制度が廃止され，国庫金の日本銀行に対する預金制度が採用されたことを機会に供託法が改正され，司法省の下部機構として新たに「供託局」が設置され，金銭，有価証券に関する供託事務を取り扱うこととなった。
　　c　第二次大戦後
　第二次大戦後，数次にわたる機構改革に伴い，昭和22年5月司法省が法務庁に，供託局が司法事務局に，同24年6月法務庁が法務府に，司法事務局が法務局，地方法務局に，同27年8月法務府が法務省に改組され，現在に至っている。
　したがって，現在は法務局，地方法務局もしくはこれらの支局または法務大臣の指定したこれらの出張所がそれぞれ独立の供託所として金銭，有価証

券および振替国債の供託事務を取り扱っている。なお，金銭，有価証券および振替国債以外の物品の供託（物品供託）については，司法大臣（法務大臣）の指定する倉庫営業者または銀行が供託所としてこれを取り扱うという供託法制定当初の制度がそのまま今日まで維持されている。

（参　考）
① 　大蔵省預金局……明治18年7月から明治26年10月まで大蔵省に設置されていたもので，政府において保管の義務を有する公有金，私有金で行政事務に付帯して取り扱うものおよび供託金，供託有価証券等を直接出納保管していた。
② 　金　庫……明治23年，国庫金の出納事務を取り扱う委託金庫制度が設けられ，日本銀行が国の委託を受けてその業務を取り扱っていたが，大正11年4月の会計法の施行により現行の日本銀行に対する預金制度が採用され，金庫制度が廃止された。供託金については，明治26年11月から金庫制度が廃止されるまで，この金庫が取り扱っていた。

供託にはどのような効力があるか

A　　各種供託に共通する一般的効力としては，供託所が供託者の供託申請を受理して，供託物を受け取ることにより，供託者と供託所との間に寄託契約が成立し，被供託者は供託物還付請求権を取得する。他方，供託者も一定の要件の下に供託物取戻請求権を取得する。
　弁済供託における債務消滅の効力（弁済効）など，各種供託に固有な効力は，それぞれの供託根拠規定に定められている。

● 解説

　供託の効力としては，各種の供託に共通する一般的効力と，各種供託に特有の効力とがある。ここでは，主として前者について述べることとし，後者についてはそのうちの主要なものにつき簡単に述べるにとどめ，詳細はそれぞれの供託の項に譲ることとする。

(1)　供託の一般的効力

　a　供託者・供託所間の寄託関係の成立

　供託は，供託者が供託物を供託所に提出して，その管理に委ね，供託所を通じて被供託者に受領させることにより，一定の法律上の目的を達しようとする制度であり，供託の法律上の性質については，第三者＝被供託者のためにする一種の寄託契約であると解するのがわが国の通説的見解である。したがって，供託所が供託者の供託申請を受理し，供託物を受け取ると，供託者と供託所との間に寄託契約が成立する（もっとも，供託を第三者のためにする寄託契約と解することについては，弁済供託には直ちに妥当するとしても，多数の供託根拠規定により，それぞれ特殊性をもった供託制度が形成されている現在では，供託を一元的に第三者のためにする寄託契約と解することは，必ずしも，当を得ないとする批判もある。）。

　b　供託物払渡請求権の発生

　(イ)　還付請求権，取戻請求権の取得

　上記のような性質を有する供託がされると，その効果として，一方の供託当事者である被供託者は，供託所に対し，供託物の交付（払渡し）を請求する権利，すなわち供託物還付請求権を取得する。他方，供託者も，一定の要件の下で，供託所に対し，供託物の返還（払渡し）を請求する権利，すなわち供託物取戻請求権を取得する。

　(ロ)　供託物還付請求権，取戻請求権の根拠

　供託がされたことにより被供託者の取得する供託物還付請求権は，供託が供託者と供託所との間の第三者＝被供託者のためにする寄託契約であるところから，供託のかかる寄託契約上の効果として当然に生ずるものであり（民

法537条1項），この場合，第三者＝被供託者は受益の意思表示（同条2項）を要せず直ちに還付請求権を取得するとするのが，通説的見解である。しかしながら，前述のごとく，全ての供託を一元的に第三者のためにする寄託契約と解することは，必ずしも当を得ないものと思われる。供託の種類によっては，被供託者の還付請求権は，例えば担保（保証）供託のように当該供託の根拠法令の規定自体（民訴法77条等）により生じ，あるいは，例えば執行供託における執行裁判所の配当決定のように国家機関の処分の効果として生ずる場合もあるからである。

　次に，供託者の供託物取戻請求権は，供託が錯誤によってされた場合，供託を継続すべき法律上の原因が消滅した場合（法8条2項），あるいは弁済供託のように（民法496条）法令が特に取戻しを許容している場合に生ずるものである。

　　c　供託物還付請求権，取戻請求権の性質

　被供託者の供託物還付請求権および供託者の供託物取戻請求権は，供託所を債務者とする一種の金銭債権（金銭供託の場合）または有体物引渡請求権（有価証券，その他の物品供託の場合）の性質を有し，それ自体財産的価値を有する権利であるから，譲渡，質入れ等の対象となり，また，権利者の債権者による執行の目的となる。

　なお，弁済供託のように，被供託者の還付請求権と供託者の取戻請求権とが併存する場合でも，両者の権利は同一の供託物を目的とするものであるから，一方が行使されれば他方は消滅するが，おのおのは独立性を有し，一方の権利の変動（譲渡，差押え，時効消滅等）は他方の権利に影響を及ぼさないのを原則とする。

　(2)　各種供託の効力

　各種供託の効力については，当該供託を義務付け，または許容した法令（供託根拠法）に規定されている。

　詳細は各供託の項に譲り，主要なものにつき簡単に述べる。

　　a　弁済供託の効力

　債務者が債務の目的物を供託すると，当該債務者は，当該債務を免れる

（民法494条）。すなわち，供託によって当該債務は消滅し，それに伴い，当該債務について設定されていた担保も消滅する。このように，弁済供託によって債務消滅の効果が生ずるのは，債権者たる被供託者が供託所に対し供託物還付請求権を取得するからである。したがって，供託者が供託物を取り戻したときは，供託しなかったものとみなされ（民法496条1項），弁済供託による債務消滅の効果は，遡及的に消滅する。このように，弁済供託は取戻しを解除条件とする債務消滅の効力を有する（解除条件説）とする見解が有力である（我妻・新訂債権総論312頁ほか）。

　b　担保（保証）供託の効力

　裁判上の保証供託にあっては，被供託者（担保権者）は，保全処分，仮執行またはその停止等により将来生ずることのあるべき損害賠償請求権につき，供託物について，他の債権者に先立ち弁済を受ける権利を有する（民訴法77条等）。

　また，営業上の保証供託にあっては，債権者（被供託者）は，営業者（供託者）の営業活動から生じた一定の債務につき，供託物について弁済を受け得る権利を有することになる（宅建業法27条1項等）。

　c　執行供託の効力

　執行供託にも種々のものがあるが，金銭債権が差し押さえられた場合における第三債務者からする供託（民執法156条1項・2項等）にあっては，供託により第三債務者は免責されるとともに，配当要求遮断効が生ずる（民執法165条1項）。また，金銭債権に対して仮差押えの執行がされた場合における第三債務者からする供託（保全法50条5項・民執法156条1項）にあっては，供託により第三債務者は免責されるとともに，当該仮差押えの執行の効力が執行債務者たる被供託者の還付請求権の上に移行するという効力が生ずる。

第1章　供託制度の概要

Q5

供託に関する法規にはどのようなものがあるか

供託に関する法規には、供託を義務付けまたは許容した供託根拠法規（供託実体法規）と、供託法、供託規則などの供託手続法規とがある。

● 解 説

供託に関する法規は、供託根拠法規と供託手続法規とに分けることができる。

(1) 供託根拠法規

供託は、法令に供託を義務付け、または供託ができる旨の規定がある場合にのみすることができる。このように供託を義務付けまたは許容した法令を供託根拠法規という。

供託根拠法規は、実体法たる私法（民法、会社法等）および公法（公選法、土地収用法等各種公用負担関係法、各種税法等）、さらに民事訴訟法、民事執行法、民事保全法その他の手続法にも及んでいるが、これらは、いずれも供託手続にとって実体法規である。

各種供託の法律上の効果も、それぞれの供託根拠法規に定められている。

なお、供託根拠法規の条項は、供託申請に際し、供託者において供託書の所定の欄に記載しなければならない（規則13条2項5号、4項）。

(2) 供託手続法規

供託根拠法規に対し、供託手続を規定した法規を総称して供託手続法規という。その中心は「供託法」（明治32年法律第15号）であるが、そのほかに供託手続の細目を規定した各種法令がある。その概要は、次のとおりである。

　a　供託法

「供託法」は，供託手続の大綱を定めるものである。すなわち，同法は，1条および5条1項において供託所の事物管轄を定め，2条および6条において供託申請の手続を，8条および10条において供託物払渡しの手続を，4条本文において代供託および附属供託の手続を，それぞれ規定し，また，1条の2においては法務局における供託事務担当の主任者（供託官）を定め，1条の3から1条の7までにおいては供託所の処分に対する救済手続（審査請求手続）を規定している。さらに，3条において供託金に利息を付す旨を規定している。

　「供託法」は，現行民法および商法と相前後して，明治32年4月1日から施行され，その後，部分的改正を経て今日に至っている。

　　b　法務局における供託手続の細目を定めるもの

　(イ)　法務局，地方法務局，それらの支局・出張所が供託所として取り扱う供託手続，すなわち供託物が金銭，有価証券または振替国債である場合における供託手続について，その細目を定めたものとして法務省令である「供託規則」（昭和34年法務省令第2号）がある。これは，従来の「供託物取扱規則」（大正11年司法省令第2号）を昭和34年に全面改正して制定されたものである。

　(ロ)　供託規則の下における供託事務の取扱いに関して，供託所職員の執務の基準を定めたものに「供託事務取扱手続準則」（昭47.3.4民事甲第1050号民事局長・会計課長通達）がある。これは，国民を拘束する法規ではなく，本来，供託所内部における事務処理を規律する内部通達である。

　(ハ)　特殊な供託について，その手続の細目を定めたものとして，「宅地建物取引業者営業保証金規則」（昭和32年法務省・建設省令第1号），「旅行業者営業保証金規則」（平成8年法務省・運輸省令第1号），「前払式支払手段発行保証金規則」（平成22年内閣府・法務省令第4号）等がある。

　　c　供託に関する会計法規

　会計法上，一般に，国家機関の保管に係る金銭または有価証券は，原則として日本銀行が取扱うものとされている（予決令103条・104条）ので，法務局が供託物として受け入れる金銭または有価証券についても，これに従っ

て，日本銀行が取扱うこととなる。この関係については，会計関係諸法規が適用される。その主要なものとしては，「会計法」（昭和22年法律第35号）および「予算決算及び会計令」（昭和22年勅令第165号）のほか，金銭については「出納官吏事務規程」（昭和22年大蔵省令第95号），「保管金払込事務等取扱規程」（昭和26年大蔵省令第30号）等を，有価証券については「供託有価証券取扱規程」（大正11年大蔵省令第9号）等をあげることができる。また，日本銀行における供託物の取扱いは，「日本銀行国庫金取扱規程」（昭和22年大蔵省令第93号），「日本銀行政府有価証券取扱規程」（大正11年大蔵省令第11号）等に従って行われている。

　d　法務局以外の供託所における供託手続の細目を定めるもの

　供託法5条1項の規定により法務大臣が指定する倉庫営業者，銀行における供託（物品供託）の手続に関しては，供託法6条の規定に基づいて司法大臣が供託書の書式を定めた明治33年司法省告示第39号があるのみである。その具体的な手続に関しては，供託規則を類推適用すべきであると思われる。

第2節　供託の種類

Q6

供託にはどのような種類のものがあるか

供託は，供託物の種類により「金銭供託」，「有価証券供託」，「振替国債供託」および「その他の物（物品）供託」に大別される。また，供託原因，すなわち供託の機能により「弁済供託」，「担保（保証）供託」，「執行供託」，「没取供託」および「保管供託」に大別される。

さらに，供託手続上，特殊なものとして，「代供託」，「附属供託」がある。

● 解説

供託は，法令に供託を義務付けまたは許容する規定がなければすることができないが，これを定めた法令の規定（供託根拠規定）は，民法，会社法，民事訴訟法，民事執行法等，非常に多く，多様である。これらの各供託根拠法規に基づく供託は，法制上からみればそれぞれ異種の供託であり，統一されたものではないが，供託物，供託原因，供託手続等に着目すると，以下のように大別することができる。

(1) 供託物の種類による分類

供託物の種類により「金銭供託」，「有価証券供託」，「振替国債供託」および「物品供託」の4種類の供託に分類することができる。

供託物の種類によって供託所の管轄が異なり（法1条・5条1項），また，

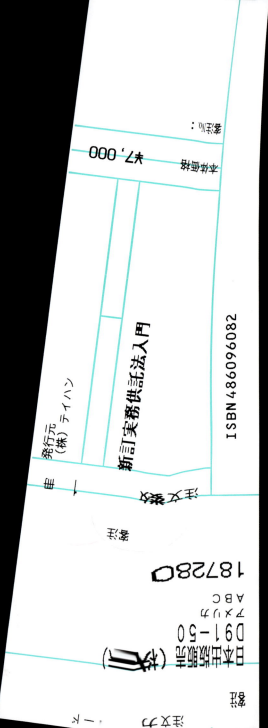

(2) 供託原因による分類

供託原因すなわち供託によって達成しようとする目的，機能により，「弁済供託」，「担保（保証）供託」，「執行供託」，「没取供託」および「保管供託」の5種類に分類することができる。

① 弁済供託……債務者が債務の目的物を供託することによって債務を免れることを目的とするもので，民法494条から498条までにおいてその要件，効果等が規定されている。

② 担保（保証）供託……ある特定の債権者に，債務者が供託した金銭等についての一種の優先弁済権を与えることにより債権担保の機能を達しようとする供託である。各種の営業保証供託（宅建業法25条，資金決済法14条，旅行業法7条，割販法16条等），訴訟当事者による担保の提供としての供託（いわゆる裁判上の保証供託。民訴法76条，民執法15条，保全法4条等），国税の延納もしくは徴収猶予等の場合における担保提供としての供託（国税通則法施行令16条等）のほか，担保物権の物上代位のための供託（区画整理法78条5項・6項・101条5項・112条，土地改良法123条等）などもこれにあたる。

③ 執行供託……民事上の強制執行，保全執行，担保権実行または滞納処分手続等のある段階において，執行の目的物（執行手続における換価代金または第三債務者の弁済提供金等）を執行機関または第三債務者から供託所に供託させ，目的物の管理と執行当事者への交付とを供託手続により行うこととするものである（民執法91条・141条・156条1項・2項，保全法50条3項・5項，滞調法20条の6第1項・36条の6，船主責任制限法21条等）。

④ 没取供託……没取の目的物の供託であり，最も典型的なものとしては，公職選挙法92条によるいわゆる選挙供託がこれにあたる（公選法92条・93条，独禁法70条の6・70条の7・70条の14など）。

⑤ 保管供託……保管のための供託であり，捜査官憲の押収した目的換価金の保管（国税犯則取締法7条3項）や，銀行等金融機関に対し監督行政庁が財産の供託を命ずる場合（銀行法26条・43条，保険業法132条等）がこれにあたる。

(3) 供託手続による分類

特殊な供託手続として「代供託」および「附属供託」がある。

代供託とは，供託有価証券の償還期限が到来した場合に，当該有価証券を供託したまま内部手続によりその償還を受け，その償還金につき供託を続ける手続をいう（法4条）。

附属供託とは，供託所が供託有価証券の利息または配当金として受け取った金銭につき元本債券に附属して供託を続ける手続をいう（法4条）。

Q7 供託の種類により供託の機能はどのように異なるか

A

供託は，その種類により，おのおの主として次のような機能を有する。

① 弁済供託……債務者の救済
② 営業上の保証供託……取引の相手方の保護と営業活動の社会的安全性の保障
③ 裁判上の保証供託……訴訟当事者による担保提供の円滑化
④ 執行供託……執行手続の円滑化と第三債務者の保護
⑤ 没取供託……制度の濫用防止など
⑥ 保管供託……財産の散逸防止など

● 解 説

供託制度は，公法・私法の両法域にわたってさまざまな目的に奉仕してい

るが，供託によって達成しようとする法律上の目的の違いによって，①弁済供託，②担保（保証）供託，③執行供託，④没取供託および⑤保管供託の5種類に大別される。これら各種供託の機能は次のとおりである。

(1) 弁済供託の機能

　a　債務者の救済

　金銭その他の財産の給付を目的とする債務を負っている者が，その債務を弁済しようとしても，弁済に必要な債権者の協力が得られない等のため，弁済をすることができない場合がある。このような場合，債務者は，弁済の提供をすることによって債務不履行の責は免れるものの債務そのものは免れないので，絶えず履行の準備を整えておかねばならず，また，当該債務に抵当権等の担保権が設定されている場合には，その担保権の消滅を図ることができない等，不利な立場に立たされることとなる。そこで，債務者が債務の目的物を供託することによってその負担を免れる道を開き，もって債務者の救済を図ることとしているものである。

　そもそも，供託制度は，歴史的には，債務者に債務を免れしめるための拋擲（derelietio）から発達したものであり，上記債務を免れさせることによる債務者の救済は，今日においても供託の最も重要な機能であるといえる。

　b　特殊な弁済供託の機能

　弁済供託は債務者の救済を主眼とするものであるが，その中には，債務の目的物を供託することによって無体財産権の公益的利用を促進するためのもの（特許法88条，実用新案法23条3項等）や，公共的事業の実施を容易にするためのもの（土地収用法95条，都市計画法69条等）もある。これらは，債務者の救済というよりむしろ債務者の便宜を図るとともに権利者のための補償を確保するという機能を有する。また，債権者の請求に基づき，その債権を保全するために債務の目的物の供託が行われる場合もある（民法576条～578条等）。

(2) 担保（保証）供託の機能

　a　営業上の保証供託……営業活動の社会的安全の保障

　取引の相手方が不特定多数で取引活動が広範かつ頻繁に行われることから

営業主の信用が社会一般に対して保証されていなければならない営業やその性質上他人に損害を与える可能性が大きい営業について，営業上の取引による債務や営業活動に基づく損害賠償債務の支払を担保するため，一定の金銭等の供託を命じ，取引の相手方を保護し，もって営業活動の社会的安全性を保障するものである。

　　b　裁判上の保証供託……訴訟当事者による担保提供の円滑化

　訴訟行為または裁判上の処分をするについて，当事者が自己の負担に帰すべき訴訟費用の支払を担保し，または，自己の行為により相手方に生ずべき損害の賠償を担保するため，担保の提供が要求されることが少なくないが，この担保の提供は，金銭または裁判所が相当と認める有価証券を供託する方法その他最高裁判所規則の定める方法によって行われる（民訴法76条，民執法15条1項，保全法4条1項）。

　このような場合の供託は，訴訟当事者による担保の提供を円滑にさせ，もって訴訟手続の円滑な遂行に寄与する機能を有している。

　(3)　執行供託の機能

　執行手続（強制執行のほか，保全執行，滞納処分の手続等も含む）において，執行の目的物を執行機関または第三債務者から供託所に供託させ，以後の手続中，目的物の保管，執行債権者等への交付を供託手続において行うこととし，もって執行手続の負担を軽減し，執行制度に協力するものであるが，あわせて第三債務者の保護の機能をも有する。

　(4)　没取供託の機能

　供託者と被供託者との法律関係には関係なく，専ら特殊な目的のためにされるものである。これらは，制度の濫用の防止（選挙供託等）などの機能を有する。

　(5)　保管供託

　目的物の散逸を防止するため，供託物そのものの保全を目的としてされる供託であり，専ら供託における供託物保管の作用のみが利用されるものである。

第3節　供託の法的性質

Q8

供託とはどのような法律関係をいうか

A

供託の法律関係の性質については，供託による権利関係の変動の面では，供託所と供託者との間の寄託契約（弁済供託等にあっては第三者のためにする契約の性質を含む。）であり，供託所と供託当事者との関係は寄託契約に基づく私法関係であると考えられるが，供託官の処分の面では，これを行政処分とするのが判例である。

● 解説

(1) 供託の法律関係に関する「私法関係説」と「公法関係説」

供託の法律関係，すなわち供託所と供託者および被供託者との間の法律関係の法的性質については，従来から見解が分かれ，これを私法上の法律関係であるとする「私法関係説」と公法上の法律関係であるとする「公法関係説」とがある。

私法関係説は，供託は供託所と供託者との間の寄託契約であり，弁済供託等にあっては第三者（被供託者）のためにする契約の性質を有するものであり，供託所と供託当事者の関係は寄託契約に基づく私法関係であるとするものである。

これに対し，公法関係説は，国家機関である供託所が主宰する供託手続上に供託の法律的性質を求め，供託所と供託当事者との間の法律関係は公法上

の法律関係であるとするものであるが，この公法関係説については，論者によりさらに種々の見解がある。

(2) 供託の法律関係に関する判例・実務の立場

供託関係の法的性質に関し，判例は，従来から私法関係説に立脚していた。大審院大正14年2月15日決定（民録21輯上106頁）は，「供託者ト金庫（編注：現行法の供託所にあたる。）トノ関係ハ所謂供託契約ニ基ク私法的法律関係ナルヲ以テ……」と判示している。その後，公法関係説に立ったいくつかの下級審の裁判例もみられたが，最高裁昭和45年7月15日大法廷判決（民集24巻7号771頁）は，「弁済供託は，弁済者の申請により供託官が債権者のために供託物を受け入れ管理するものである」と判示し，私法関係説の立場を明らかにするとともに「……公益上の目的から，法は，……（供託官に）単に民法上の寄託契約の当事者的地位にとどまらず，行政機関としての立場から右請求（編注：供託者の供託物取戻請求）につき理由があるかどうかを判断する権限を供託官に与えたものと解するのが相当である。したがって，右のような実定法が存する限りにおいては，供託官が供託物取戻請求を理由がないと認めて却下した行為は行政処分であり」と判示している。

上記最高裁判決は，供託関係は基本的には私法関係であるとしつつ，供託の受理・不受理（却下）または供託物払渡請求の認可・不認可（却下）といった供託官の行為は，行政処分であるとするものである。

現在の供託実務は，上記最高裁判所の見解に立脚している。

(3) 供託の法律関係の法的性質に関する若干の問題

供託の法律関係の法的性質に関する見解の相違が特に問題となるのは，主として次の点に関してである。

① 供託金払渡請求権とその時効期間……供託物払渡請求権の法的性質について，私法関係説はこれを国（供託所）を債務者とする私法上の請求権と解するのに対し，公法関係説はこれを公法上の請求権とする。したがって，供託金払渡請求権の消滅時効に関しても，私法関係説の立場では，当然に民法の時効の規定が適用され，10年間これを行使しないことにより消滅時効が完成するとする。これに対し，公法関係説の立場では，供託金

払渡請求権は公法上の債権であるから会計法30条の適用があり，その時効期間は5年であるとする。

　供託実務では，私法関係説に立脚し，10年で時効が完成するものとして取り扱っており，前記昭和45年最高裁判決も「供託金払渡請求権の消滅時効は，民法の規定により，10年をもって完成するものと解するのが相当」と判示している。

② 　供託官の処分に対する争訟手続……供託者または被供託者が供託所に対し供託物の払渡請求をしたが，供託官がこれを認可せず却下した場合において，当該請求者が上記供託官の処分を争う訴訟の形態についても，供託関係の法的性質に関する見解の相違を反映して，直接国に対して供託物の払渡請求の訴え（民事訴訟）を提起することができるとする説と，直接供託物の払渡しを求める民事訴訟は不適法であり，供託官の却下処分の取消しを求める抗告訴訟によるべきであるとする説とがあり，それぞれの見解に立った下級審判決もあったが，前記昭和45年最高裁判決は，供託官は民法上の寄託契約の当事者としての地位を有するにとどまらず行政機関としての立場から行政処分を行っているものであるとして，供託物の払渡請求の却下処分に対して不服がある場合には供託官を被告としてその取消しを求める抗告訴訟を提起しなければならないと判示している。

第2章 供託の機関

第1節 供託所

Q9 供託所とはどのような役所か

A

供託事務を取り扱う機関を「供託所」という。供託所とは，供託法上の機関の名称であって，国家行政組織法上の機関の名称ではない。

金銭，有価証券および振替国債の供託所は，法務局（法務局もしくは地方法務局もしくはこれらの支局または法務大臣が指定したこれらの出張所）である。この供託所を構成する者が供託官である。

金銭，有価証券および振替国債以外の物品の供託については，法務大臣の指定する倉庫営業者または銀行が供託所となる。

実際上，金銭，有価証券および振替国債の供託が大部分であることから，単に供託所という場合には法務局を指すことが通常である。

● 解 説

供託事務を取り扱う機関を「供託所」という。ここでは，その種類および機能等について述べることとする。

(1) 供託所の種類
 a 金銭，有価証券および振替国債の供託所──「法務局」

供託物が金銭，有価証券または振替国債であるときは，法務省の下部機構である法務局もしくは地方法務局もしくはこれらの支局または法務大臣が指定するこれらの出張所（以下「法務局」と略称する。）が供託所として供託事務を取り扱う（法1条）。

上記供託所は，全国に313箇所（平成27年2月1日現在。内訳は，法務局8庁，地方法務局42庁，支局263庁。なお，法務大臣の指定する出張所はない。）となっている。なお，実際問題として，金銭，有価証券および振替国債の供託がほとんど大部分を占めているため，単に供託所という場合には法務局を指すことが通常である。

このように，供託所とは，あくまでも供託法上の機関の名称であって，国家行政組織上供託所という名称の官署があるわけではない。

上記供託所のうち，法務局および地方法務局の本局，東京法務局八王子支局および福岡法務局北九州支局においては直接金銭の受入れの事務を取り扱っている（現金取扱庁）が，その他の供託所においては金銭の受入れの事務を取り扱っていない（非現金取扱庁）ので，そのような供託所にあっては，供託者が供託受理決定後，一定期間内に日本銀行への金銭の払込み等をすることとされている。

　b　物品の供託所

供託物が，金銭，有価証券または振替国債以外の物品であるときは，法務大臣の指定する倉庫営業者または銀行が供託所として供託事務を取り扱うものとされている（法5条1項）。この場合においては，指定された倉庫業者または銀行は，その営業の部類に属する物でその保管することができる数量に限って保管の義務を負う（同条2項）。

物品の供託所として指定された倉庫営業者で現に営業中のものは全国18箇所にある（なお，銀行については，現在のところ指定がされていない。）。

　c　弁済供託における特殊な供託所

金銭，有価証券または振替国債以外の物を弁済供託しようとする場合において，債務の履行地に供託法5条所定の供託所（法務大臣の指定した倉庫営業者または銀行）がないとき，または供託所があってもその種類の物品の保

管を取り扱わないときもしくは目的物の保管能力がないときは，裁判所が供託所の指定または供託物の保管者の選任をするものとされている（民法495条2項）。

ここで「供託所の指定」とは物品蔵置の施設を有して当該供託物と同種の物品につき保管の業務を営む者を当該具体的供託事件につき供託の機関とすることであり，「供託物の保管者の選任」とは物品保管の業務を営んでいない者を同じく具体的供託事件について供託の機関とすることであると解されている。

供託所の指定および供託物の保管者の選任は，個々の事件ごとに弁済者の請求に基づき債務の履行地を管轄する地方裁判所が非訟事件手続によって行う（非訟法94条・98条参照）。

(2) 供託所の機構

金銭，有価証券および振替国債の供託所である法務局にあっては，法務事務官のなかから独立して供託事務を処理する権限を有する供託官を指定し，これに供託事務を処理させている（法1条ノ2）。したがって，供託事務に関して国家機関たる供託所を代表（構成）する者は，供託官であって，当該法務局の行政組織上の長（法務局長，地方法務局長）ではない。

法務局に供託された供託金，供託有価証券および供託振替国債は，会計法規（予決令103条・104条等）の定めるところにより，法務局から日本銀行の本・支店またはその代理店で取り扱われて，その保管の安全が図られている。この点では，日本銀行は，供託事務に関して供託所の事務の補助的な機関の立場に立つわけである。

供託所の管轄はどうなっているか

供託所の事物管轄および土地管轄は，次のとおりである。
(1) 事物管轄
　① 金銭，有価証券および振替国債の供託所……法務局
　② その他の物品の供託所……法務大臣の指定した倉庫営業者または銀行
(2) 土地管轄
　供託所には，一般的な土地管轄はない。ただし，それぞれの供託根拠法令において管轄供託所が定められている場合が多い。

● 解 説

　供託者が供託するに当たってどの供託所に供託すべきかが供託所の管轄の問題である。
(1) 供託所の管轄
　a　事物管轄
　供託物の種類により，金銭，有価証券および振替国債については法務局もしくは地方法務局もしくはこれらの支局または法務大臣の指定するこれらの出張所が供託所としてこれを取り扱い（法1条），その他の物品については法務大臣の指定する倉庫営業者または銀行が供託所として取り扱う（法5条）。
　さらに，弁済供託の場合において上記により供託所が定まらないときは，個々的に裁判所の指定する供託所または裁判所の選任する供託物の保管者が供託機関となる（民法495条2項）。
　b　土地管轄

全国各地に設置されている供託所のうちどこの供託所に供託すべきかが供託所における土地管轄の問題である。
　供託法には土地管轄に関する規定がないから，供託所には一般的な土地管轄の定めはない。
　しかしながら，供託の種類に応じて，それぞれの供託根拠法規において供託すべき供託所（管轄供託所）が定められている場合が多い。例えば，
① 弁済供託については，債務の履行地の供託所（民法495条1項）
② 営業上の保証供託については，主たる営業所または事務所の最寄りの供託所（宅建業法25条1項，旅行業法8条7項ほか）
③ 裁判上の保証供託については，担保を立てるべきことを命じた裁判所（発令裁判所）または執行裁判所の所在地を管轄する地方裁判所の管轄区域内の供託所（民訴法76条，民執法15条，保全法4条）
④ 金銭債権に対する差押え等につき第三債務者からする執行供託については，当該被差押債権の債務の履行地の供託所（民執法156条等）
が管轄供託所として定められている。
　これらの場合については，供託しようとする者は，定められた供託所に供託しなければならない。
　これに対し，選挙供託のように供託根拠法規にも管轄供託所を定める規定がない供託については，全国どこの供託所でも供託することができる。
　(2) 管轄違背の供託の効力
　管轄供託所が定められている供託について，管轄外の供託所にその申請がされたときは，供託官においてこれを却下しなければならず（規則21条の7），誤ってこれが受理されたとしても，その供託が有効に成立することはない。したがって，このような場合には，供託者は，錯誤を理由として供託物を取り戻すなどして改めて正しい管轄供託所に供託しなければならない。ただし，弁済供託に限っては，供託所の土地管轄は専ら被供託者（債権者）の便宜を考慮して定められたものであるから，取戻し前に被供託者が供託受諾（規則47条）または還付請求をしたときは，管轄違背は治癒され，有効な供託とみなされる（昭39.7.20民事甲第2594号民事局長回答）。

債務の履行地に供託所がない場合は，どうすればよいか

弁済供託は，債務の履行地の供託所にすべきであるが，その地に供託所がないときは，債務の履行地の属する行政区画（都道府県）内の最寄りの供託所にすればよい。

● 解 説

(1) 弁済供託の管轄

民法495条1項において，弁済供託は債務の履行地の供託所にすることを要する旨定められている。この趣旨は，弁済供託は弁済に代えるものであるから，努めて，債権者のために，弁済と同一の利益を得させるのが相当であるとするところにある（梅・民法要義巻之三債権編288頁）。債務の履行地とは，給付が現実にされるべき場所であって，これは，当事者に特約がない限り，民法484条，商法516条等によって定まることになる。

債務の履行地の供託所の意義については，債務の履行の場所である最小行政区画（市区町村）内に存在する供託所を意味するものと解されている（朝鮮高法判大14.3.3評論14—民498頁，水田・新供託読本＜第4新版＞77頁など）。

ところで，金銭，有価証券および振替国債の供託所は，法務局，地方法務局ならびにこれらの支局および法務大臣の指定する出張所である（法1条）が，全ての最小行政区画に上記供託所が配置されているわけではない（全国の供託所の数は313庁（平成27年2月1日現在））。また，金銭，有価証券および振替国債以外の物品の供託所は，法務大臣が指定した倉庫営業者等であるが，その数はわずかである（全国18箇所平成26年10月1日現在）。

したがって，債務の履行地の最小行政区画内に供託所が存在しない場合に

は，弁済者はいずれの供託所に供託すべきかが問題となる。
(2) 履行地に供託所がない場合の取扱い

　a　弁済供託をしようとする場合において，債務の履行の場所である最小行政区画内に供託所が存在しないときは，民法495条2項に基づき裁判所に供託所の指定を求めなければならないとする見解がある（前掲朝鮮高法判大14.3.3）。しかしながら，このような場合において，弁済者がいちいち同項の規定により裁判所に供託所の指定を求めなければならないとすることは，実際問題としても煩に堪えないところであり，また，そもそも，この場合がはたして同項にいう「法令に別段の定めがない場合」に該当するかどうかも疑問である。

　b　そこで，民法495条1項所定の「債務の履行地の供託所」については，現実に存在する供託所との関連で決すべきであり，その場合には，債権者が供託物の還付を受けるにつき好都合の供託所を選ぶよう配慮することが信義則に適することから，供託事務の先例では，「弁済供託は，債務履行地にある供託所にすべきであるが，その地に供託所がないときは，債務履行地の属する行政区画内における最寄りの供託所にすれば足りる」としている（昭23.8.20民甲第2378号通達）。

　上記先例の趣旨は，債務の履行地の属する最小行政区画（市区町村）内に供託所がない場合には，これを包括する行政区画，すなわち債務の履行地である市区町村の属する都道府県内における最寄りの供託所に供託すればよいとしたものである。

　上記先例の取扱いが供託実務における確立した取扱いである。そして，通説・判例も，この供託実務の見解を肯定している（大審判昭8.5.20民集12巻13号219頁，福岡高判昭38.1.18金融法務事情335号197頁，東京高判昭38.1.31東高民時報14巻1号12頁，甲斐・注釈民法（12）308頁など）。

　c　ところで，ここでいう債務の履行地の最寄りの供託所とは，弁済供託の供託所を定めた民法495条1項の法意に則り，距離的，時間的，経済的にみて債権者（被供託者）が当該供託物を受領するのに最も便利な供託所をいうものと解すべきである（甲斐・前掲書308頁ほか）。詳細は**Q12**を参照され

たい。

　d　なお,以上は弁済供託に関するものであるが,金銭債権に対する差押え等がされた場合において第三債務者がする執行供託（民執法156条,滞調法20条の6第1項・36条の6第1項等）など,法令により債務の履行他の供託所に供託すべきものとされている場合についても,弁済供託の場合と同様に取り扱うべきであることはいうまでもない。

最寄りの供託所とは,どういうことか

最寄りの供託所とは,債務の履行地を基準として,距離的,時間的,経済的にみて,債権者（被供託者）が当該供託物を受領するのに最も便利な供託所をいうものと解すべきである。

● 解説

　弁済供託は,債務の履行地の供託所にしなければならない（民法495条1項）。金銭債権につき強制執行等がされた場合における第三債務者からする執行供託も,また同様である（民執法156条1項,保全法50条5項,滞調法20条の6・36条の6等）。これらの場合における「債務の履行地の供託所」とは,給付が現実にされるべき場所である債務の履行地の属する最小行政区画（市区町村）内に所在する供託所をいうものと理解されているが,債務履行地の属する最小行政区画内に供託所が存在しない場合は,その地を包括する行政区画内における最寄りの供託所にすればよいものとされている（昭23.8.20民事甲第2378号通達）。

また、割賦販売業者は主たる営業所の最寄りの供託所（割販法16条1項・18条の3第5項等）、宅地建物取引業者は主たる事務所の最寄りの供託所（宅建業法25条1項）、家畜商はその住所の最寄りの供託所（家畜商法10条の2第1項）にそれぞれ営業保証金を供託するよう管轄供託所が法定されている。

(1) 「最寄り」の判断について

　供託根拠法規によって供託所の管轄が定められている供託にあっては、管轄を有しない供託所にされた供託は、供託として無効である（ただし、弁済供託にあっては、被供託者が当該供託を受諾し、または還付請求をしたときは、債務免責の効果を生ずる（昭39.7.20民事甲第2594号通達））が、供託法令上、供託所については、裁判所や登記所のように管轄区域の定めがなく、「最寄りの供託所」の判断につき疑義を生ずる場合が多い。交通機関の発達により、鉄道、バス、道路事情等から「最寄りの供託所」の解釈も多様化し得る。したがって、債務履行地から距離的、時間的、経済的に比較して大差のない供託所がいくつか存するときは、そのいずれの供託所に供託しても差し支えない（昭42.1.9民事甲第16号認可6問・先例集(4)249頁）。

(2) 「最寄りの供託所」の意義

　a　弁済供託の場合における「債務の履行地（最小行政区画）を包括する行政区画内における最寄りの供託所」とは、言葉の本来の意味からすれば地理的に最も近い供託所の意味であろうが、交通機関の発達した今日では、むしろ距離が遠くても時間的に近い所もあり、また時間的に近い所でも経済的に負担のかかりすぎる所もあり得るから、距離的、時間的および経済的にみて債権者（被供託者）が当該供託物を受領するのに最も便利な供託所をいうものと解するのが相当である。この点につき、最高裁昭和55年11月11日判決（金融法務事情948号39頁）は、「債務履行地を基準にし、交通の便などを考慮して、社会通念上相当と考えられる供託所に供託すべきである」旨判示しているが、これも同趣旨であると解される。

　b　次に、営業上の保証供託における管轄供託所と定められている主たる営業所等の最寄りの供託所の「最寄り」の意義についても、上記弁済供託の場合とほぼ同様に解してよい。これに関し、主たる事務所の最寄りの供託所

とは,「原則として主たる事務所の所在地の属する市町村又は特別区内に存する供託所とするが,距離的又は時間的により近い供託所が他にある場合や供託金の払込みの関係で当該主たる事務所を管轄する法務局又は地方法務局に対し供託を行う方が交通上便利であり,しかも手続的にも簡便である場合は,このような供託所を最寄りの供託所として差し支えない」旨の先例がある(昭32.7.27民事甲第1432号通達)。

第2節　供託官

Q13

供託官の職務内容等

A　国家機関たる供託所を構成する者を供託官という。供託官は，単独で供託所を構成し，独立して供託事務をつかさどる。供託官には，法務局もしくは地方法務局もしくはこれらの支局またはこれらの出張所に勤務する法務事務官で，法務局長または地方法務局長の指定した者がなる。

● 解 説

　金銭，有価証券および振替国債の供託は，法務省の下部機構である法務局もしくは地方法務局もしくはこれらの支局または法務大臣の指定するこれらの出張所が，供託所として，その供託事務を取り扱う（法1条）。上記供託所を構成する者が「供託官」である。

(1)　供託官の意義とその指定

　a　供託官については，法務局もしくは地方法務局もしくはこれらの支局またはこれらの出張所に勤務する法務事務官であって，法務局長または地方法務局長の指定した者をもってこれにあてるものとされ，供託官は，独立して供託事務を処理するものとされている（法1条ノ2）。これは，供託事務は一般の行政事務と異なって政策的裁量を許さず，法令の規定のみに従って厳正に執行されるべき性質の事務であるところから，このように独立の権限を有する職員を法律専門家の中から指定して，その者にその事務を行わせるこ

ととしているものである。

　供託官は各供託所ごとに1名（ただし，東京法務局にあっては2名）置かれ，法務局，地方法務局（本局）においては供託課長，支局においては支局長（課制のある支局においては支局総務課長），供託を取り扱う出張所においては出張所長が，それぞれ供託官に指定されている（昭24.5.25民事甲第1227号民事局長，会計課長通達等参照）。

　b　供託官は，全て単独（1供託所に複数の供託官がいる場合も同様であり，合議制をとるわけではない。）で供託所を構成し，独立して供託事務を取り扱う（実際に供託事務に従事している者でも，供託官の指定を受けていない職員は供託所を構成する者ではなく，供託官の補助者として供託事務を担当しているにすぎない。）。

　以上のように，供託事務に関し国家機関である供託所を代表（構成）する者は供託官であって，当該法務局，地方法務局の行政組織上の長である法務局長，地方法務局長は，供託官を指定する権限を有するが，供託所を代表する者ではない。それゆえに，供託の受理・不受理，供託物払渡しの認可・不認可等供託に関する一切の処分は，供託官の名をもって行われる。

　c　供託所が供託手続に関する事務を内部的に処理するにあたっては，供託物の管理の方法は会計法規の規定に従わなければならないことから，「法務局及び地方法務局会計事務章程（昭和24年会甲第3567号法務総裁訓令）」により，供託官は同時に会計官吏，すなわち金銭たる供託物（供託金）の取扱いにつき「歳入歳出外現金出納官吏」，有価証券たる供託物（供託有価証券および供託振替国債）の取扱いにつき「保管物取扱主任官」を兼ねて，その事務を処理するものとされている（詳細は**Q15**を参照のこと。）。

(2)　供託官の職務代行者および代理官

　a　職務代行者

　供託官が欠勤，出張等の事故で一時的にその執務をすることができないときは，法務局長または地方法務局長は，指定する他の課長またはこれに相当する職員をして供託事務を取り扱わせることができるものとされている（大11.6.1民事第1280号民事局長回答）。

第2章　供託の機関

　実際には，各法務局，地方法務局の内規において，取り扱うべき職員を官職をもって定めているのが通例であり，実際上，これを供託官の職務代行者と称している。職務代行者は，供託官の一時不在の場合において，供託官に代わり供託事務を取り扱う者であるが，次に述べる代理官と異なり，あくまでも供託官と密接に連絡をとりつつ，供託官の名義において事務を取り扱う者にすぎず，それ自身供託法上の供託官ではない。

　b　代理官

　供託官が病気療養，長期研修等により長期間職務の執行をすることができない場合には，法務局長，地方法務局長は，「法務局及び地方法務局事務章程（昭24.6.1民事甲第1283号法務総裁訓令）」3条に基づき供託官の代理官を指定することができる（昭29.11.16民事甲第2450号民事局長回答）。この場合においては，当該代理官の指定は供託法上の供託官の指定（法1条ノ2）の効力を有し，したがって，代理官もまた独立の供託官にほかならないことに留意すべきである。

Q14

供託官はどのような審査権限を有するか

A　供託官の審査権限は，申請書および法定の添付書類等のみに基づいてする，いわゆる形式審査（書面審査）の範囲にとどまるが，その審査の対象（範囲）は，当該申請行為に関する一切の法律上の要件（手続上および実体上の要件）に及ぶ。

● 解説

　供託官は，供託事務の処理上，供託の申請，供託物の払渡請求をはじめ，供託関係書類の閲覧および供託に関する証明申請等，供託当事者または関係者による供託手続上の申請行為につき，それが法律上の要件を具備しているか否かについて一定の審査を行い，審査の結果，当該申請が適法であると認めるときはこれを受理し，不適法であると認めるときはこれを却下しなければならない（規則21条の7，31条，37条）。

(1) 供託官の審査権限の内容

　上記のように，供託官には，供託に関する申請につき，これを受理すべきか否かを審査・決定する権限が付与されているが，以下では，この供託官の審査権限の内容につき，その審査の方法と審査の対象（範囲）との両面からみてみることとしたい。

　a　審査の方法——形式的審査主義

　供託官のすべき審査は，供託法規が一定の申請書（供託書，供託物払渡請求書等）および添付書類または提示書類（以下「添付書類等」という。）の提出についてのみ規定していることに鑑み，また，供託事務の簡易，迅速かつ画一的処理を図ろうとする供託制度の趣旨に照らし，これらの法定の書面のみに基づいてする書面審査，すなわちいわゆる形式的審査に限定されるものであって，供託官はそれ以上に法定の書類以外の判断資料（書証，人証等）を求めるなどして供託原因の存否や効力の有無，あるいは供託物払渡請求権の存否につき実質的審査をする権限を有しないものとされている（最判昭36.10.12裁判集民事55号125頁）。

　b　審査の対象（範囲）——実体的要件の審査

　上記のとおり，供託官の審査権限はいわゆる形式的審査権にとどまるものであり，供託官は実質的審査権を有しないが，ここでいう形式的審査，実質的審査とはあくまでも供託官の「審査の方法」に関していわれるものであって，「審査の対象（範囲）」についてのそれではない。

　供託官の審査の対象，範囲については，供託法規上特に制限する規定が設

けられていないから，供託官の審査権限は，当該申請行為に関する一切の法律上の要件，すなわち申請書が所定の様式に従って作成され，また，法定の書類が添付されまたは提示されていること等の手続的ないし形式的要件のみにとどまらず，当該申請が実体上有効かどうか（供託申請につき供託原因が存するか否か，供託物払渡請求につき請求者が実体上払渡請求権を有するか否か等）等の実体的要件にまで及ぶものである。

このように，供託官の審査権限は，審査の方法の面では，法定の申請書および添付書類等のみに基づいてするいわゆる形式的審査の範囲にとどまるが，その審査の対象（範囲）については，供託の手続的要件のみならず，提出された法定の書面の記載に基づいて判断し得る限りにおいて，当該申請が実体上の要件を具備した有効なものであるか否かにまで及ぶものであるとするのが，通説・判例（最判昭59.11.26訟務月報31巻7号1585頁）であり，また供託実務の確立した取扱いである。

(2) 添付書類の成立の真否についての審査

供託官の審査の方法につき，申請書と法定添付書類等のみに限定したいわゆる形式的審査主義の建前は，供託官が添付書類の成立の真否について調査する権限に制約を加えるものではないと解すべきである。法令上，いやしくも一定の書類の添付または提示が要求されている以上，それが真正なものでなければならないことは当然であって，供託官はその真否を確かめるために必要な資料の提出を当事者に求め得るものと解される。もっとも，その資料は，供託事務の性質上，書面に限定されるものと解される（その一例として，供託物払渡請求権の譲渡通知書に押印されている譲渡人の印鑑について，印鑑証明書の添付がなければ払渡しに応じない取扱いがされている（昭38.5.25民事甲第1570号認可9問・先例集(3)287頁参照））。

第3節　供託に関する会計機関等

Q15

歳入歳出外現金出納官吏，保管物取扱主任官とは何か

A

供託所が受け入れた供託金，供託有価証券および供託振替国債は，保管金および保管有価証券として会計法規の定めるところにより管理・保管される。この会計事務の主任者（会計機関）が，供託金にあっては「歳入歳出外現金出納官吏」，供託有価証券および供託振替国債にあっては「保管物取扱主任官」であり，供託官が同時にこれらの会計機関の資格を兼ねている。

● 解説

　供託所は，供託の受理から供託物の払渡しに至るまで，自己の責任において供託物を管理することを要する。この場合，金銭，有価証券および振替国債の供託所である法務局もしくは地方法務局もしくはこれらの支局またはこれらの出張所が供託物として受け入れた金銭（供託金）は，国の保管金（注1）の一種であり，また，供託物として受け入れた有価証券（供託有価証券および供託振替国債）は，政府保管有価証券（注2）の一種である。

　したがって，供託所が供託者から受け入れた供託金，供託有価証券および供託振替国債の管理の方法は，会計法規の規定に従わなければならない。

　このように，供託所内部における供託物の管理・保管事務は，会計事務の

側面を有する。この関係における事務の主任者（会計機関）は，保管金である供託金については「歳入歳出外現金出納官吏」であり，政府保管有価証券の一種である供託有価証券および供託振替国債については「保管物取扱主任官」である。

そこで，供託実務においては，「法務局及び地方法務局会計事務章程（昭和24年会甲第3567号法務総裁訓令）」6条により，供託官に上記歳入歳出外現金出納官吏および保管物取扱主任官の資格を兼ねさせ，同一人が，一方では供託官として供託法に基づく供託事務の主任者となり，他方では会計機関である歳入歳出外現金出納官吏および保管物取扱主任官として供託物の管理・保管・出納に係る会計事務の主任者となることによって，供託に関する一切の事務が処理されているのである。

（注1）　保管金……保管金とは，債権の担保として徴するもののほか，法律または政令の規定により各省各庁の長が保管する公有または私有の現金をいう。

保管金には，各取扱官庁または現金の保管を官庁に委託しようとする本人から直接日本銀行に払い込むものと，いったん法務局等に供託し法務局等から日本銀行に払い込むものとがあり，前者を狭義の保管金，後者を供託金と称する。

保管金の種類は非常に多いが，その主なものをあげると，上記供託金のほか狭義の保管金に属するものとして遺失物拾得金，契約保証金，入札保証金，領置物換価代金，在監者領置金，被押収者所持金，筆界特定手続費用の予納金等がある。

保管金の受入れ・払渡しは，国の歳入歳出となるものではないから，その現金は歳入歳出外現金であり，その出納保管は，歳入歳出外現金出納官吏がこれを行うこととされている。

（注2）　政府保管有価証券（または保管有価証券）……政府保管有価証券とは，国が保管する公有または私有の有価証券をいう。政府保管有価証券には，国が債権の担保として保管するものと，法律または政令の規定により保管するものとがある。

政府保管有価証券は，数日内に払渡しをする必要のあるものまたは特殊の事由があるものを除いて，全て各官庁所在地の日本銀行に，また，その所在地に日本銀行がないときは最寄りの日本銀行に，これを寄託しなければならない（政府保管有価証券取扱規程2条）。各官庁には，政府保管有価証券についての取扱主任官（有価証券取扱主任官）が置かれ，その取扱いに関する

事務を行う（政府保管有価証券取扱規程3条）。

Q16 供託物の保管はどのようにして行われているか

A 　会計法上一般に，国家機関の所有もしくは保管する金銭および有価証券は，原則として日本銀行が取り扱うものとされている（予決令103条・104条）ので，法務局もしくは地方法務局もしくはこれらの支局またはこれらの出張所が供託物として受け入れた金銭，有価証券および振替国債についても，この会計法の原則に従って，日本銀行に寄託して保管される。

● 解　説

　会計法上，国家機関は原則として現金，有価証券または振替国債を直接保管することは許されず（会計法33条），国家機関の所有もしくは保管に係る金銭，有価証券または振替国債は日本銀行に払い込み，または保管せしめることとされている（予決令103条・104条）。供託により供託所が受け入れた供託金，有価証券および振替国債についても，上記会計法上の原則に従い，日本銀行に寄託される。ただし，寄託の方法は，供託金と供託有価証券と供託振替国債とでは，その取扱いに差異がある。

(1) 供託金の取扱い

　供託により供託所が受け入れた供託金は，供託所である法務局もしくは地方法務局もしくはこれらの支局またはこれらの出張所の保管金として，その出納保管は会計法規の定めるところによって取り扱われる。

第2章 供託の機関

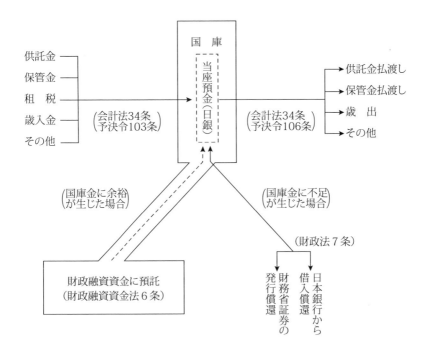

　会計法規によれば，保管金は国庫金の一種であり，国庫金の出納保管については日本銀行への預金制度が採用されているので，国庫金は全て日本銀行に預託され，日本銀行における国の預金（「政府預金」または「国庫預託金」という。）となる（会計法34条2項）。

　このように，国庫金は，消費寄託，すなわち預金として，その金銭の所有権は日本銀行に帰属し，国（国家機関）は日本銀行に対し返還請求権（金銭債権）をもつこととなる。この関係は，私人が市中銀行に預金するのとまったく同様である（ただし，政府預金については，原則として利息が付されない（予決令107条）。）。

　供託所が供託物として受け入れた供託金も，国庫金たる保管金の一種として，日本銀行に払い込まれ，政府預金となる。この供託金の日本銀行への払込みの方法は，供託金の受入れを取り扱う供託所（法務局・地方法務局の本局および東京法務局八王子支局，福岡法務局北九州支局）にあっては，受け

入れた供託金を毎日集計して日本銀行（供託金取扱店）へ払い込み，また，供託金の受入れを取り扱わない供託所（支局および出張所）にあっては，供託官の認可を受けて供託者が直接日本銀行（供託金取扱店）に払い込むことになっている。

　日本銀行に政府預金として払い込まれた供託金の所有権は日本銀行に移り，日本銀行の他の営業資金と合わせて経理され，日本銀行の一般金融の用に供される。そして，供託所は，日本銀行に対しその返還を請求する債権を有することになる。

(2)　供託有価証券の取扱い

　供託により供託所が受け入れた供託有価証券は，供託所が日本銀行に寄託することとされている（予決令104条，供託有価証券取扱規程1条）。

　上記の日本銀行への寄託は，全ての供託所につき，供託官の認可を受けて供託者が直接供託物である有価証券を日本銀行（供託有価証券取扱店）に納入する方法によってされる。

　日本銀行に納入された供託有価証券は，供託番号ごとに区別され，封筒に入れ，金庫に保管される。

　日本銀行に寄託された供託有価証券は，供託金と異なり，特定物として供託所が受け入れ，日本銀行に寄託したものであるから，国も日本銀行も，当該有価証券につき所有権を取得するものではなく，単に保管するのみで，これを利用して利益を得ることはできない。

　以上のとおり，供託金は，国庫金として日本銀行に払い込まれ，日本銀行に対する消費寄託たる政府預金として保管されるのに対し，供託有価証券は，日本銀行（本・支店，代理店）において特定の寄託物として保管されるのである。

(3)　供託振替国債の取扱い

　供託振替国債は，供託官の認可を受けて，供託者が，日本銀行に開設した供託所の口座の保有欄に当該供託振替国債に係る増額の記載または記録をするために振替の申請をし，供託所の口座の所定の保有欄に増額の記載または記録がされることによって保管される（社株法278条1項）。これにより，当

該振替国債についての権利そのものが供託者から供託所に移転する。したがって，振替国債の供託は，金銭の供託と同様の消費寄託（民法666条）と位置付けられる。

　なお，供託振替国債については，権利者から償還期限や利息の支払期ごとに支払の請求をすることを要せず，償還期限または利息の支払期に日本銀行から口座簿上の名義人（供託所）に償還金または利息の支払が行われ（日本銀行供託振替国債取扱規程3条参照），支払われた償還金または利息は，供託振替国債に代わるものまたは従たるものとして日本銀行に保管され，供託物として維持されるものとされている（社株法278条2項）。これは，供託法4条に相当する規定であるが，供託物払渡請求権者の請求があった場合に限られないという意味で，同条に規定する代供託または附属供託とは異なる。

第3章 供託の当事者

第1節　供託者・被供託者

Q17

供託者とは，どのような者をいうか

A

供託者とは，弁済，担保の提供その他所定の法律上の効果を得ることを目的として，自己の名において供託所に供託物を提出する者をいう。

● 解説

　供託とは，ある財産を，国家機関である供託所に提出して，その管理を委ね，終局的には，供託所を通してその財産をある人に取得させることによって，一定の法律上の目的を達成しようとする制度である。この場合，供託所に一定の財産，すなわち供託物を提出する者を「供託者」という。

(1) 供託者の意義

　供託者とは，弁済，担保の提供その他所定の法律上の効果を得ることを目的として，自己の名において供託物を供託所に提出する者をいう。

　供託者は，「自己の名」において供託をする者であるから，代理人によってされた供託にあっては，本人が供託者であることはいうまでもないが，第三者が債務者に代わって供託する場合（第三者の供託）にあっては，当該第三者が供託者である。また，破産管財人，相続財産管理人，遺言執行者などの他人の財産の管理人は，自己の名において行為をするものであるから，これらの者が財産管理の一環としてする供託にあっては，本人ではなく，当該管理人が供託者であると解される。

供託書には，供託者の氏名および住所（供託者が法人その他の団体であるときは，その名称および主たる事務所）を所定の欄に記載すべきものとされている（規則13条2項1号，4項）。具体的な供託手続において何人が供託者であるかは，供託書の記載によって定まる。

(2) 供託者の法律上の地位

供託者は，供託手続における一方の当事者（他の一方の当事者は，被供託者である。）として，供託手続の遂行上の主体となるものである。

供託者は，供託をすることにより，法が供託に付与している法律上の効果を享受する（ただし，第三者の供託や他人の財産管理人による供託にあっては，当該効果は本人につき生ずる。）とともに，一定の要件の下に供託物の返還を受けうる権利，すなわち「供託物取戻請求権」を取得する（法8条2項）。

このように，供託成立後においては，供託関係における供託者の地位は，専ら供託物取戻請求権の帰属主体としての性質を有することになるから，当該供託物取戻請求権が一般承継（相続，合併）または特定承継（譲渡，転付等）により移転したときは，供託者の地位自体も移転すると解することができる。

(3) 供託者たり得る能力および適格

ある者が供託者として供託を有効に行い得るためには，その者が，供託手続において一般的に供託者となり得る能力（「供託当事者能力」）を有し，かつ，有効に供託手続上の行為を行い得る能力（「供託行為能力」）を有するとともに，当該供託手続に関し供託者たり得る資格（「供託当事者適格」）を有することが必要である。

　a　供託当事者能力について

供託手続においては，私法上の権利能力者である自然人および法人のほか，法人格のない社団または財団であって代表者または管理人の定めのあるもの（いわゆる「権利能力なき社団（または財団）」）についても供託当事者能力が認められている（規則14条3項参照）から，自然人，法人とともに，これら法人格のない社団または財団も供託者となることができる。

b　供託行為能力について

全ての自然人は，供託者となることができるが，未成年者および成年被後見人は，供託行為能力を有しないから，原則として，自ら供託をすることはできず（この場合，供託は，法定代理人（親権者，未成年後見人または成年後見人）が代理して行う。），また，被保佐人は，限定的な供託行為能力を有するにすぎないから，供託をするには原則として保佐人の同意を要するものと解される（民法12条，民訴法31条，32条参照）。

c　供託当事者適格について

具体的な供託手続において，何人が供託者としての適格を有する者であるかは，当該供託の基礎となる実体上の法律関係によって決定される。

弁済供託についていえば，供託者たる適格を有する者は，債務者を原則とするが，第三者も弁済者となりうる範囲内（民法474条）で，供託者としての適格を有することになる。

被供託者とは，どのような者をいうか

A　被供託者とは，供託者が供託所に供託した供託物を，供託所を通して受け取ることにより，その債権（請求権）の満足を受ける者であり，終局的には，自己の名において供託物を受領する者である。

● 解説

供託とは，ある財産，すなわち供託物を国家機関である供託所に提出して，その管理を委ね，終局的には，供託所を通して当該供託物をある人に取

得させることによって，一定の法律上の目的を達成しようとする制度である。この場合において，供託所を通して供託物を受領する者が「被供託者」である。

(1) 被供託者の意義

供託は，通説的な見解では一種の寄託契約であると観念されているが，供託を認める根拠法令の多くのものは，供託を，ある一定の債務者が一定の債権者に対して，その債権（請求権）の満足，またはその満足を担保する等のためにする供託所に対する寄託として構成している。この場合，供託所に提出された供託物を受け取ることにより，その債権の満足を受ける者を「被供託者」という。

被供託者は，終局的には自己の名において供託物を受領する者であるが，被供託者が供託物を受け取るに至る過程及び受け取る態様は一様ではなく，供託の種類により異なる。したがって，被供託者の確定の態様や被供託者が供託関係上有する権利なども，供託の種類によって異なっている。

(2) 被供託者の確定

供託において，供託物の受領者たる被供託者は，例えば，弁済供託にあっては債権者，裁判上の保証供託にあっては担保を供すべき訴訟手続の相手方，各種没取供託にあっては没取の主体などというように，供託当時から定まっている場合が多い。これらの供託においては，供託の成立により被供託者が具体的に確定する。これに対し，営業上の保証供託にあっては当該保証金によって担保される営業取引上の債権者，民事執行法156条に基づき第三債務者からする供託等大部分の執行供託にあっては当該供託金から配当を受けるべき執行債務者の債権者が被供託者であるが，これらの者は，供託当時はいまだ確定しておらず，供託後，取引上の債権の発生あるいは裁判所等の配当機関の配当の実施などによって具体的に確定するものであり，その確定までは，これらの供託における被供託者なるものは観念的存在にすぎない。

なお，供託のなかには，保管供託や仮差押解放金の供託のように，その性質上被供託者なるものを観念する余地のないものもある。

供託の際，被供託者が特定しているときは，供託者は，供託書の所定の欄

に被供託者の氏名および住所（被供託者が法人その他の団体であるときは，その名称および主たる事務所の所在地）を記載しなければならない（規則13条2項6号，4項）。ただし，下記(3)記載のとおり，供託金還付請求権は自由に処分し得るものもあることから，供託書の被供託者欄に記載された者と最終的に還付請求し得る者は異なり得ることに留意する必要がある。

(3) 被供託者の権利

被供託者が供託所から供託物を受け取ることを供託物の還付と称し，弁済供託等多くの供託にあっては，被供託者は，供託所に対し一定の要件の下に供託物の還付を受ける権利，すなわち供託物還付請求権を取得し，その権利を行使して供託物の交付を受けることになる。この供託物還付請求権は，供託所（国）を債務者とする一種の債権であり，被供託者はこれを自由に処分（譲渡，質入れ等）することができ，また被供託者の債権者においてこれを差し押さえることもできる。

Q19 供託には，必ず被供託者が存在するか

A 供託には，原則として被供託者が存在するが，供託の種類により，供託の当初から被供託者が具体的に確定している供託と，供託の当初は被供託者は単に観念的存在にすぎず，後に一定の事由の発生により被供託者が具体的に確定する供託とがある。なお，例外的に，その性質上，被供託者の存在しない供託もある。

● 解説

　供託を認める根拠法令の多くのものは，供託は，ある一定の債務者が一定の債権者に対して，その債権（請求権）の満足またはその満足を担保する等のために供託物を供託所に寄託するという構成をとる。この場合において，その寄託された供託物を供託所から受け取ることによってその債権（請求権）の満足等を受ける者が被供託者である。

　この意味における被供託者は，後記の特殊な供託を除き，原則として全ての供託において認められるものであるが，供託の種類によっては，被供託者が，供託の当時から具体的に確定しているものと，供託の当時は単に観念的な存在にすぎず，供託後の一定の事由の発生により具体的に確定するものとがある。

(1)　被供託者が当初から確定している供託

　弁済供託，裁判上の保証供託，選挙供託等大部分の供託においては，例えば，弁済供託にあっては債権者，裁判上の保証供託にあっては当該担保を供すべき裁判上の手続の相手方（仮差押保証の場合の仮差押債務者等），選挙供託にあっては没取の主体である国または地方公共団体というように，供託の当時から被供託者が具体的に確定している。

(2)　被供託者が供託当初は確定していない供託

　これに対し，例えば，営業上の保証供託にあっては，当該保証金によって担保される者，すなわち当該営業者との取引によって債権を有するに至った者，または，その者の事業活動によって損害を被った者が被供託者であるが，これらの被供託者は，被担保債権が具体的に発生した時にはじめて確定するのであって，それまでは観念的存在にすぎない。

　また，民事執行法156条に基づく第三債務者のする執行供託にあっては，当該供託金から配当等を受けるべき差押債権者，その他の債権者（配当要求債権者等）が被供託者であるが，これらの債権者は，執行裁判所の配当等の実施としての支払委託によって具体的に確定するのであって，それまではやはり観念的存在にすぎない。

このように，これらの供託においても，被供託者なるものは，供託の当初は観念的には存在するが，具体的に確定しておらず，供託後の一定の事由の発生によって，具体的に確定することになる。

(3) 被供託者の存在しない供託

　供託には，供託の当初から具体的に確定しているか，当初は観念的存在にすぎないかの違いがあるものの，被供託者が存在するのが原則である。ところが，供託のなかには，供託物の払渡しは専ら供託者の取戻請求の方法のみによるものとし，被供託者なるものが存在しない特殊なものがある。

　保管供託は，目的物の散逸を防止するため供託物そのものの保全を目的としてされる特殊な供託であるから，その性質上被供託者なるものは存在しない。

　執行供託のうち，民事執行法137条に基づく執行停止中の差押物の売却による売得金の供託，民事保全法49条に基づく仮差押えの執行に係る金銭や保管に適しない動産の売却による売得金の供託等，執行官による動産執行手続上の一定の供託にあっては，その供託目的物が差押物またはそれに代わるべきものであるという性質上，その払渡しは専ら供託者たる執行官の取戻請求によってするものとされているところから，これらの供託にあっては，被供託者なるものは存在しない。

　さらに，民事保全法22条1項の仮差押解放金については，当該解放金が供託されると，仮差押債権者の本来の仮差押え（例えば不動産に対する仮差押え等）の執行の効力が，供託された解放金，より正確には，供託者の供託金取戻請求権の上に移行するものと解される。したがって，仮差押債権者は，供託者の供託金取戻請求権に対する仮差押債権者としての地位を有するものにすぎず，供託された解放金から自己の債権（被保全債権）の満足を得るためには，更に，債務名義を得て本執行としての差押えをし，供託者の供託金取戻請求権に対する差押債権者としてこれを行使する方法（転付または取立て）によることになるわけであるから，仮差押解放金の供託においては，仮差押債権者は被供託者とはいえない。したがって，仮差押解放金の供託については，被供託者は存在しないと解すべきである（実務においても，

そのような見解に基づいて，供託書の「被供託者」欄の記載を要しないものとする取扱いがされている。)。

(4) 供託書における被供託者の表示

供託をしようとする者は，供託の種類に従い，法定の書式による供託書を供託所に提出しなければならず（規則13条1項，3項，16条の2第1項），供託書には，被供託者が特定できるときはその者の氏名および住所（法人等については，その名称および主たる事務所）を記載しなければならないものとされている（規則13条2項6号，4項）。したがって，供託の当初から被供託者が確定している供託（前記弁済供託，裁判上の保証供託，選挙供託等）については，供託書の「被供託者」欄に被供託者を記載しなければならない。

それに対し，供託者なるものが存在しない供託（前記保管供託，一定の執行供託，解放金供託等）はもちろん，被供託者は存在するが，それが供託当初具体的に確定していない種類の供託（前記営業上の保証供託，一定の執行供託等）については，供託書に被供託者の記載をすることを要しない。

第2節　供託の当事者能力・行為能力

Q20

供託の当事者能力とは，どのようなものか

A

供託手続の当事者，すなわち供託者，被供託者となり得る資格または能力を，供託当事者能力という。自然人および法人のほか，法人でない社団または財団で代表者または管理人の定めのあるもの（いわゆる権利能力なき社団または財団）も，供託当事者能力が認められる。

● 解説

(1) 供託当事者能力の意義

供託手続の当事者，すなわち供託者，被供託者となり得る能力を「供託当事者能力」という。この供託当事者能力は，具体的事件と関係なく，一般的に供託者として供託をし，被供託者として供託の相手方となることができる資格または能力をいい，私法上の権利・義務の主体となり得る「権利能力」や訴訟手続の当事者となり得る「訴訟当事者能力」と同様に一般的能力であるから，個々の具体的事件について認められる「供託当事者適格」とは区別しなければならない。

(2) 供託当事者能力を有する者

いかなる者に供託当事者能力を認めるべきかについては，供託法上別段の定めをしていないので，民法その他の法令の定めるところに従うべきである（民訴法28条参照）。したがって，私法上の権利能力者である自然人および法

人が供託当事者能力を有することはいうまでもない。さらに，法人格を有しない社団または財団であっても，その代表者または管理人の定めのあるもの（いわゆる「権利能力なき社団または財団」）については，Q21にあるとおり，供託当事者能力を認めて差し支えない（民訴法29条参照）。実務上も従来から認められていたが，昭和53年の供託規則の改正（同年法務省令第4号）によって法人でない社団または財団が供託者または被供託者等になる場合の具体的手続が明確にされた（規則13条2項1号・6号・14条3項・22条2項8号・26条2項等）が，これらの規定は，権利能力なき社団または財団が供託当事者能力を有することを当然の前提として規定されているものである。

法人格のない社団または財団は，供託することができるか

法人格のない社団または財団で代表者または管理人の定めのあるものは，供託当事者能力が認められるから，法人格なき社団または財団の名をもって供託することができる。

● 解説

(1) 法人格のない社団または財団の供託当事者能力

供託手続の当事者，すなわち供託者または被供託者となることができる一般的能力を「供託当事者能力」という。供託法は，供託当事者能力につき一般的な規定を置いていないので，供託当事者能力については，民法その他の法令の定めるところに従うことになる（民訴法28条参照）。

民法上の権利能力者である自然人および法人が，供託手続上においても当

事者能力を認められることはもちろんであるが，法人格のない社団または財団であっても，代表者または管理人の定めがあるものについては，供託当事者能力が認められる。

　民法は，法定の手続を踏み，法定の機構を備えたもの（準則主義）に限って法人とし，これ以外の団体については権利義務の主体たり得る権利能力を認めない態度をとっている（民法33条）。また，不動産登記手続においても，法人格のない社団または財団については，登記能力を認めず，これらの団体が登記名義人となることはできないものとされている（最高判昭59.10.15民集18巻8号113頁，昭36.7.21民事局第三課長回答・先例集(3)588頁）。

　しかし，法人格のない社団または財団も，社会的には取引関係の当事者となり，経済活動の主体となり得るものであって，これらの活動に伴う紛争の解決のための訴訟手続においてもこれを当事者として取り扱うのが相当であることから，民事訴訟法は，法人格のない社団または財団であっても，代表者または管理人の定めのある程度に外部に対し明確な組織をもっているものについては，訴訟当事者能力を認め，団体そのものの名で原告，被告等訴訟手続の当事者となることができるものとしている（民訴法29条）。

　供託手続も，取引の安全や権利の保護に資する民事制度であることから，訴訟手続の場合と同様の理由により，法人格のない社団または財団であって，代表者または管理人の定めのあるものにつき，供託当事者能力を認める取扱いがされている（規則13条2項1号）。

　ここで，供託当事者能力が認められる法人格のない社団とは，一定の目的のための多数人の結合体であって，その構成員各自の生活活動から独立した社会活動を営むと認め得る程度に達しているものであり，例えば，学校の自治会，ＰＴＡ，青年団，政党，町内会・自治会，設立中の会社，認許されない外国法人，入会権の主体たる部落等がこれに当たる。また，法人格のない財団とは，個人の帰属を離れて，一定の目的のための管理機構に服している財産の集合体であり，例えば，法人組織となっていない図書館，美術館，各種資料館，育英会，老人ホーム等各種福祉施設や育英基金等がこれに当たる。

これらの法人格のない社団または財団は，団体自身の名をもって供託することができるのである（これらの団体を被供託者とする供託も可能であることは，いうまでもない。）。

(2)　法人格のない社団または財団による供託の手続

　法人格のない社団または財団が供託者として供託する場合の手続は，法人が供託する場合と基本的には異ならないが，次の点に留意すべきである。

① 　供託者は当該社団または財団自体であるが，供託申請は代表者または管理人が代表してこれをする。したがって，供託書には，供託者として当該社団または財団の名称および主たる事務所のほか，代表者または管理人の氏名を記載しなければならない（規則13条2項1号，4項）。

② 　当該社団または財団の定款または寄附行為および代表者または管理人の資格を証する書面を供託書に添付して申請しなければならない（規則14条3項）。ここでいう定款または寄附行為とは，要するに当該社団または財団の根本規則のことである（会則，規約等その名称のいかんを問わない。）。また，代表者または管理人の資格を証する書面とは，供託申請を行う者が当該社団または財団の代表権限を有する者であることを証明する書面であり，具体的には，総会等の代表者選任議事録，代表者または管理人を定めた規約，代表者または管理人となることを約した委任契約書または委任状等がこれにあたる（昭26.10.30民事甲第2105号民事局長回答）。

第3章　供託の当事者

未成年者は，供託することができるか

未成年者も供託者となることはできるが，供託申請は，未成年者自らはすることができず，法定代理人が未成年者を代理してのみすることができる。

● 解 説

(1) 供託行為能力

　自然人は，全て供託当事者能力を有し，供託の当事者すなわち供託者または被供託者となることができるが，自ら供託手続を有効に行うためには，さらに行為能力を必要とする。このように，一般的に供託手続上の行為を自ら有効に行うことができる能力，すなわち「供託行為能力」についても，供託法令上別段の規定を設けていないので，供託当事者能力同様，民法その他の法令の定めるところに従って決すべきである（民訴法28条参照）。供託実務の先例も，供託者の能力については「法律行為ノ行為能力ノ規定ニ律セラルベキモノトス」としている（大正11.3.3民事局長回答・先例集⑴58頁）。

　したがって，意思無能力者および成年被後見人は，単独では一切の法律行為をすることができない者であるから，供託法上も行為能力は認められず，これらの者が供託の申請，供託物の払渡請求等供託手続上の行為をするには，法定代理人（親権者，未成年後見人，成年後見人）が代理してしなければならない。

　被保佐人については，行為能力が制限され，供託の申請，弁済供託の受諾，供託物の還付，取戻請求等重要な行為をするには，保佐人の同意を要するものと解すべきである（民法13条，民訴法32条参照）。もっとも，債務の弁済は，被保佐人が単独ですることができるから，弁済供託の申請については

57

保佐人の同意を要しないと解すべきであろう（民法13条）。
　供託行為能力に関し，最も問題となるのは，意思能力を有する未成年者の場合である。
(2)　未成年者の供託行為能力
　未成年者も，民法上制限行為能力者とされ，未成年者が財産上の行為をするについては，法定代理人（親権者または未成年後見人）が代理してするか，または，法定代理人の同意を得なければならないものとされている（民法5条）。他方，民事訴訟法上，未成年者を原則として完全訴訟無能力者とし，例外的に独立して法律行為をすることができる場合を除き，自ら訴訟行為をすることができず，法定代理人によってのみ訴訟行為をすることができるものとされている（民訴法31条）。供託手続は，国家機関たる供託所を中心とし，供託者，被供託者の二当事者によって進行される民事手続たる性質を有することから，未成年者の供託能力についても，訴訟能力に準じ，民法6条による営業の許可などに基づいて行為能力が認められている場合を除いては，独立して供託行為能力は認められず，未成年者は，法定代理人によってのみ供託手続に関する行為をすることができるにすぎないものと解すべきであろう（水田＝中川・供託法精義123頁）。実務の取扱いも，この見解によっているものと思われる。
　もっとも，未成年者の供託行為能力を訴訟能力と同一視する上記見解に対しては，供託手続上の行為は訴訟上の行為ほど複雑又は高度の能力を必要とするものではなく，弁済供託については，法定代理人の同意があれば未成年者が債権者に直接弁済することができるのに比し不均衡であることなどを理由に，反対する見解もある（平井「供託先例判例百選」別冊ジュリスト158号9頁）。
(3)　未成年者による供託
　a　以上のように，未成年者は，供託当事者能力を有し，供託者となることができるが，その供託申請行為は未成年者自らはすることができず，法定代理人（親権者または未成年後見人）が未成年者を代理してのみすることができるものと解されている。したがって，私法上の法律行為のように法定代

理人の同意を得て未成年者が単独で供託申請をすることは認められないものと解される。なお，複数の法定代理人がある場合（例えば，婚姻中の父と母）は，供託申請も原則として共同でしなければならないものと解される（民法818条3項）。

　未成年者が単独でした供託は，取り消しうべき供託ではなく，無効であると解すべきである。

　b　未成年者につき例外的に行為能力が認められる場合，例えば，未成年者が民法6条により営業の許可を得ている場合には，その営業に基づく供託（営業上の保証供託や当該営業に関する弁済供託や裁判上の保証供託等）は，当該未成年者が単独で有効に行うことができることはいうまでもない（民訴法31条ただし書参照）。

　c　現行の供託実務においては，供託申請につき，本人出頭主義を採用せず，また供託者本人の住民票や戸籍謄本等の提出を要求しておらず，更には使者による供託申請も認められていること等から，書面に基づく形式審査の限りでは，供託官には供託者が未成年者か否かは通常判明しない実情にある。したがって，供託の申請については，理論上の問題は別として，実際には未成年者の供託行為能力が問題となることはまれであろう。

第3節 供託の当事者適格

供託の当事者適格とは，どのようなものか

　個々の具体的な供託手続において，供託者となって供託をし，または，被供託者として供託の相手方となるのに必要な資格，換言すれば，当該供託の正当な当事者となる資格を供託当事者適格という。何人が供託当事者適格を有するかは，当該供託の基礎たる実体上の法律関係によって決定される。

● 解説

(1) 供託当事者適格の意義

　供託手続上，供託当事者，すなわち供託者または被供託者として供託手続を遂行するために必要な資格を，「供託当事者適格」と称する。この供託当事者適格は，供託当事者に関する一般的な能力である供託当事者能力や供託行為能力とは異なり，個々の具体的な供託手続において，何人が供託者となり，何人を被供託者とするのが相当か，換言すれば，何人が当該供託の正当な当事者であるかという問題である。

　供託手続において供託者，被供託者双方が正当な当事者であること，すなわち当事者適格を有することは，供託要件の一つであり，これを欠く供託は効力を有しない（供託申請の際，書面上そのことが明らかである場合は，当該供託は受理されない。）。

(2) 各種供託における当事者適格

供託当事者適格は，当該供託の基礎となる実体上の法律関係によって決定される。

　a　弁済供託においては，供託者となるべき者は弁済をすべき債務者であるが，第三者もまた，債務者のために弁済を行いうる範囲（民法474条・499条・500条参照）では供託をすることができるから，これらの第三者も供託者としての当事者適格を有する。なお，破産管財人，遺言執行者等，自己の名において他人の財産を管理する権限を有する者は，当該管理に係る財産に関する債務の弁済供託につき供託者としての当事者適格を有するものと解される。

　弁済供託において，正当な被供託者，すなわち被供託者としての当事者適格を有する者は，債権者（債権者不確知に基づく供託の場合には，後に確定されるべき債権者）である。

　b　担保（保証）供託においては，供託者となるべき者は，法令または裁判所等の命令により担保提供の義務を負う者（例えば，仮差押命令の保証供託にあっては当該仮差押債権者，営業上の保証供託にあっては当該営業者）である。なお，裁判上の保証供託については，第三者も本人に代わって供託することが認められている（昭18.8.13民事甲第511号通達，昭35年度全国会同決議5問・先例集(3)1頁参照）ので，これらの第三者も供託者としての適格を有する。これに対し，営業上の保証供託については，その性質上第三者による供託は許されないものと解されている（昭37.11.25松山地方法務局決議，昭38.5.27民事甲第1569号認可2問・先例集(3)288頁，昭39年度全国会同決議10問・先例集(3)413頁）から，営業者以外の第三者は供託者としての適格を有しないものと解される。

　担保（保証）供託の被供託者とは，当該供託物について法定の担保権または優先弁済権を取得すべき者であるが，裁判上の保証供託のように，供託当時既に担保権者となるべき者が定まっている場合（例えば，仮差押命令の保証供託にあっては仮差押債務者）には，供託の成立により，被供託者が具体的に確定するが，営業上の保証供託のように，不特定の者に対し将来発生する債務を担保するものにあっては，当該被担保債権が具体的に確定するまで

は，被供託者も確定しないことになる。

c　執行供託においては，民事執行法，滞調法等，供託根拠法令において定められている当該執行手続の執行機関（執行裁判所書記官または執行官）または債権差押え（仮差押え）の場合における第三債務者が，供託者となるべき者である。また，被供託者は当該供託物から配当等を受けるべき執行債務者の債権者であるが，これらの者は執行機関の配当手続によって確定するのが通常である。

d　没取供託，保管供託にあっては，それぞれの供託根拠法令において，供託者および被供託者となるべき者が具体的に規定されているから，これらの供託について供託当事者適格が特に問題となることはない。

Q24 第三者による供託とは，どのようなものか

A　本来供託者となるべき者（本人）に代わって，それ以外の第三者が供託者となって本人のために供託する場合を，第三者による供託（「第三者供託」ともいう。）という。

第三者による供託は，すべての種類の供託につき認められるのではなく，弁済供託や裁判上の保証供託については認められるが，営業上の保証供託，仮差押解放金の供託等においては，その性質上認められない。

● 解説

供託の当事者適格（誰が供託者となるか）については，それぞれの供託の根拠法令によって定まる実体上の法律関係によって決定されるものである。

したがって，弁済供託にあっては債務者，保証供託にあっては法令上担保提供義務を負う者，金銭債権に対し強制執行等がされた場合における民事執行法156条等に基づく執行供託にあっては第三債務者が，本来供託者となるべき者である。

ところで，供託の種類によっては，本来の供託者となる適格を有する者（以下「本人」という。）に代わって，本人以外の第三者が供託者となって供託をすることが認められる場合がある。

このように，第三者が供託者として本人に代わって供託する場合を，実務上「第三者供託」と称している。そして，第三者供託が許される限度で，当該第三者も供託者としての当事者適格を有することになる。

第三者による供託は，本人自身が供託した場合と同様の効果が生ずる。したがって，第三者による弁済供託にあっては，本人につき債務弁済の効果が生ずる。

以下，主要な供託につき，第三者供託の可否およびそれが認められる場合の供託の方法等について述べる。

(1) 各種供託と第三者供託

a 弁済供託

弁済供託をすることができる者は弁済をすべき債務者であるが，第三者も，債務者のために弁済（第三者弁済）ができる範囲では，供託者となることができる。弁済供託は，債務の弁済をしようとしても債権者側の一定の事情によって弁済をすることができない場合において，供託をすることによって弁済をしたのと同等の法律効果を得させようとする制度であるから，弁済をすることができる者は，当然，弁済に代えて供託をすることもできる。

ところで，民法474条は，第三者も弁済をすることができることを原則としつつ，①債務の性質がこれを許さないとき，②当事者が反対の意思を表示したとき，および③第三者が利害関係を有しない場合において，当該第三者による弁済が債務者の意思に反するときは，第三者弁済は許されないとしている。もっとも，上記①の点は，弁済供託の対象となる金銭その他の物の給付を目的とする債務については，通常問題とならないから，第三者は，②，

③の事情がない限り，債務者に代わって弁済をすることができる。その場合において，民法494条所定の供託原因が存するときは，第三者は，自ら弁済に代えて供託をすることができる。

　第三者が供託者として弁済供託を申請する場合には，供託書中に供託に係る債務を特定するために債務者本人を明らかにし，第三者として供託する旨を記載する必要があるが，必ずしも第三者弁済が許される事由，すなわち当事者が反対の意思を表示していないこと，法律上の利害関係を有すること，または法律上の利害関係を有しない場合において，債務者の意思に反していないことを記載しなくてもよいとされている（昭53年度全国会同決議，受入関係1問・先例集(6)169頁）。これは，第三者が弁済供託をする場合には，民法474条所定の第三者弁済の要件を具備しているのが通常であると考えられるところから，供託書上に特にその旨の記載がなくても供託を受理する取扱いとしているものであって，第三者供託をすることができる者の範囲を民法474条所定の第三者弁済をすることができる者の範囲以上に拡大する趣旨ではない（利害関係を有しない第三者が債務者の意思に反して行った弁済供託は，当事者適格を有しない者によってされた供託として，無効である。）なお，民法474条2項の「債務者の意思に反して」というその意思は，第三者が弁済する際に確定的なものであり，しかも，これを認識することができる客観的な事情も相当に顕著なものであることを要するというように厳格に解されており（我妻・新訂債権総論245頁），弁済供託における第三者の当事者適格が問題となることは，あまりないであろう。

　b　裁判上の保証供託

　裁判上の保証供託にあっては，裁判所の立担保命令等によって担保提供を命ぜられた当事者が供託者となるのが原則であるが，第三者も本人に代わって供託をすることができるものとされている（大判大2.1.30民録19輯21頁）。

　第三者が裁判上の保証供託をするには，供託書上に第三者の住所，氏名を供託者として表示し，第三者として供託する旨を備考欄等に記載して明らかにすればよい（昭18.8.13民事甲第511号通達）。

　供託実務においては，相手方の同意がなくても供託をすることができるも

のとされている（昭35年度全国会同決議5問）。裁判上の保証供託は，供託物によって，保全処分や仮執行等の執行によって相手方（被供託者）が被る損害を担保するためのものであり，相手方は供託物について，他の債権者に先立ち弁済を受ける権利を有するとされているところ（民訴法77条），このような裁判上の保証供託の機能的側面からみると，第三者のした保証供託も，当事者のした保証供託も，相手方が供託物上に前記の権利を有することになる点においては全く同一であり，第三者による供託が特に相手方に不利益を与えるものではないから，相手方の同意がなくても第三者による裁判上の保証供託を認めて差し支えないわけである。

(2) 営業上の保証供託

営業上の保証供託は，当該営業者との取引により債権を取得するようになった者，またはその営業者の事業活動により損害を被った者等の債権を担保するものであり，担保としての機能面からみれば，前記裁判上の保証供託と同様，第三者供託を認めてもよいようにも思われるが，供託の実務においては，営業主以外の第三者による供託は許されないものとされている（昭38.5.27民事甲第1569号認可2問・先例集(3)288頁，昭39年度全国会同決議10問・先例集(3)413頁）。これは，営業上の保証供託には営業者の信用力を確認する目的があるため，第三者が代わって供託をすることはその性質上相当でないと解されるからであろう。

(3) 仮差押解放金の供託

仮差押えを受けた債務者は，仮差押命令に記載された解放金（保全法22条1項）を供託すれば，当該仮差押えの執行が取り消され，仮差押えの目的物は解放される（保全法51条1項）。

この仮差押解放金を仮差押債務者以外の第三者が供託することができるか否かについては，第三者による供託は受理することができないとするのが供託実務の確立した取扱いであり（昭42年度全国会同決議，受入関係3問・先例集(4)327頁），下級審ではあるが裁判例も上記実務の取扱いを肯定している（高松高決昭57.6.23判例時報1057号76頁）。

仮差押解放金は，本来の仮差押えの目的物に代わるものであり，仮差押

の執行の効力は，解放金として供託された供託金（より正確には，供託者が供託所に対し有する供託物取戻請求権）の上に移行するため，仮差押債権者は，自己の債権（被保全債権）につき解放金から満足を得るためには，債務名義を得た上で，上記供託物取戻請求権に対し債権執行の方法により本執行をしなければならない（札幌高決昭36.10.12高民14巻7号489頁）。ところが，仮に第三者が解放金の供託をしたときは，当該第三者が供託者として供託物取戻請求権を有することになるところ，仮差押債権者の仮差押債務者に対する仮差押えの効力が，第三者の供託物取戻請求権の上に及ぶと解することは困難であり，更に，仮差押債権者が解放金＝供託物取戻請求権につき本執行をしようとしても，当該供託物取戻請求権が仮差押債務者ではなく第三者に帰属する以上，本執行は不可能であるものと思われる。したがって，仮差押解放金の供託については，第三者供託は認められないわけである。仮処分解放金についても，結論としてはこれと同様に第三者供託は認められない。

(4) その他の供託

　a　民事執行法に基づく執行供託については，供託の基礎となっている実体上の法律関係は，専ら執行手続上のものであるから，同法が供託を義務付けまたは許容した執行手続上の当事者以外の第三者が供託当事者となることはできず，第三者による供託は許されないものと解すべきである（もっとも，民執法156条に基づく債権差押えの第三債務者による供託については，弁済供託に準じ，第三債務者以外の者も供託し得るという考えもあり得る。）。

　b　没取供託，保管供託においては，それらの供託の性質上，第三者供託は許されないものと解される。

第4章 供託の目的物

第1節 金銭

Q25

供託することができる金銭は，わが国の通貨に限られるか

A

供託することができる金銭は，わが国の通貨に限られる。外国の通貨は含まれない。

● 解説

　金銭債務の弁済をする場合には，債務者はその選択に従って各種の通貨をもって弁済をすることができる（民法402条1項）。

　しかし，この場合における「通貨」は，国家が法律をもって支払手段としての強制通用力を認めた金銭でなければならない。

　わが国における現在の通貨には，不換紙幣たる日本銀行券と，金属貨幣たる補助貨幣とがある。前者は，その種類を問わず無制限に通用力がある（日本銀行法46条2項）。後者は，各種類ごとに通用限度が決められており，債権者は一定限度以上の受領を強制されることはない（通貨の単位及び貨幣の発行等に関する法律7条）。

　ちなみに，法律上強制通用力はないが，取引上金銭として通用しているものを「自由貨幣」と呼ぶ。一定額以上の補助貨幣はこれに属する。

　なお，外国通貨もわが国では強制通用力がなく自由貨幣として流通しうるのみであるが，外国通貨の給付をもって金銭債権の目的としている場合においては，民法402条3項の規定により，内国通貨に準じて取り扱われること

とされている。

しかし，これは一般的に外国の通貨について日本の通貨としての効力を認めたわけではないので，供託の目的物として供託することができる金銭は，わが国内において流通するわが国の「通貨」に限られる。

Q26

債務額に１円未満の端数があるときは，どうすればよいか

A

債務額に１円未満の端数があるときは，「通貨の単位及び貨幣の発行等に関する法律」３条により計算した金額（端数が50銭未満であれば切り捨て，50銭以上であれば１円）を供託すべきである。

なお，この場合には，その旨を供託書に記載することを要する。

ただし，国等が債務者となり供託すべき金銭に１円未満の端数のあるときは，同法によらず「国等の債権債務等の金額の端数計算に関する法律」の規定により計算すべきである。

また，払い渡すべき供託金額に１円未満の端数があるときについても，「国等の債権債務等の金額の端数計算に関する法律」の規定により計算した金額を払い渡すべきである。

● 解説

「小額通貨の整理及び支払金の端数計算に関する法律」（昭和28年法律第60号）の施行に伴い，一般に１円未満の小額通貨は，昭和28年12月末日限り

その通用を禁止された。これにより，債務額に1円未満の端数のあるものについて弁済のため供託をする場合には，同法11条の規定により計算した金額を供託することとされた（昭28.12.24民甲第2466号通達）。なお，現在，同法は廃止され，「通貨の単位及び貨幣の発行等に関する法律」（昭和62年法律第42号）が制定されており，同法3条1項がこれに相当する規定である。

　ところで，同法3条1項の規定によれば，債務の弁済を現金の支払により行う場合において，その支払うべき金額（数個の債務の弁済を同時に現金の支払により行う場合においては，その支払うべき金額の合計額）に50銭未満の端数があるとき，またはその支払うべき金額の全額が50銭未満であるときは，その端数金額または支払うべき金額の全額を切り捨てて計算するものとし，その支払うべき金額に50銭以上1円未満の端数があるとき，またはその支払うべき金額の全額が50銭以上1円未満であるときは，その端数金額または支払うべき金額の全額を1円として計算するものとされている。したがって，弁済供託をする場合においても，この金額をもって供託すべきである。

　具体的には，例えば，債務の額が15万3249円49銭である場合には，供託すべき額は，

　　15万3249円49銭→（50銭未満切捨て）15万3249円

となり，

　債務の額が15万3249円50銭である場合には，供託すべき額は，

　　15万3249円50銭→（50銭以上切上げ）15万3250円

となる。

　なお，この場合には，通貨の単位及び貨幣の発行等に関する法律3条により算出したものである旨を供託書に記載することを要するが，その記載がない場合であっても，必ずしも補正を必要とせず，そのまま受理して差し支えない（昭44年度全国会同決議，受入関係12問・先例集(5)99頁）。

　また，国等が債務者となり供託すべき金額に1円未満の端数がある場合または払い渡すべき供託金額に1円未満の端数がある場合については，「国等の債権債務等の金額の端数計算に関する法律」（昭和25年法律第61号）の規定

により計算するものとされている。同法2条の規定によれば，国等の債権で金銭の給付を目的とするものまたは国等の債務で金銭の給付を目的とするものの確定金額に1円未満の端数があるときは，その端数金額を切り捨てるものとし，また，国等の債権の確定金額の全額が1円未満であるときは，その全額を切り捨て，国等の債務の確定金額の全額が1円未満であるときは，その金額を1円として計算する（ただし，国等の相互間の債権または債務の確定金額の全額が1円未満であるときは，その全額を切り捨てる。）ものとされている。したがって，払い渡すべき供託金額に1円未満の端数があるときは，同法により計算した金額を払い渡すべきである。

具体的には，例えば，払い渡すべき供託金の額が15万3249円72銭である場合には，払い渡すべき額は，

　　15万3249円72銭→（1円未満切捨て）15万3249円
となる。

Q27 金銭を供託すべき場合において，小切手の供託をすることはできるか

A 日本銀行を支払人として政府，地方公共団体，公団，公庫等が振り出した小切手または払込委託銀行の振り出した自己宛小切手（預金小切手）については，現金の代用として供託することができる。

● 解説

金銭を供託すべき場合において，小切手を供託することができるかどうか

は，具体的な事案によって異なる（昭41.7.5民甲第1749号認可2問・先例集(4) 192頁）が，供託金の受入れを取り扱う供託所においては，供託官は，相当と認めるときは，日本銀行を支払人として政府，地方公共団体，公団，公庫，公社または銀行が振り出した小切手または供託金の払込みを委託している市中銀行等（払込委託銀行）の振り出した自己宛小切手（いわゆる預手）を金銭に代えて領収することができる（準則39条）。

なお，この小切手による納付は，供託者の利便および供託所の負担軽減を図る趣旨により認められたものであるから，あらかじめ払込委託銀行とその取扱いについて十分協議のうえ，活用することが望ましい（昭53.2.1民四第603号通知）。

銀行振出しの自己宛小切手を金銭の弁済供託として供託することができるとした先例として，「供託官を受取人とした銀行の自己宛小切手等きわめて安全な小切手については，便宜金銭に代えて供託を受理することができる」（昭35.11.9〜10全国会同決議・先例集(3) 1頁），「条件附賃貸借契約の前家賃等として受け取った銀行振出自己宛小切手は，当該条件が不成就に終わると思われる場合に，金銭の弁済供託として供託することができる」（昭31.9.12民甲第2090号回答）などがある。

銀行の振り出した自己宛小切手（いわゆる預手）は通常その支払が確実であるところから，取引界においては現金と同様に取り扱われており，現金持ち歩きの危険を避けるため，預手の授受をもって現金の支払に代えることが少なくない。判例も銀行振出しの自己宛小切手の提供をもって，金銭債務の本旨に従った弁済の提供であるとしている（最判昭37.9.21民集16巻9号2041頁，最判昭35.11.22民集14巻13号2827頁，最判昭48.12.11）。供託実務の取扱いにおいても，金銭供託における金銭の代用として一定の範囲の小切手の使用が認められているのは，取引界における上記のような実情等が考慮されたものであるといえる。

第2節　有価証券

Q28

有価証券による供託は，主にどのような場合にすることができるか

A　有価証券の供託は，営業上の保証供託，裁判上の担保供託等その他有価証券による供託を認める各根拠法令に基づきすることができる。

● 解説

供託は，民法，商法，宅地建物取引業法等の法令に，供託を義務付け，または供託をすることができる旨の規定がある場合においてすることができる。供託をすることができる場合において，有価証券を供託物とすることができるか否かについても，各供託根拠法令の定めいかんによることとなる。

以下，供託の種類別に，有価証券による供託が認められている主な例を説明する。

(1)　弁済供託

弁済供託については，弁済の目的物を供託してその債務を免れることができると規定されているので（民法494条），弁済の目的物が有価証券そのものである場合には，当該有価証券を供託することができる（昭30.6.1民事甲第1131号民事局長回答）。

(2)　担保（保証）供託

a　営業上の保証供託

営業上の保証供託については，それぞれの業法の規定により供託によって担保を供すべきものとされている場合に限って供託をすることができるところ，供託物として有価証券による供託を認めている主なものとしては，宅地建物取引業（宅建業法25条3項），旅行業（旅行業法8条6項），家畜商（家畜商法10条の3第2項）等がある。

しかし，営業上の保証供託であっても，水洗炭業（水洗炭業に関する法律21条1項）のように有価証券による供託を認めていないものもある。

　b　裁判上の担保供託

訴訟行為または裁判上の処分をすることについての担保を，供託の方法をもって提供する場合がある（民訴法75条等）。この場合の担保の提供の方法については，金銭または裁判所が相当と認める有価証券の供託が認められている（民訴法76条，民執法15条1項，保全法4条1項）。

　c　税法上の担保供託その他

相続税や消費税等の国税の延納を許可し，またはその徴収を猶予する場合には，その納付または徴収を確保するため，納税者に一定の担保を提供させるものとしているが，この場合にも，有価証券による供託が認められている（国税通則法50条1号・2号，国税通則法施行令16条1項）。

　(3)　執行供託

第三債務者の供託は，「金銭」を債務の履行地の供託所に供託することとされており（民執法156条等），執行官のする売得金の供託（民執法137条2項等）も「金銭」である。

　(4)　没取供託

特殊な目的で供託がされ，国または地方公共団体がその供託物を没取する場合がある。例えば，公職の候補者の届出または推薦届出をしようとする者については，有価証券による供託も認められている（公選法92条）。同様に，独占禁止法70条の6・70条の14に定める公正取引委員会の排除措置命令または裁判所の緊急停止命令の執行の免除のための供託についても，有価証券による供託が認められている。

　(5)　保管供託

目的物の散逸を防止するため供託物そのものの保全を目的としてされる供託であるが，銀行，保険会社等の業績悪化に伴い監督官庁が供託を命ずる場合には，有価証券による供託が認められている（銀行法26条，保険業法132条・204条等）。

Q29 供託することができる有価証券の種類に制限があるか

供託することができる有価証券の種類には，法令に別段の定めがない限り，制限はない。

● 解説

有価証券とは，財産権を表章する証券であって，本邦内において転々流通する性質のものをいう。国債，地方債，株券，社債券，特殊法人の発行する債券等がそれであるが，供託することができる有価証券の種類については，法令に別段の定めがない限り，制限はない。

しかし，有価証券による供託を認めている供託根拠法令のなかには，供託することができる有価証券の種類につき特に制限を設けている場合がある。以下，その種類に制限がある場合について説明する。

(1) 営業上の保証供託

営業上の保証供託については，宅地建物取引業（宅建業法25条3項），旅行業（旅行業法8条6項），家畜商（家畜商法10条の3第2項）等につき有価証券による供託が認められているが，いずれの業法も供託することができる有価証券の種類を定めている。例えば，宅地建物取引業にあっては，宅地建物取

引業法25条3項で「営業保証金は，国土交通省令で定めるところにより，国債証券，地方債証券その他の国土交通省令で定める有価証券（社債，株式等の振替に関する法律（平成13年法律第75号）第278条第1項に規定する振替債を含む。）をもって，これに充てることができる」と規定し，国土交通省令（宅建業法施行規則15条の2），および国土交通省告示によって，供託することができる有価証券の種類として国債証券，地方債証券，中小企業債券ほか19種類を個別に規定している。他の営業上の保証供託についてもこれと同様の規定が設けられており，供託することができる有価証券の種類が制限されている。

(2) 税法上の担保供託その他

税法上の担保供託については，国税通則法50条で，国債および地方債，社債その他の有価証券で税務署長等が確実と認めるものを，供託することができる有価証券と認めている。

(3) 没取供託

没取供託は，例えば，選挙供託，公正取引委員会の排除措置命令の執行の免除または裁判所の緊急停止命令の執行の免除のための供託等特殊な目的に基づき供託されるものであるが，このうち選挙供託については，有価証券のなかでも国債証書（その権利の帰属が社株法の規定による振替口座簿の記載又は記録により定まるものとされるものを含む。）に限って供託することができると規定されている（公選法92条）。

(4) 保管供託

保管供託は目的物の散逸を防止するために供託物そのものの保全を目的としてされる供託であるが，銀行，保険会社等の業績悪化に伴い資産状態が不良となった場合において，その財産の散逸を防止するために監督官庁が財産の供託を命ずるときは，有価証券による供託が認められる（銀行法26条，保険業法132条・204条等）。

以上の供託以外の供託，例えば，弁済供託および裁判上の保証供託についても有価証券による供託が認められるが，その場合には，有価証券の種類は特に限定されていない。ただし，裁判上の保証供託にあっては，裁判所が相

当と認める有価証券を供託する旨規定（民訴法76条，民執法15条，保全法 4 条 1 項）されていることから，供託物として認められない有価証券が生ずることになる場合がある。

有価証券の価額は，どのように評価されるか

有価証券の価額は，有価証券による供託を認める各供託根拠規定に従って評価される。

● 解説

　有価証券による供託は，各供託根拠法令にその旨の規定がされている場合に認められるが，その供託される有価証券の価額がどのように評価されるかについても，各供託根拠法令において定められている。以下，営業上の保証供託について，どのように価額が評価されているかを説明する。

　営業上の保証供託の営業保証金を有価証券で供託することができる場合については，各供託根拠法令で定められており，供託することができる有価証券の種類についても詳細に規定されている。その有価証券の価額の評価については，例えば国債に限り，その価額の評価は券面額どおりとする例と，供託することができる有価証券の範囲を広くし，価額の評価は有価証券の信用度により評価率でランク付けする例がある。

　例えば，鉱業権者または租鉱権者は，損害の賠償を担保するため一定額の営業保証金を供託しなければならないが，鉱業法は，金銭に代えて有価証券を供託する場合には，その金額に相当する国債（その権利の帰属が社株法の規定による振替口座簿の記載又は記録により定まるとされるものを含む。）

をもってすると規定し（鉱業法117条4項），他の有価証券による供託を認めておらず，有価証券の価額の評価に関する規定も設けていない。このことは，信用度の高い国債については，その額面金額どおりの価額の評価が与えられるとの前提に立っているものといえる。

これ以外の一般的な営業上の保証供託にあっては，数多くの種類の有価証券を供託することができる旨が規定され，その代わりに有価証券の価額の評価について詳細な規定が設けられている。

例えば，宅地建物取引業にあっては，「営業保証金は，国土交通省令の定めるところにより，国債証券，地方債証券その他の国土交通省令で定める有価証券（社株法278条第1項に規定による振替債を含む。）をもって，これに充てることができる」旨規定し（宅建業法25条3項），国土交通省令（宅建業法施行規則15条の2）および国土交通省告示により20種類の有価証券を規定している。これらの有価証券について，宅建業法施行規則15条1項では，「一，国債証券については，その額面金額，二，地方債証券又は政府がその債務について保証契約した債券については，その額面金額の100分の90，三，前各号以外の債券については，その額面金額の100分の80」と詳細に評価額を規定し，さらに，割引の方法により発行した債券で供託の日から償還期限までの期間が5年を超えるものについては，評価額算出の方式を別に定めている。

この宅地建物取引業と同様に有価証券の評価額を詳細に規定しているものとしては，積立式宅地建物販売業，割賦販売業，旅行業等がある。

第3節　振替国債

Q31

振替国債とはどのようなものか

振替国債とは，社債，株券等の振替に関する法律の規定の適用を受けるものとして財務大臣が指定した国債であって振替機関が取り扱うものをいう。

● 解 説

　振替国債とは，社債，株券等の振替に関する法律の規定の適用を受けるものとして財務大臣が指定したペーパーレスの国債であって振替機関が取り扱うものをいう（社株法88条）。従来の紙の国債については，その権利帰属の推定や権利移転の効力の発生は国債証券の占有や引渡しによっていたが，振替国債については，国債証券は発行されず，その権利の帰属については同法第5章の規定による振替口座簿の記載または記録（減額記録又は増額記録）によって定まるものとされている（社株法88条）。

　平成15年1月以降に新たに発行される国債は，すべて振替国債であり，利付国債であれば，満期により2年債，5年債，10年債，20年債，30年債，40年債の種類がある。

第4章　供託の目的物

振替国債による供託は，どのような場合にすることができるか

振替国債の供託は，担保もしくは保証として，または選挙供託の場合に限り，振替国債による供託を認める各根拠法令に基づきすることができる。

● 解説

　振替国債とは，社債，株券等の振替に関する法律の規定の適用を受けるものとして財務大臣が指定した国債で振替機関が取り扱うものをいい，その権利の帰属は，同法第5章の規定による振替口座簿の記載または記録によって定まるものとされている（社株法88条）。

　振替国債は，現金，有価証券等の有体物ではないため，供託法に基づく供託はすることができない（法1条）が，従来，有価証券供託の大部分を占めていた国債について，新たに発行される国債が，全て振替国債であって，この振替国債を供託物として取り扱うことができないとすると，国民の利便性を著しく損なう結果となる。そのため，振替国債については，社債，株券等の振替に関する法律278条の規定により，担保もしくは保証として，または公職選挙法の規定により供託しようとする場合に限り，供託の目的物とすることができるとされている。

　したがって，振替国債を弁済供託の供託物とすることはできず，担保または保証供託についても，その根拠法令において振替国債が供託物として認められている場合に限り，振替国債を供託物とすることができる。

　なお，振替債のうち，実際に供託することができるものは，ニーズの多い振替国債のみである（規則1条）。

79

第4節　金銭・有価証券・振替国債以外のもの

金銭・有価証券・振替国債以外にどのようなものを供託することができるか

　金銭・有価証券・振替国債以外の物については，供託可能なものであれば，動産であると不動産であるとを問わず供託することができる。

● 解説

　供託法は，金銭，有価証券以外の物品を供託できると規定しており（法１条・５条），社債，株券等の振替に関する法律は，担保もしくは保証として，または公職選挙法の規定により供託する場合に限り，振替債の供託をすることができると規定している（社株法278条１項）が，供託物については各供託根拠法令によることになるので，金銭，有価証券，振替国債以外にどのような物が供託できるかについても，各供託根拠法令によることになる。

　ところで，供託には，弁済供託のほかに，担保（保証）供託，執行供託その他様々な供託があり，根拠規定も多数あるが，ほとんどの規定が金銭，有価証券，振替国債をもって供託物としており，金銭，有価証券，振替国債以外の物を供託することができるのは，弁済供託の場合と，土地収用法および道路法において，土地等を供託することができる旨規定している場合がある

にすぎない。

　弁済供託については，弁済の目的物を供託することができる旨規定されており（民法494条），弁済の目的物は契約当事者が自由に定めることができることから，金銭および有価証券はもちろん，その他の物についても動産たると不動産たるとを問わず供託可能である。

　弁済供託以外の供託では，土地収用法95条5項で起業者は替地を供託することができる旨を，また道路法94条3項で不用物件の管理者は不用物件（道路を構成していた不用となった敷地，支壁その他の物件）を供託することができる旨をそれぞれ規定しており，金銭または有価証券以外の物の供託を認めている（詳細については**Q34**参照）。

　このように，供託物が金銭または有価証券以外の物品である場合には，法務局もしくは地方法務局もしくはこれらの支局または法務大臣の指定するこれらの出張所を供託所として供託申請することは許されない（法1条）。この場合には，法務大臣が指定した倉庫業者または銀行が供託所となって，供託事務を取り扱い，物品の保管をしなければならない（法5条1項）。現在，供託法5条1項の規定に基づき指定を受けている倉庫業者は，全国で18社ある。

　物品の供託をする者は，法務大臣の定めた書式（明治33年司法省告示第39号，供託法6条ニ依ル供託書式）による供託書を作成して，供託物とともに倉庫営業者，銀行に交付するものとされている。この供託には，保管料を要する（法7条）。供託手続については，法令上特に定められていないので，供託規則を準用することとなる。

　ただし，弁済供託については，弁済の目的物が供託に適しないとき，その物が滅失もしくは損傷の恐れがあるとき，またはその物の保存につき過分の費用を要するときは，弁済者は，裁判所の許可を得て競売し（自助売却），その代価を供託することができるものとされている（民法497条）。

不動産を供託することができるか

弁済供託，土地収用法および道路法に基づく供託にあっては，土地を供託することができる。

● 解 説

　供託法は，金銭および有価証券以外の物品を供託することができる旨規定しているが（法1条・5条），実際に何を供託物とすることができるかは各供託根拠法令の規定によるので，不動産を供託することができるか否かも，各供託根拠法令の規定によることとなる。

　ところで，供託根拠法令は多数あり，ほとんどの法令の規定は，金銭，有価証券，振替国債を供託物としており，土地の供託を認めるのは弁済供託（民法494条）ならびに土地収用法95条5項および道路法94条3項に基づく供託のみである。

　弁済供託にあっては，弁済の目的物を供託することができる旨規定されており（民法494条），弁済の目的物は，当事者の契約によって自由に定めることができることから，土地が弁済の目的物となる場合がある。

　弁済供託以外の供託では，土地収用法95条5項で，起業者は替地を供託することができる旨を，また，道路法94条3項で，不用物件の管理者は不用物件（道路を構成していた不用となった敷地，支壁その他の物件）を供託することができる旨をそれぞれ規定し，土地の供託を認めている。

　この場合について，民法495条2項，非訟事件手続法94条および98条の裁判所による供託所の指定および供託物の保管者の選任に関する規定を準用していることから（土地収用法99条2項，道路法94条4項），土地に関する供託所については，法務局たる供託所を予定しておらず，非訟事件として裁判所による指定および選定によって処理するのが妥当と考えられる。

第5章 供託の申請手続

第1節　申請手続通則

Q35

供託の申請は，どのような方法によってするか

A

供託の申請をするには，定められた書式に従った「供託書」を作成し，これに供託物を添えて適法な供託所に提出してしなければならない。

● 解 説

　供託の申請は，手続の安定性と供託官の形式審査という二つの要請から要式行為とされている。そして，供託をしようとする者（その者が法人である場合にはその代表者，法人でない社団もしくは財団であって，代表者もしくは管理人の定めのあるものである場合には，その代表者もしくは管理人）またはその代理人は，供託所に備え付けられている供託の種類に従い定められた供託書（無料交付）に所要事項を記載し，これに供託物を添えて供託所に提出しなければならないこととされている（規則13条1項，3項，16条の2）。

　なお，この場合において，必要に応じてその他の書面の添付または提示を要する場合がある（規則14条～16条及び17条参照）。

(1)　供託書の種類

　供託をしようとする者は，供託の種類に従い供託規則第1号から第11号までの様式による供託書1通を供託所に提出することを要するが（規則13条1項），種類ごとの使用区分は次のとおりである。

① 　地代・家賃弁済供託……金銭＝第1号様式

② 裁判上の保証供託……金銭＝第2号様式
　　　　　　　　　　　有価証券＝第5号・第10号様式
　　　　　　　　　　　振替国債＝第5号・第12号様式
③ 仮差押・仮処分解放金の供託……金銭＝第2号様式
④ 営業上の保証供託……金銭＝第3号様式
　　　　　　　　　　　有価証券＝第6号・第10号様式
　　　　　　　　　　　振替国債＝第6号・第12号様式
⑤ その他の供託……金銭＝第4号様式
　　　　　　　　　有価証券＝第7号・第10号様式
　　　　　　　　　振替国債＝第7号・第12号様式

　なお，供託の申請については，供託者本人またはその代理人によってすることが原則とされているが，使者による申請も認められている（昭37.6.28民事甲第1697号通達）。また，供託の申請については，当事者の出頭を義務付ける何らの規定もないことから，郵送等により申請することも認められており（規則50条），オンラインで申請することも認められている（規則38条1号。後記(5)参照）。

(2) 供託物の提出
　a　現金による提出
　　直接供託金の受入れを取り扱う供託所（法務局，地方法務局の各本局ならびに東京法務局八王子支局および福岡法務局北九州支局。「現金取扱庁」ともいう。）に供託をする場合は，前述した供託書（および添付書類）とともに，供託金を提出しなければならない（規則20条1項）。この場合には，供託官は，供託受理の決定と供託金の受入れを同時に行うことになり，供託書正本に供託を受理する旨，供託番号および供託金を受領した旨を記載して記名・押印し，これを供託者に交付する（規則20条2項）。
　b　日本銀行への納入による提出
　　供託金の受入れを行わない供託所（「非現金取扱庁」ともいう。）において金銭の供託をする場合および全ての供託所において有価証券の供託をする場合においては，供託官は，供託を受理すべきものと認めるときは，供託書の正

本に，供託を受理する旨・供託番号・一定の納入期日（供託を受理した日から1週間以後の日を指定する（準則37条））までに供託物を日本銀行（本店，支店または代理店）に納入すべき旨およびその期日までに供託物を納入しないときは供託受理の決定は効力を失う旨を記載して記名・押印し，その供託書正本を日本銀行に供託物を納入するための保管金払込書または供託有価証券寄託書（これらはいずれも供託官が発行する。）とともに供託者に交付することとされている。したがって，供託者は，指定の期日までに上記供託書正本に金銭または有価証券を添えて日本銀行に提出することとなる。この場合には，日本銀行において供託書正本に供託金または供託有価証券の受入れを証する記載を受けることになる。

　c　供託官の預金口座への振込みによる提出

　全ての供託所において，金銭の供託をしようとする者からの申出により，銀行その他の金融機関に開設した供託金の振込みを受けることができる預金口座（当座預金口座または無利息型普通預金口座）に供託金を振り込む方法により供託金を納入することができる（規則20条の2第1項。振込方式）。この場合において，供託官は，供託を受理すべきものと認めるときは，供託者に対し，供託を受理した旨・供託番号・一定の期日（供託を受理した日から1週間以後の日を指定する。）までに供託金を供託官の預金口座に振り込むべき旨及びその期日までに供託金を振り込まないときは受理の決定は効力を失う旨を告知することとされている（同条2項）。したがって，供託者が指定の日までに供託金を供託官の預金口座に振り込み，金融機関からの通知により供託官がこれを確認したときは，供託官は，供託書正本に供託金を受領した旨を記載して記名・押印し，これを供託者に交付する（同条4項）。

　d　電子納付による提出

　全ての供託所において，金銭の供託をしようとする者からの申出により，供託官の告知した納付情報（納付番号等の電子納付に必要な情報）によりインターネットバンキングなどによって供託金を納入することができる（規則20条の3第1項。電子納付）。この場合において，供託官は，供託を受理すべきものと認めるときは，供託者に対し，供託を受理した旨・供託番号・納付

情報・一定の期日（供託を受理した日から1週間以後の日を指定する。）までに当該納付情報により供託金を納付すべき旨及びその期日までに供託金を納付しないときは受理の決定は効力を失う旨を告知することとされている（同条2項）。したがって，供託者が指定の日までに納付情報により供託金を納付し，供託官がこれを確認したときは，供託官は，供託書正本に供託金を受領した旨を記載して記名・押印し，これを供託者に交付する（同条4項）。なお，オンラインで供託の申請をしたときは，金銭の供託をしようとする者から電子納付の申出があったものとみなされる（規則40条1項）。

全ての供託所において，振替国債の供託をする場合には，供託官は，供託を受理すべきものと認めるときは，供託者に対し，供託を受理する旨・供託番号・供託所の口座・一定の期日（供託を受理した日から1週間以後の日を指定する。）までに当該口座について供託振替国債に係る増額の記載または記録がされるべき旨及びその期日までに増額の記載または記録がされないときは受理の決定は効力を失う旨を告知することとされている（規則19条1項）。したがって，供託者が指定の日までに自身の口座を開設している金融機関等で振替の申請をし，供託官が供託所の口座にその振替国債の増額の記載または記録がされたことを確認したときは，供託官は，供託書正本に供託振替国債を受け入れた旨を記載して記名・押印し，これを供託者に交付する（同条3項）。

(3) 磁気ディスクの添付

供託をする場合（2葉以上にわたる供託書を提出する場合を除く。）には，供託書の記載事項（代理人の表示，供託根拠法令，払渡しにつき承認等をする官庁の名称等，供託所の表示および供託申請年月日を除く。）の記載に代えて，当該事項を記録した磁気ディスク（3.5インチフロッピーディスク並びに直径120ミリメートルのCD-ROMおよびCD-R）を添付することができる（規則13条の3第1項）。この場合には，磁気ディスクに記録した事項については，供託書の所定欄に「別添のとおり」と記載するか，「別添のとおり」の項目に○印の記載をする。

(4) 供託カード

賃料，給与その他の継続的給付に係る金銭の供託をするために供託書を提

出する者は，磁気ディスクを添付した場合を除き，供託カードの交付の申出をすることができる（規則13条の4第1項）。この場合には，供託官は，供託を受理すべきでないときを除き，供託カードを供託者に交付しなければならない（規則13条の4第2項）。供託カードには，所定の欄に氏名又は名称を記載する（平14.3.20民商第692号通達）。

供託カードの交付を受けた者が，次回の供託以降，当該供託カードを提示して，当該継続的給付について供託をするときは，①供託カード番号，②供託者の氏名または名称，③代理人により供託する場合には代理人の氏名，④供託金の額，⑤供託申請年月日および⑥供託カードの交付の申出をした際に供託書に記載した事項と同一でない事項を供託書に記載すれば足り，これ以外の事項については，記載する必要がない（規則13条の4第4項）。ただし，最後に当該継続的給付に係る供託をした日から2年を経過したときまたは供託者もしくは代理人の表示に変更があったときは，供託カードの提示による供託書記載事項の記載の省略は認められない（規則13条の4第5項）。

供託カードが毀損・汚損・滅失したときは，再交付の申出をすることができる（平14.3.20民商第692号通達）。再交付を受けたときは，従前の供託カードを使用することはできない。

(5) オンラインによる供託の申請

全ての供託所においては，金銭または振替国債の供託の申請は，オンラインですることができる（規則38条1項）。オンラインによる供託の申請は，登記・供託オンライン申請システムを使用して申請書情報を送信して行う（規則39条1項）。必要な添付書面については，当該書面に代わるべき情報にその作成者が電子署名を行ったものを送信しなければならない。ただし，これに代えて，供託所に当該書面を提出し，または提示することもできる（規則39条2項）。当該書面に代わるべき情報を送信するときは，定められた電子証明書を併せて送信しなければならない（規則39条3項）。これに対し，供託の申請書情報には，電子署名及び電子証明書の送信を要しない（同条2項・3項参照）。

なお，登記された法人が供託の申請を行う場合において，申請書情報に電

子署名を行い，商業登記規則（昭和39年法務省令第23号）33条の8第2項に規定する電子証明書（電子認証登記所電子証明書）を併せて送信したときは，これに加えて代表者の資格を証明する書面（登記事項証明書）を提示する必要はない（規則39条の2）。

また，前記のとおりオンラインにより金銭の供託をするときは，納付情報による納付の申出があったものとみなされる（規則40条1項後段）。

なお，オンラインによる供託が受理された場合において，供託者から供託書正本に係る電磁的記録（供託書電子正本）の提供の求めがあったときは，供託書電子正本が提供され（規則40条2項），その求めがなかったときは，供託者には書面である供託書正本（供託書書面正本）が交付される（規則20条の3第4項）。供託者は，供託書電子正本の提供を求めたときは，供託書正本に係る電磁的記録に記録されている事項を記載して供託官が記名押印した書面（みなし供託書正本）の交付を請求することもできる（規則42条1項）。

これらは，供託を義務付けまたは許容している各手続において，書面による供託書正本の提出が求められている場合があることが考慮されたものと考えられる。

Q36

供託書に記載する場合の文字およびその訂正，加入，削除等はどのようにすればよいか

供託に関する書面に記載する文字は字画が明確であること，他の文字に容易に改ざんされる文字を使用しないこと，一度記載した文字は改変してはならないほか，その訂正方法等については，供託規則6条所定の方法による。

● 解説

(1) 供託書記載の文字

　供託書，供託物払渡請求書その他供託に関する書面に記載する文字は，字画を明確にしなければならないとされている（規則6条1項）。その意味は，記載する文字は正確に書かれていて，誰もが容易に判読することができるものでなければならないということである。更に，容易に抹消または改ざんすることができないという意味をも含むところから，筆記用具についても改ざんの恐れのある鉛筆等を使用することは許されない。

　また，供託書が横書であるため，金銭その他の物の数量を記載するにはアラビア数字を用いることとされているが（規則6条2項），提出書類のうち縦書をするものがある場合には，改ざんを防止するため壱，弐，参，拾の多画文字を用いることとされている（同項ただし書）。

(2) 訂正，削除，加入の方法

　供託書に記載した文字は改変してはならないとされている（規則6条3項）が，これは，供託に関する文書の性質および重要性に鑑み当然の規定であるといえよう。記載事項の訂正方法については，供託規則6条4項にその方法が規定されており，これ以外の方法によることは許されない。すなわち，誤記した文字には二線を引いてこれを削除し，その近接箇所に正書してその字数を欄外に記載したうえ，申請人（代表者またはその代理人の場合はその者）が押印する。訂正または削除をした文字はなお読むことができるようにしておかなければならない。ただし，供託者が，供託書の記載事項について訂正加入または削除をするときは，供託書に押印することを要しない（規則6条4項ただし書）。なお，この場合においても，供託書に記載した供託物に関する「供託金額」または「有価証券の枚数及び総額面」等の供託物の数量を表記する事項については，訂正加入または削除をすることができないので注意を要する（規則6条6項）。また，継続的給付に係る供託をする場合であって，供託カードの交付の申出をするとき（規則13条の4第1項）は，申請年月日を訂正することはできない。

(3) 供託官による訂正方法

供託官による訂正方法としては，欄外の記載に代えて二線を引いた文字の前後を括弧でくくり，その箇所に訂正印を押捺する方法が認められている（規則6条5項）。

また，供託者が供託書の記載事項を訂正した場合には，供託官は，供託書正本または供託通知書の当該訂正箇所に訂正印を押捺すべきこととされている（準則35条）。

Q37

被供託者に対して供託通知を要するのは，どのような場合か。また，その通知はどのような方法でするのか

民法494条に基づく弁済供託あるいは弁済供託の性質を有する供託にあっては被供託者に対して供託の通知をすることを要する。なお，この供託の通知は，弁済供託の効力要件ではない。

● 解 説

(1) 被供託者への供託通知

種々の供託のうち，供託者が被供託者に対して供託の通知をしなければならないとされている場合がある。その典型的な場合としては，例えば，民法494条の規定に基づく弁済供託がある。この弁済供託にあっては，同法495条3項の規定により，供託者は遅滞なく被供託者（債権者）に対し供託の通知をしなければならないこととされている。この供託の通知は本来供託者自

らが行うべきものであるが、供託者は、供託官に対し、被供託者に供託通知書を発送することを請求することができる（規則16条1項）。この場合には、供託書に郵券を付した封筒を被供託者の数だけ添付しなければならないこととされている（規則16条2項）。供託通知書の発送は、供託成立後に供託官から被供託者宛てにすることとされている（規則18条3項等）。

ただし、弁済供託の場合であっても、債権者を確知し得ない（相続人不明）ときや債権者の行方不明（受領不能）を供託原因とするときは、「供託の通知をすべき供託について供託通知書の発送ができなかった場合」に当たり、供託通知を要しないこととされている（昭36.4.8民事甲第816号認可15問・先例集(3)25頁）。

供託通知書の発送の請求は、民法494条の規定による供託のほか、国税徴収法134条、土地収用法95条2項、土地改良法123条、漁業法施行法14条、農地法10条・43条、土地区画整理法78条5項、特定多目的ダム法28条2項の供託その他弁済供託に準ずる供託についてもすることができる（準則33条1項）。

なお、上記の供託において供託物につき担保権を実行することができる者があるときは、その担保権者（質権者等）に対する通知書についても、その発送の請求をすることができる（準則33条2項）。

(2) 供託通知の効果等

被供託者は、供託成立後は供託者が供託物を取り戻していない限り、いつでも供託を受諾して供託物の還付を受けることができる。すなわち、供託の通知は、供託成立の時点において、供託者が被供託者に対して還付請求権が発生したことを知らせるために、供託通知書をもってするものであるといえる。

したがって、供託通知は供託の有効要件ではなく、この供託通知がされない場合の弁済供託についても、通知がされないことをもってその効力に消長を及ぼすものではないとされている（大判大13.4.2民集3巻5号191頁）。ただし、被供託者は供託通知によって供託の事実を知り、還付請求権を行使することが可能となるのであるから、供託者が供託通知を怠ったことによって被

供託者の被った損害については，供託者は，その賠償をする責を負う。供託通知書の発送は，供託官が供託者に代わって，供託者名義の供託通知書を行政上の便宜からしているものである。

なお，供託通知書は，供託者の選択に従い，普通郵便，書留郵便，配達証明等のいずれかの方法により郵送する取扱いである（準則45条1項）。

代表者の資格証明書の提示または添付を要する場合の取扱いおよび添付書類の原本還付の手続はどのような方法で行うか

代表者の資格を証する書面は，登記された法人については提示で足りるが，それ以外の法人および法人でない社団または財団で代表者または管理人の定めのあるものについては供託書に添付することを要する。また，添付書類の原本還付の請求は，原本と相違がない旨を記載した還付を受けようとする書類の謄本をも添付してすることを要する。

● 解説

(1) 代表者の資格を証する書面の提示等

供託は，法令がこれを義務付けまたは許容している場合でなければすることができない。そこで，供託をしようとする者が供託をすることができる者であることを明らかにする意味で，登記された法人については，登記所の作成した代表者の資格を証する書面を提示することとされている（規則14条1項）が，この書面は，さらに供託者たる法人の権利能力を証する書面として

の意味をも有する。昭和53年の供託規則の一部改正前においては，供託をする場合には，この代表者の資格を証する書面は必ず添付することを要するとされていたが，申請人の便宜や供託所における事務負担の軽減を図ること等を考慮し，代表者の資格を証する書面の一部と代理人の権限を証する書面とについては，供託書への添付をやめ，提示で足りる取扱いとされた。しかし，代表者の資格を証する書面の提示で足りるとされた法人は登記された法人に限られており，それ以外の法人については従来どおり添付することを要する。いずれも，作成後3月以内のものに限られる（規則9条）。
　(2)　登記された法人
　法人の代表者の資格を証する書面は，適法に供託申請手続を行う者の権限を証するものであるとともに，供託をしようとする法人が実在することを証するものでもある。
　登記されている法人の代表者の資格を証する書面は，登記事項証明書である（準則31条）。登記事務は登記所が行うが，登記所という名称をもった官署は存在せず，行政組織として供託所と同じく法務局または地方法務局（支局，出張所を含む。）に属している。したがって，登記された法人の代表者の資格を証する書面については，供託所で容易にその真否を判断することが可能であり，また，必要がある場合には原本たる登記簿を確認することができる。こうした理由から，登記された法人については，上記の書面を添付することを要せずその提示で足りるものとされたものである。
　なお，簡易確認については**Q39**参照。
　(3)　登記された法人以外の法人
　登記された法人以外の法人の代表者の資格を証する書面は，関係官庁の証明書でなければならない（準則31条）。この場合には，供託官において必ずしも容易にその証明書についての真否を判断することはできないし，その基礎たる資料の所在も明らかではない。そこで，登記された法人以外の法人については，その代表者の資格を証する書面を供託書に添付しなければならないとされている（規則14条2項）。
　(4)　法人でない社団または財団であって，代表者または管理人の定めのあ

るもの

　法人でない社団または財団は，一般的には権利能力なき社団または財団といわれており，それ自体権利義務の帰属主体となり得ない。したがって，当然には供託当事者能力は有していない。しかし，代表者または管理人の定めがあるものに限っては，訴訟上の当事者能力が認められていることから（民訴法29条），供託実務の取扱いにおいても従前からこれらの場合には代表者等から供託をすることが認められており，供託規則に明定されている（規則13条2項1号）。

　権利能力なき社団または財団が供託する場合には，その実在を証するために定款または寄附行為の添付が必要とされる。さらに，具体的に供託申請を行う者の権限を明らかにするため，代表者または管理人の資格を証する書面も必要とされる（規則14条3項）。この場合の資格証明書としては，代表者または管理人の選任決議の議事録等が用いられる場合が多いが，その議事録等が3月以内に作成されたものでない場合には，その後変更のないことを証する書面をあわせて添付させ，その証明書の作成が3月以内であれば足りるものとされている。

(5)　添付書類の原本還付

　供託書に添付した書類については，供託者は，原本と相違がない旨を記載した当該書類の謄本をも添付して原本の還付を請求することができる。ただし，代理人の権限を証する書面（官庁または公署の作成に係るものを除く。）については，この限りでない（規則9条の2第1項・2項）。この原本還付の請求があった場合には，供託官は，還付した書面の謄本に原本還付の旨を記載して押印しなければならない（同条第3項）。

　なお，委任による代理人によって供託書に添付した書類の還付を請求する場合には，代理人の権限（原本還付の請求をする権限）を証する書面を提示する必要がある（同条第4項）。

第5章　供託の申請手続

簡易確認手続とは，どのような手続か

登記された法人の代表者の資格を証する書面の提示を要する場合において，供託所と当該資格の証明をすべき登記所とが同一法務局であるときは，供託書に記載された代表者の資格につき登記官の確認を受けた供託書を提出することにより，代表者の資格を証する書面の提示に代えることができる。

● 解 説

　供託をしようとするときは，供託書のほか定められた書類の提出または提示をすることを要するが（規則14条ないし17条），この簡易確認の手続は，申請人の便宜と供託所における事務負担の軽減とを図るために導入された制度である。しかし，法務大臣が指定する局（昭53.2.20法務省告示53号。東京，大阪，名古屋の各法務局の本局）については対象外とされている。

　「簡易確認」とは，供託をしようとする者が登記官の確認を受けた供託書を提出したことをもって法人の代表者の資格を証する書面の提示に代えるという便宜的な方法であることから，実務の取扱いにおいて使用されている用語である。すなわち，供託申請に際して提示すべきこととされている登記された法人の代表者の資格を証する書面および支配人その他登記のある代理人の代理権限を証する書面は，供託所と当該法人の代表者の資格を証明すべき登記所とが同一の法務局もしくは地方法務局もしくはこれらの支局またはこれらの出張所であるときは，供託をしようとする者が，供託書に記載した代表者等の資格について，供託をする前に当該登記所の登記官の確認と確認済の押印とを受け（これを「簡易確認手続」という。），当該供託書を提出するこ

とにより，前述した書面の提示に代えることができるというものである（規則14条1項・4項）。

また，競争の導入による公共サービスの改革に関する法律（平成18年法律第51号）に基づく登記簿の公開に関する事務（乙号事務）の包括的民間委託実施庁及び商業・法人登記事務の集中化の実施庁において，供託申請者から簡易確認手続によりたい旨の申出があり，供託官がこれを認める場合には，供託官は，依頼書を作成して供託申請者に交付し，供託申請者は当該依頼書を乙号事務の窓口に提出すると，「公用」の印字が付された証明書が手交される（平成20年2月18日民商第631号民事局長通達，平成20年6月12日民商第1667号民事局長通達）。

なお，この簡易確認の手続は，供託物の払渡しを請求する者が添付することとされている印鑑証明書についても認められている（規則26条1項）。

Q40 国の出先機関が供託をする場合における国を代表する者は誰か

各省庁の長が国を代表する者として供託をするが，国の出先機関の長である支出官，支出負担行為担当官または契約担当官は，当該省庁の長の代理人として供託をすることができる。

● 解説

(1) 国の権利義務に関する国を代表する者

国が行政事務を遂行するため，民間人と私法上の契約を行う場合がある。

例えば、国の出先機関である各省庁の支分部局において、庁舎の敷地あるいは建物等を民間人から借り受けることを目的とした賃貸借契約、または建築業者等との各種請負契約等を締結することがある。これらの契約は国の出先機関の支分部局の長である支出負担行為担当官名義でされるが、これらの契約上の債務を履行するに際して債権者である地主または家主あるいは工事請負人等が、地代、家賃あるいは工事請負代金の受領を拒絶したり、またはこれら債権者を執行債務者とする債権者が国を第三債務者として民事執行法による（仮）差押え等の執行をする場合がある。国が民間人と私法上の契約を締結する場合は、国の出先機関の長たる支出負担行為担当官が法令に定められた権限に基づきこれを行うこととなるが、この行為は単に国の事務を処理したということにすぎず、法律関係における契約当事者は民間人および国であるから、その契約上の債務は「国」が負うべきことになる。

国が支払債務を負っている場合には、その履行は法令に基づき支出官が行うが、支出官が債務を履行するに際しては、債権者の受領拒否等民法494条に該当する場合あるいは差押えの競合等により支払をしても二重払いの危険性を負うといった事態が生ずる場合があり、こうした場合には、国が債務不履行の責を免れるため、支出負担行為担当官は、民法の規定に基づき供託することが可能である。また、差押競合等の場合には、供託義務を負うことになる。

支出負担行為担当官が供託をする場合には、供託書を作成して供託所に提出しなければならないが、前述したように、支払債務を負っているのは国であるから、供託者は国になるところ、国は法人格者であることから、供託書には名称、主たる事務所および代表者の氏名を記載しなければならない（規則13条2項）。もっとも、国の場合には、同一または類似の法人格者が存在しないためこれと区別する必要がなく単に「国」と表示すれば足りるが、その代表者については、これを記載する必要がある。

国の権利義務に関し国を代表する者は、それぞれの権限（立法、司法、行政）を行使する機関の長とされる。すなわち、立法機関の長は衆参各議院の長であり、司法機関の長は最高裁判所長官であり、行政機関においては内閣

総理大臣であるが，行政事務が広範囲に及び，かつ，その内容は複雑多岐にわたるところから，行政事務の具体的執行については，内閣総理大臣および各省庁の設置法で定められた範囲の所掌事務をつかさどる各省大臣が国を代表する者となる。したがって，国が供託者となる場合の代表者の表示については，各機関の長を記載しなければならない。

(2) 各省庁の長の代理人による供託

次に支出官が供託することができる権限についてであるが，各省庁の行政事務については，命令により各省の内部部局または地方支分部局の長に執行権限が委任されている。したがって，委任された権限に属する行為として，前述した私法上の契約を締結した場合には，地方支分部局の長は，国の代表機関とはなりえず，代理人としての地位を有するにとどまる。代理人により供託をする場合には，代理権限を証する書面を提示する旨定められている（規則14条4項）が，この趣旨は，供託官に当該事件について代理権限が存在することを判断させることにあるから，供託をしようとする者が当該事件について代理権限を有することが明らかであると供託官が判断し得る場合には，特にその代理権限を証明させるまでもないと考えられる。

支出負担行為に関する事務について，各省庁の長は当該各省庁所属職員にその所掌に係る支出負担行為に関する事務を委任することができるものとされている（会計法13条）ことから，各省庁の長は，この規定に基づき支出負担行為担当官を任命している。しかし，この任命の方式は，各省庁とも必ずしも同一のものではない。したがって，各省庁の出先機関の長が常に支出負担行為担当官に任命されるとは限らず，官職指定の方法による場合もある。法令等の定めにより当然に決まるものではなく，一般的には，任命の事実は，供託官が当然に知りうる顕著な事実であるとはいえない。しかし，法務省所属の出先機関の長の場合（例えば，法務局長または地方法務局長の場合）には，前述のように支出負担行為担当官は官職指定になっており，これは供託官において当然知りうべき顕著な事実であると考えられる。

なお，供託官において知り得べき顕著な事実でない場合において，特に当該供託について委任があったものではなくても，支出負担行為担当官として

その権限を有することが明らかなときは，支出負担行為担当官に任命されていることを証する書面を提示すれば足りるものと思われる。

振替国債による供託をする場合には，どのような書類を提供しなければならないか

振替国債を供託しようとするときは，その振替国債の銘柄，利息の支払期および償還期限を確認するために必要な資料を提供しなければならない。

● 解説

振替国債とは，社債，株式等の振替に関する法律の規定の適用を受けるものとして財務大臣が指定した国債で振替機関が取り扱うものをいい，その権利の帰属は，同法第5章の規定による振替口座簿の記載または記録によって定まるものとされている（社株法88条）。

振替国債の供託をしようとする者は，当該振替国債の銘柄，利息の支払期および元本の償還期限を確認するために必要な資料を提供しなければならない（規則第14条の2）。具体的には，供託者が当該振替国債を購入した際にその窓口となった口座管理機関が発行した取引内容に関する報告書等の提示がこれに該当するが，このほか，供託者が当該口座管理機関に照会し，確認を受けた事項を記載した供託者作成の書面の提示でも差し支えない。オンラインにより供託の申請をした場合には，ファックスによる送付，電話による読上げでも差し支えない（平成23年12月28日民商第3186号民事局長・会計課長通達）。

第2節 供託の受理および供託物の受入れ

Q42

供託の受否につき，供託官はどのような事項について審査するのか。また，受理すべきでない場合，供託官はどのような処分をするのか

A

供託申請に係る法律上の要件（手続上および実体上）を具備しているかどうかについて審査するとともに，受理すべきでないと認めた場合には，理由を付した却下決定書を作成して，これを供託者に交付し，当該供託申請を却下しなければならない。

● 解説

(1) 供託官の審査権

供託の申請がされたときは，供託官はその申請が適法，有効であるかどうかを審査することとなるが，その審査の範囲については，提出された供託書が所定の様式に従って作成されているか，必要な資格証明書，委任状等の添付あるいは提示すべき書面が存在するか否かを審査するだけにとどまらず，供託書に記載されている供託原因および供託根拠法令から当該供託が実体上の要件（すなわち，供託が可能もしくは供託義務が存在すること等）を具備しているかどうかをも審査することになる。

実体上の要件についての供託官の審査権限については，供託書に記載されている原因事実について他の添付書類等の提出を求めてそれが真実であるか

どうかという実質的判断をする権限はない。供託官は，供託書の記載事実そのものから，供託が可能であるか，また，供託が義務付けられたものであるかを判断するいわゆる形式的審査権しか有していないのである。

しかし，このように供託官の形式的審査権により受理された供託が実体上有効な供託であるか否かは，供託の受理要件とは別異のものである。すなわち，受理された供託が実体上有効であるか否かは，供託書に記載されている事実が真実であるかどうかによって決せられることであって，それはもっぱら当事者間における問題である。

例えば，地代の弁済供託において，その供託原因として，供託書に支払期が毎月末日である地代について，1月分の地代を1月31日に提供したが受領を拒否されたと記載され，2月1日に供託の申請があった場合，供託官は，提供の事実の存否については審査することができないので，この供託において現実には供託者の弁済の提供の事実がなく，本件供託は実体上効力を有しない無効なものである場合でも，供託書等の記載から民法494条の要件に該当する場合には，供託を受理しなければならない。

このように，供託官は，当該供託を受理するについては，適式な供託書であるか否か，さらに法令により供託が許容されている場合あるいは義務付けられている場合に該当するかを，供託原因となった事実の記載をもって審査することとなる。

(2) 供託申請の却下

一方，供託官は，供託の申請を受理すべきものではないと認めるときは，これを却下しなければならない。この場合には，定められた書式の却下決定書を作成して，これを供託者に交付しなければならない（規則21条の7）が，この却下決定書には，却下の理由および当該却下処分に不服があるときの審査請求または取消訴訟に関する教示を記載することとされている（準則79条，同附録15号の2様式）。却下処分については，事案の内容が簡単なものを除き，供託官は，監督法務局または地方法務局の長に内議しなければならない（準則78条）。この供託官の却下処分に対しては，これを不当とする者は，監督法務局または地方法務局の長に審査請求をすることができる（法1

条ノ4）。この規定によって審査請求ができるのは，供託所に対して申請または請求をしたところ，その全部または一部が却下された場合における当該申請人または請求人だけであって，それ以外の場合に当該申請人または請求人が審査請求をすることは認められない（なお，申請が受理され，または請求が認可された場合において，その他の供託上の利害関係人から審査請求がされたときは，審査請求をする利益を有するかどうかが個別に判断される。）。

審査請求は，却下処分をした供託所に審査請求書を提出してすることとされている（法1条ノ5）が，請求に理由がないと認められるときは，供託官は審査請求書に意見を付して監督法務局または地方法務局の長に送付し（法1条ノ6），これに対し送付を受けた局の長は審査請求に理由ありと認定する場合には供託官に原処分の変更を命じ，理由がないとする場合には棄却の決定をすることとなる（法1条ノ7，行政不服審査法40条2項）。

また，供託者は，供託官の処分に対し，被告を国として，処分の取消しを求める抗告訴訟を提起することができる（行政事件訴訟法11条）。

なお，供託の申請において適正を欠くものであってもこれを補正することが容易であるものについては，これを補正させたうえで受理することが望ましい。

供託物（金銭，有価証券，振替国債）の受入れはどのようにして行われるか

A 供託物の受入方法は，供託物の種類によって異なり，また，金銭の場合は，供託金の受入れを取り扱う供託所と，そうでない供託所とで異なる。

● 解 説

(1) 供託金の受入れを取り扱う供託所での供託物の受入れ

供託者が供託をしようとするときは，供託規則に定める書式または様式により所要の事項を記載した供託書を作成し，供託物に添えて供託所に提出することを要する（法2条，規則13条）。ところで，供託法1条で定義される供託所で取り扱う供託物は，金銭，有価証券および振替国債の3種類に限定されている。供託申請が適法にされ供託官がこれを受理すべきものと認めた場合には，供託官は，供託物の受入れを行うこととなる。これを受理手続と称する（規則18条・20条・20条の2・20条の3）が，その方法は供託物が金銭である場合と有価証券である場合と振替国債である場合とで異なり，さらに金銭供託については，供託金の受入れを取り扱う供託所に供託する場合とそうでない場合とでも異なる。

まず，金銭供託の場合において供託者が供託金の受入れの事務を取り扱うことを指定された供託所（現金取扱庁ともいう。）に金銭の供託をしようとするときは供託者は，供託書とともに供託金を供託所に提出しなければならない（法2条，規則20条1項）。この場合において，供託官は，供託を受理すべきものと認めるときは，供託書正本に供託を受理する旨，供託番号および供託金を受領した旨を記載して記名・押印し，これを供託者に交付することとされている（規則20条2項）。供託金の受入れを取り扱う供託所については法務大臣が告示によって指定することになるが，現在指定を受けている供託所としては，法務局および地方法務局の本局ならびに東京法務局八王子支局および福岡法務局北九州支局の52庁がある。

(2) 供託金の受入れを取り扱わない供託所での供託物の受入れ

一方，(1)以外の供託所，すなわち供託金の受入れを取り扱わない供託所（非現金取扱庁ともいう。）に対する供託にあっては，供託の受理手続と供託金の受入手続とは別になっている。供託金の受入れは，供託者が日本銀行または日本銀行代理店に直接納入することとされている，これらの供託所に供託をしようとする者は，供託書を提出すれば足り，供託官は，当該供託を受

理すべきものと認めるときは，供託書正本に供託を受理する旨，供託番号，一定の期日（実務上は受理した日から8日目）までに供託金を日本銀行またはその代理店に納入すべき旨およびその期日までに供託金を納入しないときは受理の決定は効力を失う旨を記載して記名・押印し，保管金払込書とともに供託者に交付することとされている（規則18条）。供託者は供託書を添えてこの保管金払込書により期日までに供託金を納入することとなる。

(3) 振込方式による供託物の受入れ

全ての供託所においては，金銭の供託をしようとする者からの申出により，銀行その他の金融機関に開設した供託金の振込みを受けることができる預金口座（当座預金口座または無利息型普通預金口座）に供託金を振り込む方法により供託金を納入することができる（規則20条の2第1項。以下「振込方式」という。）。

振込方式による金銭の供託をしようとする者は供託書を提出すれば足り，供託官は，供託を受理すべきものと認めたときは，供託者に対し，供託を受理する旨，供託番号，一定の期日（供託を受理した日から1週間以後の日を指定する。）までに供託金を供託官の預金口座に振り込むべき旨およびその期日までに供託金を振り込まないときは受理の決定は効力を失う旨を告知することとされている（同条2項）。したがって，供託者が指定の日までに供託金を供託官の預金口座に振り込み，金融機関からの通知により供託官がこれを確認したときは，供託官は，供託書正本に供託金を受領した旨を記載して記名・押印し，これを供託者に交付する（同条4項）。

(4) 納付情報による供託物の受入れ（電子納付）

全ての供託所においては，金銭の供託をしようとする者からの申出により，供託官の告知した納付情報による供託金の納入を受けることができる（規則20条の3第1項。以下「電子納付」という。）。電子納付による供託金の払込みは，インターネットバンキングやマルチペイメントネットワーク（Pay-easy（ペイ・イジー））に対応するＡＴＭ等を利用することにより行うものである。

電子納付による金銭の供託をしようとする者は供託書を提出すれば足り，

供託官は，供託を受理すべきものと認めるときは，供託者に対し，供託を受理する旨，供託番号，納付情報，一定の期日（供託を受理した日から1週間以後の日を指定する。）までに当該納付情報により供託金を納付すべき旨およびその期日までに供託金を納付しないときは受理の決定は効力を失う旨を告知することとされている（同条2項）。したがって，供託者が指定の日までに電子納付により供託金を納付し，供託官がこれを確認したときは，供託官は，供託書正本に供託金を受領した旨を記載して記名・押印し，これを供託者に交付する（同条4項）。

なお，オンラインにより金銭の供託をするときは，金銭の供託をしようとする者から電子納付による納付の申出があったものとみなされる（規則40条1項後段）ので，供託金の納付は，電子納付に限られる。

(5) 供託物が有価証券である場合の受入れ

供託物が有価証券である場合には，いずれの供託所においても供託有価証券の受入れはされていないので，この場合における供託申請および供託物の受入れは，供託金の受入れを行わない(2)の供託所における取扱いと同様である。すなわち，供託者は，供託官が供託受理決定に基づき交付する供託有価証券寄託書に供託物を添えて日本銀行またはその代理店に一定の期日までに納入しなければならない。この場合において，前記期日までに供託物が納入されなかったときは，供託の受理決定は失効することとなる。

(6) 供託物が振替国債である場合の受入れ

振替国債とは，社債，株式等の振替に関する法律の規定の適用を受けるものとして財務大臣が指定した国債で振替機関が取り扱うものをいい，その権利の帰属は，同法第5章の規定による振替口座簿の記載または記録によって定まるものとされている（社株法88条）。

全ての供託所において，振替国債の供託をしようとする者は，供託書を提出するとともに，振替国債の銘柄，利息の支払期および償還期限を確認するために必要な資料（供託者が当該振替国債を購入した際にその窓口となった口座管理機関が発行した取引内容に関する報告書等）を提供しなければならない。供託官は，供託を受理すべきものと認めるときは，供託者に対し，供

託を受理する旨，供託番号，供託所の口座，一定の期日（供託を受理した日から1週間以後の日を指定する。）までに当該口座について供託振替国債に係る増額の記載または記録がされるべき旨およびその期日までに増額の記載または記録がされないときは受理の決定は効力を失う旨を告知することとされている（規則19条1項）。したがって，供託者が指定の日までに自身の口座を開設している金融機関等で振替の申請をし，供託官が供託所の口座にその振替国債の増額の記載または記録がされたことを確認したときは，供託官は，供託書正本に供託振替国債を受け入れた旨を記載して記名・押印し，これを供託者に交付する（同条3項）。

供託後に，供託書の記載事項に誤記を発見した場合または変更が生じた場合どうすればよいか

明白な誤記を発見した場合には，その訂正申請をすることができる。また，記載事項に変更を生じた場合には，記載変更の申請をすることができる場合もある。

● 解説

(1) 誤記の場合における供託書の訂正

供託官が供託の申請を適法なものとして受理した後に供託者が供託書にした記載に誤りのあることを発見した場合には，供託書訂正申請書2通を作成し，供託所に提出して訂正申請をすることができる（準則55条1項・2項）。

この訂正は，誤記であることが供託書の記載事項から明白であり，かつ，その訂正によっても当該供託の同一性が維持されるものである場合に限って

認められる。したがって，供託書訂正申請書が提出された場合には常に訂正が認められるというものではなく，供託官は，供託書訂正申請を受理して差し支えないときは，申請書の1通に受理する旨を記載して記名・押印のうえ，申請者に交付するとともに，副本ファイルにその旨記録することとされている（準則55条3項）。また，当該訂正申請を受理すべきでないと認めるときは，その取扱いに係る規定はないが，供託規則21条の7に準じた処理（却下処分）をすべきものと解される。なお，この供託書の訂正がされると，供託受理のときから訂正された内容の供託申請があったものと認められることとなる。

(2) 記載事項に変更があった場合における供託書の記載の変更

供託申請時の供託書の記載事項について，その後生じた事由により，供託書の記載を実体と符合させる場合には，供託書記載の変更申請をすることができる。例えば，供託者がその後に住所を変更したり，改氏改名等により供託書の記載に変更を生じた場合等である。供託書の訂正は，もともと供託受理前に記載の誤りが存在した場合を予定したものであり，供託成立後，供託書の記載と一致しなくなった事項についての訂正は予定されていないと考えられる。したがって，通常これらの変更事項については，払渡請求の際に変更を証する書面を添付する取扱いで足りるが，同一人が数回に分けて払渡請求をする場合あるいは保証供託における利息の払渡しの請求の場合等において変更を証する書面をその都度添付させることは，申請人にとって負担が大きいので，これを軽減するため，供託者の氏名，住所等の変更があった場合には，供託書の記載と実体とを符合させるため，供託者および被供託者による供託書の記載の変更申請によりこれを認めることとされた（昭54.3.9民四第1264号通達）。

本通達によれば，供託書に記載された供託者または被供託者の氏名または住所（法人であるときまたは法人でない社団もしくは財団であって代表者もしくは管理人の定めのあるものであるときは，その名称または主たる事務所）について変更があった場合には，供託書記載変更申請書（後掲様式参照）に変更を証する書面（住民票の写しまたは登記事項証明書等）を添付し

て変更の申請をすることができることとされており，その申請の時期については，供託者がする場合にあっては①保管替請求，②供託物払渡請求，③保証供託金の利息払渡請求および供託有価証券の利札払渡請求等のときであり，被供託者がする場合にあっては供託物の払渡請求のときとされているが，供託物の差替えあるいは被供託者の供託受諾の際にも申請が許されるものと解される。

　なお，供託官は，変更申請を受理すべきであると認めた場合には，申請書に受理の年月日を記載して押印するとともに，副本ファイルにも申請を受理した旨および変更後の内容を記録する。

供託書記載変更申請書

供託番号　　　　　　　　　　　　年度金（証）第　　　号
供託者の氏名（名称）
被供託者の氏名（名称）
変更すべき事項

変更事項については　　　　請求書に添付の　　　　を援用する。

　　　　　　　　　　　　年　　　月　　　日
　　　　　　　　　　　　申請人住所氏名　　　　　　　　　㊞

法務局（地方法務局又はそれらの支局，出張所）御中

第5章　供託の申請手続

第3節　弁済供託

弁済供託とは，どのような供託をいうのか

金銭その他の財産の給付を目的とする債務を負担している債務者が，その債務を履行しようとしても債権者が受領を拒否している等の事由により，その債務の履行ができないときに，弁済の目的物を供託所に供託することによって，その債務を免れるための供託である。

● 解説

(1) 弁済提供と債務の消滅

　弁済とは，一般的には債務の内容である給付を実現させる債務者その他の者の行為をいう。債務者が単独で完了することができない給付については，その給付を実現するために必要な準備をして債権者の協力を求めるため，債務者は，債務の本旨に従った弁済の提供をすることを要する（民法493条）。しかし，この弁済の提供の効果は，債務者をして債務不履行によって生ずる一切の責任から免れさせる（例えば，債務不履行を理由とする損害賠償，遅延損害金または違約金などの請求を受けない。民法492条）が，それによって債務そのものが消滅することはない。この債務を消滅させるために債権者への弁済に代わってされるのが「供託」である。すなわち，債務の本旨に従った弁済提供をしたにもかかわらず，債権者側の事由で弁済をすることができないときに，供託をすることによって債務を消滅させ，債務者が受ける不

利益を免れしめるというのが弁済供託の制度であり，それは当事者間の一切の債権債務関係を完結させるものである。

(2) 弁済供託の意義とその法律的性質

供託が有効に行われるためには，供託を義務付けまたはこれを許容する法令の規定に基づくものであることを要する。弁済供託の根拠規定は，民法494条である。

金銭その他の財産の給付を目的とする債務を負担している債務者がその債務を履行しようとしても，債権者がその受領を拒否している場合等には，債務者は，その債務の履行をすることができない。弁済供託は，このような場合において，債務者が弁済の目的物を供託所に供託することによって，債権者に直接弁済したのと同様の効果を生じさせ，債務者が弁済することができないことによって受ける不利益を免れさせるという制度である。この意味で，弁済供託は，供託の基本的なものであり，沿革的にも古く，いくつかある供託の種類のなかでも取扱事件数の最も多いものである。

ところで，この弁済供託の法律的性質については，これを私法関係とみる説，公法関係とみる説，両者の併存する関係とみる説等があるが，判例（最判昭45.7.15民集24巻7号771頁）は，併存説に立ち，「弁済供託は，……民法上の寄託契約の性質を有するものであるが，……公益上の目的から，法は……単に民法上の寄託契約の当事者的地位にとどまらず，行政機関としての立場から右請求につき理由があるかどうかを判断する権限を供託官に与えたものである」としている。

(3) 弁済供託の有効要件

弁済供託が有効であり債務消滅の効果が生ずるためには，大別して二つの要件を必要とする。一つはⒶ供託原因が存することであり，もう一つがⒷ供託の内容が供託によって消滅する債権と同一内容のものであることである。Ⓐについては，民法494条に定める①債権者が弁済の受領を拒否した場合（受領拒否），②債権者が弁済を受領することができない場合（受領不能），または③弁済者の過失なくして債権者を確知することができない場合（債権者不確知）のいずれかの場合に該当しなければ供託をすることはできない。

また，Ⓑについては，弁済供託は債務の全額について供託されなければならず，債務の一部についての供託は，債権と同一内容のものでないから，供託を受理することができない。仮に誤って供託が受理されても，当該供託は，原則として無効である。

(4) 弁済供託の場合の供託所

法令に供託すべき供託所が定められている場合には，その供託所に供託しなければならない。仮にこれに反した供託がされたとしても，供託の効果は生じない。ところで，弁済供託をする場合の供託所は，原則として「債務の履行地の供託所」とされている（民法495条）。債務の履行地は，当該債務が給料債権のような取立債務であれば債務者の住所地，家賃弁済等のような持参債務であれば債権者の住所地であるのが一般的であり，その他特約があるときは当事者間で定められた場所である（民法484条参照）。「債務の履行地の供託所」とは，債務履行の場所たる最小行政区画内に存する供託所という意味に解されているが，債務の履行地たる市区町村内に供託所がない場合については，先例は，その市区町村を包摂する行政区画（都道府県）内の最寄りの供託所に供託すればよいとしている（昭23.8.23民甲第2378号通達）。

なお，この場合の「最寄りの供託所」とは，単に地理的に近いということに限定されず，時間的・経済的にみて債権者が当該供託物を受領するのに最も便利な供託所であると解される（最判昭55.11.11判例時報986号39頁）。

(5) 弁済供託の効果

弁済供託の基本的な効果は，それによって債務が消滅することであるが，供託者は一定の事由がある場合には供託物を取り戻すことができるとされている（民法496条，法8条2項）ので，供託によって債務が確定的に消滅するのは，供託者が供託物の取戻請求権を失ったときであるといえる。

Q46

「受領拒否」とは，どのような場合のことをいうのか

弁済者が債務の本旨に従った弁済の提供をしたにもかかわらず，債権者がこれに応じないで受領を拒否した場合をいう。

● 解 説

(1) 供託原因となり得る受領拒否とは

弁済供託をすることができるときの供託原因の一つとして，債権者が弁済の受領を拒んだ場合がある（民法494条）。この場合の債権者の受領拒否とは，例えば，債務者が弁済期日に弁済の目的物を債権者の現在の住所地に持参して受領を催告する（民法484条）など，債務の本旨に従った適法な弁済の提供をしたにもかかわらず，債権者がこれに応じなかった場合をいう。つまり，供託原因としての「受領拒否」は，債権者の受領遅滞（民法413条）の効果と解するのが通説の考え方である。債権者があらかじめ受領拒否をしているときは，「弁済の準備をしたことを通知して受領を催告」する，いわゆる口頭の提供をした後でなければ，供託をすることはできない。仮に，この弁済の提供もしないで供託をしたとしても，それによっては債務は消滅しない（大判明40.5.20民録13輯576頁）。ただし，口頭の提供をしても債権者が受領しないであろうことが明瞭な場合には，その例外として，弁済の提供をしないでした供託も有効であるとされている（大判明45.7.3民録18輯684頁，最判昭32.6.5民集11巻6号915頁）。

供託実務の取扱いとしても，前記判例の立場に立ち，債権者が受領しないことが明らかな場合には，例外的に，弁済の提供を要しないで直ちに供託を

することができるとしている。ただし，この場合の供託原因の記載は，単に受領しないことが明らかであるということでは不十分であって，例えば，「家屋明渡請求訴訟が係属中のため，受領しないことが明らかである」のように，債務者が弁済の提供をしても債権者が受領しないという事情が具体的に記載されていることが必要である（**Q47**参照）。

(2) 適法な弁済の提供

受領拒否が供託原因となるためには，債務の本旨に従った現実の弁済提供があったことを要する。弁済の提供がされても，それが債務の本旨に従ったものでない場合には，債権者はそのことを理由に当該弁済提供を拒否することができるので，これをもって供託原因とすることはできない。何が債務の本旨に従った弁済の提供であるかは，それぞれの契約の内容や信義誠実の原則（民法1条2項）に従って解釈されることになろうが，その場合には，弁済者，弁済受領者，弁済の目的物，弁済の場所および弁済の時期が債務の内容にかなっているか否かが問題となる。

このうち，供託実務の取扱いと関連して問題となるのは，債務の一部の弁済の提供がされた場合である。債務の一部の弁済か否かについては，当事者間で争いが生ずる事例も多いが，債務の全額につき提供されたものでないことが供託書の記載事項から判断されるときは，受領拒否をされたと記載されていても，受領遅滞とはならない（債務の本旨に従った弁済の提供がない）ので，供託原因が存在しないものとして取り扱うこととなる。また，遅延利息（民法415条・419条）を付さずに元金のみ提供した場合も，同様である。この場合には，元金の支払日の翌日から提供日までの遅延利息を付して提供し，受領拒否をされた場合にのみ，弁済供託が可能となる。

したがって，供託手続上からいえば，債務の一部についての弁済供託ということは理論上はあり得ず，仮にそのような供託がされていたとしても，原則的には無効な供託であると解される。判例のなかには，供託金額が債務の総額に比してごくわずかな金額の不足しかない場合には当該供託は有効であるとしたものがある（最高判昭35.12.15民集14巻14号3060頁）が，このことをもって，特約が存する等特段の事情が存在しないにもかかわらず債務の一部

につきされた供託を受理し得るということにはならない（最判昭59.11.26判例時報1149号87頁）。

(3) 供託手続上の留意点

受領拒否を供託原因として弁済供託をする場合には，「供託の事由」として，①現実の弁済の提供をし受領拒否をされたときは，弁済提供の日とその旨を，②あらかじめ受領しないことが明らかであるときは，受領しない明確な事情を具体的に記載することを要する。また，弁済の提供が契約に基づく支払日以後であり遅延利息をも付して提供している場合には，供託書中「備考」欄に利率（約定なき場合には法定利率（民法404条，商法514条）），遅延日数，損害金の額を記載し，元金とともに提供した旨を記載すべきである。供託官としては，供託書記載の内容から弁済の提供が支払期以後にされていることが明らかである場合には，適正な遅延損害金が付された供託でない限り，受理することはできない。

債権者が「受領しないことが明らかである」とは，どのような場合のことをいうか

債務者がたとえ口頭の提供をしても，債権者が賃貸借契約そのものの存在を否定して現在明渡請求訴訟が係属中であるなど，弁済の受領をしないことが客観的に明瞭である場合をいう。

● 解説

(1) 債権者があらかじめ受領を拒否している場合の口頭提供の要否

債務者が債務の履行をする場合には，定められた履行期に債務の本旨に従った現実の弁済提供をしなければならない（民法493条本文）が，債権者があらかじめその受領を拒否しているようなときは，債務者の義務が軽減され，債務者は，弁済のために現実の提供をすることができる準備を完了した上で，その旨を債権者に通知し受領を催告する，いわゆる「口頭の提供」をすれば足りる（同条ただし書）。その結果として，債務者は，当該弁済の提供によって，それ以後債務の不履行による一切の責任を免れることができる（民法492条）。したがって，これらの規定の趣旨や債務者の受領の催告という行為により債権者の受領拒絶の意思が翻意されることもあり得ると考えられること等から，債権者が単に受領を拒んでいるという場合には，口頭の提供をすることを要し，かかる口頭の提供もされていないときは，債務者は免責されない（大判明40.5.20民録13輯576頁）。しかし，仮に口頭の提供をしても債権者が受領拒否の意思を翻さないであろうことが客観的にも明らかに認められる場合において，なお債務者は口頭の提供をしなければ免責されないのか否かということが，次の問題点として考えられる。

(2) 受領しないことが明らかである場合と口頭提供の要否

　この点につき，判例は，「債務者が言語上の提供をしても，債権者が契約そのものの存在を否定する等弁済を受領しない意思が明確と認められる場合」には，口頭の通知をするがごときはまったく無意味であって，「かかる場合には，債務者は言語上の提供をしないからといって，債務不履行の責に任ずることはできない」としている（最判昭32.6.5民集11巻6号915頁）。この判決には，5人の裁判官の反対意見があること，しかも実体的に「受領しない意思が明確か否か」は個々の事案により判断せざるをえないなどの問題点は残されているとしても，この判決によって，このような事案についての口頭提供の要否，債務者の不履行の責任の有無について一つの基本的な判断が示されたということができる。

　供託実務の取扱いにおいては，「家賃の値上げを要求されたのみでは，未だ債権者による受領拒絶が明白であるとはいえない」としている（昭37.5.25民甲第1444号民事局長回答）が，賃料の増額請求（または家屋の明渡請求）が

あり，あらかじめ賃貸人から受領を拒否され目下係争中のような場合には，「受領しないことが明らかである」として，口頭の提供をすることなく弁済供託をすることを認めている。

(3) 口頭の提供を要しないことと遅延損害金の要否

次に，債権者が弁済の受領をしないことが明らかな場合には，債務者は，前記(2)で述べたとおり口頭の提供を要することなく直ちに供託をすることができるとしても，履行期において弁済の提供をしていない以上，債務不履行の責任を免れるのか，また，債務不履行の責任があるとすれば遅延損害金を付した供託をすべきではないかという疑問が生じる。

この点につき，前掲昭和32年最高裁大法廷判決は口頭の提供をしないことによって債務不履行の責に任ずるものではないと判示しているが，この判決の趣旨と同様，前掲民事局長回答は，「遅延損害金と共に供託する必要はない」ことを明確にしている。これは，本来債務不履行としての遅延損害金は債務者の責に帰すべき事由があるときに生ずるものであるが，この場合はもともと債権者があらかじめ受領を拒否していることが明確であることから口頭の提供をもしなかった場合であり，このような場合は債務者の責に帰すべき事由によるものではなく，その結果として債務不履行の責任も負うものではないということからであろうと思われる。

(4) 供託手続上の留意点

どのような場合が「受領しない意思が明確」であると認められるか否かは個々の事案により異なることから，実質的審査権のない供託官においては必ずしも容易に判断し難い場合もあろうが，明瞭であるか否かについては，供託書の記載事項から判断するほかはない。供託者としては，供託書中の「供託の事由」のなかで，債権者がいかなる事由によって債権を受領しないことが明らかであるか，その事情を具体的かつ簡潔に記載する必要がある。供託官としては，そのような事情の記載がされている場合には，実体上の真偽の程は別として，当該供託を受理するほかない。

なお，供託実務の取扱いにおいては，家賃の弁済供託の場合について，「家屋明渡請求を受けるにより，債権者は予め受領しないことが明らかであ

る」旨記載して申請があったときは，直ちに受理を拒絶すべきではなく，もし係争中の場合であれば「家屋明渡請求を受け目下係争中のため……」と補正した上で受理するのが相当であるとされている（昭37.5.31民事甲第1485号認可5問・先例集(3)110頁）。

債権者が「受領することができない」とは，どのような場合のことをいうか

弁済者がその債務の履行（弁済の提供）をしようとしても，債権者の不在や行方不明等債権者側の事由によりその弁済の受領をすることができない場合をいい，「受領不能」ともいう。債務者側からいえば，弁済不能な場合である。

● 解説

(1) 受領不能とは

債務者がその債務の履行をしようとしても，債権者が不在であるとか，行方不明である等の事由により債権者がその弁済の受領ができない場合を，一般的に「受領不能」という。このように，債権者側の責に帰すべき事由によって弁済の受領ができない場合であることから，受領不能も受領拒否の場合と同様に受領遅滞（債権者遅滞）の一つに該当する。ただし，具体的な弁済供託をする場合において，債権者の受領拒否を事由に供託をするときは債権者が受領遅滞にあることを要するとされている（最判昭45.8.20民集24巻9号1243頁参照）が，受領不能を事由に供託するときは債権者が受領遅滞の状態にあることは要件とはされない。もとより，債務者が債務の本旨に従った弁

済の提供をしようにも，それを受領すべき債権者の所在等が不明という場合であるから，当然のことであろう。

(2) 受領不能の態様

債権者の受領不能の態様にはいくつかのものが考えられるが，それは当該債務が持参債務の場合であるかまたは取立債務の場合であるかによってその態様を異にする。

まず，持参債務の場合には，債権者の不在，住所不明あるいは債権者が交通途絶により履行場所に出頭しない場合等のような事実上のものと，債権者が無能力者であるのに法定代理人を欠いている場合のような法律上のものとに分けられる。債権者の不在とは，例えば，債務者が弁済のために電話で債権者の在宅の有無を問い合わせたところ，家人から不在で受領することができない旨の返事があった場合など，一時の不在であっても差し支えないとされている（大判昭9.7.17民集13巻5号1217頁）。

次に，取立債務の場合には，弁済期到来後債権者が取立てに来ないときは，債務者は，債権者の受領不能を事由に供託をすることができる。

(3) 取立債務の場合の催告の要否

債務の履行につき債権者の行為を要するときは，債務者は，弁済の準備をしたことを通知して，その受領を催告（口頭の提供）すれば足りる（民法493条ただし書）。ここでいう「債権者の行為を要するとき」とは，給付の主要部分を完成するためにはまず債権者の協力を必要とし，その協力がない限り債務履行を完了することができないときをいう。例えば，債権者が債務者の住所に来て給付を受領すべき債務，いわゆる取立債務はこれに該当する（大判昭15.10.25新聞4646号5頁）。したがって，取立債務の場合にも，原則として口頭の提供をすることを要する。

しかし，債務履行の時期および場所が確定しており，これを債権者も承知しており，かつ，受領行為以外に債権者の協力を必要としない場合，つまり，取りに行けばいつでも弁済を受けられるということが社会的に確立・慣行化しているような性質を有する取立債務（給与債権や銀行預金など）については，民法493条ただし書による催告を要せず，債務者はあらかじめ支払

の準備をしておくだけで遅滞の責を免れると解される（東京地判昭30.6.13下民集6巻6号1093頁）。よって，このような場合の債務につき受領不能を事由に弁済供託をするときは，遅延損害金を付すことを要しない（昭57.10.28民四第6478号民事局第四課長回答）。

(4) 供託手続上の留意点

受領不能を供託原因として弁済供託をする場合には，「供託の事由」として，債権者（被供託者）がどのような事由により受領することができないか（「被供託者の所在が不明のため」等）を記載することを要する。

なお，受領不能の場合でも，(3)で述べた給与債権等以外の一般的な取立債務につき弁済期日に債権者が取立てに来ないため催告して供託をするときは，弁済期日から口頭による提供の日までの遅延損害金を付さない限り，供託を受理することはできない（昭43.4.8民事甲第808号認可5問・先例集(5)27頁）。したがって，この場合には，供託書中「備考」欄に利率，遅延日数および損害金の額などを記載することを要する。

Q49 「債権者を確知することができない」とは，どのような場合のことをいうか

A 弁済者の過失なくして債権者が誰であるかを確知することができない場合（債権者不確知）をいう。この債権者不確知には，事実上の不確知および法律上の不確知のいずれの場合も含まれる。

● 解 説

(1) 債権者不確知の要件

　弁済供託のなかの「債権者不確知」を供託原因とする場合の供託は，供託実務の取扱いのなかでも供託原因の存否についてその判断に苦慮することが多いものである。債権者不確知に該当するといえるためには，まず，第1に債務者が債権者が誰であるかを確知することができないことを要する。一般的には，債権債務関係の成立した当時においては，特定人に帰属が確定していた債権が，その後の事情により変動したために弁済者において債権者を確知することができなくなったという場合等がある。第2に，債権者を確知することができないことが弁済者の過失によるものでないことを要する。すなわち，弁済者が取引社会において一般的に要求される程度の注意を払っても，なお債権者が誰であるか確知することができない場合でなければならない。この二つの要件を満たす場合において，弁済者は，「債権者不確知」を供託原因として弁済供託をすることができる。

(2) 債権者不確知の態様と供託手続上の留意点

　債権者不確知にはいくつかの態様が考えられるが，おおむね次のように分類することができる。

　　a　債権者が死亡し相続が開始したが，その相続人が誰であるかを確知することができない場合

　この場合には，債権者について相続が開始すれば，客観的には債権者の相続人が存在し，その相続人が誰であるか確定しているはずである。しかし，債務者が相続関係を調査することは容易ではない。したがって，供託実務の取扱いにおいては，このように債権者の相続人が誰であるか事実上知りえない場合も，債権者不確知にあたるとしている（昭37.7.9民甲第1909号認可6問・先例集(3)155頁）。

　なお，この場合の供託書中の被供託者の表示については，「住所何某の相続人」という記載をして，供託をすることができる。

　　b　債権譲渡がされたが，債権の帰属について債権者とその債権の譲受人

との間で争いがある場合

通常，債権につき確定日付のある譲渡通知が第三債務者に送達された場合には，第三債務者は，その譲渡通知が譲渡人本人の意思に基づき真正に作成されたものであるか否かを，過失責任を問われない程度に調査確認した上で，その譲受人に支払えば免責される。しかし，譲渡された債権の帰属について関係人の間で争いが生じている場合（例えば，譲渡通知後同一人から，先に送達された譲渡通知は詐害行為に基づくもので無効である旨の通知がされたときなど）には，第三債務者は，争いの解決を待つほかない状態で真の債権者を知り得ないので，この場合には債権者不確知による弁済供託をすることができる。

c 複数の債権譲渡通知が同時に送達された場合

指名債権が二重に譲渡された場合の譲受人相互間の優劣関係について，判例は，「確定日附のある通知が債務者に到着した日時又は確定日附のある債務者の承諾の日時の先後によって決すべきである」（最判昭49.3.7民集28巻2号174頁）とし，確定日付のある譲渡通知の到達の先後によって優劣を決めることを明らかにしている。したがって，債権が二重譲渡されたような場合に，確定日付のない譲渡通知は第三者に対抗することはできない（民法467条2項）から，債務者としては，確定日付のある譲渡通知による譲受人に支払えば足りるので，この場合には，債権者不確知の問題は生じない。

また，債権の譲渡通知（または譲渡通知と債権差押命令等）が同時に送達された場合には，「確定日付ある各譲渡通知が同時に債務者に到達した場合には，各譲受人は債務者に対してそれぞれの譲受債権について，その全額の弁済を請求することができる」という判断が最高裁判決（昭55.1.11民集34巻1号42頁）によって示されている。

この判決においては，仮に譲受人の一方が全額債務者から支払を受けた場合に他の一方との法律関係がどのようになるかという点には，何ら触れられていない。しかし，少なくとも債務者と各譲受人との法律関係については，一つの判断を示したものと思われるので，供託実務においては，当該譲渡通知書が明らかに同時到達であるという場合には，債務者は債権者不確知とい

うことを理由に供託をすることはできないとされている（昭59年度全国会同決議1問・先例集(7)102頁）。ただし，このような指名債権の二重譲渡がされているような場合には，もともと権利関係の帰属について争いが生じていることが一般的であろうし，また，形式的審査権しか有しない供託官においては，供託書中の記載事項から明らかに同時到達ということを判断することができない以上は，被供託者を債権の譲受人「AまたはB」とする債権者不確知を理由とした供託申請は，受理せざるを得ないであろう。

なお，最高裁平成5年3月30日第3小法廷判決（民集47巻4号3334頁）において，金銭債権に対する国税徴収法に基づく滞納処分としての債権差押えと債権譲渡とが競合した場合において，差押えの通知と確定日付のある債権譲渡の通知の第三債務者への到達の先後関係が不明であるときは，各通知が同時に到達したときと同一の取扱いをすべきこととした上，この場合には，差押債権者と債権譲受人との間では，互いに相手方に対して自己が優先的地位にあることを主張することができないという関係，すなわち債権譲渡が競合し，その各通知が債務者に同時に到達した場合と同一の関係になり，また，その到達の先後関係が不明であるために第三債務者が債権者不確知を原因とする供託をした場合において，被差押債権額と譲受債権額との合計額が供託金額を超過するときは，差押債権者と債権譲受人は，各債権額に応じて供託金額を案分した額の供託金還付請求権をそれぞれ取得すると判示された。しかし，当該判示における先後関係の不明は実体的な関係を究極的・客観的にみた場合のことであるから，第三債務者から債権者不確知供託の申請がされた場合において，その供託原因が債権譲渡通知等の先後関係が不明であるとするものであっても，従来どおりこれを受理して差し支えないこととされた（平5.5.18民四第3841号民事局第四課長通知）。

　d　譲渡禁止の特約がある債権につき，債権譲渡通知が送達された場合

債権につき債権者債務者間で譲渡禁止の特約をすることはできる（民法466条2項本文）が，この特約は，絶対的なものではなく，善意の第三者に対抗することはできない（同項ただし書）。したがって，この特約がある債権につき，債務者に確定日付ある譲渡通知がされた場合には，当該債権の移転の

効力は，正に譲受人の善意か悪意か（譲渡禁止の特約のあることを知っていたか否か）に関わってくる問題である。しかし，通常は債務者がそのことを知ることは困難であろうし，譲受人もまた，譲受債権に特約が付されていることは知らないのが一般的であろうと思われる。このようなことから，債務者が真の債権者を確知することができないことを理由とし，被供託者を「A（譲渡人）またはB（譲受人）」と記載した債権者不確知による供託申請は，受理することができる（昭37.7.31民甲第1866号民事局長回答）とされている。

なお，譲渡禁止の特約ある債権につき差押・転付命令が第三債務者に送達された場合について，判例（最判昭45.4.10民集24巻4号240頁）は，譲渡禁止の特約のある債権であっても，差押債権者の善意・悪意を問わず転付命令によって移転することができ，民法466条2項の適用ないし類推適用をすべきでないとして，従前の判例を変更した。そのため，供託実務においても，転付命令が発せられたことのみを理由とする債権者不確知供託は認められないという取扱いとすることとされた（昭45.10.21民事甲第4425号通達）。しかし，民事執行法の施行（昭55.10.1）後においては，第三債務者は，転付命令の確定を知らない間は，民事執行法156条1項および民法494条に基づく混合供託をすることができるようになった（昭55.9.6民四第5333号通達第二・四・1・㈢・⑵参照）。

なお，この場合には，「被供託者」欄には，本来の債権者および債権譲受人の氏名を記載し，「供託の原因たる事実」欄中に債権差押命令等の表示をしておくことを要する（「供託書式〈新訂第6版〉」Ⅰ・34，35参照）。

Q50 地代・家賃の弁済供託をする場合,「月末払い」と「月末まで払い」では,どのように異なるか

A 「月末払い」は賃料の支払日が確定されている場合であり,この場合には,確定日前にされた弁済提供に対する受領拒否を理由とする供託はできない。「月末まで払い」は支払日が期間をもって定められている場合であり,当該月の1日から末日までの間にされた弁済提供に対する受領拒否を理由とする供託をすることができる。

● 解説

(1) 賃料の支払時期の一般原則

　民法は,借賃（賃料）の支払時期について,後払いの原則を規定している。すなわち,動産,建物および宅地については毎月末に,その他の土地については毎年末に支払うべきこととしている（民法614条）。これは,賃貸人が賃貸借契約の目的物を相手方に使用収益させる義務と賃借人の賃料支払義務とが相互に債務を負い合う関係にあること等を考慮した一般原則であると解される。したがって,個別の契約によって当事者がこれと異なる賃料の支払時期を定めることは一向に差し支えない。賃料の支払時期を「月末払い」のように確定日をもって定めることはもちろん,「月末まで払い」のように期間をもって定めることもできる。

(2) 「月末払い」と「月末まで払い」の実体上の相違点

　まず,「月末払い」は,賃料の支払時期を「毎月10日」と定めたのと同じように,確定的に毎月末日をもって賃料の支払日とするものである。したがって,仮に賃借人が当該月の賃料を末日以前に弁済提供したとしても,それ

は債務の本旨に従った提供とはいえないし，賃貸人としてもこれを受領する義務はない。弁済提供の日は，あくまでも当該月の末日に限定されることとなる。

一方，「月末まで払い」は賃料の支払時期を期間をもって定めたものであるから，例えば8月分の賃料については，8月1日から8月末日までの間のいずれの日において弁済提供をしても差し支えない。したがって，この間に賃借人からされた弁済提供は適法なものであるから，賃貸人としては受領義務があり，これを受領拒否した場合には受領遅滞となる。

この「月末まで払い」の場合は，その契約の内容としては賃料先払いの特約をしていた場合と同じような部分（例えば，月初めに賃料を支払った場合）もあるが，少なくとも当該月に入ってのその月分の賃料の弁済提供とその支払とがされる場合であることから，純粋の賃料先払いの場合とは異なる。

(3) 「月末払い」と「月末まで払い」の供託手続上の相違点

地代・家賃の弁済供託が適法であり，かつ，実体上も有効なものであるかどうかは，具体的に供託申請がされた場合の供託書の記載事項から判断することになる。すなわち，供託書に記載されている賃料の「支払日」と「供託の事由」との関係からみて，支払日が確定日であるにもかかわらず，その確定日到来前に弁済提供をしたものであることが明らかな場合には，それを前提とした受領拒否を理由とする供託を受理することはできない。したがって，「月末払い」の場合に受領拒否を理由とする供託ができる時期は，当該月末日に弁済提供をしたことが前提となるので，当該月末日以降ということになる（受領しないことが明らかで口頭の提供を要しない場合も同じ。）。これに対し，「月末まで払い」の場合には，その月の1日から月末まではいつでも弁済提供を適法にすることができるので，その間に提供して受領拒否されれば供託をすることができる。すなわち，この場合には，適法な弁済提供を前提として当該月の1日以降いつでも供託をすることができる。

なお，賃料先払契約に基づき将来発生する賃料について，賃貸人の受領拒否を理由にこれを供託することはできる（昭24.10.20民事甲第2449号回答）

（**Q51**参照）。

将来発生する地代・家賃の供託をすることができるか

いまだ弁済期の到来しない将来の地代・家賃については，賃料先払契約がされている場合を除き，弁済供託をすることはできない。

● 解 説

(1) 民法494条の供託原因と将来の地代等

民法494条が供託原因として認めているのは，①債権者が弁済の受領を拒否したこと，②債権者が弁済を受領することができないこと，および③弁済者の過失なくして債権者を確知することができないことの三つのうち，いずれかに該当する場合についてである。このうち，本問の将来発生する地代・家賃の供託の可否が特に問題となるのは，①の債権者が弁済の受領拒否をした場合であると考えられる。

ところで，債権者の「受領拒否」を供託原因として供託をする場合には，原則的にはその前提として債権者が受領遅滞の状態にあることを要する（民法493条）という趣旨から，債務者は，まず債権者に対して弁済の提供をして，債権者がその受領を拒否した後でなければ，供託をすることができない。かかる提供をしないで供託しても，それによって債務は消滅しない（大判明40.5.20民録13輯576頁）。このように，「受領拒否」を供託原因としてされる弁済供託の債務は通常は現存かつ特定したものであって，その弁済供託

は，それを消滅させることを目的としてされるものである。したがって，その限りにおいては，将来発生する地代等に関しては，「受領拒否」ということはあり得ないといえる。

(2) 債権者の受領拒否と債務者の期限の利益の放棄

債権者の受領拒否が原則的には(1)で述べたとおりであるとしても，一方で，民法136条2項本文は，債務者は期限の利益を放棄することができるとし，同項ただし書で「これによって相手方の利益を害することはできない」と規定している。そのため，期限の利益を放棄することによって生ずる相手方の損害を賠償しさえすれば，債務者は，いつでも期限の利益を放棄することができる（大判昭9.9.15民集13巻21号1039頁）。したがって，本問のような将来発生する地代等についても，賃借人が期限の利益を放棄した場合において，賃貸人がこれを受領しないときは供託原因たる「受領拒否」に該当するのではないかと考える余地はある。また，相手方の利益を害しないということを前提としているのであれば，期限の利益を放棄して将来の賃料でも供託することができるとすることは，賃借人にとっても便利なこととは考えられる。しかし，供託実務の先例（昭28.11.28民事甲第2277号民事局長回答）は，賃貸人が受領を拒否する場合において将来の分の地代等を供託することはできないとし，弁済期未到来の地代等の供託を否定している。以来この取扱いの原則は変更されていないが，その理由は次のような点にあると思われる。

(3) 将来発生する地代等の供託ができない理由

(2)で述べたような実体法上の解釈は成り立つとしても，なお将来発生する地代・家賃について供託を認めないとする理由としては，いくつかのものが考えられる。その主たるものは，次の2点であろう。

第1点は，弁済供託の制度はもともと現在支払わなければならない債務を債権者の受領拒否等の理由により弁済することができないときに供託することによってその債務を消滅させ，債務者を現在の種々の不利益から救済しようとするものであるという，供託制度本来の法的性質からである。

第2点は，地代・家賃のような賃料は一般的には継続的契約関係を前提として一定期間が経過するごとにその間の使用の対価として発生するものであ

るという，賃料の法的性質からである。

したがって，供託官としては，供託書の供託原因の記載内容から明らかに将来の地代・家賃であると認められる場合には，当該供託を受理することはできない。ただし，将来発生する地代等の賃料であっても，当該賃貸借契約において賃料先払いの契約がされている場合には，賃借人は，賃料の先履行義務を負い，現実に債務が発生しているので，賃貸人が支払日に発生した賃料の受領を拒否したときには，「受領拒否」を理由に供託することができる（昭24.10.20民事甲第2449号民事局長回答）。

(4) 期限の利益を放棄して弁済供託ができる場合

前掲(2)の先例は，将来の地代・家賃について期限の利益を放棄して供託することはできないというものであり，全ての弁済期未到来の債務について供託をすることができないというものではない。例えば，自己の所有する土地に抵当権を設定し金銭を借り入れているような場合における貸金債務について，期限の利益を放棄して元本と弁済期までの利息を提供したが債権者が受け取らないときは，債務者は，「受領拒否」を理由に供託をすることができる。供託実務の先例として，金銭消費貸借契約に基づく借主が期限の利益を放棄して弁済する場合において借用金額および弁済期までの利息を提供し拒否されたときの供託を認めたものがある（昭39.2.3民四第43号民事局第四課長回答）。

なお，この場合には，供託書の記載事項中に，期限の利益を放棄し弁済提供をしたことおよび弁済期までの利息額をも明示しておくことを要する。

Q52 数ヵ月分の賃料を一括して供託することができるか

A 賃借人が賃貸人に対してそれぞれ毎月の賃料につき債務の本旨に従った弁済提供をしたにもかかわらず，賃貸人がこれを受領拒否している場合には，過去の数ヵ月分の賃料を一括して供託することができる。

● 解 説

(1) 一括供託の可否について

供託をしようとする者は，供託の種類に従い所定の書式による供託書を作成し供託所に提出しなければならない（規則13条）。この「供託の種類」は，供託の原因（供託の機能）によって分類することができるが，本問の場合，毎月の賃料につき債務の本旨に従った弁済提供がされ，賃貸人が受領を拒否しているのであれば，弁済供託としての供託原因は，いずれも「受領拒否」となる。一方，賃料債務そのものは各月ごとに発生しており，それぞれ別個の債務として特定し，かつ，独立性を有したものである。したがって，このような債務については，供託の種類および当事者（供託者および被供託者）が同一であったとしても，弁済供託としては毎月の賃料につき各別に供託するのが本則である。

しかし，供託実務の先例（昭39.8.22民事甲第2871号認可1問・先例集(4)5頁，昭36.4.8民事甲第816号認可5問・先例集(3)23頁）は，既に履行期の到来した数ヵ月分の賃料につき一括供託をすることができることを認めている。このように，先例が本問のような債務につき一括供託を認めた理由の主たるものは，供託の原因が同一であるほか，供託者および被供託者が同一（被供託者

が複数でも可）であって債務の内容も1個の契約から生じた数個の債務であるから，供託書上その区分を明記してあることを条件として，供託者の便宜等をも考慮の上これを認めたということであろうと思われる。また，このような性質の債務につき前述のような方法で一括供託を認めたとしても，それにより被供託者たる賃貸人が当該供託を認容するか否かの判断をする場合または払渡請求をする場合に何らかの支障を来すということもないといえよう。

(2) 一括供託をする場合の留意点

一括供託が認められる賃料はあくまでも既に生じた過去の賃料に限られることはもちろんであるが，例えば，数ヵ月のある月の賃料につき弁済提供が遅延している場合には，弁済期から弁済提供の日までの遅延損害金をも付して供託をしなければならない。しかし，弁済期に適法な弁済提供のみしておけば，供託そのものは遅くなっても一向に差し支えない。次に，数ヵ月分の賃料につき一括供託をする場合には，毎月の賃料債務を特定させるために供託書中「供託する賃料」欄に各受領を拒否された賃料を「平成20年1月分から6月分まで」の例により記載するほか，受領拒否の年月日を記載することを要する。各支払日に弁済提供をしている場合には，「供託の事由」欄に「各支払日に提供したが，受領を拒否された」と記載するのが相当である。

なお，本問と若干異なるが，同一の賃貸借契約に基づく賃借の目的物が複数の場合において，目的物ごとの賃料の区分を明確にして一括供託をすることも認められている（昭40.3.25民事甲第636号認可1問・先例集(4)72頁，「供託書式〈新訂第6版〉」Ⅰ・11参照）。

Q53

賃貸人が死亡した場合の弁済供託は，どのようにしてするか

A

賃借人は，賃貸人の各相続人の相続持分に応じた賃料をそれぞれ提供し，受領を拒否されたときは，その者に対する割合額についてのみ弁済供託をすることができる。

なお，相続人が不明であるときは，債権者不確知を事由とする弁済供託をすることができる。

● 解説

(1) 賃貸人が死亡した場合の賃貸借契約

相続人は相続開始の時から被相続人の財産に属した一切の権利義務を承継し（民法896条），各共同相続人はその相続分に応じて被相続人の権利義務を承継する（民法899条）こととされているので，賃貸借契約の存続中に賃貸人が死亡すると，賃貸人の地位は，その相続人が承継することとなる。この場合においては，共同相続人がいるときでも，当該賃貸借契約は不可分な性質のものであると解されるので，賃貸人が死亡したからといって当該契約の効力に消長を来すものではなく，賃貸人の地位は，その主体が共同相続人に変わったままで従前と同じ状態で存続することとなる。

なお，賃貸人の有していた賃料債権は，金銭債権であり分割可能であることから，賃貸人の死亡により法律上当然に分割されるため，各共同相続人は，相続持分に応じた賃料債権を承継することとなる（大判大9.12.22民録26輯20号62頁，最判昭29.4.8民集8巻4号819頁参照）。また，遺産は，相続開始から遺産分割までの間，共同相続人の共有に属するものであるから，この間に遺産である賃貸不動産を使用管理した結果生ずる金銭債権たる賃料債権

は，遺産とは別個の財産というべきであって，各共同相続人がその相続分に応じて分割単独債権として確定的に取得するものと解するのが相当であり，遺産分割は，相続開始の時にさかのぼってその効力を生ずるものであるが，各共同相続人がその相続分に応じて分割単独債権として確定的に取得した上記賃料債権の帰属は，後にされた遺産分割の影響を受けないものというべきであるとされている（最判平成17.9.8民集59巻7号1931頁）。なお，本判決は，相続人全員の合意により賃貸人死亡後に発生した賃料を遺産分割の対象に含めることができるとする現在の家裁実務を否定するものではないとされている（松並重雄・最高裁判所判例解説民事篇（平成17年度下）574頁）。したがって，賃借人としては，法定相続分と異なる遺産分割等がされた旨の通知があるまでは，法定相続分に応じて各共同相続人に弁済をすれば足りる。

(2) 賃貸人に相続が生じた場合に考えられる弁済供託の形態

　a　相続人が単独の場合

この場合には，賃料債権そのものが相続人に帰属することになるので，賃借人は，賃料の全額につき，弁済の提供をし，受領を拒否されまたは受領することができない場合には，賃料の全額につき債務履行地（持参債務の場合は相続人の住所地）の供託所に弁済供託をすることができる。

なお，賃貸人（被相続人）について従来から賃料を受領しないことが明らかであるとして弁済供託をしていた場合でも，相続人が当然に受領しないとはいえないので，被相続人が提起した明渡訴訟を相続人が承継した等の特段の事情が存しない限り，相続人に対して弁済の提供をすべきであろう。

　b　共同相続の場合で相続人が全員判明する場合

この場合には，賃借人は各相続人に対して持分に応じた賃料額をそれぞれ提供し，受領を拒否した者があるときは，拒否した者を被供託者とする法定相続分による割合額につき弁済供託をすることができる。したがって，共同相続人中その一部の者にのみ弁済の提供をし拒否されたことを理由に，その者に対して賃料全額の弁済供託をすることができないことはもちろんである（昭36.4.4民事甲第808号認可13問・先例集(3)22頁参照）。また，共同相続人の全員が受領拒否をした場合（被供託者が複数のとき）には，相続人全員を被供

託者として1件で弁済供託をすることはできない（昭45.12.22民事甲第4760号認可2問・先例集⑸187頁）ので，賃料持分（債権額）を明らかにした上で，各相続人ごとに当該賃料持分につき供託をすべきである。もっとも，このような場合において，相当と認めるときは，供託官は，1通の供託書で供託をさせることができるが，その場合でも，供託番号は各別に付し，供託通知も各別にすることとなる（準則26条の2）。

　c　共同相続人の一部が住所不明の場合

　この場合において，氏名，住所等が判明する相続人に対して弁済の提供を要すること等はｂの場合と同様であるが，判明する相続人から受領拒否されたことを理由に，その者に対し当該賃料の全額を供託することはできない（昭38.1.21民事甲第45号認可6問・先例集⑶236頁）。相続人の一部に氏名は判明しているが所在のみ不明である者がいるときは，被供託者（相続人）の住所が不明で「受領することができない」ことを事由として，その者の相続分の割合による賃料額のみにつき弁済供託をすることができる。したがって，共同相続人5名のうち，所在の判明する3名については「受領拒否」により，他の2名については「受領不能」を事由として，それぞれの賃料額を明らかにしたうえで，各別に供託をすることができる。

　d　相続人が不明の場合

　この場合には，賃貸人の相続人の氏名，住所等がまったく不明であるから，債権者を確知することができない場合に該当し，賃借人は，弁済をすることができない。したがって，この場合には，「被供託者」欄に「住所何某の相続人」という表示をし，「供託の事由」欄に相続人の氏名，住所が不明である旨を明らかにし，賃料全額について供託をすることができる（昭37.7.9民事甲第1909号認可6問・先例集⑶155頁）。

　なお，この場合には，賃借人は，供託の前提として相続人の有無および相続放棄の有無等を調査する必要はない（昭38.2.4民事甲第351号認可受入3問・先例集⑶241頁）。

Q54

電気料・ガス料等を含めて家賃の弁済供託をすることができるか

A 賃料に電気料等を含む旨の家屋の賃貸借契約がされている場合において，家主が当該賃料の受領を拒否したときは，供託書中「備考」欄に家賃と電気料等の区分を明記して供託をすることができる。

● 解説

(1) 家屋の賃貸借契約と電気料等の支払債務

他人の家屋を借り受けて居住する場合には，電気，ガスおよび水道等の設備需要が必然的に生ずるが，特に小規模の部屋割りのアパートなどいわゆる共同住宅と称されるようなものの場合，電力会社等との契約は，家主がした上で，家屋の賃貸借契約と合わせて電気，ガス，水道料金（以下「電気料等」という。）の支払につき何らかの取決めがされていることがあり，この支払等に関して問題が生ずることがある。

例えば，家賃の一部に電気料金を含めて支払うことを内容とする契約をした場合には，家賃の支払債務と電気料金の支払債務との関係をどのように解すべきかが当然に問題となる。このことは，家賃に電気料金を含めて供託をすることができるか否かという問題にもかかわってくる。この点に関しては，法律的には賃貸借の附随契約の範囲をどこまで認めるかということから論じられているようである。

そこで，電気料金の支払債務が家賃支払債務の附随的債務であるか否かを考えてみると，そもそも，家屋の賃貸借契約においては，借主にとっては，家屋そのものを賃借りすることが究極の目的である。一方，家主は，その使

用の対価たる賃料を得ることを目的としているといえよう。前述のいわゆる共同住宅と称されるような家屋については、電気等の設備が加わりこれらの利用と相まってはじめて家屋としての使用目的が達せられるということ、また、そのために家賃のほかに電気料金等を支払うことを要するとしても、当該契約の主たる要素をなす部分は家屋の賃貸であって、その他の設備等の利用はあくまでも居住用家屋としての使用目的を達成するための附随的な部分であると解される。

　もし、そうであるとするならば、電気料金の支払債務は、あくまでも家屋の使用の対価を得ることを目的とする契約の従たる部分の附随的債務とみるのが妥当である。よって、契約としては、当然1個の賃貸借契約であると解するのが妥当である。

(2) 電気料等を含めた一括供託の可否

　次に、上記の契約が1個の賃貸借契約であるとしても、それから生ずる支払債務を当然に一括して供託することができるか否かは別の問題といえる。すなわち、1個の契約から数個の債務が生ずるときであっても、その数個の債務がそれぞれ種類の異なる独立性を有するときは、供託の種類および供託原因が異なることから、各別に供託をするのが原則といえる（法2条、規則13条）。つまり、家賃と電気料金とが1個の契約に基づいて発生した数個の債務であって、それがまったく異種の債務であるとすれば、支払日にそれぞれ提供し、受領を拒否されたときは各別に供託をすることとなろう。

　しかし、先例（昭37.6.19民事甲第1622号認可7問・先例集(3)127頁）は、家賃と電気料金との区分を明記した場合につき一括供託を認めた。その主たる理由として考えられることは、それが1個の契約から生ずる数個の債務であるとしても、前述のように電気料金は賃貸借契約の附随的債務であることから、あえて別個の供託原因たる事実をなすと解するまでもないこと、および供託者、被供託者が同一であること等をも考慮してのものであろうと思われる。

　なお、このように1個の契約から数個の債務が生ずる場合には、その附随的債務をも含めて履行しなければ、債務の本旨に従った履行をしたとはいえ

ない。したがって、賃借人が仮に家賃のほか使用した電気料金をも含めて支払わない場合（そのことを理由として、契約解除はできない。最判昭36.11.21民集15巻10号250頁）には、家屋の使用の対価に見合う債務の履行があったとは解されない。

(3) 供託手続上の留意点

前記先例は、供託をする場合において供託書中「備考」欄に「賃料と電気料金の区分を明記した場合」には双方の一括供託を受理して差し支えないとしている。この区分の明記は、家賃のみの払渡しあるいは電気料金のみの払渡しの余地を残すためのものとも考えられるが、そのことは、また、債務の内容がまったく異種のものではないが、複数の独立した債務であることも明示しているとも解されよう。

いずれにせよ、実際に供託をする場合には、供託書の記載内容として、一括払いの特約があることおよび賃料と電気料金との区分が明記されていることを要する。

なお、電気料金のほか、水道料金およびガス料金などについても、同様の取扱いが認められる。

Q55 地代・家賃の増額請求を不服とする者は弁済供託をすることができるか

A 賃料の増額請求があり，当事者間で協議が整わないときは，増額を正当とする裁判が確定するまでの間，賃借人は，自ら相当と認める賃料を支払うことをもって足りる。したがって，相当と認める当該賃料につき受領を拒否されたときは，供託をすることができる。

● 解説

(1) 賃料の増額請求の効果等

　地代・家賃が土地または建物に対する租税その他の負担の増加，土地または建物の価格の高騰，近隣の土地または建物の地代・家賃に比較して不相当となったときは，賃貸人は，地代・家賃の増額を請求することができる（借地借家法11条1項，32条1項。ただし，一定期間賃料の増額をしない旨の特約があるときを除く。）。この賃貸人からの増額請求は形成権であって，その意思表示が賃借人に到達した日に増額の効果が生ずるものと解されている（最判昭45.6.4民集24巻6号482頁）。

　つまり，この場合には，地代・家賃は，賃借人の何らかの承諾がなくとも，当然に増額されることとなる。しかし，そのことは，賃貸人が請求した額に賃料が増額されるという意味ではなく，その増額請求額の範囲内において客観的に値上げを相当とする額につき将来に向かって値上げの効力が生ずるというものである（最判昭44.4.15判例時報554号43頁）。

　なお，これらの点については，賃貸人からの増額請求があった場合だけでなく，賃借人からの減額請求があった場合についても同様と解される（借地

借家法11条1項，32条1項)。

(2) 「相当と認める賃料」と弁済提供の要否

賃貸人から借地借家法に基づく賃料の増額請求があったときは，賃借人は，増額を正当とする裁判が確定するまでは，自分が相当と認める賃料を支払えば足り，仮にそれが後に裁判で確定する正当な額に不足する場合であっても，債務不履行とはならない（なお，裁判確定の結果，不足額があるときは，不足額に年1割の割合で支払期後の利息を付して賃貸人に支払わなければならない。借地借家法11条2項，32条2項)。

しかし，この場合において，「相当と認める賃料」とは具体的にどの程度の金額をもっていうのかは，難しい問題である。この金額の算定をする場合には，当初の契約がされた時期及び内容等が考慮されるべきことはもちろんであるが，増額請求のあったときにおける経済状況，地域周辺の賃料等も判断要素となると思われる。しかし，「相当と認める賃料」とは，必ずしも従来の賃料をいくらかでも増額したものであることを要しない。したがって，賃借人が従来の賃料額をもって相当と認めた場合には，当該賃料額を支払えば足りる（最判平5.2.18判例時報1456号96頁)。解釈上は「相当と認める賃料」のなかには，従前と同額の賃料も含まれるということになるが，反面，それ以下の金額または増額請求以上の金額をもって「相当と認める賃料」とすることはできないであろうし，その金額をもって供託することもできないものと考える。

このように，賃貸人から地代・家賃につき増額請求があったときは，賃借人としては，賃料については自ら「相当と認める金額」を算定し支払えば足りるが，賃料について履行期ごとに弁済提供を要することなどについては，他の場合と異ならない。

なお，賃貸人から借地借家法に基づく賃料の減額請求があったときは，「賃貸人」は，減額を正当とする裁判が確定するまでは，自分が相当と認める賃料を「請求すること」ができるが（借地借家法11条3項，32条3項)，「賃借人」は，自らが相当と認める賃料を「支払うこと」ができない。

(3) 増額請求があった場合の弁済供託

賃料の増額請求があった場合の弁済供託については、供託実務の先例（昭41.7.12民事甲第1860号通達）も、賃借人は「自ら相当と認める額」を支払えば足りることとし、これを受領拒否された場合の供託を認めている。この場合には、供託官としては、個別の事案ごとにどの金額が相当であり、また、その金額をもって債務の本旨に従った弁済の提供があったと評価することができるか否かの実体的な判断はできない。したがって、少なくとも従来の賃料額以上の金額をもって相当な額の賃料とし、弁済期に履行がされている場合であれば、当該供託を受理せざるを得ないものと考える。

従来の賃料よりも増額した賃料で供託をする場合には、供託書に記載する賃料は契約で定められている従来の賃料を記載し、供託書中「備考」欄に「○○円の賃料の増額請求に対し、供託者が相当と考える賃料の増額分○○円を加算し提供した」旨の記載をし、賃料増額分を明記しておく必要がある。

なお、賃料の増額請求があった場合の供託実務の取扱いは、昭和41年の借地法・借家法の改正前においても同様であった（昭38.5.18民事甲第1505号民事局長認可１問・先例集(3)278頁「賃料の増額請求をめぐって争われている場合、弁済期に相当額を提供し受領を拒絶されたときは供託できる」）といえるが、改正前においては、後に裁判で正当な賃料として確定した賃料額が「相当額」として供託してきた賃料額より高かった場合には、増額請求のあった月から賃料が不足していたことになり、その結果、賃貸人はその債務不履行を理由に賃貸借契約を解除することができるとされていた（最判昭36.2.24民集15巻2号304頁参照）。

これに対し、改正後においては、「相当と認める賃料」を支払っていればそれが後日裁判で確定する正当な額に不足する場合でも、債務不履行にはならない。この点に借地法・借家法の改正前後における実質的な差がある。その意味で、地代・家賃の弁済につき供託制度の果たす意義は大きいといえよう。

賃借人は地代・家賃と他の債権とを相殺して弁済供託をすることができるか

地代・家賃と他の債権とが相殺適状にあるときは，賃借人は，地代・家賃を他の債権（貸金債権，修繕代金等）と相殺してその残額について供託をすることができる。

● 解 説

(1) 相殺とは

　相殺とは，例えば，家主甲に対して賃料債務を有する借家人乙が，同時に甲に対して自分も債権を有している場合には，両方差引勘定をして，別々に２度履行する煩わしさを避けることができるという制度である（民法505条）。つまり，それは，各当事者の履行における不便と不公平とを除去する制度であるといえるが，同時に，お互い相対立する債権についての債務履行を担保する機能をも有しているといえよう。

(2) 相殺適状にあることとは

　相殺が有効であるためには，相対立する債権が種々の要件を備えていることを要するが，このことを相殺適状といい，民法505条に定められている。その要件としては，

① 相殺しようとする者の債権（自働債権）と相手方の債権（受働債権）とが対立していることが必要である。自働債権は原則として相殺者自身が被相殺者に対して有する債権であることを要し，また，受働債権は被相殺者が相殺者に対して有する債権であることを要する。

② 両債権は，同種の目的を有することである。同種の目的を有するとは，金銭債権には限られないが，一般的には金銭債権が主である。双方の債権

額が同一であることは要しない。
③　両債権が弁済期にあることである。このうち，自働債権は，必ず弁済期の到来した状態でなければならない。例えば，借家を2万円の賃料で賃借している借家人が，家主に対し1万円の貸金債権を有している場合において，その貸金の弁済期が家賃の支払日より前に到来するときは，借家人は家賃の支払日後に貸金債権を自働債権として賃料と相殺をすることができる。

なお，受働債権については，弁済期にあることを必ずしも必要とせず，相殺者が期限の利益を放棄しうるときは，これを放棄して相殺することができる（大民判昭7.2.20新聞3378号11頁）という見解もあるが，供託実務の取扱いにおいては，地代・家賃の支払につき期限の利益を放棄した将来の地代・家賃の供託は認められない（昭28.11.28民事甲第2277号民事局長回答）との原則（**Q51**参照）からいっても，賃料の支払日前に相殺をした弁済供託は認められないものと考える。

④　債権の性質が相殺を許すものであることを要する。
以上四つの要件を満たすときは，当事者は適法に相殺をすることができる。

(3)　地代・家賃との相殺が認められた事例

賃借家屋の一部が風雨によって破損したため，賃貸人に修理を要求したが，賃貸人がこれに応じないために賃借人が自己の費用で修理をした場合には，賃借人は，賃貸人に対して直ちにその費用の償還を請求することができる（民法608条）。したがって，賃借人は，その修繕代金を自働債権として家賃を家賃の支払日以後において相殺することができるが，相殺した残額につき弁済の提供をし受領を拒否されたときは供託をすることができる（昭40.3.25民事甲第636号認可5問・先例集(4)73頁，昭41.11.28民事甲第3264号認可4問・先例集(4)222頁）。

また，反対給付を条件とした弁済供託の場合（**Q57**参照）には，その債権債務の内容がそれぞれ同時履行の関係にあることを要するのに対し，相殺の場合における自働債権と受働債権とについては，双方にそのような関係があ

ることは必要でない。したがって，地代・家賃と賃貸人に対する貸金債権との相殺も認められる。

なお，この場合において，賃借人の有する貸金債権の弁済期が賃料の支払日より後に到来するときは，賃料支払日に相殺をすることはできない。そこで，賃借人は，まず，賃料の支払日に弁済の提供をし，受領を拒否された場合には，貸金債権の弁済期到来後に相殺をして，その残額を供託することができる（昭38.7.1民事甲第1839号認可8問・先例集(3)312頁，昭39.11.21民事甲第3750号認可14問・先例集(4)33頁）。

(4) 相殺をした場合の供託手続上の留意点

賃借人が賃貸人に対する債権を自働債権として自己の有する賃料債務と相殺をする場合において，供託の前提として弁済の提供を要することは，他の一般の場合と異ならない。また，相殺をして，その残額について供託をする場合としては，本問の事例のほか種々の事例が考えられるが，いずれの場合においても，供託書中に相殺をした旨およびその計算内容を明記することを要する（賃料との相殺の場合には，「備考」欄にその旨を記載する。）。

なお，相殺の場合の計算は，相殺適状の生じた時期を標準としてされるべきである（最判昭53.7.1判例時報912号61頁）。

反対給付を条件とする地代・家賃の弁済供託をすることができるか

賃借人は，地代・家賃の給付と同時履行の関係にあるもの（例えば，家賃の場合の「畳の修理義務」「家屋の修繕義務」等）を反対給付の内容として供託をすることができる。

● 解 説

(1) 賃貸借関係における当事者の義務

　賃貸借は，当事者の一方がある物の使用および収益を相手方にさせることを約束し，相手方がこれに対してその賃料を支払うことを約束することによってその効力を生ずるとされている（民法601条）。このことから，例えば，家屋の賃貸借でいえば，賃貸人たる家主は，借家人に当該家屋を引き渡し，使用収益させるに適した状態にすることにつき契約履行上の担保責任を負い，その瑕疵担保責任の内容として家屋の修繕義務等があるといえる。反面，借家人としては，当該家屋を使用収益することの対価として，賃貸人に対しその使用期間に応じた賃料の支払義務を負う。つまり，この当事者の関係は，それぞれの反対給付（義務履行）を条件として成り立っているといえる。

　そこで，これらのことを前提として，供託実務では，地代・家賃の弁済供託についても，反対給付の内容が当該地代・家賃の給付と同時履行の関係にあるものについては，その反対給付を条件として供託をすることができるとしている（法10条，規則13条3項8号）。

(2) 反対給付の内容となり得る債務

　双務契約の当事者の一方は，相手方がその債務の履行を提供するまでは自己の債務の履行を拒むことができる（民法533条）。これが同時履行の抗弁権といわれるものであり，相手方が自らの債務の履行を提供しないで履行を請求してきた場合には，その時点で自己の債務の履行を拒みうるというものである。

　前述の家屋の賃貸借についていえば，借家人が住居用として賃借していたにもかかわらず，例えば，当該家屋の雨漏りや造作が破損しているために契約に定まった本来の目的に従った使用収益をするのに支障がある場合には，賃貸人としては，自己の債務を適法に履行しているとはいえない。したがって，このような場合には，当然賃貸人については賃貸家屋の修繕義務が生ずることとなる。しかし，家屋の破損等が賃借人の不注意によって生じた場合

には，賃貸人に修繕義務がないことはもちろんである。

　また，土地の場合であれば，賃借地を不法占拠する者がいていまだ賃借人に引渡しをすることができないというような場合には，賃貸人としては，土地の明渡義務があり，自己の債務を履行していることにはならない。

　このように，一般に賃貸人の自らの責に帰すべき事由によって生じた修繕義務等は，賃借人の賃料支払義務とは同時履行の関係にある債務（つまり，債務者が債権者に対して同時履行の抗弁権を有する。）ということができよう。したがって，賃借人が弁済供託をする場合には，これら修繕義務の履行を供託物の受領の条件として反対給付の内容とすることができるが，本来の債権に付着していない条件をつけて供託をすることはできない（大判昭18.9.29民集22巻983頁参照）。先例としては，反対給付が家賃の場合の「家屋の修繕並びに畳の修理」，地代の場合の「下水の排水管設備義務」について弁済供託を認めた事例（昭40.11.4民事甲第3141号認可4問・先例集⑷118頁）がある。

　なお，地代・家賃のほか，代金債務の支払確保のため約束手形を振り出した場合における当該手形の返還を反対給付の内容とした代金債務の弁済供託（昭35年度全国会同決議3問・先例集⑶1頁）や所有権移転登記を反対給付とする売買代金の弁済供託などもすることができる。ただし，反対給付の内容として公序良俗，信義則，法令違反の反対給付を付しえないことは，もとより当然のことである。

(3)　反対給付を条件とする弁済供託の留意点

　反対給付を条件として供託をする場合には，供託をしようとする者は，供託書中「反対給付の内容」の記載欄に反対給付の内容を，例えば「供託の原因たる事実中に記載した家屋の修繕」のように記載することを要する。被供託者たる賃貸人が供託金の還付請求をするときは反対給付をしたことを証する書類を添付しなければならないという取扱い（民法498条，法10条，規則24条1項2号）とも関係があるため，反対給付の内容（目的物および給付の内容）は具体的に明記する必要がある。

　なお，反対給付を内容とする弁済供託の場合，特に家屋の修繕義務を反対

第5章　供託の申請手続

給付とする場合の家賃について，弁済の提供を要するか否かにつき賃借人の債務履行との関係から疑義が生ずることも考えられる。しかし，弁済供託そのものはあくまでも債務を消滅させるためのものであるから，その前提となる家賃の支払についての本旨弁済の提供がされているか否かの判断は，他の一般の場合と同様といえよう。したがって，この場合も原則として弁済の提供を要すると解される。

交通事故等の不法行為に基づく損害賠償債務について弁済供託をすることができるか

不法行為に基づく損害賠償債務については，当事者間において賠償額につき争いがある場合であっても，民法494条の要件を満たす限り，弁済供託をすることができる。

なお，この場合には，不法行為の時から弁済提供の時までの遅延損害金を付さなければならない。

● 解説

(1)　不法行為に基づく損害賠償債務

故意または過失によって他人の権利または法律上保護される利益を侵害した者はこれによって生じた損害を賠償する責任を負うとされている（民法709条）が，これが不法行為に基づく損害賠償義務である。不法行為の形態には種々のものが考えられるが，このなかでも特に交通事故に基づく損害賠償については，行為と損害発生との因果関係の認定は容易ではなく，事後における後遺症等の発生が必ずしも予見しがたいことなどから，その債務額の

145

認定に関する問題点は多い。しかし，不法行為に基づく損害賠償の範囲を定める場合には，従来から民法416条を類推して因果律を定めるべきであるとされ（大連判大15.5.22民集5巻386頁），この考え方は現在においても原則的には維持されていると思われる。

(2) 損害賠償債務は供託可能な確定債務か

弁済供託をする場合の要件を満たしているというためには，債務が現存し，かつ，確定していることを要する。しかし，不法行為に基づく損害賠償債務については，原則として金銭賠償によることとされている（民法722条1項・417条）が，賠償額につき当事者間に争いがある場合には，①いまだ供託すべき債務は確定していないのではないか，②債務者（不法行為者）が算定した金額を提供したとしてもそれが民法493条に定める債務の本旨に従った弁済の提供とみることができるか，という二つの問題から，結果的に当該債務に係る供託を受理することの可否が問題となる。

債務額について争いがあるために確定債務といえるかどうかが問題となる同様の事案としては，地代・家賃の増減請求があった場合の賃料債務がある。これにつき，判例は，「増減の範囲について，当事者間に争いのある場合には，その相当額は裁判所の裁判によって定まるのであるが，これは既に増減の請求によって客観的に定まった増減の範囲を確定するにすぎないのであるから，この場合でも，増減請求はその請求の時期以後，裁判所により認められた増減の範囲において，その効力を生じたものと解するを相当とする」（最判昭32.9.3民集11巻1467頁）としている。

すなわち，増減請求権が行使されたことにより，従前の賃料は適正相当額まで当然に増減されるが，この適正相当額は客観的にはある一定金額としてただ一つ存在するものであるから，増減額は客観的には確定しているといえる。

これと同様に，不法行為に基づく損害額も客観的には確定している（ただ具体的な金額が事実上不明である。）と解せば，不法行為に基づく損害賠償債務も確定債務であるため，供託の受理要件とされている「債務が確定したものであること」という要件を満たしているといえる。

(3) 供託すべき損害賠償額

(2)で述べたように，不法行為に基づく損害賠償額が客観的に確定しているとはいえ，それが事実上いくらの金額を指すのかについては，その算定は不法行為者にとっても困難な問題であり，合理的基準が明確に示されているわけでもない。また，供託手続上からいえば，不法行為債務者が一方的に算定した賠償額の弁済提供をもって債務の本旨に従った提供であるか否か（もし，そうでないとしたら受領拒否を理由とする弁済供託は受理することができない。）の判断は，なお困難であるといえる。

しかしながら，供託官の審査権はあくまでも供託書およびその他所定の添付書類の記載内容等に基づく形式的審査から知り得る実体上の供託要件などの範囲にとどまるものであって，供託官には，供託書に記載されている事実（内容）の存否等に関する実質審査権はない。

したがって，形式的審査権しか有しない供託官としては，不法行為による債務者が具体的金額を「客観的に確定している損害額」として供託してきた場合には，それが真実であるかどうかの判断はできないので，当該供託金額が不法行為者たる供託者の相当とする損害賠償額と一致し，それが全額についての供託申請であれば，これを受理せざるを得ないことになる。交通事故に基づく損害賠償債務について，先例（昭32.4.15民事甲第710号通達）が「民法494条の要件を充たす限り，賠償額に争いがある場合においても，弁済供託を認めうるものと考える」とした趣旨も同様の考え方に基づくものであろう。

(4) 損害賠償債務の供託上の留意点

不法行為に基づく損害賠償債務の弁済供託をする場合の遅延損害金の要否については，不法行為の時から遅延損害金を支払わなければならないとするのが通説，判例（大判明43.10.22民録16輯719頁）である。

供託実務の先例も，一貫して同様の取扱いをすることとしており，不法行為者は不法行為時から提供の日までの遅延損害金（年5分の利率）を付して被害者に提供することを要し，供託をする場合にも遅滞損害金をも含めた額をもってしなければならないとしている（昭55.6.9民四第3273号認可3問・先

例集(6)302頁)。

なお，遅延損害金とともに供託をするときは，供託書中「供託の原因たる事実」欄に，本来の賠償額と遅延損害金の額とを区分して明記すべきである（「供託書式〈新訂第6版〉」Ⅰ・25参照）。

家屋の賃借人が死亡した場合，相続人の1人が全員のために供託することができるか

賃料について賃貸人が弁済の受領を拒否したときは，相続人の1人から他の全相続人のために供託をすることができる。

● 解 説

(1) 賃借人の死亡と相続人の賃料債務の承継

相続人は相続開始の時から被相続人の財産に属した一切の権利義務を承継する（民法896条）こととされているので，被相続人の負担する債務も，一身専属的なものを除いて相続される。したがって，相続人は賃借人が有していた賃貸借契約上の債務を承継することとなり，当該債務が賃借人たる債務者の死亡によって消滅するものでないことは，もとより当然のことである。しかし，共同相続の場合においてその債務がどのような形で相続人に承継されるかということは，当該債務の性質が可分か不可分かによっても異なる。

(2) 賃料債務の性質と第三者による弁済の可否

ところで，不可分債務の場合には，その性質上債務自体が不可分であるので，共同相続人各自が不可分債務を負担するということになろう。これに対

し，可分債務である場合の共同承継については，説が分かれているようである。

判例は，可分債務は当然に相続分に応じて分割債務となるとしている（最判昭34.6.19民集13巻6号757頁）。その理由とするところは，相続財産は相続人の共有と考えられ，民法427条に規定する多数当事者の債権債務の原則は平等の割合による分割債権債務であるということにある。

賃料債権がもともと金銭債権であるとすれば，それは分割可能なものであるから，賃料債務も当然可分債務であるといえる。したがって，賃借人の共同相続人は各相続持分に応じた可分の賃料債務を承継するものと解される。

しかし，このような性質の賃料債務を各相続人が承継したとしても，それを最終的にだれが負担し弁済するかは，対賃貸人との関係においては，また別の問題であると考えられることから，共同相続人の1人は，他の相続人全員のために賃料債務の全額につき弁済をし，受領を拒否されたときには供託をすることができるといえる。賃料債務という債務の性質から判断し，第三者の弁済を許さないというものでもないであろう（民法474条。**Q60**も参照）し，相続人はその債務の履行に関し全く利害関係を有しない者でもない。供託実務の先例も，以上のような趣旨からか，共同相続人の1人からされた他の相続人全員のための供託を認めている（昭38.12.27民事甲第3373号認可1問・先例集(3)372頁）。

(3) 共同相続人の1人から供託する場合の留意点

賃借人が死亡した場合において，その共同相続人の1人が他の相続人全員のために賃料の全額を供託するときは，供託書中の「供託者」欄には実際に供託する相続人1名の氏名を記載し，「備考」欄に賃借人につき相続が開始した旨および供託者をも含めた相続人全員の氏名，供託者が全相続人のために供託する旨を表記することを要する（「供託書式〈新訂第6版〉」Ⅰ・6参照）。供託の前提としての弁済の提供および遅延損害金の算定等については，他の弁済供託の場合と同様である。

第三者も弁済供託をすることができるか

債務者以外の第三者も，債務者のために弁済できる範囲において弁済供託をすることができる。

● 解説

(1) 第三者による債務の弁済

民法474条は，債務の弁済は，「第三者もすることができる」とし，原則として第三者も弁済をすることができる旨を規定している。この主たる理由は，債権者が債権の目的を達成しうるならば，誰が弁済しても債権者にとって差異はないことから，弁済は債務者自身によるものに限定する必要はないということによるものと解される。

ただし，①債務の性質がこれを許さない場合（例えば，給付の内容が債務者の技能，熟練などを条件とした一身専属的給付である場合等），②当第者が反対の意思表示をしている場合および③利害関係を有しない第三者の弁済が債務者の意思に反する場合には，第三者は債務者のために弁済をすることはできない（民法474条1項ただし書，2項）。しかし，②および③の場合を除けば，一般的に金銭債務はその性質からいって債務者に代わって第三者が引き受けるのに最も適当な債務であるといえる。

(2) 第三者は供託の当事者適格を有するか

供託手続を有効かつ適法に行うためには，供託者が供託手続を遂行するのに必要な資格を有していなければならない。これを一般的に供託の「当事者適格」という。この当事者適格は，当該供託の根拠法令によって定まる実体上の関係によって決定され，供託要件の一つとされている。

弁済供託においては，供託者となるべき者は原則的には弁済をすべき本来

の債務者であるが，民法474条の「第三者の弁済」については，第三者は固有の意義における弁済に限らず，代物弁済，供託をすることができると解されている（於保・債権総論〈新版〉法律学全集352頁）ことから，第三者もまた債務者のために弁済を行いうる範囲（民法474条・499条・500条）では供託者となることができる。したがって，この限りにおいて，第三者は供託者として当事者適格を有するといえよう。

(3) 第三者が供託をする場合の留意点

第三者が弁済供託をする場合においては，債務を負担するのが第三者であるという点を除き，債権者に対して適法な弁済の提供を要することなどについては，本来の債務者が供託をする場合と異ならない。例えば，賃料についての第三者による弁済供託は，第三者が賃貸借契約の内容に従った賃料を定められた支払場所において支払日に提供した上，受領を拒否されたときにすることができるが，この場合には，供託書中「供託者」欄には供託をする第三者の住所，氏名のみを記載し，「備考」欄に「供託者は，賃借人何某に代わり第三者として供託をする」旨を明記することを要する。

また，第三者が供託をする場合の一般的留意点としては，供託者が利害関係を有する第三者であるときは，供託書中の「供託の原因たる事実」欄に，例えば，供託者が物上保証人，担保不動産の第三取得者である等のように弁済をすることについて法律上の利害関係を有する旨を明記すべきである。利害関係を有しない第三者が債務者の意思に反しない弁済供託をする場合にも，その旨を明記すべきである。これは，被供託者たる賃貸人が供託金の還付請求をするか否かの判断をする場合の資料ともなり得るので，具体的に記載すべき事項であるといえよう（**Q24**参照）。

Q61 利息制限法に違反する利率の約定のある金銭消費貸借に基づく返済金の弁済供託はできるか

A 　利息制限法の制限を超える利息および遅延損害金を含めた弁済供託はすることができない。

　ただし，利息制限法に定める利率によって算出した金額を利息とし，制限超過額を残存元本に充当して計算した残額を債務額として提供をし受領を拒否されたときには，供託をすることができる。

● 解説

(1) 利息制限法に違反する利息を任意に支払った場合の効力

　利息制限法は，制限超過利率による約定は「その超過部分について，無効とする」としている（利息制限法1条）。これは，制限超過部分については，民事上も裁判上も無効とする旨を定めるものである。反面，平成18年に利息制限法が改正されるまでは，同条2項に債務者が超過部分につき任意に支払った場合は，債務者はその返還を請求できない旨の規定があったことから，任意に支払われた制限超過部分を残存元本に充当し得るかが問題とされ，学説や下級審判決において見解が分かれていた。最高裁判決は，結局は制限超過部分は強行法規に反し無効であってその部分の債務は存在しないから弁済の効力は生じない，したがって，弁済の充当の指定も意味がないことから，超過部分は，元本が残存するときは，民法491条の適用によりこれに充当されるものとし（最大判昭39.11.18民集18巻9号1868頁），その後，さらにこの解釈を広げ，元本充当により計算上元本が完済となったときは，債務の不存在を理由として返還請求ができるとし（最判昭43.11.13民集22巻12号

2526頁)，さらに，債務者が利息制限法所定の制限を超える約定利息の支払を遅滞したときには当然に期限の利益を喪失する旨の特約の下での制限超過部分の支払の任意性を否定した（最判平18.1.13，最判平18.1.19）ため，利息制限法1条2項の規定は空文化することとなり，現在は削除されている。

(2) **支払利息額を残存元本に充当した残額の提供は債務の本旨に従った弁済提供か**

次に，弁済供託との関連から，既に任意に支払った利息制限法の超過利息部分を残存元本に充当し，その残額を債権者に提供することが，はたして当事者間において債務の本旨に従った弁済提供といえるかという問題がある。これについて，供託実務においては，例えば債務者は①元本のほか利息につき全てを提供しなければ債務の本旨に従った提供をしたとはいえない，②遅延損害金は，遅延後弁済提供日までの期間に対応する金額である（昭38.1.21民事甲第45号認可2問・先例集(3)235頁）など，債務の本旨に従った弁済の提供がいかなる内容のものかという点での取扱いは従来から一貫しているといえる。

したがって，本問の場合については，前記(1)で説明したとおり，利息制限法は一定利率以上の超過利息，損害金の約定を無効としているので，債務者としてはもともとそれらについての支払義務もないと解される。よって，無効な約定に基づく部分の債務の履行もあり得ないといえよう。

もし，供託手続上利息制限法の制限超過利息，損害金を含めた弁済供託を認めるとするならば，事実上法が無効とする債務の支払を強制する結果となり，不当である。このことから，供託実務の先例も，かかる内容の弁済供託を受理することはできないとしていた（昭38.1.21民事甲第45号認可1問・先例集(3)235頁）。その後，昭和39年の最高裁判決の趣旨を受けて，既に支払済みの超過利息額を残存元本に充当した後の残額の供託については，受理して差し支えないとしている（昭39.12.21民事甲第4001号通達）。つまり，任意に支払われた制限超過利息部分について，残存元本に充当することができるとした最高裁判決の趣旨に従ってした弁済の提供は適法なものと解されることから，これを債権者が受領拒否した場合には，民法494条による供託をするこ

とができるというものである。したがって，その結果として債務免脱の効果が生ずるということも当然のことといえよう。

(3) 超過利息を元本充当する場合の計算方法

利息として支払った超過額を残存元本に充当する場合の計算方法には，①利息を支払ったごとに超過利息部分を元本に充当し，その都度残存元本額が減少するので，これを基準として次回の制限利息の計算，超過利息の元本充当という繰り返しの計算で最終の残存元本を算出する方法と，②初めの元本額をそのままとし，これを基準として制限利息の計算をし，実際に支払われた利息金額から控除された金額を超過利息として最後に元本に充当するという方法がある。

しかし，利息制限法2条に規定する利息天引の場合の元本充当の場合との均衡ならびに借主保護の見地から，弁済充当の方法としては①の計算方法によるべきであろう。

なお，具体的な弁済供託をする場合には，供託書中に金銭消費貸借の内容を具体的に記載するほか，元本充当計算の過程をも明記（通常は別紙に記載）することを要する。

第5章　供託の申請手続

第4節　担保（保証）供託

営業上の保証供託とは，どのような供託をいうのか

営業上の保証供託とは，営業者がその営業活動により生じる債務または損害を担保するためにする供託である。

● 解 説

(1)　営業上の保証供託の目的等

　営業上の保証供託とは，特定の相手方が被る損害を担保するためにされる担保（保証）供託の一種であり，宅地建物取引業，割賦販売業，旅行業等の営業者がその営業活動により生ずる債務または損害を担保するためにする供託である。これらの営業は取引の相手方が不特定多数であり，また，取引活動も広範かつ頻繁であって，取引の相手方に対し損害を与えることもあり得るため，その営業活動に伴って債権を取得する債権者や損害を被る被害者を保護するために設けられた制度である。

(2)　営業上の保証供託の根拠法令

　営業上の保証供託は，法令の規定によって担保を供すべきものとされている場合に限って許される（法1条）。営業上の保証供託を義務付けている主な法令としては，宅地建物取引業法（25条・26条・28条・29条・64条の7・64条の8・64条の15・64条の23），旅行業法（7条〜9条・18条・18条の2・22条の8・22条の9・22条の15・22条の22），家畜商法（10条の2・10条の5・10条の

155

6)，割賦販売法（16条・18条・18条の3・20条の3・22条・22条の2），資金決済に関する法律（14条・17条・43条・46条），信託業法（11条・43条）等がある。

これらの法令では，供託が営業開始の要件とされていることが多い（宅建業法，旅行業法等）。

(3) 担保権者による権利の実行等

営業上の保証供託をした営業者の営業活動により債権を取得した者は，当該供託物に対し，他の一般債権者に優先して還付請求権を行使し得る。例えば，宅地建物取引業者の供託した営業保証金に対して金銭消費貸借契約公正証書に基づく債権差押えおよび転付命令があっても，宅地建物取引業に関する取引により生じた債権に基づき還付請求があったときは，これを認可して差し支えない（昭35年度全国会同決議35問・先例集(3)7頁）。宅地建物取引業者が破産した場合でも営業保証金の還付請求権の行使には影響がないとした先例もある（昭36.8.25民甲第2057号通達）。

担保権者が還付を受ける方法は各法令によるが，大別して次の二つの方法がある。

　a　個別に還付請求する方法（宅建業法等）

担保権者は，いつでもその権利を証明して供託物の還付請求ができる。この場合には，供託物払渡請求書に規則24条1項1号本文の還付を受ける権利を有することを証する書面として供託者の債務確認書等を添付しなければならない。

　b　特別の配当手続による方法（割販法，資金決済法等）

経済産業局長，金融庁長官等それぞれ特別の法令で定められている配当実施権者が配当表を作成し，各担保権者は，供託規則30条により，その配当表に基づく支払委託により供託物の払渡しを受けることになる。この場合には，供託物払渡請求書に監督官庁の証明書を添付しなければならない（規則30条2項）。たとえ供託金が債権を超えるため配当手続がとられず担保権者が個別に還付請求できるときであっても，監督官庁の確認書の添付を要する（割販法施行令8条，許可割賦販売業者等の営業保証金等に関する規則2条等）。

一方，営業者がその事業を廃止した場合等営業保証金の全部または一部について供託しておく必要がなくなった場合には，当該営業者は，その全部または一部の取戻しをすることができる。この場合には，原則として，法令自体に担保権者に対する権利申出の催告手続が規定されている（宅建業法30条2項本文等）。その取戻しにより担保権者の利益を害さないために担保権者の有無を確認する必要があるからである。

裁判上の担保供託とは，どのような供託をいうのか

裁判上の担保供託とは，当事者の訴訟行為または裁判上の処分により相手方に生ずる損害を担保するための供託である。

● 解説

(1) 裁判上の担保供託

裁判上の担保供託とは，例えば，訴の提起，仮執行，強制執行の停止もしくは続行，仮差押え・仮処分の執行または取消し等の当事考の訴訟行為または裁判上の処分により相手方に生ずる損害を担保するための供託であり，民事訴訟法，民事執行法および民事保全法に規定されている（民訴法75条1項・80条・81条・259条・297条・310条・313条・376条・403条，民執法10条6項・11条2項・32条2項・36条1項・38条4項・55条1項・2項・77条1項・117条1項・121条・132条3項・153条3項，保全法14条1項・27条1項・32条2項・3項・38条3項・39条1項・40条1項等）。

これらの規定に基づき，裁判所が供託を命じ，担保の額，種類，期間等を決定する。供託すべき供託所は，民事訴訟法による場合には担保を立てるべきことを命じた裁判所（発令裁判所）の所在地を管轄する地方裁判所の管轄区域内の供託所であり（民訴法76条・259条・405条），民事執行法および民事保全法による場合には，発令裁判所または（保全）執行裁判所の所在地を管轄する地方裁判所の管轄区域内の供託所である（民執法15条1項，保全法4条1項）。

　このように，裁判上の担保供託の場合には，保証を立て，または担保を提供することを命じ，もしくは保証を立てることを許した裁判が供託の原因となるが，供託所（供託官）が当事者のする供託の申請または払戻しの請求を受けてその要件の具備を審査したうえ，これを受理し，または認可するかどうかを決することは，他の供託の場合と同じである。

　供託者は，この裁判所の裁判に基づき金銭または一定の有価証券を供託所に供託することになる。

　裁判上の担保供託については，被供託者は，供託物について，他の債権者に先立ち弁済を受ける権利を有する（民訴法77条，民執法15条2項，保全法4条2項）。したがって，被供託者がその権利を実行するには，自己が執行停止等により損害を被ったことを証明する確定判決等（被担保債権の存在を証する書面）を還付を受けることを証する書面（規則24条2号）として添付して直接還付請求をしてもよいし，民事執行法143条による差押えをする（供託物が金銭の場合には，さらに民執法159条による転付命令を得ることもできる）ことにより取戻請求をすることもできる。

　一方，担保を提供しておく必要がなくなったときは，供託者は，担保取消決定（民訴法79条，民執法15条2項，保全法4条2項）を得た上，供託物払渡請求書に担保取消決定正本およびその確定証明書（民訴法499条）を添付して供託物の取戻しを請求することができる（ただし，担保取消決定正本および確定証明書に代えて，供託原因の消滅を証する裁判所の証明または供託書正本に供託原因が消滅したことを証する旨を裁判所書記官が付記した奥書証明を添付してもよい。）。

第5章　供託の申請手続

なお，民事調停手続，非訟事件手続，家事事件手続，会社更生手続等にも同様の担保供託制度が設けられている（民事調停規則5条2項，非訟法72条，家事事件手続法95条1項，会更法209条4項等）。

税法上の担保供託とは，どのような供託をいうのか

税法上の担保供託とは，徴収すべき税を担保するための供託である。

● 解説

(1)　税法上の担保の提供等

税法上の担保供託とは，国税の延納を許可する場合にその後の納付を確保するために納税者に一定の担保を提供させる等徴収すべき税を担保するための供託であり，国税通則法等の各種税法に規定されている。

税法上，担保の提供または徴収が規定されているのは，大別して次の三つの場合に分類できる。

a　納税の猶予の場合

納税者は，国税債権が確定した後は，その国税を納期限までに納付しなければならない。しかし，災害により相当な損失を受けた場合等国税を納期限までに納付することができないやむを得ない事情がある場合には，納期限の延長，延納，納税の猶予，徴収の猶予等の国税債務の履行期限または履行手続を緩和する措置がとられる（国税通則法11条等）。そうした措置をとる場合には，税務署長等は，原則として，猶予に係る国税を満足するに足る担保を

徴することになる（国税通則法46条5項等）。

　　b　保全担保の場合
　酒税および印紙税の徴収が困難になると認められる場合ならびに消費税が滞納され，その後の徴収が確保できないと認められる場合には，税務署長は，その徴収を確保するために，納税者に担保を命じることができる（酒税法31条，印紙税法15条，国徴法158条等）。

　　c　不服申立てに伴う差押えの猶予・解除の場合
　滞納処分による差押え等の税務署長等からの処分を受けた納税者がその処分に対して不服を申し立てた場合には，当該納税者は，担保を提供することにより，その処分に係る国税につき差押えをしないこと，または既にされている差押えの解除を求めることができる（国税通則法105条3項・5項）。保全差押えの場合（国徴法159条）および繰上保全差押えの場合（国税通則法38条3項・4項）も同様である。

(2)　担保の種類等
　税法上の担保に提供し得る担保の種類は国債および地方債，土地，建物，金銭等である（国税通則法50条）が，このうち供託すべきものとされているのは，国債，地方債，社債その他の有価証券，振替国債および金銭である（国税通則法施行令16条）。
　担保を提供する者は，これらを金銭，有価証券または振替国債の供託の手続に従い，供託所に供託した上，供託書正本を税務署長等に提出することになる。
　この供託物に対しては，他の国税，地方税による差押え等があり得るが，その場合でも，担保の原因となった国税に優先的徴収権が認められている（国徴法14条）。
　担保の提供が不要になった場合には，供託者は，供託物の取戻請求をすることができる。つまり，担保に係る国税が完納されたこと等の一定の事由が生じた場合には，税務署長等は担保を解除し（国税通則法施行令17条1項・国徴法159条5項・6項），供託書正本を返還するとともに供託原因消滅証明書を交付する（国税通則法施行令17条3項1号）ので，供託者は，これらの書類

に基づき供託物を取り戻すことになる。

なお，金銭供託をした場合には，その金銭をもって担保に係る国税の納付に充てることもできる（国税通則法51条3項）。

しかし，納税の猶予に係る国税が猶予期限までに完納されない場合等担保の提供された趣旨が満足されない場合には，税務署長等は，担保を処分し，国税およびその処分費に充てることができる（国税通則法52条）。この場合には，税務署長等は，供託物払渡請求書に還付を受ける権利を証する書面を添えて供託所に還付を請求することになる。したがって，供託者は，供託物の取戻請求権を失う。

担保（保証）供託の目的物は，金銭でも有価証券でも差し支えないか

担保（保証）供託の目的物は，金銭または一定の有価証券（振替国債を含む。）に限られる。

● 解 説

いずれの担保供託でも金銭によることは可能であるが，有価証券（振替国債を含む。）による場合については，担保供託の種類，根拠法令により供託し得る有価証券（振替国債を含む。）が異なる。

以下，供託の目的物について，担保供託の種類ごとに説明することとする。

(1) 営業上の保証供託の目的物

営業上の保証供託の目的物は金銭または有価証券（振替国債を含む。）で

あるが，有価証券（振替国債を含む。）については，多くの場合，各根拠法の施行規則によりその種類が限定されている。例えば，宅地建物取引業法の場合には，国債，地方債のほか中小企業債券等同法施行規則15条の2に指定されているものに限られる。更に，有価証券（振替国債を含む。）の種類に応じて有価証券の価額の評価基準を定めている施行規則も多く，例えば，宅地建物取引業法施行規則では，国債については額面金額，地方債または政府保証債については額面金額の100分の90，その他の債券については額面金額の100分の80とされている（宅建業法施行規則15条1項）。また，割引債券の額面額算出方法について規定を置いている施行規則もある（同条2項，旅行業法施行規則9条等）。

(2) 裁判上の担保供託の目的物

裁判上の担保の提供方法としては，金銭または裁判所が相当と認める有価証券（振替国債を含む。）を供託する方法，民事訴訟規則29条に定める方法（支払保証委託契約），約定担保がある（民訴法76条，民執法15条1項，保全法4条1項）。このうち，金銭または裁判所が相当と認める有価証券（振替国債を含む。）が裁判上の担保供託の目的物となる。

発令裁判所が金銭をもって供託すべきことを命じたときは，供託者は，その所定の金額の金銭を供託しなければならず，有価証券を供託することはできない。もっとも，供託官は，形式的審査権しか有せず，供託者が供託しようとする金額が裁判所の命じた金額と一致するかどうかを調査することはできず，それが裁判所の命じた金額より多くても少なくても，受理するほかない。結局，前者の場合にはその供託を無効とするまでもないが，後者，つまり供託金額が不足する場合にはその供託が無効となり，担保を立てた効力を生じないと解すべきであろう。

一方，裁判所は，供託をしようとする者の申立てによって相当と認める有価証券（振替国債を含む。）を供託の目的物として指定することができる。有価証券（振替国債を含む。）の種類は，特に限定されていない。供託者は，裁判所が指定した種類および金額の有価証券（振替国債を含む。）を供託すればよい。この場合も，供託官としては，供託者が供託しようとする有価証

券（振替国債を含む。）が裁判所の命じたものと一致するかどうかを審査することはできないから，たとえ一致せず，あるいは供託者が金銭を供託すべきところを有価証券（振替国債を含む。）を供託してきたとしても，受理するほかない。しかし，そのような受理があっても立担保の効力が生じないことは当然である。

　また，供託者は，発令裁判所の担保変換決定を得て供託の目的物を金銭から有価証券（振替国債を含む。）に，逆に有価証券（振替国債を含む。）から金銭に変換することができる（民訴法80条，民執法15条2項，保全法4条2項）。

　税法上の担保供託の目的物は，金銭，国債，地方債および税務署長等が確実と認める社債（特別の法律により設立された法人が発行する債券を含む。）その他の有価証券である（国税通則法50条）。社債その他の有価証券としては，原則として，農林債券，商工債券等をいうとされている（国税通則法基本通達（徴収部関係）50条関係，担保の種類）。

　供託者は，税務署長等の承認を受ければ，担保の目的物を変更することができる（国税通則法51条2項）。

営業上の保証供託にいう「主たる事務所」とは，当該業者が会社であるときは，「本店」になるのか

営業上の保証供託にいう主たる事務所は，当該業者が会社であるときは，本店である。

● 解説

(1) 営業上の保証で供託をすべき供託所

営業上の保証供託では，その根拠法令の規定により，業者の主たる事務所または主たる営業所の最寄りの供託所に供託すべき旨が定められている例が多い（宅建業法25条1項，割販法16条1項等）。これにより，供託上の土地管轄が定められることになる。

例えば，宅地建物取引業法では，宅地建物取引業者は，その事務所（案内所等を含む。）ごとに，一定数の成年者である専任の取引主任者を置かなければならず（宅建業法15条1項），主たる事務所につき1,000万円，その他の事務所につき事務所ごとに500万円の割合による金額の合計額を，主たる事務所の最寄りの供託所に供託しなければならないとされている（宅建業法25条1項，同法施行令2条の4）。宅地建物取引業者は，この供託をした上，供託書正本の写しを添付してその旨をその免許を受けた国土交通大臣または都道府県知事に届け出た後でなければ，その事業を開始してはならないこととされている（宅建業法25条4項・5項）。

(2) 「主たる事務所」と「従たる事務所」

そこで，主たる事務所に営業上の保証供託をすべきことを義務付けられた宅地建物取引業等を営もうとする者が支店を有する会社の場合には，その支

店をもって事務所あるいは主たる事務所とし得るかどうか，つまり事務所ないし主たる事務所の意義が問題となる。

商法等では，「営業所」，「本店」または「支店」という用語が使用されている（商法20条・24条，会社法4条・10条等）。営業所とは，商人の営業活動の中心である一定の場所であり，営業活動上の指揮が統一的に発せられ，その成果がそこに統一される場所をいう。そして，商人が1個の営業について数個の営業所を有するときは，そのなかで主となって全営業を統轄する営業所を本店といい，これに従属しつつも一定の範囲で独立性を有する営業所を支店という。したがって，本店と支店との間には，主従の関係がある。

また，一般社団法人及び一般財団法人に関する法律では，一般社団法人・一般財団法人につき「事務所」という用語が使用されている（一般法人法11条・153条等）が，事務所とは，法人の事務執行の場所であり，事務所が二つ以上あるときは，活動の中心となるものが「主たる事務所」，その他が「従たる事務所」とされている（注釈民法(2)207頁）。

そこで，各種業法にいう事務所の意義についても，商法上の営業所や民法上の事務所と同様に考えるのが適当であるから，営業活動の中心である一定の場所をいい，営業者が当該営業取引について2個以上の事務所を有するときは，全営業所を統轄する営業所を主たる事務所といい，その他の事務所を従たる事務所というと考えられる。このため，自然人たる商人が数個の営業を営む場合には，その数個の営業を同一の営業所で営むこともできるが，営業の種類ごとに各別の営業所を設けて営業することもできる。

これに対し，会社が数個の営業を営もうとする場合には，その営業について数個の営業所を設けることはできるが，営業自体会社の目的による制約を受けており，目的により統一された範囲内でともに同一の営業を本店が主となり，支店が本店の指揮を受けて従となって行うものであるから，自然人のようにその営業の種類ごとに各別に営業所を設置することはできない。したがって，支店をもって各種業法上の事務所あるいは主たる事務所とはし得ない。

例えば，宅地建物取引業者の場合には，本店と支店にそれぞれ専任の取引

主任者を置き，本店の所在地の最寄りの供託所に営業保証金の供託をしなければならない。先例も，本店に宅地建物取引員の有資格者がいないため，営業所の所在地を取引上の主たる事務所として，その地を管轄する供託所に営業上の保証供託の申請があっても，当該申請は受理することができないとしている（昭34.10.15民事甲第2302号通達）。ただし，主務官庁が本店以外の営業所を当該取引関係の中心たる営業所と判断し，登録申請を受理している場合にあっては，債権者の権利実行の利便等の営業保証金の供託管轄を定めた趣旨を考慮し，主務官庁に登録された営業所を「主たる営業所」として供託することができる（昭和59年度全国供託課長会同決議（先例集(7)41））。この場合は，その旨の登録をしたことを証する書面を提出することとなる。

第5節　執行供託

執行供託とは，どのような供託か

執行供託とは，執行手続において，供託所をして執行の目的物の管理と執行当事者への交付を行わせるため，執行機関または執行当事者が執行の目的物を供託所に供託することをいう。

● 解 説

(1)　執行供託の法的性質等

　執行手続においては，執行機関または執行当事者が執行の目的物（金銭または目的物が金銭以外のものであるときはその換価代金）を供託所に供託し，供託所がその目的物の管理および執行当事者への交付を行う場合がある。これを執行供託という。つまり，執行供託は，執行手続の一環としての執行の目的物の保管と執行当事者に対する交付（配当）とを内容とするものであり，ここでは，供託所が執行補助機関として機能することになる。

　例えば，金銭債権に対する強制執行において，第三債務者は金銭債権が差し押さえられたときは当該金銭債権の全額に相当する金銭を債務の履行地の供託所に供託することができ（民執法156条1項），また，当該金銭債権に対する差押えが競合したときはその債権の全額に相当する金銭を，差押え後に配当要求を受けたときは差し押さえられた部分に相当する金銭を債務の履行地の供託所に供託しなければならない（同条2項）とされている。

このようにして執行の目的物である金銭が供託されると，執行裁判所により配当等が実施され（民執法166条1項1号），裁判所から供託所に対し配当金の支払委託がされる一方，各債権者は，裁判所から配当額の支払証明書の交付を受け，これを供託物払渡請求書に添付して（規則30条）供託所から供託金の還付を受けることにより，その債権の満足を得ることになる。

(2) 執行供託の主要なもの

執行供託は，強制執行手続や保全執行手続，国税徴収法による滞納処分の配当手続等の各種の執行手続において認められており，その内容も多岐にわたっているが，特に供託手続において主要と考えられるものは，次のとおりである。

a 金銭債権に対する強制執行手続に関するもの

① 民事執行法156条1項の供託

金銭債権が差し押さえられた場合，第三債務者は，その金銭債権の全額を債務の履行地の供託所（Q71参照）に供託することができる（民執法156条1項。権利供託・Q68，Q72の(1)，Q73，転付命令が発せられた場合につきQ75，利息または遅延損害金につきQ83，給与・退職金債権に対する差押えにつきQ84，供託の効力につきQ97参照）。

② 民事執行法156条2項の供託

第三債務者は，差し押さえられた金銭債権について，差押債権者が提起した取立訴訟の訴状が第三債務者に送達される時までに，更に差し押さえられまたは仮差押えの執行がされて競合が生じたとき（Q76，差押効の拡張につきQ77，Q78，Q79，Q80参照）は金銭債権の全額に相当する金銭を，配当要求がされたときは差し押さえられた部分に相当する金銭をそれぞれ債務の履行地の供託所（Q71参照）に供託しなければならない（民執法156条2項。義務供託・Q69，Q72の(2)，Q74，転付命令が発せられた場合につきQ75，Q81，Q82，利息または遅延損害金につきQ83，給与・退職金債権に対する差押えにつきQ84，供託費用の請求につきQ90，供託の効力につきQ97参照）。

第三債務者が供託をしたときは，その事情を執行裁判所に届け出るこ

とを要する（民執法156条3項。**Q88**，**Q89**参照）。
③　混合供託
　　民事執行法156条1項または2項と民法494条の供託の両者の選択的効力を有するいわゆる「混合供託」も認められる（**Q70**，**Q86**参照）。
b　担保権の実行としての競売等におけるもの
　　担保権の実行としての競売等においては，強制執行におけるのと同様の供託がされる（民執法188条・189条・192条・193条2項，民執規則176条1項・175条等。**Q96**参照）。
c　保全執行手続に関するもの
①　仮差押えの執行に基づく供託
　　民事保全法50条5項は，民事執行法156条を準用している。したがって，金銭債権に対して仮差押えの執行がされた場合には，第三債務者は，金銭債権の全額または仮差押債権額に相当する金銭を債務の履行地の供託所（**Q71**参照）に供託することができる（保全法50条5項において準用する民執法156条1項。**Q91**，みなし解放金につき**Q93**，供託の効力につき**Q97**参照）。
　　また，金銭債権に対する仮差押えの執行が先行し，これに続いてこれと競合する差押えがされた場合（**Q76**，差押効の拡張につき**Q77**，**Q78**，**Q79**，**Q80**参照）には，第三債務者は，供託義務を負う（保全法50条5項において準用する民執法156条2項。**Q74**，**Q81**，**Q82**，利息または遅延損害金につき**Q83**，供託費用の請求につき**Q90**，**Q91**，供託の効力につき**Q97**参照）。
②　仮差押解放金の供託
　　仮差押えを受けた債務者は，仮差押命令において定められている仮差押解放金（保全法22条1項）を供託することができる（**Q92**，みなし解放金につき**Q93**参照）。
③　仮処分解放金の供託
　　仮処分を受けた債務者は，仮処分命令において定められている仮処分解放金（保全法25条1項）を供託することができる（**Q95**参照）。

d 強制執行等と滞納処分との調整に関するもの
① 滞調法20条の6の供託
　滞納処分による差押えがされている金銭債権について強制執行による差押えがされて競合が生じたときは，第三債務者は，その債権の全額に相当する金銭を債務の履行地の供託所（Q71参照）に供託することができる（滞調法20条の6第1項。Q98，仮差押えとの競合につきQ100・Q101参照）。
　第三債務者が供託をしたときは，その事情を徴収職員に届け出ることを要する（滞調法20条の6第2項。Q88，Q89参照）。
② 滞調法36条の6の供託
　強制執行による差押えがされている金銭債権について滞納処分による差押えがされて競合が生じたときは，第三債務者は，その債権の全額に相当する金銭を債務の履行地の供託所（Q71参照）に供託しなければならない（滞調法36条の6第1項。Q99，仮差押えとの競合につきQ100・Q101参照）。
　第三債務者が供託をしたときは，その事情を執行裁判所に届け出ることを要する（滞調法36条の6第2項。Q88，Q89参照）。
(3) その他の執行供託
a 配当留保供託
　不動産に対する強制競売手続において，配当を受けるべき債権者に直ちに配当等を実施することができないときに裁判所書記官がする供託である（民執法91条。Q102参照）。
　この供託は，不動産に対する担保権の実行としての競売の場合（民執法188条），船舶に対する強制執行および担保権の実行としての競売の場合（民執法121条・189条），自動車，建設機械に対する強制執行および担保権の実行としての競売の場合（民執規則97条・98条・176条2項），航空機に対する強制執行の場合（民執規則84条），債権に対する強制執行における売却命令に基づく売却による売得金についての配当等の場合（民執法166条1項2号・2項）等に準用されており，また，不動産に対する強

制管理において管理人が配当等を実施する場合（民執法108条），債権に対する強制執行において管理人が配当等を実施する場合（民執法161条6項）および動産に対する強制執行において執行官が配当等を実施する場合（民執法141条1項）等の場合も同様である。

　滞納処分による換価代金等の配当の場合にも同様の供託が認められている（国徴法133条3項，国徴法施行令50条4項）。

b　不出頭供託

　不動産に対する強制競売手続において，債権者が配当等の受領のために執行裁判所に出頭しないときに裁判所書記官がする供託である（民執法91条2項。**Q103**参照）。

c　執行停止中の売却による売得金の供託

　動産に対する強制執行手続が停止された場合に執行官が差押えに係る動産を売却して得た売得金を保管するための供託である（民執法137条1項・2項。**Q104**参照）。

d　滞納処分に関するもの

　税務署長は，換価代金等の配当計算書に異議の申出があった等の場合に換価代金等を供託する（国徴法133条2項・3項，国徴法施行令50条）。供託所は，税務署長からの支払委託に基づいて，各債権者に払渡しをすることになる。

（参考）　執行供託の種類

執行手続大分類	執行手続中分類	供　　　託	根拠法令・条項
民事執行手続に関するもの	不動産に対する強制執行（強制競売）	配当等の額の供託	民執法91条
	不動産に対する強制執行（強制管理）	強制管理停止中の配当等に充てるべき金銭の供託	民執法104条1項
		管理人による配当等の額の供託	民執法108条
		執行裁判所による配当等の額の供託	民執法111条・109条・91条

	船舶に対する強制執行	配当等の額の供託	民執法121条・91条
	自動車，建設機械に対する強制執行	配当等の額の供託	民執規則97条, 98条, 民執法91条
	航空機に対する強制執行	配当等の額の供託	民執規則84条, 民執法121条・91条
	動産に対する強制執行	執行停止中の差押物の売得金の供託	民執法137条2項
		執行官が配当等を実施する場合の供託	民執法141条
		執行裁判所が配当等を実施する場合の供託	民執法142条2項・91条
		差押えが取り消された動産の売得金の供託	民執規則127条4項, 民執法168条8項
	債権その他財産権に対する強制執行	第三債務者による供託	民執法156条1項・2項
		取立訴訟勝訴原告に対する配当等の額の供託	民執法157条5項
		売却命令に基づく売却（民執法161条，民執規則141条）による売得金についての配当等の額の供託	民執法166条1項2号・2項・91条
		管理人が管理命令に基づいて管理する場合にされる供託	民執法161条6項・104条1項・108条
	金銭の支払を目的としない請求権についての強制執行	執行官が不動産の引渡し等および動産の引渡しの強制執行をした場合にその目的物でない動産を売却したときの売得金の供託	民執法169条2項・168条8項
保全執行手続に	不動産に対する仮	強制管理の方法による	保全法47条4項

関するもの	差押えの執行	仮差押えの執行による配当等に充てるべき金銭の供託	
	自動車，建設機械に対する仮差押えの執行	裁判所書記官による売却代金の供託	保全規則37条4項・39条
	動産に対する仮差押えおよび仮処分の執行	仮差押金銭等または仮差押動産の売得金の供託	保全法49条2項・3項
		仮差押えの執行が取り消された動産の売得金の供託	保全規則40条，民執規則127条4項，民執法168条8項
	債権およびその他財産権に対する仮差押えの執行	第三債務者による供託	保全法50条5項，民執法156条
担保権の実行としての競売等におけるもの	強制執行におけるのと同様の供託		民執法188条・189条・192条・193条2項，民執規則176条2項・175条
滞納処分に関するもの	税務署長による換価代金等の配当計算書異議の申出があった場合等における換価代金等の供託		国徴法133条2項・3項，国徴法施行令50条
強制執行等と滞納処分との調整に関するもの	滞納処分と強制執行，仮差押えの執行または担保権の実行としての競売とが競合したときの民事執行手続におけるのと同様の供託		滞調法20条の6・36条の6等

Q68 権利供託とは，どのような供託か

A 権利供託とは，第三債務者が差押えに係る金銭債権の額に相当する金銭について権利としてすることができる供託をいう。

● 解 説

(1) 権利供託

第三債務者は，差押えに係る金銭債権の全額に相当する金銭を供託することができる（民執法156条1項）。仮差押えを受けた場合も同様である（保全法50条5項，民執法156条1項）。これがいわゆる権利供託である。

第三債務者は，債権の全額の差押えを受けた場合には当然全額を供託することができる（全額未満の供託はできない）し，債権の一部の差押えを受けた場合には全額を供託することも，その差押えに係る金額を供託することもできる。権利供託は第三債務者の利益のために認められているのであるから，何も一部差押えの場合に全額の供託を強いる必要はなく，差押金額だけの供託を認めても一向に差し支えないからである。この供託は，債務の履行地の供託所にしなければならない（民執法156条1項）。

(2) 差押えに係る金額のみの供託

全額差押えで全額供託する場合または一部差押えで差押金額だけの供託をする場合は，全て執行供託になる。すなわち，第三債務者が供託したときは，その事情を執行裁判所に届け出なければならない（民執法156条3項）。この第三債務者の供託により，配当加入遮断の効果が生ずる（民執法165条1号）。そして執行裁判所は，この事情届があると，配当等を実施する（民執法166条1項1号）。つまり，執行裁判所は，供託所に対して支払委託をする一

方，差押債権者等に支払証明書を交付するので，差押債権者等は，これを供託金払渡請求書に添付して（規則30条）供託金の還付を受けることになる。この場合には，差押債権者等が供託所に対して直接還付請求をすることはできない。

　供託後差押命令の申立てが取り下げられたり，差押命令が取り消された場合には，供託金は執行債務者に払い渡されるが，その場合にも執行裁判所の支払委託によらなければならない。第三債務者は，供託により免責の利益を得ているので，供託が錯誤により無効である場合を除き，取戻しをする余地はない。

(3) 一部差押えの場合における全額の供託

　第三債務者が債権の一部につき差押えを受け，全額を供託した場合には，その差押えの効力の及んでいない部分の供託は，弁済供託としての性質を有する。したがって，第三債務者は，この供託をするに当たり，供託書の供託金額については全額とし，執行裁判所に事情届をしなければならないが，それとともに供託通知（民法495条3項）をしなければならない。供託金のうち，差押金額に相当する部分については，執行裁判所における配当等の実施としての支払委託に基づいて払渡しを行い（民執法166条1項1号），また，差押金額を超える部分については，被供託者（執行債務者）が供託を受諾して還付請求をすることもできるし，供託者（第三債務者）が不受諾を原因として取戻請求をすることもできる。

　また，滞納処分の場合にも，権利供託が認められている。つまり，滞納処分による差押えがされている金銭債権について強制執行により差押えがされて競合が生じたときは，第三債務者は，その債権の全額に相当する金銭を供託することができる（滞調法20条の6）。この場合には，供託金のうち，滞納処分による差押えの金額に相当する部分については徴収職員が還付請求をすることができ，残部については執行裁判所の配当等の実施としての支払委託に基づいて払渡しをする（滞調法20条の7第1項）。

Q69 義務供託とは，どのような供託か

A 義務供託とは，差押え等が競合した場合に第三債務者が差押えに係る金銭債権の額に相当する金銭について義務としてしなければならない供託をいう。

● 解 説

(1) 債権に対する差押え等が競合した場合の供託

第三債務者は，差し押さえられた金銭債権について，差押債権者が提起した取立訴訟の訴状が第三債務者に送達される時までに，さらに他の差押えまたは仮差押えの執行がされて競合が生じた場合（**Q76**参照）には金銭債権の全額に相当する金銭を，配当要求がされたときは差押金額に相当する金銭を，それぞれ債務の履行地の供託所に供託しなければならない（民執法156条2項）。これがいわゆる義務供託である。

第三債務者に供託義務を負わせたのは，差押債権の換価金から配当等を受けるべき債権者が2人以上いる場合には，特定の債権者のみによる取立てを認めることは適当ではないので，第三債務者に供託させ，その後は配当手続によることにして，債権者間の平等を確保する趣旨による。

差押え等の競合の時期を取立訴訟の訴状が第三債務者に送達される時までで区切っている趣旨は，一部の債権者が取立訴訟を提起するという行動までをとったのであれば，その努力を評価し，当該債権者に優先的に弁済を受けうるようにさせるためである。

第三債務者の具体的な供託義務は，弁済すべき義務が生じていないとき，例えば，弁済期が未到来であるとか，第三債務者の弁済が反対給付の履行と同時履行の関係にあるような場合には，いまだ生じない。

第三債務者がこの供託をすると，配当加入遮断の効果を生ずる（民執法165条1号）。したがって，第三債務者は，この供託をしたときは，その旨の事情届を執行裁判所にしなければならない（民執法156条3項）。その結果，執行裁判所は，配当等を実施する（民執法166条1項1号）。つまり，差押債権者等は，この供託金につき直接供託所に還付請求をすることはできず，執行裁判所が供託所に対して支払委託をする一方，差押債権者等に支払証明書を交付するので，これを供託金払渡求書に添付して（規則30条）還付を受けることになる。

なお，滞納処分の場合にも義務供託が規定されている。つまり，強制執行による差押えがされた金銭債権について滞納処分による差押えがされて競合が生じた場合には，第三債務者は，その債権の全額（強制執行による差押えの前に他の滞納処分による差押えがされているときは，その滞納処分による差押えがされた部分を差し引いた残額）に相当する金銭を債務の履行地の供託所に供託しなければならない（滞調法36条の6第1項）。第三債務者は，供託後，その事情を執行裁判所に届け出なければならない（同条の6第2項）。この供託金は，執行裁判所の配当等の実施としての支払委託に基づいて払渡しがされる（同条の10第1項）。

(2) 債権の一部につき差押えと配当要求が競合した場合の供託

第三債務者は，債権の一部に差押えと配当要求が競合した場合には，競合した部分につき供託義務を負うが，残余の部分を義務供託と一括して供託する場合には，民事執行法156条1項の適用もあるから，同法156条1項および2項の双方の規定を根拠に債権全額の供託をすることもできる。この場合には，競合していない部分については弁済供託となるので，被供託者の表示を執行債務者とし，供託通知をする必要がある（**Q72**参照）。

Q70 混合供託とは,どのような供託か

混合供託とは,民法494条と民事執行法156条の両者を選択的に供託根拠条項としてする供託である。

● 解　説

(1) 混合供託の性質

　混合供託とは,民法494条(弁済供託)と民事執行法156条(執行供託)との両者を選択的に供託根拠条項としてする供託である。例えば,債務者甲は,その債権者乙から当該債権を丙に譲渡する旨の通知を受けたが,その債権譲渡の効力に争いがあり,いずれが真実の債権者かを確知することができない場合において,さらに乙の債権者丁から乙の甲に対する債権につき差押えを受けたときは,乙・丙に対する債権者不確知による弁済供託(民法494条)と乙・丁に対する執行供託(民執法156条1項。さらに差押命令等が競合した場合には同条2項)との両者を供託原因として供託することができる。

　この混合供託においては,乙・丙間の債権譲渡が有効であれば弁済供託として認め,無効であれば丁による有効な差押えがあったとして執行供託を認めるものであるから,一種の条件付供託を認めることになる。

　この混合供託を認めず,弁済供託のみを認めるとすると,債務者甲としては,乙・丙間の債権譲渡が有効とされ丙が真実の債権者となった場合は問題ないが,これが無効とされ乙が真実の債権者となった場合には,供託による弁済の効力を乙の差押債権者丁には対抗することができないので丁による取立てに応じざるを得ないが,丁に対する支払前に乙が還付を受けてしまうことも考えられる。かといって,かかる二重払の危険を防ぐために乙・丙間の債権譲渡が有効であるか否かを甲に判断させることも困難であるからであ

る。

　また，混合供託を認めたとしても，実体上乙を真実の債権者として差押命令を得た丁に何ら不利益な条件を付するものでもない。

　こうしたことから，供託実務も混合供託を認めている（昭41.12.27民甲第3683号認可5問・先例集(4)244頁）。

(2) 混合供託の手続

　混合供託は，弁済供託と執行供託との性質を併有する。したがって，この供託をするに当たっての被供託者の記載は，弁済供託の関係では当然債権者を表示することとなる（設例では，「乙または丙」とする。）が，執行供託の関係では差押債権者等を表示する必要はない（設例では，丁の記載を要しない。）。

　供託原因としても両者を含む事実を記載し，供託根拠法条としては民法494条と民事執行法156条1項または2項とを併記する。

　管轄供託所についても，弁済供託では債務履行地の供託所となり（民法495条1項。設例でいえば民法484条により，通常は債権者である乙または丙の住所地の最寄りの供託所），執行供託では債務履行地の供託所（民執法156条1項・2項。設例では，通常，乙の住所地の最寄りの供託所）となるので，両者に共通の供託所（設例では，乙との関係で定まる債務履行地の供託所）であると解する。

(3) 混合供託の場合の払渡手続

　また，供託金払渡手続においても，混合供託が弁済供託と執行供託とを併有していることを踏まえる必要がある。

　設例に即して述べると，まず，弁済供託についての債権者乙または丙が還付を請求する場合についてであるが，乙は，丁による債権差押えを受けているため，独自に還付を受けることができないことは明らかであるので，後述することにする。

　そこで，丙が還付を請求する場合であるが，通常の債権者不確知による弁済供託であれば，丙としては，乙・丙間の債権譲渡が有効であることを確認判決，和解調書，乙の承諾書等により証明し，これを自己が還付を受ける権

利を有することを証する書面として還付請求をすればよい（規則24条2号）。しかし，混合供託の場合には，この差押債権者である丁の立場を無視することができず，債権譲渡の有効性は丁に対しても主張しうるものでなければならない。したがって，丙が還付請求をするには，乙との関係での承諾書，和解調書，確認判決等だけでは足りず，丁をも当事者として含めた承諾書や丁をも被告とした供託金還付請求権の確認判決等を要する（もっとも，丁の同意書の添付があれば，乙・丙間の確認判決で足りると解される。）。

次に，丁が還付請求をしようとする場合であるが，この場合には，丁が差押債権者であるので，執行供託による方法，つまり配当裁判所の配当手続によらなければならず，直接供託所に還付請求をすることはできない。すなわち，配当裁判所が供託所に支払委託をする一方，丁は，配当裁判所から確定した配当表に基づき支払証明書の交付を受け，これを添付書面として各別に供託所に対し当該供託金につき払渡しの請求をすることとなる（規則30条2項）。

なお，差押債務者乙は，自己が権利者（被供託者）として弁済供託の還付を受けることはできない。すなわち，乙は，当該債権が乙に帰属する旨の乙・丙間の確認判決等を添付しても払渡しを受けられないのはもちろん，甲，丙，丁の乙に払渡しをして差し支えない旨の承諾書等の添付があっても，乙が差押債務者であり，執行供託の問題である以上，丁の差押えにつき取消決定またはその申立ての取下げがなされない限り，単独で還付を受けることはできない。また，乙は，配当に残余金があればその交付を受けられるが，その場合にも，原則として配当裁判所の支払委託によらなければならない。

Q71 金銭債権に対する差押えがされた場合に供託すべき供託所はどこか

A 金銭債権に対する差押えがされた場合に供託すべき供託所は、債務の履行地の供託所である。

● 解 説

　第三債務者は、差押えに係る金銭債権の全額に相当する金銭を債務の履行地の供託所に供託することができ（民執法156条1項。権利供託・Q68参照）、また、取立訴訟の訴状の送達を受ける時までに、差押えに係る金銭債権のうち差し押さえられていない部分を超えて発せられた差押命令または仮差押命令の送達を受けたときはその債権の全額に相当する金銭を、配当要求があった旨を記載した文書の送達を受けたときは差し押さえられた部分に相当する金銭を、債務の履行地の供託所に供託しなければならない（民執法156条2項。義務供託・Q69参照）。仮差押えの執行を受けた場合も同様である（保全法50条5項、民執法156条）。また、滞納処分による差押えと強制執行による差押えとが競合し、第三債務者がその債権の全額に相当する金銭を供託することができ、あるいは供託しなければならない場合においても、債務の履行地の供託所に供託することになる（滞調法20条の6第1項・36条の6第1項）。

　供託をする場合において、この債務の履行地の供託所とは何かが問題となる。まず「債務の履行地」とは、給付が現実にされるべき場所をいい、それは、当事者間において特約のない場合には、慣習や、民法484条、商法516条等の規定により定まる。供託書の「供託の原因たる事実」欄には、原則どおりの持参債務である場合や預貯金のように取立債務であることが公知である場合を除き、債務の履行地を明記しなければならない。

次に「債務の履行地の供託所」とは，原則として，その債務の履行地の最小行政区画内に存在する供託所をいう。そして最小行政区画内，例えば市町村や東京都の特別区に供託所が存しないときは，民法495条2項による裁判所の指定を求めることなく，これを包括する行政区画（都道府県）内における最寄りの供託所に供託すれば足りる（昭23.8.20民事甲第2378号通達）。最寄りの供託所の意味については，**Q12**参照。

Q72 金銭債権の一部に対し差押えがされた場合，第三債務者はどのようにすればよいか

A 金銭債権の一部に対し差押えがされた場合，第三債務者は，差押金額だけを供託することも債権の全額を供託することもできる。

● 解 説

金銭債権の一部に対し差押えがされた場合としては，金銭債権の一部に対し，単発の差押えがされた場合と，差押えおよび配当要求がされた場合とが考えられる。

(1) 金銭債権の一部に対する差押え

まず，金銭債権の一部に対し単発の差押えがされた場合には，第三債務者は，差押えに係る金銭債権の全額に相当する金銭を債務の履行地の供託所に供託することができる（民執法156条1項。権利供託・**Q68**参照）。この場合には，第三債務者としては，差押金額に相当する金銭のみを供託しても差し支えない（昭55.9.6民四第5333号通達第二・四・1・㈠・(1)・イ）。この権利供託

は，第三債務者の利益のために認められているものであるからである。つまり，第三債務者としては，差押えがなければその債権者（執行債務者）に1度に債務の全額を支払えば免責を得ることができたはずであるところ，差押えがされた場合に差押金額のみの供託しか認められないとすると，差押金額については差押債権者に支払うかまたはこれを供託し，残余の金額についてはその債権者に支払う必要が生じ，2度に分けて免責行為をしなければならないこととなり，酷であるので，第三債務者について，権利供託として債権全額の供託をすることが認められたものである。したがって，第三債務者に全額を供託することを強制する必要は全くなく，第三債務者が差押金額のみを供託し，残余の金額についてはその債権者に直接支払うことを欲するのであれば，これを認めても一向に差し支えないということになる。

　したがって，この場合には，第三債務者としては，民事執行法156条1項により，債権全額を供託してもよいし，同項を根拠に差押金額に相当する金銭のみを供託し，残余の金額についてはその債権者に直接弁済のために支払ってもよい。

　また，債権額の範囲内で複数の差押え等があった場合も同様であり，第三債務者としては，債権全額を供託することもできるし，各差押債権者の差押金額に相当する金銭を供託することもできる。なお，差押金額未満の金額の供託をすることができないことは当然であるとともに，債権の全額と差押金額との範囲内の適宜の金額を供託することもできない。

(2)　**金銭債権の一部に対する差押えおよび配当要求**

　次に，金銭債権に対し差押えおよび配当要求がされた場合には，第三債務者は，差し押さえられた部分に相当する金銭を債務の履行地の供託所に供託しなければならない（民執法156条2項。義務供託・**Q69**参照）。したがって，金銭債権の一部に対し差押えおよび配当要求がされた場合には，差し押さえられた部分に相当する金銭を民事執行法156条2項により供託しなければならないこととなる。

　この場合には，第三債務者としては，債権全額を供託することもできる。つまり，差押えおよび配当要求とが競合する部分については，民事執行法

156条2項により，第三債務者に供託義務が課せられ，執行裁判所が供託金を配当手続により分配することを通じ，各債権者間の平等を図ることとなる。しかし，この場合においても，民事執行法156条1項の適用が排除されるわけではないので，第三債務者としては，同条1項および2項の双方の規定を根拠にして，債権の全額を供託することもできるのである。このように解しないと，第三債務者は金銭債権の一部に対し差押えおよび配当要求がされた場合には，差押えおよび配当要求がされた部分については供託し，残余の部分についてはその債権者に支払わなければならなくなり，第三債務者に2度にわたる免責行為の危険負担を避けさせようという権利供託制度の趣旨を貫徹し得なくなるからである。

(3) 金銭債権の全額に相当する金銭の供託

金銭債権の一部に対し差押えがされ（配当要求があった場合を含む。），第三債務者が差し押さえられた債権の全額を供託する場合（民執法156条1項）には，供託書の被供託者欄に債権者（執行債務者）を記載し，供託通知をしなければならない（民法495条3項）。供託金のうち，差押えの効力の及ばない部分については，弁済供託の機能を有するからである。

Q73

差押金額を超える供託金はどうなるのか

差押金額を超える供託金については，弁済供託として取り扱われる。

● 解説

金銭債権の一部に対し差押えがされた場合には，第三債務者は，差押金額

だけを供託することも全額を供託することもできる（**Q72**参照）。つまり，第三債務者は，金銭債権の一部に対し単発の差押えがされた場合（複数の差押えがされ，その差押債権額の合計額が差押えに係る債権の額を下回る場合も同様である。）には，差押えに係る金銭債権の全額に相当する金銭を債務の履行地の供託所に供託することができる（民執法156条1項。権利供託）が，差押金額に相当する金銭のみを供託しても差し支えなく（昭55.9.6民四第5333号通達第二・四・1・㈠・⑴・イ），また，金銭債権の一部に対し差押えおよび配当要求がされた場合には，差し押さえられた部分に相当する金銭を債務の履行地の供託所に供託しなければならない（民執法156条2項。義務供託）が，債権全額を供託することもできる（この場合の供託根拠法条は，民執法156条2項および同条1項とする。）。

　これらのなかで，差押えに係る金銭債権の全額に相当する金銭を供託した場合の差押金額を超える部分は，弁済供託そのものではないものの弁済供託としての性質をもつ（**Q68**参照）。したがって，金銭債権の一部が差し押さえられた場合において，その全額に相当する金銭を供託するときは，供託書の「被供託者」欄には債権者（執行債務者）をも記載し，同人宛て供託通知をしなければならない（民法495条3項）。

　被供託者（執行債務者）は，差押えの効力の及んでいない部分につき供託を受諾して供託金の還付請求をすることができる。

　また，第三債務者（供託者）も，差押えの効力の及んでいない部分の供託金については，供託不受諾を原因として取戻請求をすることができる。

Q74 金銭債権につき（仮）差押えが競合した場合に，第三債務者はどのようにすればよいか

金銭債権につき（仮）差押えが競合した場合，第三債務者は，債権の全額を債務の履行地の供託所に供託しなければならない。

● 解説

　第三債務者は，差し押さえられた金銭債権について，差押債権者が提起して取立訴訟の訴状が第三債務者に送達される時までに，更に他の差押えまたは仮差押えの執行がされて競合が生じた場合には，金銭債権の金額に相当する金銭を債務の履行地の供託所に供託しなければならない（民執法156条2項。義務供託・Q69参照）。

　この供託は，いわゆる執行供託の性格をもち，供託書には被供託者の記載を要しない。供託書の記載は，昭55.9.6民四第5333号通達・別紙記載例㈣による。第三債務者は，いったん供託した後は，供託法8条の取戻事由がある場合を除いて，供託金を取り戻すことができない。

Q75

金銭債権について転付命令が発せられた場合，第三債務者としてはどのようにすればよいか。転付命令が確定した場合はどうか

A

金銭債権について差押命令および転付命令が発せられた場合においては，第三債務者は，転付命令が確定していない旨またはその確定の有無が判明しない旨を供託書上明らかにしなくても，民事執行法156条1項または2項の規定を根拠として，差押えに係る金銭債権の全額または差押金額に相当する金銭の供託をすることができる。

● 解説

(1) 転付命令の意義

転付命令は，支払に代えて券面額で差し押さえられた債権を差押債権者に転付（移転）する執行裁判所の裁判である。

わが国の強制執行制度は原則的に平等主義の立場に立っているところ，転付命令の効力が生ずると被差押債権の券面額で差押債権者が債務者から支払を受けたことになり，差押債権者が独占的満足を得られることから，第三債務者の資力による危険負担を差押債権者が負うものであるにもかかわらずきわめて利用頻度が高い。

金銭債権に対して転付命令が発せられた場合の取扱いについて，民事執行法159条3項は，転付命令が第三債務者に送達される時までに，転付命令に係る金銭債権について他の債権者が差押え，仮差押えの執行または配当要求をしたときは，転付命令は効力を生じないことを明らかにしている（なお，滞調法36条の5でも，転付命令が第三債務者に送達される時までに滞納処

分による差押えがされたときは，転付命令は効力を生じない旨規定された。）。

　また，転付命令が債務者および第三債務者に送達されてその効力を生じた後において，その手続内において不服申立て（即時抗告）が認められるか否かについて，民事執行法159条4項は，転付命令に対して執行抗告をすることを認め，同条5項において，転付命令は確定しなければ効力を生じないこととしている。なお，転付命令が確定した場合においては，転付命令の独占的・優先的効力を差押債権者から失わせないようするため，転付の効力は，転付命令が第三債務者に対して送達された時に遡及して生ずるものとされている（民執法160条）。

　金銭債権について転付命令が発せられても，それが確定しないうちは，金銭債権について単に差押えがされている状態と変わらないのであるから，民事執行法156条1項により金銭債権の全額または差押金額に相当する金銭を供託することができることに疑問はない。

(2)　転付命令が確定した場合

　一方，転付命令が確定したときは，それによって債権移転の効果が発生し，差押えの効力も消滅するのであり，単なる債権譲渡がされたのと変わりはないのであるから，第三債務者は，民事執行法156条1項によって供託することができないとするのが理論的であろう。同項にいう「差押えに係る金銭債権」とは，第三債務者が供託しようとする時に差押えの効力が生じている金銭債権のことであるからである。

　ただし，第三債務者は，転付命令が確定したか否かを当然には知りえない（そのためには，執行抗告の提起の有無およびその帰趨を調査しなければならない。）ところ，転付命令の送達を受けた第三債務者が民事執行法156条1項（これは，配当原資の確保を図った規定ではなく，第三債務者の保護を図った規定である。）により供託するについて，転付命令の確定の有無を調査すべき負担を課すことは適当ではない。

　そこで，第三債務者が転付命令が確定していることを知らなければ（客観的には確定していても），なお民事執行法156条1項により供託することによって債務の免責を得ることができるという解釈も十分に成り立つ。昭

55.9.6民四第5333号通達（第二・四・1・㈢・⑵）は，供託書の記載上転付命令が確定していることが明らかである場合を除き，転付命令が発せられた場合における供託を認めており，この解釈を前提にしているものと思われる。なお，この通達によれば，第三債務者は供託書に転付命令が確定していない旨または転付命令の確定の有無が判明しない旨を記載する必要もないとされている。

⑶ 差押・転付命令と他の差押命令とが「競合」する場合

　第三債務者がまず債権者甲の差押・転付命令の送達を受け，次いで債権者乙の差押命令の送達を受けた場合はどうか。甲の転付命令が確定しない間は，民事執行法156条2項に規定する差押えの競合状態が生じており，また，甲および乙はいずれも取立権を有しながら，第三債務者は供託をしない限り免責をされないという意味の供託義務を負うことになる（もっとも，甲に支払った場合において，後に転付命令が確定して効力を生ずれば，その時点で第三債務者は免責されると解されよう。）。転付命令が確定すれば，転付命令が第三債務者に送達された時点に遡って債権移転の効果が生ずることになり，差押えの効力はなくなるので，第三債務者に供託の権利はなく，また第三債務者は供託の義務を負わない。ただ第三債務者が転付命令が確定したことを知らない以上，第三債務者が供託によって甲・乙双方に対する関係で債務の免責を得ることを認める必要がある。したがって，第三債務者はこの場合も供託によって免責を得ることができ，その根拠規定は民事執行法156条1項と考えられるが，同条2項を記載しても形式的に間違いとはいえない（しかし，転付命令の帰趨がはっきりしない段階の供託が民訴費用法28条の2の適用がある義務供託といえるかどうかについては疑問がある。）。

　以上の⑴から⑶までにより金銭債権について転付命令が発せられたことを理由として第三債務者が供託をした場合の払渡手続については，原則として，執行裁判所の配当等の実施としての支払委託に基づいてする（**Q173**参照）。

Q76 金銭債権に対する（仮）差押えの競合とは，どのような場合をいうのか

A 差押え（仮差押え）の競合とは，1個の金銭債権に対して，2以上の差押命令または仮差押命令が発せられた場合において，差押（仮差押）金額の合計額が差し押さえられた債権額を超えるときをいう。

● 解 説

(1) 差押（仮差押）命令

債務者がその債務者（第三債務者）に対して有する金銭の支払を目的とする債権（金銭債権）に対する強制執行は，執行裁判所が発する差押命令により開始され，差押債権者が差押命令により付与された取立権に基づき第三債務者からこれを取り立て，または執行債務の支払に代えて差し押さえられた金銭債権を差押債権者に転付する命令（転付命令）等の方法によって換価がされる。

また，金銭債権に基づく将来の強制執行を保全するため，債務者の有する金銭債権について仮差押命令が発せられることがある。

これらの差押命令または仮差押命令は，債務者に対し債権の取立てやその譲渡，質入れその他の処分を禁止し，第三債務者に対しては債務者への支払を禁ずるものであり，この命令に反して債務者が債権の譲渡その他の処分をしても，命令が有効である限り，差押命令（仮差押命令）との関係においては，その処分は無効であり，第三債務者が債務者に弁済しても，差押債権者に対し二重に弁済すべき義務を負うことになる（民法481条）。

(2) 差押えの範囲

第5章　供託の申請手続

債権執行についても超過差押禁止の原則がとられているが，金銭債権の価値は第三債務者の支払能力に依存しており，仮に支払能力が十分でも，配当要求がされると債権者は全額の弁済を受けられなくなるので，被差押債権が1個である限り，その価額が差押債権者の債権および執行費用の額を超えても差押えが許されるが，金銭債権の一部のみを差し押さえることも可能であり（民執法149条，保全法50条5項，民執規則133条2項参照），実務上はむしろその例が多い。

(3)　重複差押えの許容

民事執行法制定前の民事訴訟法においては，複数の債権者が1個の差押命令で同一の債権を差し押さえることができる旨（共同差押え）の規定が置かれていただけで，複数の差押命令で同一の債権を差し押さえる二重差押えの規定は設けられておらず，債権がいったん差し押さえられた後はこれを重複して差し押さえることを許さず，他の債権者は配当要求をすべきものという考え方がとられていたように思われる。しかし，債権については，その公示手段を欠き，したがって差押えも公示されないため，他の債権者も裁判所も既にされた差押えの存在を知ることができないから，実際上，差押えの競合を避けることができず，旧法下においても，判例，学説とも早くから二重差押えの有効性を肯定していた。

民事執行法は，重複差押えを正面から肯定し，それまで規定が欠けているにもかかわらず二重差押えを認めていたことによって生じた疑問点を解消するための規定を設けている。

(4)　差押えの競合が生ずる場合

　a　複数の差押（仮差押）命令

差押えの競合が生ずるには，差押えの目的たる債権について，既に差押え（または仮差押えの執行）がされている場合において，さらに差押命令が発せられまたは仮差押えの執行がされること，すなわち同一の目的債権について複数の差押えまたは仮差押えの執行がされることが要件であり，差押えまたは仮差押えの執行のいずれが先行するかを問わない。

複数の債権者の共同の申請によりあるいは差押命令の申請の併合により，

1個の差押命令で同一の目的債権に対し共同差押えがされたときも，差押えの競合を生ずるとするのが一般的な考え方であるが，申請自体において各債権者がそれぞれ目的債権の全部に対し差押えを求めている場合を除き，むしろ各債権者の差押額の割合で差押えの範囲が案分され，差押えの競合を生じないとする考えもある。

　同一の債権者から異なる債権に基づく複数の差押えまたは仮差押えの執行がされた場合でも，やはり差押えの競合は生ずると解される。これに対し，仮差押えの被保全債権を執行債権として本差押えをするときは，差押えの競合は生じない。

　また，差押えに対し配当要求がされた場合も，差押えの競合は生じない。
　b　目的債権の同一性
　差押えの競合の有無は，目的債権ごとに考える。目的債権の同一性の有無は，それが1個か数個かで決まる。

　例えば，甲債権者が執行債権額100万円をもって70万円のA債権と60万円のB債権のうち30万円を差し押さえた後，執行債権120万円を有する乙債権者が未差押えのC債権50万円をまず差し押さえ，次いでB，Aの順序で差し押さえたとすると，乙はC債権から独占的満足を受け，A，B両債権については甲と配当を分け合うことになるから，後から差し押さえる乙が有利となる。現実の債権執行においては，金融機関の守秘義務等との関係から，執行債権者が債権の存否，額を知ることは困難なため，債務者の取引銀行に見当をつけて目的債権を個別に特定する方法はとられず，例えば，「債務者が有する預金のうち執行債権に満つるまで，先行の差押え・仮差押えのないものを先に，普通預金，通知預金，当座預金，定期預金，定期積金，別段預金の順序で，かつ同種の預金が数口あるときは，弁済期の早いもの，金額の多いもの，口座番号の若いものの順序で差し押さえる」というように，先行の差押え・仮差押えの有無，預金の種類，口座番号の先後などにより順序づけをし，差押額をもって目的債権の範囲を総括的に特定する方法が認められているが，この場合も，後から差し押さえる者が有利になる。

　そこで，債権者間の公平を確保するため，全体として銀行預金を1個の債

権とみて全ての債権について競合があるものとして取り扱うべきであるとする説や，差押効に関しては継続収入債権の場合と同様に競合しても直ちに重複することなく各債権者の差押額の合計まで及び得るとする説も唱えられているが，第三債務者にとっては被差押債権の範囲が不明確となり，どの債権につき取立てに応ずることができ，どの債権につき供託義務を負うかがはっきりしなくなる恐れがあり，債務者にとっては超過差押えの危険も生ずるので，やはり差押命令の文言に即して差押競合の有無を決めるほかはない。

次に，給料債権など継続的給付に係る債権については，将来の分についても期間を限って個別に目的債権を特定して差押えをすることはもちろん可能であるが，期間を限ることなく執行債権額をもって目的債権を特定しこれを総括的に差し押さえることも可能であり，民事執行法151条もこれを前提としている。

これに対する二重差押えがされた場合には，各債権者の差押効は直ちに重複することなく，その差押額の合計額まで拡張すると解されている。しかし，それでありながら，各支払期ごとの債権につき各債権者の差押額の割合で差押えの範囲が案分されるのではなく，支払期ごとの各債権につき差押えの競合が生ずるものと解されている（これは，継続的給付に係る債権ということでの同質性はあるが，やはり各支払期ごとに別個であり，したがって各支払期ごとにみれば差押命令の重複があるからであろう。）。

c 差押命令の重複

このように，同一の目的債権について複数の差押えがされる場合において重複差押えの問題が生ずるが，金銭債権（代替物の引渡請求権等可分な動産引渡請求権を含む。）については，原則としてそれが可分であるから（反対給付等に係る等その取立てが困難であるときは，可分とはみられない。），複数の差押えがされたとしても，差押額の合計額が目的債権より少ないときは，債権差押えの競合は生じない。すなわち，差押えの範囲が重なり合わないときは重複差押えの問題は生じない。

この場合において，各債権者の執行債権の合計額が目的債権の額を上回るかどうかは理論的には関係がないが，実務上差押えの範囲については執行債

権額を限度とするから，執行債権額の合計額が目的債権より少ないときは，債権差押えの競合は生じないことになる。逆に，不可分な債権については，執行債権額のいかんにかかわらず，当該債権全部につき差押命令が発せられることとなるから，複数の差押えがされれば常に差押えの競合が生ずることになる。

　つまり，複数の差押えがされた場合には，そのうち一つでも目的債権の全部を対象としたものがあれば競合を生ずるし，全てが一部を対象とした差押えであっても差押額の合計が目的債権の額を超えれば，それによって競合を生ずる。3個目あるいはそれ以上の差押えによってはじめて競合が生ずることがある。また，複数の差押額の合計額が当初は目的債権の全額を超えなかったが，第三債務者が差押え前から有する反対債権（民法511条参照）をもって目的債権の一部と対当額をもって相殺した結果，目的債権の額が差押額の合計額を下回ることとなり，後発的に差押えが競合するということもある。

Q77 （仮）差押えが競合した場合における差押効の拡張とは，どのようなことをいうのか

A　目的債権の一部に対する差押えがその全部に対する他の差押えまたは他の一部差押えと差押えの競合を生じた場合において，債権の一部に対するいずれの差押えの効力も目的債権の全部に及ぶことをいう。この差押効の拡張は，差押えと仮差押えまたは仮差押え同士が競合した場合にも生ずる。

● 解 説

(1) 差押効の拡張

各差押えが全て目的債権の全部を対象とした場合にはその効力がそれぞれ全部に及ぶことは当然であるが，一部差押えが他の全部差押えまたは他の一部差押えと差押えの競合を生じたときは，そのいずれの一部差押えの効力も目的債権の全部に及ぶ（民執法149条，保全法50条5項）。

例えば，100万円の目的債権のうち，甲が50万円を差し押さえ，乙が30万円を差し押さえたとすると，この段階では，まだ差押えの競合は生じないが，さらに丙が40万円を差し押さえると甲，乙，丙いずれの差押えの効力も目的債権100万円全額に及ぶことになる。また，甲が60万円の執行債権をもって100万円の目的債権全額を差し押さえ，次いで乙が30万円の差押えをした場合にも，甲，乙の差押えの順序が逆の場合にも，一部差押えをした者の差押えの効力が目的債権全部に拡張される。すなわち，差押えが一部でも重なり合えば，全面的に執行が競合することとなり，各差押えは相互に配当要求の効果をもち，目的債権から得た換価金はそれぞれの執行債権額に応じて案分される。

この差押えの競合による差押効の拡張は，差押えと仮差押えあるいは仮差押え同士が競合した場合にも生ずる（民執法149条，保全法50条5項）。

(2) 将来の利息債権の場合

(1)のとおり，差押え（または仮差押え）が一部でも重なり合えば，全面的に執行が競合するのが原則であるが，債務者が第三債務者に対して有する債権の一部についてのみ執行が競合することがある。

例えば，利息付の債権に対し元本の全部または一部のみの差押えがされると，既発生の利息債権には差押えの効力は及ばない。しかし，将来の利息債権は元本債権に付従するから，元本の差押金額に対応する差押え後の将来の利息債権に対しても差押えの効力は及ぶが，時期を異にして元本債権に対して二重差押えがされ，差押えの競合が生じた場合には，先行の差押え後，後行の差押えとの間の利息債権に対してもはたして差押えの競合が生ずるかが

問題となる。元本と付帯金あるいは異なる時期の付帯金は一応別個の債権であることを認めつつ，差押えの競合との関係においては，元本の差押効が拡張すれば，利払期が同一である限り，その拡張は付帯金たる利息債権まで及ぶと解するのが，債権者間の公平を図り配当計算を簡明にするためにも相当であろう（詳細は**Q83**参照）。

(3) 差押禁止債権の場合

一定範囲で差押えが禁止されている債権（民執法152条，保全法50条5項）に対して差押えが競合した場合には，差押えが許された範囲でのみ差押えの競合が生ずることはいうまでもない。この場合において，一部の債権者につき民事執行法153条により差押えの範囲の拡張がされ，差押禁止債権の部分についてまで差押命令が発せられたときは，この裁判は債権者の生活状況等をも考慮してされることを理由に，その効力は当該変更申立てに係る当事者間にしか及ばず，他の債権者の差押効の範囲には変更を生じないというのが実務上の多数説である。したがって，差押えの競合は，本来民事執行法152条で差押えが許される範囲でのみ生ずることとなる（これに対し，同じく民執法153条により債務者のために差押禁止債権の範囲を拡張するときは，全ての債権者との関係においてされるのが通常であろうから，上記のような問題は生じない。）。

(4) 担保権と一般債権の差押えの競合の場合

債権の質権者は，差押命令によることなく，質権の目的たる債権（質権の目的物が金銭のときは自己の債権額に相当する部分に限る。）については，質権の実体法上の効力により，第三債務者から直接これを取り立てることができるが，担保権者は，担保権の存在を証する文書を執行裁判所に提出して差押命令を得て，これに基づいて自ら取立てをし，または転付命令（民執法193条2項による159条の準用）を得てその満足を図ることもできる。また，担保権を有する者がその目的物の売却，賃貸，滅失もしくは損傷または目的物に対する物権の設定もしくは土地収用法による収用その他の行政処分により債務者が受けるべき金銭等に対して物上代位による差押えをすることがある。更に，一般の先取特権を有する債権者（例えば賃金債権者）がその債権

を保全するため債務者の第三債務者に対して有する債権に対し仮差押えをすることがある。このような差押え・仮差押えの執行がされた金銭債権（または動産の引渡請求権）に対し，重複して強制執行による差押えまたは仮差押えの執行がされた場合には，差押え（仮差押え）の競合が生ずるかどうかが問題となる。この場合には，担保権の不可分性（民法296条。同法305条（先取特権）・350条（質権）・372条（抵当権）による準用）により，差押えは担保権の及ぶ債権全額に対してされるのが原則であるが，一般先取特権の実行としての差押え（仮差押え）の場合には，一部差押え（仮差押え）もありうる。そこで，これに対して強制執行による差押え（または仮差押え）が重複してされ，その差押額の合計が目的債権の額を超えたときは，差押えの競合が生じ，後者の差押えまたは仮差押えの執行の効力が目的債権の全部に及ぶことになることは疑いがないが，担保権（または物上代位権）については，実体法規により，その効力の及ぶ範囲，優先弁済を受ける順位および範囲等が定まっており，配当手続における一般債権との平等，公平を考慮する必要がないから，その差押効が拡張することはない。しかし，この場合の二重差押えのその他の効力たる配当要求効や転付命令の有効性，第三債務者の供託義務等については，画一的に論ずることができず，それぞれの実体法規に照らし，具体的に考察すべきであるから，それぞれの箇所で述べる。

(5) 担保権の実行としての差押えが競合した場合

この場合も，担保権（ないし物上代位権）の効力はその実体法規により定まるのであって，その差押効は差押えの競合により拡張することはないこと，他の差押えの競合の効果についても実体法規に照らし具体的に検討すべきことは，(4)の場合と同様である。もっとも，同一順位の先取特権の実行としての差押えまたはこれによって担保されている債権を被保全債権とする仮差押えの執行の競合があったときは，実体法上も，その債権額の割合に応じて弁済を受けることになっているから（民法332条），強制執行による差押えまたは仮差押えの執行があった場合と同様，各差押えまたは仮差押えの執行の効力は目的債権の全部に及ぶことになると解される。

(6) 滞納処分による差押えと強制執行による差押えまたは仮差押えの執行

との競合の場合

滞調法は，目的債権に対し滞納処分による差押えと強制執行による差押えまたは仮差押えの執行とが二重にされ得ることを明らかにするとともに（滞調法20条の3・36条の3，仮差押えにつき滞調法20条の9による20条の3の準用），一部差押えが競合を生ずる要件として，それぞれの差押部分の合計額が目的債権の金額を超えるときであることを明らかにしている（滞調法20条の4・36条の4，仮差押えの競合につき滞調法20条の9による20条の4・36条の12による36条の4の準用）。

そして，滞納処分ないしその例によって徴収される国税債権その他の債権は，実体法上一般の私債権に優先するから（例えば，国徴法8条），一部差押えが競合したときの差押効の拡張は，強制執行による差押え（または仮差押え）についてのみ生ずる。したがって，その競合部分は，滞納処分による差押えがされた部分のみということになる。もっとも，強制執行による差押えが先行し，これに対して滞納処分による差押えが競合したときは，後者の差押えには，一定の要件のもとに交付要求の効力が認められ，租税債権を含め，競合する執行債権については全て執行裁判所の配当等の手続によって処理されるから，結局目的債権全部につき差押命令が発せられた後に，配当要求があった場合と同様，目的債権の全部について執行の競合が生ずることになる（**Q78**参照）。

滞納処分と強制執行の一部差押えとが競合した場合の差押効の拡張の規定が，滞納処分による差押えと担保権の実行もしくは行使としての差押えとが競合した場合に準用されている（滞調法20条の10・36条の13）ので，その意味が問題となる。

滞納処分が先着手であるときは，その手続において換価（取立て）および配当がされ（担保権者も一定の要件の下に配当にあずかれる。国徴法130条），その結果，滞納者に交付すべき残金が生じたときは，それが執行裁判所に交付される。例えば，甲会社の乙会社に対する請負代金債権額100万円のうち税務署長が国税債権に基づき60万円を，甲会社の従業員丙が賃金債権に基づき先取特権の実行として50万円を差し押さえ，いったん税務署長は60万円

を徴収したが，結局滞納者に交付すべき残余20万円が生じたときは，担保権の実行としての差押えには拡張効が生ぜず，差押えの競合は二つの差押えが形式上競合する10万円についてしか生じないものとすれば，税務署長としては20万円を執行裁判所に交付すべきか，それとも理論上の差押えの競合部分である10万円のみを交付すべきかという疑問が生じよう。滞調法20条の10は，担保権の実行としての差押えの範囲いかんにかかわらず，先行する滞納処分に係る徴収職員等としては，残余金の全部を執行裁判所に交付すればよいということを明らかにする意味で，後行の担保権の実行または行使としての差押効を全部に拡張したものと解される。反対に，担保権の実行または行使としての差押えが先行する場合において，これと競合する滞納処分による差押えがあったときは，後者は所定の要件のもとに交付要求とみなされるから，執行裁判所は，実体法上の優先順位に従って配当手続を実施することになる。そうすると，たまたま担保権者が目的債権の一部しか差し押さえていなかったときは，配当に全くあずかれない事態が生じ得るので，かかる事態を防ぐため，当事者の意思に沿うよう差押効の拡張を認めたものと解される。

　なお，民事執行法上も，国税徴収法上も，差押えが一部禁止されている債権に対して滞納処分による差押えと強制執行による差押えとがされた場合に重複差押えが生ずるのは，それぞれの差押額の合計額が目的債権額を超えるときであり，その重複を生ずる範囲は滞納処分による差押額と強制執行による差押えの各限度額の合計額から目的債権の額を差し引いた額である。

　例えば，勤続（正確には退職手当の支給の基礎となった期間）が20年で扶養家族が1名，国税その他源泉徴収される債権を差し引いた手取額800万円の退職金債権を有する債務者の債権に対し国税債権700万円および一般私債権180万円に基づいて各差押えがされたときは，国税徴収法上の差押限度額は，626万円となる（国徴法施行令34条，国徴法76条4項。次の〈計算式〉参照）。

　この場合，民事執行法上の差押限度額は200万円であるから（民執法152条），結局国税については626万円を限度とし，私債権については180万円を

限度とする差押えがされたことになるが，両者の差押えは6万円だけ重なり合うことになるので，結局強制執行による差押えはその差押限度額200万円まで差押効が拡張し，したがって，両者の差押えは26万円の範囲で競合することとなる。

〈計算式〉

800万円−{(10万円＋4万5千円)×3＋
(10万円＋4万5千円)×3×(20−5)×$\frac{20}{100}$}
＝800万円−174万円＝626万円

Q78 （仮）差押えが競合した場合には，どのような効果が生ずるか

A 競合による差押効が拡張することによって配当要求の効果が生ずるほか，転付命令等の効力の発生が妨げられ，目的債権が金銭債権の場合には第三債務者に供託義務が生ずるなどの効果がある。

● 解 説

(1) 差押効の拡張と配当要求効

強制執行による差押え（差押え，仮差押えの双方を含む。）が競合すると，一部の差押えの場合でも，各差押え・仮差押えの効力が被差押債権の全部に及ぶことになり（民執法149条，保全法50条5項），差押えが重なり合って互いに配当要求の効果が生じ，各債権者は，それぞれの執行債権の額に応じて配

当を得られることになる。もっとも，仮差押え同士の競合の場合には，配当要求効が生ずることはない。一部差押えによる執行事件に配当要求がされているときは，競合により，当該差押えの効力が拡張されると，これに伴い配当要求の効力も目的債権の全部に及び，また，差押えの競合が生じたのち，それぞれの執行事件につき各別に配当要求がされたときは，その配当要求効は目的債権全額に対して及び，いずれの場合にも，配当要求債権者は，その債権額に応じ平等に配当にあずかることとなる。

担保権の実行もしくは行使としての差押えと強制執行による差押えもしくは仮差押えとが競合したとき，または担保権の実行もしくは行使としての差押えが競合したときの差押効の拡張については，後述のように第三債務者の供託により配当手続が行われるという意味合いにおいて，互いに配当要求効があるというべきである（**Q77の**(4)参照）。更に，強制執行による差押えが先行する目的債権に対して滞納処分による差押えがされ，これが競合した場合には，交付要求があったものとみなされる限りにおいて配当要求効があるのに対して，強制執行による差押えまたは仮差押えは滞納処分手続においては何らの効力はなく（担保権者も別に債権の現存額を届け出る等しなければ，配当にあずかれない），徴収職員等において，執行裁判所に対する残余金の交付義務が生ずるのみである（**Q77の**(6)参照）。

(2) 転付命令等の効力不発生

強制執行による差押えが競合した場合には，上述のように差押えの効力は目的債権の全部に及び，互いに配当要求の効力が生ずるから，差押債権者は，転付命令（民執法159条1項）または譲渡命令（民執法161条）によって独占的利益を受けることはできなくなり（民執法159条3項・161条6項），単独で目的債権を取り立てることはできなくなる（民執法155条3項参照）。

第三債務者としては，差押債権者に対して支払っても免責されない。もっとも，担保権の実行または行使としての差押え同士の競合またはこれと強制執行による差押えまたは仮差押えとの競合の場合は事情を異にし，担保権と一般債権に基づく強制執行による差押えまたは仮差押えとの競合の場合には，先取特権や質権に基づく転付命令や譲渡命令の効力発生が妨げられるこ

とはないし，担保権同士が競合する場合に第三債務者がその取立てに応じて支払った場合でも，実体上の優先権を有する者に対してされたときは免責の効果を生ずる（詳細は，**Q81**および**Q96**参照）。

また，滞納処分による差押えと強制執行による差押えとが競合した場合には，前者が先着手であるときは，徴収職員等は差押えの限度においてその徴収が可能であるのに対し，強制執行による差押債権者は目的債権のうち滞納処分による差押えがされている部分については，取立てをしまたは転付命令（もしくは譲渡命令）を受けることはできなくなる（滞調法20条の5・36条の5）。逆に，強制執行による差押えが先行するときでも，滞納処分は交付要求の効力を生ずるので，差押債権者は，差押えが競合しない部分についても取立てはもちろん，転付命令をかけることもできなくなる（滞調法36条の5・36条の6）。

滞納処分と仮差押えとが競合したときは，その前後を問わず，差押えが競合する部分については，徴収職員等が目的債権の取立てをし，その残余を執行裁判所に交付することとなる。

滞納処分と担保権の実行もしくは行使との競合の場合にも，滞納処分が先着手のときは，仮に実体法上担保権者の債権が優先しても，担保権者は滞納処分による差押えがされている部分については取立てをすることができない。このことは，担保権の実行または行使が先着手の場合も同様である。もっとも，質権者が担保権の実行としての差押えをしても，実体法上の取立権（民法367条）が失われるわけではないから，この権利に基づいて質権の目的たる債権の取立てをすることは，滞納処分による差押えによって妨げられることはない（詳細は，**Q77**および**Q96**参照のこと）。

(3) 第三者の供託義務

強制執行による差押えと仮差押えとが競合した場合には，その前後を問わず，第三債務者は，その全額につき供託義務を負う（民執法156条2項，保全法50条5項による民執法156条2項の準用）。これに対し，仮差押え同士が競合したときは，配当手続は予定されていないから，民事保全法50条5項による民事執行法156条の準用にかかわらず，供託義務を負わない（この場合に

は，むしろ民執法156条2項は準用されない。詳細はQ81およびQ91参照)。また，担保権の実行と強制執行による差押えとが競合したとき，または担保権の実行による差押え同士が競合したときも，第三債務者は，全額の供託をすべきである。この場合には，差押効の拡張ないし配当要求効が生ずる範囲はともかくとして，執行裁判所による配当手続が予定されている(民執法193条2項による同法165条・166条の準用)というべきだからである(詳細はQ79およびQ96参照)。滞納処分による差押えと強制執行による差押えまたは仮差押えの執行とが競合した場合の第三債務者の供託については，Q98からQ101までを参照のこと。

(4) 取立訴訟

　第三債務者が任意に履行しないときは，差押債権者は，これに対して取立訴訟を提起し，給付判決を得て強制執行をすることができるが，差押債権者が複数いて別々に取立訴訟を提起したときは，別訴の禁止に触れるため，これを併合する必要があり，第三債務者の申立てにより配当加入の資格ある差押債権者が受訴裁判所の命令によりこの訴訟に参加したときは，類似必要的共同訴訟となり，参加しなかった差押債権者にも取立訴訟の判決の効力が及ぶ。また，民事執行法156条2項によって第三債務者が供託義務を負う場合には，それが受訴裁判所に明らかな限り(他の差押債権者の訴訟への参加の有無を問わず)，その認容判決は，請求に係る金銭の支払は供託の方法によってすべき旨を主文に掲げてしなければならない(詳細はQ87参照)。

Q79 複数の差押え等について競合が生ずるのは，いつまでにどのような差押え等がされた場合か

複数の差押え等につき競合が生ずるのは，当該債権が既に債権者に支払われるか，供託がされるか，または他に譲渡されるまでにされた場合である。また，配当要求終期後における差押えは，先行の差押えとは競合せず，配当要求効も生じない。

● 解説

(1) 目的債権の取立てまたは供託後の差押え

差押えが効力を生ずるには，目的債権が存在することが前提であるから，差押えの執行時において既に目的債権が存在しなければ，その差押えは効力を生ぜず，それが他と競合関係に立つことはありえない（(4)参照）。

第三債務者が支払または供託によって免責を受けたときは，目的債権は消滅するから，その後に第三債務者に対し差押命令の送達がされても，差押えは効力を生ぜず，競合することはない（もっとも，供託時までに配当要求がされていたときは，その時までに配当要求があった旨を記載した文書の送達がされていない限り，第三債務者は供託義務は負わないが，第三債務者が権利供託をした場合には，配当要求債権者は供託金の配当にあずかれるという意味で，執行競合が生ずる。）。同様に，売却命令による換価（民執法161条1項）の場合には，執行官が売得金の交付を受けると，目的債権は債務者の責任財産でなくなるから，差押えは競合しない（民執法165条3号参照）。

(2) 目的債権の譲渡後の差押え

先行の差押えの執行後に目的債権が他に譲渡され，その対抗要件を具備

し，またはその他の処分（相殺または免除等）がされたときでも，先行の差押えによる処分制限効は当該債権執行手続の関係でのみ生ずることになる（手続相対効）から，その後に執行された差押えは差押えとしては効力を生ぜず，両者は競合しない。また，債権の譲受人にされた差押えは，その譲渡人にされた差押えとは手続を異にし，同一の配当手続で処理し得ないから，二重差押えにならないことはいうまでもない。もっとも，反対説はあるが，目的債権の譲渡後の譲渡人に対する差押えは差押えとしての効力は生じないが，譲渡そのものは先行の差押債権者に対抗することができず，したがって，目的債権は執行手続との関係ではいまだ譲渡人に帰属する（残余金は譲渡人に交付される）との考えの下に，後行の譲渡人に対する差押えに配当要求効を認めるという考えによれば，その限りで執行競合を生じ，第三債務者は譲渡人の差押債権者らのために供託義務を負うことになろう。

(3)　転付命令確定前の差押命令の送達

先行の差押債権者が転付命令を得た場合でも，当該命令が第三債務者に送達されるまでに，他の債権者からの差押え，仮差押えの執行がされたとき（これらの命令が第三債務者に送達されたとき）は，その効力を生ぜず，したがって差押えの競合が生ずる（このことは，執行裁判所が差押えの競合の事実を知らないまま転付命令の確定証明が発付された場合でも，何ら変わりがない）。また，執行裁判所に配当要求の申立てがされた後に，第三債務者に転付命令の送達がされたときは，その配当要求があった旨を記載した文書の送達が転付命令の送達後になったとしても，転付は効力を生じないことに注意する必要がある。転付命令が第三債務者に送達された後であれば，それが未確定であっても，それが確定すればその送達時に遡って弁済効が生ずることから，転付命令が有効である限り執行競合は生じないが，転付命令未確定の間は差押えに基づくいわゆる権利供託をすることができる（**Q75**参照）。

(4)　配当要求終期後の差押え

差押えは配当要求の終期までにされないと配当要求効を生じないから，これ以後にされた差押えは，先行の差押えとの間に競合関係を生じない。すなわち，二重差押えが許される終期については，前述のとおり被差押債権が換

価手続により消滅し，または他に移転するまでを原則とするが，二重差押えは，配当要求と同一の効力を有するから，少なくとも配当要求の終期までにされる必要がある。

まず，金銭債権に対する強制執行の場合において，差押債権者がその取立権に基づき第三債務者から取立てをしたとき（民執法155条1項），または，第三債務者が債務額を供託したとき（民執法156条，保全法50条5項）は，被差押債権が消滅するから，配当要求効が生ずるかどうかは別として（または，改めて供託金の還付請求権の差押えができるかどうかは別として），もはや二重差押えは許されない。また，動産の引渡請求権の差押えの場合も，執行官がその動産の引渡しを受けた後は，引渡請求権は消滅するし，配当要求の終期も政策的にその時期までとされているから（民執法165条4号），いずれにせよ，その後は二重差押えを含めての執行の競合は生じない。

売却命令による換価の場合（民執法161条1項）は，執行官が換価代金を受領すると目的債権は債務者の責任財産でなくなるから（民執法165条3号），その後は二重差押えは生じない。

第三債務者が任意に支払をしないため取立訴訟が提起された場合には，もちろん被差押債権は消滅しないが，配当要求の終期については，取立訴訟を提起した差押債権者に対する優先主義の要素を加味して，訴状が第三債務者に送達された時期以降は二重差押えの配当要求効が遮断されているから（民執法165条2号），その後にこれを差し押さえても，執行競合は生じない（もっとも後に訴えの取下げ等によって取立訴訟の訴訟係属が消滅したときは，この限りでない。）。管理命令については，不動産の強制管理に関する規定が準用されるので，二重差押えが生ずるのは管理命令が取り消される時（民執法161条6項・110条）までであるが，配当にあずかれるのは執行裁判所の定める期間の満つる前に二重差押えまたは配当要求をした債権者である。

(5) 仮差押えに基づく供託後の差押え

執行が全て仮差押えの執行にとどまるときは，それが競合しても，配当等の手続を実施することはできないから，民事保全法50条5項が民事執行法156条2項をも準用しているようにみえても，第三債務者は供託義務を負わ

ないし，供託をしても配当遮断効もない。

　単発の仮差押えまたは仮差押えのみが競合した場合にする民事保全法50条5項で準用する民事執行法156条に基づく供託は，それが後に本執行に移行することがあるという意味では執行供託の一種といえるが（仮差押えの効力が還付請求権の上に及ぶ範囲では弁済供託としての取戻しはできない。），実質的には一種の弁済供託であり（被供託者は，執行債務者とされる。），以後当該仮差押えの効力は上記還付請求権の上に仮差押解放金（通常は被保全金額と同額）とみなされる限度で移行することになるのであるから，いったん供託がされれば，被差押債権は消滅し，もはやこれに対して執行競合が生ずる余地はない。

　したがって，供託前に既に仮差押えの執行の競合が生じていたときは，この状態はそのまま供託金の還付請求権の上に移行し，また，他の債権に基づき仮差押えの効力が及んでいない部分を超えて差押えがされると（他の債権者のみならず，仮差押債権者が他の執行債権に基づいて差押えをした場合であってもよい。），先行の仮差押えの関係で差押えの競合が生じ，その時点で直ちに供託がされたものとみなされ，配当要求の終期が到来したことになる。

(6)　残余金の交付前の差押え

　滞調法によれば，滞納処分が強制執行よりも先着手であるときまたは滞納処分と仮差押えが競合したときは，徴収職員等において滞納処分による差押えに係る部分の取立てをし，もしくはその換価をし（国徴法67条・89条2項），または，同法20条の6の規定により供託された金銭の払渡しを受けることができる。この場合において，その取立金もしくは払渡金または売却代金について滞納者（債務者）に払い渡すべき残金が生じたときは，徴収職員等は，これを執行裁判所（仮差押えとの競合の場合には，債権に対する強制執行について管轄権を有する裁判所）に交付しなければならない（滞調法20条の8第1項・6条・20条の9第1項・18条2項）。したがって，この場合には，理論的には滞納処分と競合した差押えまたは仮差押えの効力は債務者の執行裁判所に対して有する取立金もしくは払渡金または売却代金の残余の交付請

求権の上に移行することになるが，払渡金の残余については，滞納処分と強制執行による差押えとの競合の場合には既に供託した時点で配当要求の終期が到来するものとされるから（滞調法20条の7第1項・2項），他の執行債権者が残余金の交付請求権に対し差押えをする余地はないが，仮差押えとの競合の場合の払渡金の残余ならびに取立金または売却代金の残余については，差押えの場合も，仮差押えの場合も，ともにその執行裁判所等に対する交付の時をもって配当要求の終期とみなされるから（差押えの場合につき滞調法20条の7第1項・第3項，仮差押えの場合につき滞調法20条の9第2項による同法20条の7第3項の準用），その前までに他の債権者が残余金交付請求権を差し押さえたときは，差押えの競合を生ずることになる。

(7) 供託後還付前の物上代位による差押え

担保権者がその目的物の売却，賃貸，滅失もしくは毀損（民法304条）または収用もしくは使用（土地収用法104条）によって債務者が受けるべき補償金等の金銭または替地に対し，その払渡前または引渡前に差押えがされ，その結果その金銭または替地が供託された場合（金銭につき民執法193条2項による同法156条の準用，仮担法7条，替地につき土地収用法99条）において，債務者が有する金銭または替地の還付請求権につき他の物上代位権者がなお差押えをすることができるかどうかが問題となる。この場合において，供託を払渡しまたは引渡しと考えると，もはや物上代位権による差押えをする余地はない。この場合でも，一般債権者による差押えまたは仮差押えは可能であることを考えると，供託によっては，まだ物上代位権の目的たる金銭等は債務者の一般財産に混入せず，したがって供託後に差押えの競合を生ずる余地があると考えられる。

(8) 動産の引渡請求権に対する差押えの競合

目的債権が動産の引渡請求権の場合には，差押債権者は，第三債務者に対し，執行官にその動産を引き渡すべきことを請求することができる。動産の引渡請求権が不可分債権のときは，これに対して二重に差押えがされれば当然に差押えの競合が生じ，この請求権が種類債権の場合等可分債権のときは，金銭債権と同様，差押効の拡張が生ずるが，差押えが競合しても第三債

務者に供託義務が生ずるわけではない。動産の引渡請求権の差押えにつき供託との関係で問題となるのは、供託有価証券の払渡請求権に対して差押え（仮差押え）がされた場合であるが、これについては、**Q133**参照のこと。

⑼　配当要求による執行の競合

債権執行につき、いわゆる執行の競合が生ずる場合として、共同差押え、二重（重複）差押えの場合のほか、先行する債権執行手続に対し他の債権者から配当要求がされる場合がある。この場合には、二重差押えの場合と異なり差押効の拡張は認められないし（もっとも、継続収入債権に対する差押えに配当要求が加わったときは、差押効の拡張を認めないと差押債権者に不利益であることなどから、旧法における有力説と同様、この場合に限って差押効の拡張を認める説も有力に存在する。）、配当要求債権者は取立権を有しないから、取立訴訟の関係でも二重差押えとは異なるが、第三債務者の供託義務や転付命令の効力不発生等との関係においては二重差押えと同様に取り扱われることに留意する必要がある（詳細は**Q81**参照のこと）。

Q80

（仮）差押えが競合した後に一方の差押えが取り消され、または取り下げられた場合、差押えの効力はどうなるのか

A

（仮）差押えが競合して差押効が拡張した後に、一方の差押えが取り消され、または取下げによって失効した場合の差押えの効力については説が分かれているが、いったん拡張した差押効は後発的事由により減縮しないという非減縮説が相当である。

● 解説
(1) 重複差押えの解消

　全部差押え（仮差押え）と一部差押えとが競合し，または複数の一部差押えが競合して，一部差押えの効力が拡張して目的債権全部に及んだ後に，一方の差押えが取り消され，または取下げによって失効した場合には，競合によって拡張した差押えの効力はそのまま存続するか（非減縮説），それとも当初の差押えの限度まで減縮（減縮説）するかにつき説が分かれている。差押えについては非減縮説をとりつつ，仮差押えについては減縮説をとる折衷説もある。

　a　非減縮説

　非減縮説は，いったん拡張されたものが後発的な事由により減縮する根拠がないこと，差押債権者は目的債権が同一である限り当初から執行債権額の全部を差し押さえても超過差押えとならないし，取立権は執行債権額および執行費用の範囲に限定されるので不都合はないこと等を理由とする。

　b　減縮説

　これに対し，減縮説は，取立権が制限されても，債務者について本来処分し得る拡張効部分につき処分制限効が持続する不利益を生ずることは否定できず，また，差押拡張効は元来債権者間の平等を確保するため設けられた規定であるから，競合関係が解消した以上これを保持すべき必要は失われ，差押えの拡張効も消失し，その結果，第三債務者の供託義務も消滅し（既にされた供託は有効），取立訴訟の関係でも共同訴訟関係は解消し，第三債務者の当該取消しまたは取下げに係る差押債権者に対する参加命令の申立ての必要性も消滅するので，訴訟の目的も差押部分の給付に減縮されることになるという。

　c　折衷説

　これに対し，折衷説は，差押えの場合でも，執行停止中のものについては，非減縮説をとると取立てが禁止されたまま拘束される債務者の不利益が大きいという点はしばらくおくとして，仮差押えの場合については，一部差

押えを前提として保証金額を定めていること，差押えの場合と異なり仮差押債権者は取立てができないから第三債務者が任意に供託してくれるまで待つほかないこと（差押えの場合は取立てを怠れば債務者に対して損害賠償責任がある。）から，仮差押解放金の制度があることを考慮しても，債務者にとって非減縮説は酷にすぎるというものである。

　思うに，民事訴訟法旧602条のような差押額の減縮の規定がないことから文理上当然に減縮するとは解しがたいし，減縮するものとすると差押効の拡張後配当要求をした債権者の期待に反することにもなるし，拡張部分につき弁済を受けることができなくなった債務者の不利益は民事執行法153条1項を類推適用することで解消することが可能であるから，非減縮説によるのを相当と考える。

Q81

第三債務者はどのような場合に供託義務を負うか

A　第三債務者は，差押えと差押えまたは差押えと仮差押えとが競合し，その競合が目的債権の全部に生じている場合，配当要求がされた場合などに供託義務を負う。

　なお，仮差押えと仮差押えとが競合したときは，供託義務は生じない。

● 解説

(1)　供託義務を認めた趣旨

　差押えと差押えまたは差押えと仮差押えとが競合したときは，民事執行法においては，債権者間の実質的な公平の確保のため，差押債権者は目的債権

の取立てをすることができず，配当手続によって執行債権の満足を得べきこととし，そのために，第三債務者に対し供託義務を負わせている。すなわち，旧民訴法においては，差押えが競合した場合（差押えの競合の意味，競合の範囲についても新法とは必ずしも同じでないことについては，**Q82**参照）には第三債務者はこれを供託することができ（民訴法旧621条1項），配当にあずかることができる債権者の請求があったときは第三債務者は供託義務を負うものとされてはいたが（同条2項），差押えが競合しても差押債権者はその取立てをすることができ，その取立てに応じてされた弁済は全債権者に対する関係で有効であり（最判昭40.7.9民集19巻5号1178頁），取立てをした債権者は取立金を供託してその旨を裁判所に届け出るべきものとされていた（昭3.5.29民事甲第1453号民事局長回答）。しかし，取立債権者がその届出をしない場合において，他の債権者はどのようにしたら債権の満足にあずかれるのか，適切な対抗策もなく，他の債権者は重大な不利益を被っていたので，その不合理を是正し，債権者平等主義を徹底する見地から，民事執行法では，第三債務者が差押債権者への支払（民執法155条）前または取立訴訟の訴状の送達前に執行が競合した旨の通知（後行の（仮）差押命令の送達のほか，配当要求があった旨の通知書の送達）を受けたときは，第三債務者は，供託しなければ債務の弁済の責めを免れないものとしている。

(2) 供託義務を負う場合

　a　差押えの競合の場合

　第三債務者が供託義務を負うのは，互いに配当要求効を有する複数の差押えまたは仮差押えの執行が同一金銭債権に対して競合してされた場合である。差押えの競合の意味については，**Q79**に詳説されているが，民事執行法156条2項によれば，差押えがされた金銭債権につき，当該差押債権者が提起した取立訴訟の訴状の送達を受ける時までに，第三債務者が差押えに係る金銭債権のうち差し押さえられていない部分を超えて発せられた差押命令または仮差押命令の送達を受けたときとされている。先行する差押えについて取立訴訟が提起されていても，いまだ差押債権者に対する弁済または供託等により債務が消滅していない以上，差押えは競合するはずであるが，取立

訴訟の提起後の差押債権者は配当にあずかることはできないから（民執法165条2号），第三債務者に供託義務を負わせて債権者間の公平を図る必要がないからである。反対に，仮差押えの執行が先行してされた金銭債権につき，その後その仮差押えの執行と競合して強制執行による差押えがされた場合には，民事保全法50条5項によって民事執行法156条2項が準用され，第三債務者は供託義務を負う。

　なお，金銭債権に対して仮差押えの執行のみが競合した場合には，仮差押債権者はもともと取立権を有しないから，第三債務者は供託義務を負わない。しかし，この場合においても，民事保全法50条5項で準用する民事執行法156条1項により権利供託をすることができる。詳細は**Q91**参照のこと。

　　b　配当要求がされた場合

　民事執行法156条2項は，差押えに係る金銭債権につき重複して差押えまたは仮差押えの執行がされた場合のほか，配当要求がされた場合についても第三債務者に供託義務を負わせている。

　　c　第三債務者がまず差押・転付命令の送達を受け，さらに差押命令の送達を受けた場合

　この場合にも，第三債務者は，先に送達された転付命令が確定しない間は供託しない限り免責をされないという意味での供託義務を負い，確定後は，逆に供託の権利もなく義務も負わないが，第三債務者としては，転付命令の確定の事実を知らない以上，なお民事執行法156条1項の権利供託をすることができる（詳細は**Q91**参照のこと）。この場合においては，供託実務の取扱いにおいても，供託書の記載上転付命令が確定していることが明らかであるときを除き，これを受理して差し支えないとされている（昭55.9.6民四第5333号通達・第二・四・1・㈢・(2)）。

　　d　担保権の実行としての差押えの競合の場合

　担保権の実行としての差押え同士またはこれと強制執行による差押えもしくは仮差押えの執行とが「競合」してされた場合の第三債務者の供託義務の有無等については，**Q96**参照。

Q82

金銭債権に対する（仮）差押えによって第三債務者が供託義務を負う場合，供託すべき目的債権の範囲はどのようになっているか

A

第三債務者は，差押えと差押え（または仮差押え）とが競合した場合には民事執行法156条2項（または保全法50条5項で準用する民執法156条2項）を根拠として被差押債権全額に相当する金銭につき，目的債権の一部についてのみ競合を生じているときは民事執行法156条2項（または保全法50条5項で準用する民執法156条2項）を根拠として当該部分につきそれぞれ供託義務を負う。

● 解説

(1) 供託をすべき範囲

差押えの競合が生じた場合（配当要求がされた場合を含む。）において，第三債務者が供託義務を負う範囲は，差押えの競合が生じた範囲である。民事執行法149条（および同条を準用する保全法50条5項）は，債権の一部が差し押さえられ，または仮差押えの執行がされた場合において，その残余の部分を超えて差押命令が発せられ，または仮差押えの執行がされたときの各差押えまたは仮差押えの執行の効力はその債権の全部に及び，また，債権の全部が差し押さえられ，または仮差押えの執行がされた場合において，その債権の一部について差押命令が発せられ，または仮差押えの執行がされたときのその差押えまたは仮差押えの執行の効力もその債権全部に及ぶこととして，差押えの競合の範囲を明らかにしている。

その一部について差押えが禁止される金銭債権（民執法152条）について，

差押えが競合した場合の差押えの競合の範囲は，差押えの許容される部分についてのみである（詳細は**Q84**参照のこと）。また，元本債権につき差押えが競合した場合において，その附随債権（例えば利息債権）につきどの範囲で差押えが競合するかについては，**Q83**参照のこと。

　一部差押えの場合において配当要求がされたときは，第三債務者は，差し押さえられた部分についてのみ供託義務を負う（民執法156条2項）。債権の一部について差押えが競合している場合においては，差押えの競合している部分について民事執行法156条2項を根拠として，差押えがされていない部分を含めた差押えに係る金銭債権の全部について同条1項を根拠として供託をすることができる（詳細は**Q84**参照のこと）。

(2)　**差押えが競合した後その一部が失効した場合の供託すべき範囲**

　いったん差押えが競合した後その一部の差押えまたは仮差押えの執行が取り下げられ，または取り消され，なお複数の差押えが残存し，残存する差押えのもとの差押額の合計が目的債権に満たない場合（例えば，100万円の金銭債権に対し，甲が30万円，乙が40万円をそれぞれ差し押さえ，丙が100万円全部の仮差押えをした後丙の仮差押えが取り下げられた場合），第三債務者はなお100万円全部の供託義務を負うか否かについては，一方の差押えが取消しまたは取下げにより失効した場合に他の差押えの効力がもとの差押額まで減縮されると考えるかどうかにより結論を異にする（詳細は**Q80**参照のこと）が，減縮しないとの立場（非減縮説）に立てば，供託義務を負うということになる。

(3)　**「供託義務」という意味**

　ここで供託しなければならないということの意味は，第三債務者は供託の方法によらなければ免責されないということであり，第三債務者が供託義務を負うにもかかわらず執行債務者または競合債権者のうちの1人に弁済したときは，第三債務者は民法481条によって差押債権者（または他の差押債権者）に二重払いをすることを要し，債務者に対してはその返還を求めることができるということである。しかし，それ以上に第三債務者の実体上の地位が変更されるわけではないから，弁済期が到来するまでは供託義務は現実化

しないし，同時履行や先給付の抗弁権の行使によって債務の履行を拒絶することができる限り，供託すべき義務を負わない（この抗弁権を行使しないで供託する場合でも，供託金の受領が反対給付にかかるべき旨を供託書に記載してすることができる（法10条，規則13条2項8号）。）。被差押債権が預金債権や賃金支払債務のように取立債務であるときは，弁済期にあるものについても取立てまたはこれに類する行為があってはじめて供託をすればよく，それまでは債務不履行責任を負わない。しかし，取立債務性は，供託義務を負う限度で（履行地が供託所になるという限度で）変更される。また，第三債務者が差押え前からその債権者（執行債務者）に対して反対債権を有するときは，単発の差押えの場合と同様，被差押債権を受働債権として相殺することもできる（民法511条）。

　このように，民事執行法156条2項の供託義務とは，債務を弁済するには供託の方法によらなければならないということであり，その意味では，差押えの競合によって直ちに発生し，かつ（期限の利益を放棄して供託する場合も，その根拠規定は民執法156条2項である。），現実に供託の方法で履行しないと債務不履行の責任を問われるという意味での供託義務は，被差押債権の弁済期が到来してはじめて生ずる。

Q83

金銭債権に対し（仮）差押えがされた場合の供託において，利息または遅延損害金はどのようにすればよいのか

A

　金銭債権に対し一部（仮）差押えがされたときは，元金のみまたは元金と差押え以降供託までの差押金額に対応する利息（遅延損害金を含む。以下同じ。）もしくは元金と差押え以降供託までの元金全体に対応する利息を供託すべきであり，その後一部差押え（または全部差押え）がされて差押えが競合した場合において，民事執行法156条2項（または保全法50条5項において準用する民執法156条2項）を根拠として供託をするときは，元金ならびに先行の一部差押えがされた金額に対する先行の差押えがされてから差押えの競合を生ずるまでの利息および差押えの競合以降供託時までの元金全額に対する利息との合計額を供託すべきである。ただし，民事執行法156条1項および2項を根拠として，元金および供託時までの利息の全額の供託をすることもできる。

● 解説

(1) 元本債権の差押えと利息との関係

　利息付の金銭債権に対し，元本のみの差押えの競合が生じた場合において，利息について差押えの効力が及ぶかどうか，また，利息について差押えの競合の生ずる範囲が問題となる。利息付でなくとも，差押え後に履行遅滞となり，遅延損害金が発生する場合についても，同様である。

　民事執行法では，動産に対する差押えの効力は差押物から生ずる天然果実

に及ぶとされている（民執法126条）が，金銭債権に対する差押えの効力がその法定果実たる利息に及ぶかどうかについては明文の規定はない（なお，国徴法52条2項ただし書参照）。しかし，一般に従たる権利は主たる権利の処分に従うことから（民法87条2項），差押えの効力は従たる権利にも及ぶと解されており，この見解に従えば，金銭債権に対する差押え後に生ずる利息は元本債権に付従性を有するから，これに対し差押えの効力が及ぶことになる。しかし，既発生の利息債権は，元本とは独立の支分債権であり，元本債権の処分には従わない。

そうすると，元本債権の全部に差押え（仮差押え）がされたときは，差押え後の利息には差押えの効力が及ぶことになる。元本債権の一部についてだけ差押えがされた場合には，差押え後の利息のうち，その差押金額に対する部分，すなわち差押え後の利息に差押金額の元本金額に対する割合を乗じた額だけにつき差押えの効力が及ぶと解されるが（第1説），一部差押えであることを重視すると，差押債権者は当該債権の全部を差し押さえることができるにもかかわらず一部の差押えをしたものであるから，差押えの効力はその支分債権たる利息にまで及ばない（特に従たる権利については差押えをしない趣旨の差押命令が発せられた）と考える余地もあろう（第2説）。

(2) 元本債権に対する差押えの競合と利息債権についての差押えの競合の生ずる範囲

次に，第1の差押えに後れて元本債権に対し第2の差押え（仮差押え）がされ，そこで差押えの競合が生じた場合における利息債権についての競合の関係および供託義務の範囲が問題となる。

例えば，乙が甲銀行に対して有している普通預金債権100万円につき，平成26年3月6日，乙の債権者X_1から差押額を80万円とする差押命令が送達されたところ，更に同年4月3日（差押額を60万円とする）乙の債権者X_2から差押命令が送達された場合において，甲銀行が民事執行法156条2項に基づき預金額100万円およびこれに対する利息を供託するときは，いかなる範囲の利息を供託すべきかということである。

元本について差押えの競合が生じた日以降に発生する利息債権について

は，全額につき差押えの効力が及ぶことは疑いないが，先行の差押えがされてから後行の差押えがされるまでの間に発生する利息債権については，前述の第1説によっても，先行の差押えがされた金額に対応する利息についてのみ差押えの効力が及ぶだけで，後行の差押えによってこの部分が拡張されることはない。しかし，後行の差押えの効力が利息のどの範囲に及ぶかについては，一応次の3説が考えられる。

　a　A説

　差押えの効力は既発生の利息には及ばないから，元本に対する差押えの競合が生じた以降に発生する利息についてのみ後行の差押えの効力が及ぶ。したがって，甲銀行は，元金および平成26年4月3日以降供託時までに発生した利息の合計額の供託義務を負う。

　b　B説

　民事執行法149条（民事保全法50条5項で準用の場合を含む。）において債権に対して差押えが競合した場合には各差押えの効力がその債権の全部に及ぶと定められた趣旨および強制執行制度における債権者平等主義の趣旨から，X_1の差押えの効力が及んでいる利息部分についてもX_2の差押えの効力は及び，甲銀行は元金ならびに平成26年3月6日以降4月2日までにX_1が差し押さえた80万円に対する利息および4月3日以降供託時までの利息の合計額を供託すべきことになる。

　c　C説

　先のB説に立ち，金銭債権の一部差押えの場合には，差押えの効力もその支分権には及ばず，一部差押えが競合して差押えの効力が債権の全額に及んだ後はじめて差押えの効力が利息債権まで及ぶものと解し，元本と差押えの競合時たる平成26年4月3日以降供託時までの利息の供託義務を負う（供託義務を負う範囲は，A説と結果的に同じ。）。

　これを図解すれば，次頁の図のとおりである。

　この点に関する明文の規定はないが，A説による場合には，X_1はその差押え後X_2が差押えをするまでの間の利息についてはこれを独占できることになり，できるだけ債権者間の公平を図ろうとする民事執行法149条の趣旨

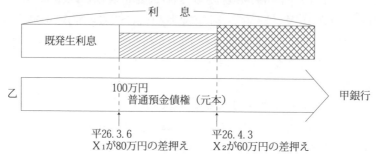

にも反するし，何よりも，多数の差押えの競合が生じたときは，複雑な法律関係となる。また，C説は，債権の全部に対して差押えがされた場合と債権の一部に対する差押えの場合とでその法定果実に対する差押えの効力に差異が生ずるという点が問題である。

既発生の利息債権と将来の利息債権とは別個であると考えれば，後行の差押えの効力が拡張されることはないことになる（そう解すると，既発生の利息については，民執法156条1項による供託もすることができないことになる。）が，利息債権についてはその利払期ごとに同一性を把握すべきであり，既発生の利息債権に元本債権の差押えの効力が及ばないのは債権の同一性がないからではないと解するべきである。そうすると，X_1が差し押さえている以上，元本に対する差押えの競合が生じた後は，X_2の差押えの効力も既発生の利息に及ぶと解するのが民執法149条ひいては強制執行の大原則たる平等主義に合致しよう。

したがって，元金債権の一部差押えが競合した場合に，民事執行法149条によって差押えの競合が生じ，民事執行法156条2項によって供託義務を負うこととなる範囲は，B説のとおり，元本ならびに先行の差押金額に対するその差押えから差押えの競合までの間の利息および差押えの競合時からの元本全額に対する利息である。

先例（昭56.2.14民四第842号民事局長回答）も，同じ見解をとっているが，C説にも相当な根拠が認められ，執行裁判所がこの見解によって事件を処理することも考えられる。民事執行法156条2項の供託はいわゆる執行供託として供託所が執行裁判所の補助的な立場で配当原資を保管するものであるという点を考えると，C説に従って供託が申請されてきた場合に，これを違法として却下してよいかは問題である。そこで上記先例も，理論上B説とC説とが可能であることを認め，第三債務者がいずれの説によって利息を供託する場合でもこれを受理して差し支えないこととしている。

(3) 供託者と執行裁判所の見解が食い違った場合の措置

第三債務者がB説によって供託した場合において執行裁判所がC説によって支払委託をしてきたときは，先行の差押えに対応するその差押えと差押えの競合との間の利息相当額が債権者に配当されずに残ることになる。この残った部分も民事執行法156条1項で供託する場合と同様に弁済供託の性質を有するから差押債務者が還付請求をすべきことになる。このような場合には，裁判所において事件が完結した趣旨が判明した場合に，残金の部分につき差押債務者の還付請求に応ずることになろう。逆にC説によって供託されたが裁判所がB説に立つときは，配当原資が不足するが，この場合には，もちろん裁判所が供託金の範囲内で債権額に応じた配当表を作成し，支払委託をすることになる。

(4) 既発生の利息の供託の可否

以上のとおり，いずれの説によっても第三債務者は元本に対する差押えが競合しても既発生の利息の供託義務を負うことはないが，第三債務者としては，これをも供託することができないというのでは不便である。既述のように，既発生の利息債権には元本債権の差押えの効力は及ばないということと，利息債権の同一性とは別個の問題であり，利息債権の同一性は既発生か未発生かではなく，その利払期ごとに把握すべきものであるとすれば，元本の差押えの効力が将来の利息債権に及ぶときは，これと同一性を有する既発生の利息についても民事執行法156条1項を根拠として供託することができる。もっとも，C説に立つと，一部差押えの場合には元本債権に対する差押

えの効力は利息債権には及ばないから（差押えの競合が生じない以上），既発生であれ，未発生であれ，厳密には元本債権と同一債権ではない利息債権についても供託が可能かどうかという問題となるが，利息債権は元本債権の支分権としての債権であって，元本債権に従属しその拡張としての性質を有することや，民事執行法156条1項が一部差押えの場合においても差押えに係る債権の全額について権利供託をすることを認めた趣旨が第三債務者の一部弁済という不都合を救済する点にあることからすれば，C説に立つ場合にも，元本とともに既発生の利息をも供託することが許されよう。

この場合には，供託義務を負う範囲が差押えに係る金銭債権の一部であるとき（例えば，100万円の金銭債権のうち60万円についてAが差押えをし，これにつきBが配当要求をした場合）に，第三債務者は民事執行法156条1項と2項とを根拠として全額（100万円）を供託することができるとされている（昭58.11.22民四第6653号通達。なお，**Q84**参照）。そこで，元本に対する差押えの競合を理由として，既発生の利息（先行の差押え後の利息でその差押えの効力が及んでいない部分（220頁の図参照））をも含む供託時までの利息の全額を供託するには，民事執行法156条1項および2項を根拠法令としてすることになる（なお，このことは，先に仮差押えの執行がされ後行の差押えによって競合が生じ，保全法50条5項で準用する民執法156条2項で供託義務を負う場合でも同様である。）。

この場合には，B説によれば既発生の利息部分（先行の差押えの効力が及ばない利息部分を含む。），C説によれば差押えの競合前の利息部分は弁済供託であり，義務供託の部分のみが執行供託であるから，供託書にその旨を明記し，更に供託通知をする必要がある。

Q84

給与債権，退職金債権につき，差押え等がされた場合の供託は，どのようにすればよいか

A　給与債権が差し押えられた場合には，給与支給機関である第三債務者は，それが単発の差押えであるときは民事執行法156条1項を法令条項として記載して差押えに係る金額を供託することができ，差押え等が競合する場合には同条2項を法令条項として記載して差押え可能部分の全額を供託しなければならない。なお，単発の差押えであるときは民事執行法156条1項を法令条項として，差押え等が競合する場合には同項および同条2項を法令条項として記載し，給与債権の全額の供託をすることができるものと考えられるが，賃金の直接払いの原則との関係や還付請求権に対する差押えの可否などの問題もある。

● 解説

(1) 差押禁止債権の民事執行法156条1項に基づく供託

　民事執行法152条は，債務者に最低限度の生活を保障するという社会政策的な見地から，給料，賃金，俸給，退職年金，賞与等の給与債権または退職手当債権については，その一定部分を差押禁止としている。これらの債権につき差押えまたは仮差押えの執行がされた場合には，民事執行法156条1項またはその準用規定により，差押えに係る金額を供託することができる（権利供託。**Q68**参照）。

　この場合において，差押禁止部分を含めて給与債権の全額を供託することができるかどうかであるが，民事執行法156条1項が差押えに係る金銭債権

の全額に相当する金銭の供託を認めていることから，給与債権のうち差し押えられた部分のみを供託することはもとより，差押えの効力の及んでいない部分も含め，他に供託事由が生じていなくとも，同項のみを根拠として給与債権の全額の供託をすることができるとされている（昭55年度全国会同決議7⑻問・先例集(6)353頁）。

　もっとも，給与債権または退職手当債権については，労働基準法24条により，同法上の賃金については「直接全額払い」の原則の適用があり（地方公務員の給与についても同様（地方公務員法25条2項）），また，退職手当についても，労働の対価として労働基準法11条にいう賃金の性質を有するとするのが支配的見解であるため，給与債権の全額を供託した場合には，上記の原則との関係をどのように整理するかが問題となる。

　この点については，直接払いの趣旨は，中間搾取の弊害を除去し，賃金が確実に労働者の手に渡るようにするというものであるところ，民事執行法156条1項により給与債権の全額が供託された場合における差押禁止部分以外の部分は弁済供託の性質を有し，給与債権者がいつでも還付を受けられる（Q85参照）のであるから，実質的にみると直接払いの原則を逸脱しているものではないと解することになると考えられる。

　また，給与債権者が直接還付請求権を取得することから，この還付請求権を差押債権者以外の債権者が差し押えることができるかどうかも問題となる（この点については，Q85参照）。

⑵　差押可能部分につき差押え等が競合した場合における給与債権全額の供託（民事執行法156条2項に基づく供託）の可否

　金銭債権につき差押え等が競合した場合には，第三債務者は差押に係る金銭を供託しなければならないとされているが，差押禁止債権につき差押え等の競合が生ずるのは，あくまでもその差押可能部分についてである（民執法149条の差押効の拡大も，差押可能な部分の範囲で生ずる。）から，この場合には，第三債務者が供託義務を課されるのは，差押可能部分のみであり，したがって，給与債権については，民事執行法156条2項を根拠として，差押可能部分の全額を供託しなければならない（義務供託。Q69参照）。

この場合において，差押禁止部分を含めて給与債権の全額を供託することができるかどうかであるが，上記のとおり，民事執行法156条2項を根拠として，このような供託をすることはできないが，同条1項をも法令条項として併記することにより，給与債権の全額を供託することができると考えられる。同項は，単発の一部差押えに係る金銭債権の全額供託に関する根拠規定であるにとどまらず，金銭債権に対して差押えがされた場合の権利供託に関する包括的な根拠規定であると解すべきであり，同項を併記することによって，差押競合部分を含めた「差押えに係る金銭債権」の全額の供託の根拠となり得るからである。先例（昭58.11.22民四第6653号通達）もこのことを認めている。

ただし，差押禁止部分について「直接全額払い」の原則との関係およびその還付請求権に対する差押えの可否については，(1)と同様の問題がある。

なお，給与債権は，一般に取立債務と解されている。これは，給与は一般的に支給日に多数の者に現金で直接支払わなければならず，かつ，労働者は通常使用者の事業所で働いているので，取立債務と解することによって労働者に特段の不利益を与えるものではなく，そう解しても公序良俗に反することがないからである。そのため，給与債権については，履行期の経過によって直ちに履行遅滞の責めを負うものではない。

そこで，給与債権につき差押え等が競合した場合には，供託すべき義務がいつ生ずるかが問題となる。もちろん差押えの競合の場合には，第三債務者は債務を弁済するにはその債権者（執行債務者）に直接支払ってはならず，免責を得るためには供託の方法によらなければならないという意味での供託義務は，差押えの競合によって直ちに発生するが，第三債務者がその差押え前からその債権者に実体上主張しうる権利を有するときは，それをもって差押債権者にも対抗することができるのであって，差押えに係る金銭債権が取立債務であるときは，現実に供託しなければ履行遅滞になるという意味での供託義務は被差押債権の弁済期を徒過してはじめて生じ，債権者からの取立てに類する行為（例えば供託請求など）がされてはじめて第三債務者は遅滞の責めを負う。したがって，このような行為がされていない限り，第三債務

者は，賃金の支払日の後に供託する場合であっても，供託時までの遅延損害金を付することを要しない。

Q85 差押禁止債権（給与債権）についての供託がされた場合，還付請求権について差押えをすることができるか

A 　差押禁止債権が供託された場合には，本来の債権がその属性を失わないまま供託物還付請求権に転化したものと解されるので，差押禁止部分に関する還付請求権について差押えをすることはできない。

● 解説

(1) 給与債権と供託金還付請求権の法的性質

　給与債権につき差押えがされ，その全額が供託された場合には，差押禁止部分（差押えの効力が及んでいない部分）については，弁済供託の性質を有し，給与債権者が直接還付請求権を取得する。そこで，この還付請求権につき，他の債権者がこれを差し押さえることができるかどうかが問題になる。

　供託物還付請求権は法律的には本来の債権とは別個の債権であるが，供託制度はもともと本来の債権の満足を図るための制度であることからすれば，本来の債権が供託物還付請求権に転化したとみるべきであって，実質的には本来の債権と同様の性格，属性をもつ債権である。特に弁済供託は主として債務者の利益のための制度であって，債務者の一方的な態度によって本来の差押禁止債権がそうでない債権に転化するということは債権者の保護に著しく欠けることになるほか，供託者は被供託者が供託受諾をしないうちはいつ

でも供託物の取戻しができるのであるから，供託金はまだ債権者の支配下に入った金銭とはいえないからである。

(2) 差押禁止債権が供託された場合の還付請求権の差押えの可否

そうすると，差押禁止債権につき供託がされ，これにつきその債権者が還付請求権を有することとなった場合においても，本来の債権に対する差押えが禁止されている以上，その還付請求権についても差押えが禁止され，制限されると解するべきであろう。先例（昭31.10.3民事甲第2276号民事局長回答）も，旧法下における執行供託の場合についてであるが，この説を認めている。

なお，差押禁止債権に対する差押・転付命令の効力が問題となる。特に還付請求権については，執行裁判所も，本来の債権が差押禁止債権であるかどうか知るところがなく，執行債権者の申立てのままに，これに対して差押命令が発せられることがあるからである。

まず，差押命令については，①差押禁止債権に対してされた差押命令は無効であるとする説と，②差押禁止を無視して発せられた差押命令も無効ではないが，こうした差押命令は，執行債務者に対して目的債権の処分，取立等を禁ずる効力を有せず，差押債権者は目的債権の取立権を有せず，転付命令も目的物移転の効果を伴わないとする説，③かかる差押命令も当然には無効ではないが，もしその差押禁止が法律上もしくはその性質上債務者の任意譲渡をも禁止することに基礎を有する場合には，債務者自体処分権を有しないから，たとえ差押命令によってもその剥奪をすることはできず，差押命令は債務者の取立て，行使を禁止する効力がなく実体上効力がないが，権利が任意に譲渡できるものであれば，差押禁止は専ら執行法上の制限に止まり，取り消されない以上その効力を生ずるとする説に分かれる。

ところが，差押禁止債権に対する差押命令に基づいてさらに転付命令が発せられた場合については，学説・判例とも，転付命令はもとよりその前提となる差押命令も無効であるとする。

先例も，これを無効としている（昭48.5.30民四第4022号回答参照）。

Q86 金銭債権の債権者から債務者に対して譲渡通知があった後に、債務者（第三債務者）に対し差押命令の送達がされたが、債権譲渡の有効性につき疑義がある場合、第三債務者はどうすればよいか

A 民法494条と民事執行法156条との双方を供託の法令条項として、債権の譲渡人に対する債務履行地の供託所に対し、いわゆる混合供託をすればよい。

● 解説

(1) 債権者不確知による弁済供託

債務者（またはこれに代わる弁済者（民法474条参照））が債務の弁済をしようとする場合において、過失なくして債権者を確知することが法律上または事実上できないとき、例えば、債権譲渡の通知があった後、譲渡取消しの通知があり、譲渡ないし取消しの有効・無効をめぐって譲渡人・譲受人間に債権の帰属につき争いがあるとき、債権が二重に譲渡されたがどちらが先に対抗要件を具備したのか確定日付ある譲渡通知証書の送付の先後が不明であるため譲受人相互間に債権の帰属につき争いがあるとき、債権者が死亡し相続が開始したが相続人がだれか分からないとき、または譲渡禁止の特約のある債権について譲渡がされ、譲受人の善意・悪意が不明であるため債権譲渡の効力が不明であるときがある。また、債権譲渡の後に、譲渡人の債権者から当該債権譲渡が詐害行為であるとして取消しの訴えが提起されたり、詐害行為取消権に基づいてその債権の処分および弁済を禁止する仮処分が発令されることがある。

このように，債権譲渡の有効性や対抗要件の具備の先後が不明であるため，弁済者の過失なくして債権の帰属者が法律上，事実上分からないときは，債務者は，債権者不確知を原因とする弁済供託をすることができる（詳細はQ49参照）。

(2) 混合供託の必要性

ところが，本件のように債権譲渡につき譲渡人甲と譲受人乙との間にその効力をめぐって争いがあるうえに，譲渡の後に，例えば，甲の債権者（執行債権者）Xから当該債権に対して差押えがされ，差押命令が債務者（第三債務者）Yに対して送達される場合がある。譲渡債権額を例えば50万円とすると，Yとしては，甲・乙との関係で債権者不確知を理由とする50万円の弁済供託をし，その後に債権譲渡が有効とされ，真実の債権者が乙とされたときは，結局差押命令は目的債権譲渡後にされたことになるから無効となり問題はない。しかし，債権譲渡は無効であり譲渡人甲が真実の債権者であるとされたときは，甲との関係で民法494条の規定による弁済供託をしても，その弁済の効果を甲の差押債権者Xに対しては主張することができないところ，Xとの関係でも債務消滅の効果を享受しようとするのであれば民事執行法156条1項に基づき被差押債権額50万円を別途供託しなければならないというのでは，第三債務者に対してきわめて酷である。

そこで，Y（第三債務者）に対して，甲・乙間の債権譲渡の有効・無効が明らかでないことを理由に，まず民法494条の債権者不確知を原因とする弁済供託をし，そして，債権譲渡の無効の確定を停止条件として，Xの債権差押えを理由に民事執行法上の執行供託をすることが，解釈上あるいは実務上認められている。

このように，民法494条および民事執行法156条（これを準用する場合を含む。）の双方を供託の法令条項としてする供託は，実務上「混合供託」と呼ばれ，その名のように弁済供託と執行供託とが混合したものである。

(3) 供託受理手続上の問題

a 条件付供託の可否

一般に，本来の債権に付着している条件（例えば，反対給付と引換えの条

件）を超えて債権者に不利な条件を付してされた弁済供託は，本旨弁済とならないから，無効とされる（**Q57**参照）。

　混合供託においては，民法494条に基づく弁済供託は無条件であるが，執行供託は債権譲渡の無効（の確定）を条件としているので，かかる条件を付することの可否が問題となる。この執行供託においては，供託金の還付請求権は配当裁判所（執行裁判所）の作成する配当表の確定およびそれに基づく配当裁判所の支払委託によって発生する。すなわち，還付請求者の存否，内容はすべて配当裁判所が決定するのであるが，甲・乙間の債権譲渡の無効が確定しない限り配当手続を行い得ないことは当然のことであるから，債権譲渡の無効を条件にする執行供託は，実体上当然のことを条件としているにすぎず，差押債権者に何ら不利益を与えるものではない。したがって，甲・乙間の債権譲渡の無効の確定を条件とすることは許される。

　　b　被供託者の記載

　混合供託においては，民法494条の債権者不確知供託の面では，供託書中「被供託者」欄には甲・乙の両者を記載すべきことになるが，執行供託の面では，還付請求権を取得すべき者は配当裁判所が決定するから，Xの記載を要しない（**Q70**参照）。

　　c　管轄供託所

　民法494条の債権者不確知の供託の面では，弁済供託として，債務履行地，すなわち弁済すべき債務が持参債務であって，しかも債権者甲・乙の債務履行地（甲，乙の住所）が異なるときは，甲，乙いずれかの住所地の最寄りの供託所である。これに対し，執行供託においては，債務履行地の供託所に供託すべきものとされているから，弁済すべき債務が持参債務であるときは，甲の住所地の最寄りの供託所である。混合供託は，上記の二つの供託所の組合せであるから，結局債権譲渡が無効でこの供託が執行供託として有効になる場合を考え，甲との関係で定まる債務履行地（Yの持参債務であれば，甲の住所地）の最寄りの供託所に供託すべきである。

(4)　供託金払渡手続上の問題

　　a　乙が還付を受ける場合の手続（還付を受ける権利を有することを証す

る書面）

　債権譲渡が有効であることが確定し、乙が供託金の還付を受けるときは、債権者不確知による供託の関係においては、還付を受ける権利を有することを証する書面（規則24条1項1号）としては、甲に対する関係で乙が当該供託金の還付請求権を有することを証する確定判決、和解調書または甲の承諾書等があるが、甲については、Xという差押債権者がいるため、甲の承諾書だけでは足りず、Xの承諾書も必要である。このことは、判決の場合でも同様であり、主文で確認されているかどうかは別としても、Xとの関係においても、乙に還付請求権があることを確認することができるものでなければならない。和解、調停においても、Xを利害関係人あるいは参加人としてその手続に入れ、その関係においても還付請求権が乙のものとされている和解調書または調停調書でなければならない。

　b　甲が債権者であることが確定した場合の払渡手続

　逆に甲・乙間の債権譲渡が無効であるときは、執行裁判所が配当手続をする（甲は、当該債権が自己に帰属する旨を証する書面を添付しても、もちろん供託金の還付は受けられず、配当金または弁済金の残余金の交付を支払委託によって受けることになる。）が、理論的には、甲・乙間の債権の帰属関係が確定しないと配当手続を開始することができない。したがって、甲の乙に対する勝訴判決もしくはこれに準ずる和解・調停調書等または乙の同意書がなければ、配当手続を開始することができない（この場合には、乙が還付を受ける場合とは異なり、甲のみの乙に対する関係での債権存在が確定されればよい。）。しかし、配当裁判所がこの考え方をとらず、その一応の判断のもとに、甲の債権と認めて配当手続（この場合には、債権者はX1人であるから弁済金の交付手続）を実施し、支払委託をしてきたときは、供託所としては、別に当該債権が甲に帰属する旨を証する書面がなくとも、Xおよび甲の払渡請求に応ずるべきである（もっとも、執行裁判所が配当手続をする前提として債権の帰属につき一応の判断をしたにすぎないときは、配当実施後乙が自己が真実の債権者であることを主張して、Xないし甲に不当利得の返還請求をすることは妨げられない。）。

Q87

金銭債権に対し差押えがされた場合において、第三債務者が供託をしないときは、差押債権者はどのようにすればよいか。また、仮差押えの場合はどうか

A

差押債権者は、その取立権に基づき第三債務者に対する取立訴訟を提起することができる。一方、仮差押債権者は、その仮差押えが本差押えに移行しない以上、取立訴訟を提起することができない。

● 解説

(1) 差押えの競合と取立訴訟

第三債務者が任意に履行しないときは、差押債権者は、これに対して取立訴訟（差し押さえた債権に係る給付を求める訴え）を提起し、給付判決を得て強制執行をすることができる。

取立訴訟が提起されて、その訴状が第三債務者に送達されると、以後の差押えまたは配当要求による配当加入は遮断される（民執法165条2号）。それまでに差押えをした債権者は配当加入の資格を有し、取立訴訟の原告に参加することができる（民執法157条1項参照）。これは、第三債務者が取立訴訟の勝訴判決に基づいて供託（民執法157条4項, 156条2項）し、または執行機関が供託を命ずる判決により供託（同条5項）するまで配当要求をすることを認めると取立訴訟の遂行の努力をはらった差押債権者の努力を無にし、公平を害することになるからである。

差押債権者が別々に取立訴訟を提起したときは、別訴の禁止に触れるが、

後訴を却下するまでもなく，後の訴訟を移送・併合することで足りる。

原告以外の配当加入の資格のある差押債権者に対しては，第三債務者の申立てにより，受訴裁判所は，共同訴訟として原告に参加すべきことを命ずることができる（民執法157条1項）。この参加命令は，決定である（同条2項）。

この命令を受けた債権者は，必ずしも訴訟に参加する義務はないが，参加しなかった場合にも，取立訴訟の判決の効力を受け，再び取立訴訟を提起することは許されない（同条3項）。参加命令を受けなかった債権者は，判決の効力（既判力）を受けず，改めて取立訴訟を提起することができる。

民事執行法156条2項によって第三債務者が供託義務を負う場合の取立訴訟については，差押え等が競合しない場合と異なり，その認容判決は，請求に係る金銭の支払は供託の方法によってすべき旨を主文に掲げてしなければならない（民執法157条4項）。これは，第三債務者の債務の履行方法を限定し，その反面として取立訴訟の原告の取立権の行使方法を限定したものである。いうまでもなく，第三債務者が任意履行する場合と同じく取立てにあずかる差押債権者間の公平を図ろうとする趣旨からである。

もっとも，請求の趣旨としては，請求額の支払を求める旨を掲げるだけでよいが，裁判所が請求を認容するときは，原告として訴訟参加人がいるとか，参加命令が発せられているとか，受訴裁判所に執行競合の事実が明らかな場合にはもちろん供託を命ずる判決をすることになるが，訴訟資料上被告（第三債務者）が供託義務を負うことを認定することができるのであれば，供託判決をするのが相当である。

(2) 取立訴訟において供託が命ぜられた場合に執行機関がする供託

第三債務者が供託を命ずる判決に服して供託をすれば，それは，まさに民事執行法156条2項の供託そのものである。第三債務者が判決に服して供託をしなければ，強制的に，民事執行法156条2項の供託がされたのと同一の状態を生じさせることが必要となる。そこで，この訴訟の原告たる差押債権者が右判決に基づいて第三債務者の財産に対して強制執行をし，または既に第三債務者の財産について開始されている強制執行もしくは競売に対して配当要求をして，差押債権者が配当等を受けるべきときは（差押債権者が配当

等を受けることを認めると，差押債権者の取立権を否定した趣旨にもとることになるので），配当等を実施する機関が配当等の額に相当する金銭を供託することとされている（民執法157条5項）。したがって，供託をするのは，不動産に対する強制競売の場合においては裁判所書記官，強制管理においては管理人または裁判所書記官，動産執行の場合においては執行官または裁判所書記官ということになる。

　配当等を実施すべき機関が民事執行法157条5項により配当等の額に相当する金銭を供託した場合については，その事情の届出をすべき旨の規定は設けられていないが，民事執行法156条3項および民事執行規則138条の趣旨により，先に第三債務者に送達された差押命令を発した債権執行の執行裁判所に対して供託したことを連絡するとともに供託書正本を送付すべきであろう。これにより，執行裁判所が配当等を実施することになる（民執法166条1項1号）。

(3)　いわゆる第四債務者がする供託

　差押債権者が取立訴訟の判決に基づいて第三債務者の有する金銭債権を差し押さえた場合については問題がある。差押えが競合した場合には差押債権者の取立権を否定する法の精神からすれば，この場合においても差押債権者に取立権を行使させることは認めるべきではないとも考えられる（少なくとも差押債権者が転付命令を得ることができないということは確かである。）が，一方，第四債務者にとってみれば，あくまで一つの差押えしかなく，また，差押命令の記載のみからは，債務名義の内容（供託判決）を当然には知りえないのであるから，第四債務者に対して供託義務を負わせ，差押債権者の取立てに応じても免責されないとすることにも問題は残る（義務供託について供託費用等の支給を認めた民訴費用法28条の2の適用の関係も問題があろう）。もっとも，供託所としては，第四債務者から民事執行法156条1項または2項を根拠として供託の申請がされれば，それを受理することに問題はない。また，差押債権者が第四債務者から取立てをし，民事執行法156条2項または民事執行法157条5項の類推適用により取立金の供託の申請がされたときは，これを受理して差し支えない（稲葉「民事執行法における供託

第5章　供託の申請手続

四」金融法務事情936号20頁，昭37.5.29民事甲第1453号民事局長回答）。

　第四債務者が民事執行法156条1項により供託をした場合には，自己に対して差押命令を発した執行裁判所（以下「甲裁判所」という。）に対して事情の届出をすることになり，甲裁判所が一次的に配当等を実施することになる（民執法166条1項1号）。この場合には，甲裁判所は，民事執行法157条5項により供託をすべきである。これは供託を持続することを意味するが，具体的には，供託書正本を当初の債権執行の執行裁判所（以下「乙裁判所」という。）に送付し，供託所に対しては，当該供託金については乙裁判所が配当等を実施する旨通知することになろう。第四債務者に対する差押えが競合し，または配当要求がされて第四債務者が民事執行法156条2項により供託をした場合においては，まず甲裁判所が配当等を実施し，前記取立訴訟の原告たる差押債権者の受けるべき配当等の額を除いて支払委託をすることとなろう（なお，支払委託書には，配当等の額に相当する供託金については，乙裁判所が配当等を実施する旨を記載する。）。

Q88

執行裁判所に事情届をしなければならないのは，どのような場合か

A　事情届をしなければならないのは，執行供託において，裁判所書記官以外の者が，執行裁判所による配当等の実施の予定されている金銭を供託した場合である。

● 解説

(1)　事情届を要する場合

　事情届とは，執行裁判所に対してする供託をした旨の通知である。民事執

行法上，事情届が必要とされているのは，①不動産に対する強制管理において管理人による執行停止中の配当等にあてるべき金銭の供託（民執法104条1項）のように，管理人が供託をした場合，②動産に対する強制執行において執行官による配当等を実施する際に配当を留保する供託（民執法141条1項）のように，執行官が供託をした場合，および③金銭債権に対する強制執行において差押えを受けた第三債務者が権利または義務としてする供託（民執法156条1項・2項）のように，第三債務者が供託をした場合である。

　これらの供託がされた場合には，その供託金について執行裁判所による配当等の実施が予定されている（民執法109条・142条1項・166条1項1号等参照）。しかし，執行裁判所が供託金について配当等を実施するためには，執行裁判所が当該供託のされた事実を知らなければならない。そのために，執行供託において，管理人，執行官および第三債務者が供託した場合には，それらの者から執行裁判所に対して事情届をしなければならないこととされている。

　一方，民事執行法では，不動産に対する強制執行において裁判所書記官が配当等の額を供託する場合（民執法91条1項）のように，裁判所書記官が供託をする場合には，たとえそれが執行供託であっても，事情届は必要とされていない。裁判所書記官が供託した事実は，執行裁判所も容易に知り得るからである。

　なお，差押債権者が供託義務を負う第三債務者に対して提起した取立訴訟において勝訴判決を得，その判決に基づいて配当等を受けるべき場合において，配当実施機関が配当等の額を供託したとき（民執法157条5項）は，現行法上明文の規定はないが，供託した配当実施機関は，民事執行法156条3項および民事執行規則138条の趣旨により，先に第三債務者に送達された差押命令を発した執行裁判所に対して事情届をすべきである（**Q89**参照）。また，金銭債権について，滞納処分による差押えと強制執行による差押え等とが競合し，第三債務者がその債権の全額に相当する金銭を権利または義務として供託した場合（**Q68**，**Q69**参照）にも，徴収職員等ないし執行裁判所に事情届をしなければならないこととされている（滞調法20条の6第2項・36条の6

第2項）。

(2) 供託官がする事情届

次に，第三債務者が供託所である場合には，特殊な問題を生ずる。供託金に対する払渡請求権は金銭債権であるから，これに対する差押え等が競合することがあり得る。こうした場合には，第三債務者は供託しなければならない（民執法156条2項）が，第三債務者が供託所である場合にはさらに供託することはない（改めて供託をすることは無意味である。）ので，供託所としては，そのまま供託を持続し，供託金払渡請求に応ずることができるときは民事執行法156条3項，民事執行規則138条の規定に基づき執行裁判所に事情届をすることとされている。

この「供託金払渡請求に応じることができるとき」とは，払渡請求をするについての実体的な要件を具備した場合をいう（具体例については，昭55.9.6民四第5333号通達第四・二・1・㈡・2参照）。

(3) 仮差押解放金が供託されている場合の事情届

仮差押解放金の供託金取戻請求権に対し，差押命令が送達された場合の事情届については，仮差押解放金の供託の性質も絡んで問題がある。裁判所は仮差押命令に債務者が仮差押えの執行の停止または取消しを得るために供託すべき金額（仮差押解放金額）を記載すべきこととされている（保全法22条1項）。そこで，債務者がこの仮差押解放金を供託したことを証明したときは，執行裁判所は必ず仮差押えの執行を取り消さなければならず（保全法51条1項），この取消決定は確定を待たずして効力を生ずる（同条2項）。

仮差押解放金の供託により，仮差押えの効力は供託金取戻請求権の上に移行して，供託金が仮差押えの目的物となる（大判大3.10.27民録20輯810頁，大決昭7.7.26民集11巻16号1649頁）。したがって，仮差押解放金については，供託によって直ちに供託金取戻請求権が生ずるが，その供託金取戻請求権に仮差押えの執行の効力が及んでいる執行供託であるということができる。しかも，供託と同時に取戻請求権が生じ，その払渡請求に応ずることができる状態にあるのであるが，ただ仮差押えの執行の効力が及んでいるために払渡しの制限を受けているにすぎないと解することができる。

そこで，仮差押解放金の取戻請求権について差押えがされた場合の取扱いについては，仮差押えの被保全債権と差押えの請求債権とが同一のものである場合と異なる場合とに分ける必要がある。まず，仮差押えの被保全債権と差押えの請求債権とが同一の場合，すなわち，仮差押債権者が本案勝訴の確定判決を得て仮差押解放金について本執行としての差押えをした場合には，差押えの競合が生じていないので，供託官に対する供託義務は生ぜず，事情届をする必要もない。次に，両者が異なる場合には，差押えが仮差押債権者によってされたと第三者によってされたとを問わず，仮差押解放金の取戻請求権に仮差押えの執行と差押えとが競合したことにより，供託官は供託義務を負う（保全法50条5項，民執法156条2項）ことから，そのまま供託を持続して，直ちに執行裁判所に事情届をしなければならない（平2.11.13民四第5002号通達）。この場合において，両者が異なるかどうかが明らかでない場合の取扱いについては，事情届をするものとして処理するのが相当であろう（昭57.4.13民四第2591号回答参照）。

　なお，供託官は，供託金払渡請求権に対して先に滞納処分による差押えがされ，次いで残余の部分につき強制執行による差押え等が競合した場合には，民事執行法156条3項により，執行裁判所に事情届をしなければならない。また，先に強制執行による差押えがされ，差押債権者が提起した取立訴訟の訴状が送達される時までに滞納処分による差押えがされて競合した場合にも，執行裁判所に事情届をする必要がある（滞調法36条の6第2項）。

第5章 供託の申請手続

事情届はどのようにして行うか

事情届は，執行裁判所に対して一定の事項を記載した書面に供託書正本等を添付して行う。

● 解説

　事情届を行う場合については，民事執行法の規定により管理人，執行官および第三債務者（供託官を除く。）が執行裁判所に行う場合，民事保全法の規定により管理人，第三債務者が保全執行裁判所に行う場合，滞調法の規定により第三債務者が徴税職員等または執行裁判所に行う場合および供託官が執行裁判所に行う場合に大別することができる（Q88参照）。

(1) 民事執行法の規定により，管理人，執行官および第三債務者が執行裁判所に事情届を行う場合

① 管理人が事情届をするには，事件の表示，差押債権者および債務者の氏名または名称，供託の事由ならびに供託した金額を記載した書面に，供託書正本および配当計算書が作成されている場合にあっては配当計算書を添付してする（民執規則71条）。

② 執行官が事情届をするには，事件の表示，差押債権者および債務者の氏名または名称，供託の事由ならびに供託した金額を記載した書面に，供託書正本および事件の記録を添付してする（民執規則131条）。

③ 第三債務者が執行裁判所に事情届をする場合においては，この執行裁判所とは，差押命令等を発した裁判所である。差し押さえられた債権について更に差押命令または仮差押命令の送達を受けた場合には，先に送達された差押命令を発した裁判所である（民執規則138条3項）。第三債務者は，事件の表示，差押債権者および債務者の氏名または名称，供託の事由なら

びに供託した金額を記載した書面に，供託書正本を添付して事情届をする（民執規則138条1項・2項）。

(2) 民事保全法の規定により，管理人および第三債務者が保全執行裁判所に事情届を行う場合

① 管理人が事情届をする場合としては，民事保全法47条4項・5項による供託をした場合があるが，このときの事情届出の手続は，前記(1)の①の管理人の事情届の場合と同様である（保全規則32条による民執規則71条の準用）。

② 第三債務者が保全執行裁判所に事情届をする場合の手続は，(1)の③の場合と同様である（保全規則41条2項による民執規則138の準用）が，仮差押えの執行のされた債権について差押命令が送達された場合にする事情届は，差押命令を発した裁判所に対してしなければならない（保全規則41条1項）。

(3) 滞調法の規定により，第三債務者が徴税職員等または執行裁判所に事情届を行う場合

第三債務者が徴税職員等に事情届を行うには，滞納者の氏名および住所または居所，強制執行事件の表示，債権の種類および額その他の債権を特定するに足りる書類，他に滞納処分による差押えがあるときはその差押えに係る徴収職員等の属する庁その他の事務所の名称および所在ならびに差押えの年月日および範囲，供託の事由，供託した金額，供託所の表示，供託番号および供託の年月日を記載した書面に，供託書正本を添付してする（滞調令12条の5第1項・2項）。

次に，執行裁判所に事情届を行うには，強制執行事件の表示，強制執行による差押えをした債権者および債務者の氏名または名称，滞納処分による差押えをした徴収職員等の属する庁その他の事務所の名称および所在，供託の事由および供託した金額を記載した書面に，供託書正本を添付してする（滞調規則43条1項・2項）。

(4) 供託官が執行裁判所に事情届を行う場合

供託官が執行裁判所に事情届を行う場合としては，民事執行法156条3項

第5章　供託の申請手続

（保全法50条5項で準用する場合を含む。）による場合と滞調法36条の6第2項による場合とがある。いずれの場合にも，供託官は，供託事務取扱手続準則附録第14号様式による事情届出書を2通作成し，その1通を執行裁判所に送付し，他の1通については差押命令書に添えて当該譲渡通知書等つづり込帳に編てつする（準則76条2項）。この場合の執行裁判所の意義については，(1)の第三債務者が執行裁判所に事情届をする場合を参照されたい。なお，副本ファイルには，当該差押命令または配当要求の送達事項および「年月日事情届出」の旨を記録する（準則76条3項）。

Q90

供託費用は，どのような供託の場合に，どのような手続により請求することができるか

A　供託費用は，執行供託において，義務供託をした第三債務者が執行裁判所に対し，請求書を提出して請求することができる。

● 解説

(1)　供託費用の請求ができる場合

　民事執行法156条2項（保全法50条5項で準用の場合を含む。）または滞調法36条の6第1項の規定により，第三債務者は，差押え等が競合した場合には供託を義務付けられている（Q69参照）。このことは，本来は第三債務者としては，取立債権者が取立てに来るのを待っていればよかったのに比し，第三債務者の義務負担が増したといえる。また，債務履行地と供託所の所在地とは通常一致せず，第三債務者が供託所まで出向いて行かなければならないことを考えると，第三債務者に大きな不利益を与えたこととなる。

241

そのため，義務供託をした第三債務者は，供託費用を請求することができる（民訴費用法28条の2）。供託費用を請求することができるのは，民事執行法156条2項または滞調法36条の6第1項の規定（これらを準用し，またはその例による場合を含む。）により供託が義務付けられている場合に限られる。権利供託と義務供託との性質を併有する供託の場合も，供託費用を請求することができると解される。

(2)　請求することができる供託費用の内容

　請求することができる供託費用の範囲は，供託するために要する旅費，日当および宿泊料，供託所に出頭しないで供託することができるときは供託に要する書類および供託金の提出の費用ならびに供託書正本の交付を受けるために要する費用，供託に要する書類および供託の事情の届出の書類の作成費用，供託の事情の届出の書類の提出の費用ならびに供託に要する書類で官庁その他の公の団体の作成に係るものの交付を受けるために要する費用である（民訴費用法28条の2第1項）。

(3)　供託費用の請求の方法等

　第三債務者は，供託の事情届をする時までにこの供託費用を請求しなければならない。したがって，遅くとも事情届と同時に請求する必要があり，それよりも請求が遅れると，費用の支給が受けられない（民訴費用法28条の2第2項。事情届についてはQ88，Q89参照）。

　第三債務者は，執行裁判所に対し請求書を提出することにより，供託費用の請求をする。この請求書の様式は特に定められていないので，適宜の用紙に費用の具体的な明細と合計額とを記載すれば足りる。

　第三債務者からこの請求書の提出があると，執行裁判所ではその内容を審査し，請求額を相当と認めれば，供託金の中から支給する（民訴費用法28条の2第3項）。この支給も配当手続による。つまり，執行裁判所が供託所に支払委託をするとともに第三債務者に証明書を交付するので，第三債務者は，還付を受ける権利を有することを証する書面としてこの証明書を払渡請求書に添付し，印鑑証明書（規則26条の規定により添付を省略することができる場合がある。）と一緒に供託所に提出して払渡しを請求することにより，

供託費用の支給を受ける。このように，供託費用は，供託金から支払委託の方法により支給されるものであるから，第三債務者があらかじめ供託費用相当額を控除した額を供託することは許されない。

Q91 金銭債権について仮差押えの執行がされた場合の供託はどうすればよいか

A 仮差押えの執行のみがされた場合には，それが全額についてされたとき（仮差押えの競合の結果その効力が全額に及ぶこととなったときを含む。）にあっては仮差押えの執行に係る金銭債権の全額を，一部についてされたときにあっては仮差押えの執行がされた額（仮差押金額）または仮差押えの執行に係る金銭債権の全額を，いずれも債務の履行地の供託所に供託することができる。

● 解 説

(1) 金銭債権に対して仮差押えの執行がされた場合の供託

金銭債権に対して仮差押えの執行がされた場合，すなわち，保全執行裁判所（仮差押命令の発令裁判所）が第三債務者に対して発した債務者への弁済を禁止する命令が当該第三債務者に送達されたときは，第三債務者としては，仮差押命令の効果として債務者に弁済することができなくなるが，当該債務の履行期が到来しているときは，その債権者（仮差押債務者）に対し履行遅滞の責めを負うべきことになる。

しかし，もとより仮差押債権者は仮差押えに係る金銭債権の取立権を有しないから，第三債務者はこれに対して弁済することもできず，また，このよ

うな場合には，民法494条の受領不能を原因とする弁済供託をすることもできないというのが供託先例（昭27.7.9民事甲第988号通達等）であったため，金銭債権につき仮差押えの執行を受けた第三債務者の不利益は大きかった（前記のような履行遅滞とならないまでも，第三債務者は会計処理上支障を生ずる場合もある。）。

そこで，民事保全法は，金銭債権につき仮差押えの執行がされた場合においても，強制執行の場合と同様，第三債務者はその債務額に相当する金銭を債務の履行地の供託所に供託してその債務につき免責を得ることができることとしている（保全法50条5項において準用する民執法156条1項）。

(2) 民事保全法50条5項の意義

金銭債権に対し仮差押えの執行がされたことを原因とする場合の供託の根拠規定は民事保全法50条5項で準用する民事執行法156条であるが，同条は，1項で差押えが競合しない場合の権利供託について規定し，2項で差押えが競合した場合（配当要求があった場合を含むが，仮差押えについては配当要求はありえないから，この部分の準用はない。）の義務供託を規定している。民事執行法156条2項は，差押え同士が競合した場合のみならず，差押えが先行し，続いて仮差押えがされた結果競合が生じた場合も規定しているから，逆に仮差押えが先行しこれに続いてこれと競合する差押えがされた場合については，民事保全法50条5項の準用規定によって処理されることを民事執行法は予定している。そして，この場合には，民事執行法156条2項の場合と同様，第三債務者は供託義務を負う。

しかし，仮差押えの執行のみが競合した場合については，仮差押債権者は被差押債権の取立権を有しないから，第三債務者はその履行を強制されることはなく，供託義務も負わないと解さなければならない（したがって，この場合には，供託の法令条項としては，保全法50条5項のほか，民執法156条2項ではないという意味で民執法156条1項を記載することになる。）。

しかし，(1)で述べたとおり，仮差押えの執行が単発の場合でも，競合した場合でも，遅延損害金の発生という債務不履行の責任を免れ，かつ，仮差押債権者と本来の債権者たる仮差押債務者との双方に対抗することができるよ

うな形で債務を免れようとすれば，民事保全法50条5項を根拠として供託をするほかない。

(3) 仮差押えの執行だけがされた場合の供託の構造

仮差押えの執行がされたことを根拠とする供託についても，民事執行法156条が準用されている（保全法50条5項）が，その供託の構造は，差押えを原因とする供託の場合とは全く異なる。

差押えを原因として供託がされた場合には，それによって配当加入遮断の効果が生じ（民執法165条1号），直ちに配当等が実施され（民執法166条1項1号），その供託金に対しては債務者または債権者の還付請求権はなく，債権者等の還付請求権は配当等の実施としての支払委託によってはじめて生ずる。

これに対し，仮差押えの執行を原因として供託がされた場合には，配当加入遮断効も生ぜず，配当等の実施もされない。配当等の実施がされるためには，仮差押債権者の本執行としての差押えまたは他の債権者の差押えが供託金に対してされなければならない。また，配当加入遮断効もないから，供託金に対してさらに他の債権者が差押えまたは仮差押えをする余地が認められなければならない。かかる差押えまたは仮差押えを可能とするには，民事執行法156条による差押えに係る部分の供託とは異なり，債務者が供託金に対して具体的な権利すなわち還付請求権を有し，他の債権者はこれに対し権利を行使していくと観念せざるをえない。

もちろん，そのうえに仮差押えの執行の効力が及んでいるから，仮差押債務者は，その還付請求権を直ちに行使しうるものではない。民事保全法50条3項の規定の趣旨からも，そのように解される（保全法50条3項の規定の意義については，**Q93**参照）。

すなわち，民事保全法50条3項は，第三債務者が民事執行法156条の準用によって仮差押えの執行のされた金銭債権の額に相当する金銭を供託したときは，そのうち仮差押解放金額（保全法22条1項）に相当するものについては債務者が仮差押解放金額に相当する金銭を供託したものとみなすこととしている。この規定の趣旨は，通常の仮差押解放金の場合にはその供託金の

取戻請求権の上に仮差押えの執行の効力が移行すると解されているのと同様，この場合には，供託によって仮差押債務者が取得する還付請求権の上に仮差押解放金の額（通常は，被保全権利の額と一致する。）の限度で仮差押えの執行の効果が移行すると解しているものと思われる。

　すなわち，仮差押えを原因とする供託は，仮登記担保法7条1項の規定による供託（**Q117**参照）と同様，本来の債権者である仮差押債務者を被供託者とする一種の弁済供託であって，その仮差押債務者の有する供託金の還付請求権の上に仮差押えの執行の効力が移行するのであり，このことは，仮差押えの執行が単発であるか，あるいは競合するか，または，仮差押金額のみが供託された場合であるか，債権の一部について仮差押えの執行がされ債権全額の供託がされた場合であるかを問わない。

　このように，仮差押えの執行を原因とする供託の構造は一種の弁済供託であり，仮差押えが本執行に移行する（本差押えの要件が調えば当然に移行するのではなく，やはり還付請求権に対して差押えをすることを要する。）ことが予定されているという意味では執行供託の一面を有し，純然たる弁済供託の場合と異なり，第三債務者は民法496条1項の規定による取戻権の行使をすることはできないと解される。

　しかし，仮差押えの執行の効力が及ぶのは，仮差押解放金の額の限度であるから，金銭債権に対し，仮差押解放金の額を超えて仮差押えの執行がされ，第三債務者が仮差押金額に相当する金銭を供託したときは，債務者は，供託金のうち仮差押解放金の額を超える部分については還付請求をすることができることになる（詳細は**Q176**参照）。

(4) 供託の手続

　仮差押えの執行がされた場合の供託の供託書については，平2.11.13民四第5002号通達別紙記載例2（なお，昭55.9.6民四第5333号通達別紙記載例㈤参照）による。仮差押債務者が還付請求権を取得するものであるから，被供託者欄には仮差押債務者の記載を要する。供託の法令条項としては前述のとおり，執行の競合の有無を問わず，民事保全法50条5項によって準用される民事執行法156条1項のみを引用する。なお，弁済供託としての性質を有す

ることから，供託者は，被供託者あてに供託通知をする必要がある（もっとも直ちに還付を受けられるのは，金銭債権の一部に対して仮差押えの執行がされたが仮差押えの執行に係る金銭債権の全額が供託された場合を含め，仮差押解放金の額を超えて供託された部分に限られる。）。

この供託は執行供託としての一面をも有するから，供託者は，供託後，仮差押えの保全執行裁判所（仮差押命令を発した裁判所）に事情の届出をする必要がある。仮差押えの執行が競合して供託がされたときは，先に送達された仮差押命令を発した保全執行裁判所に対して事情の届出をする（保全規則41条2項において準用する民執規則138条3項）。

この供託後に権利変動があった場合またはこの供託による払渡しの手続については，**Q128**および**Q176**等参照。

Q92 仮差押解放金とは何か

A 仮差押命令には，仮差押えの執行の停止を得るため，または既にした仮差押えの執行の取消しを得るために債務者が供託をすべき金銭の額を定めなければならないとされている（保全法22条1項）が，この供託すべき金額を仮差押解放金という。

● 解 説

(1) 仮差押解放金の意義

仮差押えは，将来の金銭執行を保全するため，差し押さえ得る債務者の財産をあらかじめ差し押さえ，その処分権を奪っておく執行保全処分である。そして，民事保全法22条1項は，仮差押命令には，仮差押えの執行の停止

または既にした仮差押えの執行の取消しを得るために，職権で，債務者が供託すべき金額を定めなければならないとしている。これが仮差押解放金（額）であり，民事保全法51条1項は，債務者が仮差押解放金を供託したことを証明したときは，保全執行裁判所は仮差押えの執行を取り消さなければならないとしている。これは，上記のように，仮差押えは金銭債権の執行を保全するためのものであるから，債務者が債権を担保するに足りる金銭を供託すれば，仮差押執行を開始し，存続させる必要のないことから，仮差押えに対する債務者の保護と不必要な執行をしないことのために設けられた制度である。

解放金額については，裁判所が仮差押命令中にその金額を確定して記載しなければならない。この金額を決定するについては，被保全債権の元本・利息のほか執行費用を含めての額が基準となるが，実務上は，被保全債権（元本のほか利息。請求金額として掲げてあればこれに含める。）と同一の額に定められるのが通例であり，訴訟費用や執行費用は通常加算されない。

(2) 仮差押解放金の性質

解放金額が供託された場合において，債権者がこれに対しいかなる権利を取得するかについては説が分かれ，先例中には，債権者が供託金の還付請求権を取得するとするものがあり（昭29.9.28民事甲第1855号通達），これと説を同じくする若干の下級審の裁判例もある。この説によると，債権者に優先弁済を得させる結果となるが，しかし，①解放金は，執行の停止・取消しをすることによって債権者の被るべき損害を担保する性質を有するものではなく，仮差押えの目的物に代わって金銭債権の執行を保全するためのものであり，仮差押え自体に優先弁済権が認められない以上，仮差押債権者がこれにつき担保権を取得するいわれはなく，また，解放金は，債務者が仮差押えの被保全債権確定の際にその弁済にあてる趣旨で供託するものではないから，弁済供託のように債権者に直接の返還請求権を認めるべき根拠はなく，いずれにしても，仮差押債権者が解放金に対して直接に権利をもつことになるはずがないこと，②仮差押債権者に解放金に対する還付請求権を認めると，債権者に優先権を認める結果となり，平等主義に反することから，通説・判例

（大判大3.10.27民録20輯810頁，大決昭7.7.26民集11巻16号1649頁）は，解放金が供託されると，その後は仮差押執行の効力は債務者の有する供託金取戻請求権の上に及び，債権者は本執行の債務名義を得たときはこの供託金取戻請求権につき供託所を第三債務者として債権執行の手続をとることになると解している。

仮差押債務者に対する他の債権者もこの取戻請求権を差し押さえることができ，執行が競合すれば配当手続が開始される。昭57.6.4民四第3662号通達も，この考え方を前提とするものである（なお，平2.11.13民四第5002号通達第二・六・(2)および**Q177**参照）。

みなし解放金とは何か

「みなし解放金」とは，金銭債権に対して仮差押えの執行がされたため，第三債務者が仮差押えの執行のされた金銭債権の額に相当する金銭を供託した場合において，当該供託金中民事保全法50条3項の規定により仮差押債務者が当該仮差押えにつき民事保全法22条1項に規定する仮差押解放金を供託したものとみなされる部分をいう。

● 解　説

(1)　民事保全法50条3項の趣旨

民事保全法50条3項は，金銭債権に対して仮差押えの執行がされた場合において，第三債務者が仮差押えの執行がされた金銭債権の額に相当する金銭を供託したときは，債務者が仮差押解放金額を供託したものとみなす（ただし，仮差押解放金額を超える部分を除く。）旨規定している。

甲が乙に対する60万円の貸金債権を被保全権利として，乙の丙に対する100万円の金銭債権全額について仮差押えの執行をした場合（仮差押解放金は60万円）には，乙は，60万円を仮差押解放金として供託すれば，100万円の金銭債権に対する仮差押えの取消しが得られることになる。そうすれば，乙の有する60万円の仮差押解放金の取戻請求権について甲のした仮差押えの執行の効力が及ぶことになるが，100万円の金銭債権については乙は自由に処分することができることになる。ところで，第三債務者たる丙は，民事保全法50条5項において準用する民事執行法156条1項により，100万円全額を供託することができる。この100万円は乙に対して支払われるべきものであるから，この供託は，実質的には乙がした供託と同視することができる。したがって，丙が100万円を供託したときは，そのうち60万円の部分については，乙が仮差押解放金を供託したものとみなして差し支えないとするのが民事保全法50条3項の規定の直接の趣旨である（浦野・逐条解説民事執行法〈改訂増補〉364頁参照）。

(2) 民事保全法50条3項の供託

仮差押えの執行を原因として第三債務者が供託したときは，それによって債務者の取得する還付請求権の上に仮差押解放金の額（通常は，被保全権利の額と一致する。）の限度で仮差押えの執行の効果が移行する，ということをその理論的前提としていると解される。

そうすると，供託金に対する乙の権利，つまり，100万円の還付請求権のうち60万円の部分について仮差押えの執行の効果が及ぶということであり，仮差押解放金の額を超える40万円の部分については，仮差押えの執行の効果は及ばない。この40万円の部分については，仮差押えの執行の効果が及ばない以上，民事保全法51条1項によって仮差押えの執行の取消しを得るまでもなく，乙は還付請求をすることができる（平2.11.13民四第5002号通達（第2・3・(1)・イ・(イ)b））。

(3) みなし解放金の還付請求

したがって，金銭債権に対して仮差押解放金の額を超えて仮差押えの執行がされ，第三債務者が仮差押額に相当する金銭を供託したときは，債務者

は、供託金のうち仮差押解放金の額を超える部分について還付請求をすることができることになる。ただし、供託官は仮差押解放金の額を当然には知りえないので、債務者は、供託金払渡請求書に仮差押解放金の額を証する書面（仮差押命令正本）を添付する必要がある。

この考え方に従えば、民事保全法50条5項で準用する民事執行法149条の規定により仮差押えの執行同士が競合し、各仮差押えの効力が目的債権全部に及んだ後に、その一方の仮差押えが取り消されまたは取り下げられた場合においては、その競合によって拡張された他方の仮差押えの効力は減縮せずそのまま存続するものと考えたとしても、その仮差押えの執行に係る金銭債権が供託されたときは、拡張に係る部分については、仮差押債務者は還付を受けることができることになる（昭59年度全国会同決議8問・先例集(7)106頁）。

Q94 支払禁止の仮処分の執行がされた場合の供託はどうすればよいか

A 支払禁止の仮処分の執行がされたときは、第三債務者は民法494条に規定する債権者不確知を原因とする弁済供託をすべきである。

● 解説

仮処分の執行における供託

仮処分の執行で供託が問題となるケースとしては、預金の帰属をめぐって争いがあり、その一方から金融機関を第三債務者として預金の支払禁止の仮処分の執行がされたような場合が考えられる。この場合には、第三債務者と

しては，仮処分債務者に対して支払をしても，仮処分債権者に対抗することができない（民法481条）。一方，仮処分の執行については，仮差押えの執行または強制執行の例によるものとされているので（保全法52条1項），民事執行法156条の規定の例によって供託することができないかが一応問題となる。

しかし，民事執行法156条の規定またはその準用による供託は，第三債務者の保護を図るという目的のほか，仮差押えの場合を含め，執行供託として執行裁判所による配当手続の一環たる側面を有しているが，仮処分手続については，配当手続に繋がるということは全くない。この場合において，金融機関が供託による免責を得て紛争に巻き込まれるのを回避するには，民法494条に規定する債権者不確知を原因とする供託をすべきである。先例にも，支払その他一切の処分禁止の仮処分と差押転付命令とが競合した場合には，第三債務者は民法494条後段により債権者を確知することができないことを理由として債務の目的物を供託することができるとしたものがある（昭30.12.23民事甲第2737号通達）。

仮処分解放金の供託は，どのような場合にすることができるか

保全すべき権利が金銭の支払を受けることをもってその行使の目的を達することができるものであるときに限り，裁判所が債権者の意見を聞いて仮処分の執行の停止または既にした仮処分の執行の取消しを得るために債務者が供託すべき金銭の額を仮処分命令に定めたときに，仮処分解放金の供託をすることができる。

● 解 説

(1) 仮処分解放金の供託

裁判所は，保全すべき権利が金銭の支払を受けることをもってその行使の目的を達することができるものであるときに限り，債権者の意見を聴いて，仮処分の執行の停止を得るため，または既にした仮処分の執行の取消しを得るために債務者が供託すべき金銭の額（以下「仮処分解放金」という。）を仮処分命令に定めることができる（保全法25条1項）。そして，債務者がこの仮処分解放金に相当する金銭を供託したことを証明したときは，保全執行裁判所は，仮処分の執行を取り消さなければならない（保全法57条1項）。

なお，この仮処分解放金の供託は，仮処分命令を発した裁判所または保全執行裁判所の所在地を管轄する地方裁判所の管轄区域内の供託所にしなければならない（保全法25条2項・22条2項）。

(2) 仮処分解放金の性質等

保全執行裁判所が仮処分命令によって定めることができる仮処分解放金は，仮処分の目的物に代わるものであるから，仮処分の保全すべき権利の内容によって，

① 仮処分債権者が優先的にその払渡しを受けることができる仮処分解放金（以下「一般型仮処分解放金」という。）と，

② 民法424条1項の規定による詐害行為取消権を保全するための仮処分において，同項の債務者が供託金の還付請求権を取得する仮処分解放金（以下「特殊型仮処分解放金」という。保全法65条）

とに分けることができるが，①および②とも仮処分解放金であることには違いはなく，ただその仮処分解放金に対する仮処分債権者の権利の実行の方法が異なるだけであるといえる。

すなわち，仮処分解放金が供託された場合における供託金に対する仮処分債権者の権利の実行は，仮処分の本案の勝訴判決が確定したときは，一般型仮処分解放金にあっては仮処分権者が直接に供託所に対する還付請求権の行使により，特殊型仮処分解放金にあっては詐害行為の債務者の取得した還付

請求権に対する仮処分債権者の強制執行に基づく裁判所の配当等の実施により行われることとなる（保全法65条後段）。

(3) 仮処分解放金の供託手続

裁判所が仮処分解放金を定める場合には仮処分命令にその金銭の還付を請求することができる者の氏名または名称および住所を掲げなければならない（保全規則21条）ので、仮処分解放金の供託の申請をする場合には、供託書中「被供託者」欄に仮処分命令に記載されている当該者を被供託者として記載することを要する（規則13条3項6号）。したがって、仮処分解放金の供託の申請があった場合において、当該供託が一般型仮処分解放金または特殊型仮処分解放金のいずれの仮処分解放金に係るものであるかの判断は、前記の被供託者の表示内容によってすることとなる。

そこで、供託書中「被供託者の住所氏名」欄に仮処分債権者が記載されている場合には一般型仮処分解放金に係る供託と、仮処分債権者以外の者（すなわち、詐害行為の債務者）が記載されている場合には特殊型仮処分解放金に係る供託として取り扱って差し支えないとされている（平2.11.13法務省民四第5002号民事局長通達・別紙記載例3・4参照）。

Q96

金銭債権について担保権が実行または行使された場合の供託は、どのようにすればよいか

債権に対する担保権の実行または行使については、債権に対する強制執行に関する規定が準用されているので、債権に対して強制執行がされた場合の供託と同様の取扱いによって差し支えない。

● 解 説

(1) 概 説

　債権に対する担保権の実行および担保権に基づく物上代位権の行使としての差押えについては，民事執行法149条・156条・157条・159条などが形式的には準用されている。しかし，担保権（物上代位権を含む。以下同じ。）については，それぞれの実体法規により，その効力の及ぶ範囲，優先弁済を受ける効力および対抗力などが定まっているから，これらの準用規定のうち債権者平等主義の要請から設けられている規定はむしろ原則として準用がないと考えるべきであるなど，担保権の実体に照らし具体的に検討する必要がある。

　したがって，担保権同士の差押えが競合した場合と，担保権の実行としての差押えと強制執行による差押えまたは仮差押えの執行とが競合した場合とは区別されるべきであり，担保権の実行の場合でも一般先取特権の実行としての差押えが競合したときについては，強制執行による差押えの競合に準じて考えられる。

　なお，質権が設定された債権につき他の差押えが競合しても，質権者のもつ優先的な取立権は消滅しない。したがって，第三債務者は，他の債権者の差押えが競合しても，これらに対抗することができる質権がある以上，供託義務を負わないし，供託しても質権者に対抗することができない（もっとも，質権の設定された債権につき当該質権者が民執法193条の規定により差押えをしたときは，第三債務者が供託をし得ることは，後述のとおり。）。

(2) 担保権の実行（一般先取特権の実行を除く）としての差押え同士の競合の場合

　担保権の実行としての差押えについては，担保権の不可分性（民法296条およびその準用規定）からその被担保債権全額についてされるのが原則であり（一般先取特権の実行としての差押えについては，一部差押えもありうる。民執規則179条1項において準用する同170条1項4号），したがって，同一債権について担保権の実行としての差押えが複数されたときは，形式的に

は差押えの競合ということになるが，差押効の拡張はない（ただし，一般先取特権の実行としての差押えが担保権の実行としての差押えまたは強制執行としての差押えと競合した場合の当該一般先取特権の実行としての差押えは別である。）。また，競合した担保権同士は平等の地位にはなく，実体上（実体法上または差押えの先後により）優先劣後の関係にあるから，実質的な差押えの競合は生ぜず，したがって平等配当を確保する意味での供託義務は生じず，担保権者は民事執行法193条2項で準用する民事執行法155条の規定により自己が優先権を有する部分につき取り立てることができ，また差押競合後に実体上優先権のある担保権につき転付命令が発せられた場合には，その転付命令は効力を生ずる。ただし，第三債務者は，民事執行法193条2項で準用する民事執行法156条により供託することができる。この場合には，供託金の払渡しは，執行裁判所の配当等の実施のための支払委託に基づいて行われる。供託後であっても転付命令の発令を受けることはできるが，差押えをした質権者が実体法上の取立権を行使して供託金を取り立てることはできないものと解される。質権者は，民法366条の実体上の取立権に基づいて被担保債権の取立てをする方法と，債権執行の方法により取立てをする方法との選択ができるものとされているところ，後者を選択した以上，執行裁判所の行う換価手続に従ってその債権の満足を得るべきであるからである。

(3) 担保権の実行としての差押えと強制執行による差押えまたは仮差押えの執行との競合

これらの競合の場合には，一般先取特権の実行としての差押えと強制執行等との競合の場合を含めて，担保権についてはその差押効が拡張することはないが，一般債権による差押効は拡張を生ずる。しかし，第三債務者が供託義務を負わないことや，担保権については差押え後も供託前は民事執行法155条に基づく取立権の行使ができること，供託後も転付命令を発しうること，供託後は執行裁判所の配当手続により供託金の払渡しがされるべきことは，(2)と同様である。

なお，担保権の目的となっている債権に対する一般債権に基づく転付命令については，その被転付適格につき問題があるが，担保権が対抗力を有する

ときは，担保権は消滅せず，被転付債権の上になお存するから，担保権者は，転付命令を得た債権者に対し，差押えをし，あるいは民法上の取立権に基づき取立てをすることを妨げられない。

(4) 一般の先取特権の実行としての差押え同士の競合の場合

一般の先取特権は，債務者の総財産の上に存する。したがって，その順位が実体法上同一であるこれら先取特権同士の実行としての差押えが債権の上に競合する場合（例えば，会社と各使用人との間の雇用関係に基づき生じた債権に基づく一般先取債権（民法308条）の実行としての複数の差押えが会社の第三者に対する請負代金債権につき競合する場合など）の法律関係は，強制執行による差押えが競合した場合と全く同一である。

Q97

金銭債権について強制執行または仮差押えの執行などにより供託した場合の効力はどうなるか

A

金銭債権を差し押さえられ，または仮差押えの執行がされたことを原因として供託した第三債務者は，その債務を免れ，法的に不安定な地位から脱却することができる。また，仮差押えの執行のみの供託を除き，供託によって配当加入遮断効が生ずる。

● 解説

(1) 執行供託

金銭債権に対して単発の差押え（2以上の差押えがされたが，差押金額の合計が金銭債権の額以下である場合を含む。）または仮差押えの執行（仮差押えの執行が競合した場合を含む。）がされたことを原因として第三債務者

がする供託を権利供託といい，一方，差押えが競合（差押えと仮差押えの執行の競合した場合を含む。）したときにする供託を義務供託という。

このような執行供託は，金銭債権が差し押さえられたとき，差押えが競合したときにその給付につきされる供託（民執法156条1項・2項）等であり，執行の目的物を執行当事者から供託所に供託させ，その管理と執行当事者への交付とを，供託手続を利用して円滑に行おうとするものである。

(2) 供託の効力

金銭債権に対する単発の差押え（または仮差押え）の場合には，民事執行法156条1項により供託するかしないかは第三債務者の自由とされ，供託したときには，第三債務者は債務を免れ，法的に不安定な地位から脱却することができる。

また，この権利としての供託をしたときに配当加入遮断の効力が生じ（民執法165条1項），第三債務者は，執行裁判所（仮差押えの場合の供託については，保全執行裁判所）にその事情の届出をしなければならない（民執法156条3項，民執規則138条2項，保全規則41条2項）。この事情の届出は書面をもってすることを要し（民執規則138条1項，保全規則41条2項），この書面には供託書正本を添付することを要する（民執規則138条2項，保全規則41条2項）。

執行裁判所は第三債務者が供託したときは直ちに配当等を実施することになり（民執法166条1項1号），その供託金の払渡しは，この執行裁判所の配当等の実施としての支払委託に基づいてする。

なお，仮差押えの執行のみによる第三債務者の供託によっては配当加入遮断の効力は生じないので（保全法50条5項において民執法165条は準用されていない。），執行裁判所の配当等は行われないが，この場合でも，供託者たる第三債務者は，供託後，執行裁判所に事情の届出をする必要がある（保全法50条5項による民執法156条3項の準用）。

Q98

滞納処分による差押えがされた金銭債権について，更に強制執行による差押えがされた場合，第三債務者はどのようにすればよいか

A

第三債務者は，徴収職員等による取立てに応じて弁済してもよいし，金銭債権の全額に相当する金銭を債務の履行地の供託所に供託することもできる。この供託をしたときは，第三債務者は，その事情を徴収職員等に届け出なければならない。

● 解 説

(1) 権利供託

第三債務者は，滞納処分による差押えがされた金銭債権について，さらに強制執行による差押えがされ，差押えが競合したときは，滞調法20条の6第1項の規定によりその債権の全額に相当する金銭を債務の履行地の供託所に供託することができる。この場合において，徴収職員等は滞納処分による差押えをした部分について取立てをし（国徴法67条1項），強制執行による差押債権者も滞納処分による差押えがされていない部分について取立てをすることができる（滞調法20条の5）ことから，手続上の不都合はないので，第三債務者に対し，供託義務を課すことはせず，ただ権利として供託し免責を得ることを認めたものである。

この供託においては，「被供託者」欄の記載は要しない（昭55.9.6民四第5333号通達第三・三・1・㈠・(2)・ア及び別紙記載例㈥参照）。

(2) 事情届

第三債務者は，この供託をしたときは，徴収職員に対してその事情の届出

をする必要がある（滞調法20条の6第2項）。この事情の届出は書面をもってすることを要し（滞調令12条の5第1項），これには供託書正本を添付しなければならない（同条第2項）。

なお，強制執行による差押えの前に滞納処分による差押えが2以上されているときは，先に送達された債権差押通知書を発した徴収職員に対して事情の届出をしなければならない（滞調令12条の5第3項）。徴収職員等が事情の届出を受けたときは，その旨を書面により執行裁判所に通知しなければならない（滞調法20条の6第3項，滞調令12条の6第1項）。債権の一部について滞納処分による差押えがされ，これと強制執行による差押えとが競合したことにより供託がされているときは，執行裁判所の支払委託の必要上，徴収職員等は，供託書正本の保管を証する書面を上記通知書に添付する（滞調令12条の6第2項）。

(3) その他

上記(1)の供託をすることができる場合であっても，滞納処分による差押えがされた部分については，第三債務者は，徴収職員等に対して直接弁済することもできる（滞調通達第20条の6関係1の（注）1）。この場合において，弁済した残余の部分については，民事執行法156条1項による供託が可能である。

なお，債権の一部について滞納処分による差押えがされている場合において，その残余の範囲内で強制執行による差押えがされたときは，第三債務者は，滞納処分による差押えがされている部分の金額については供託をすることが認められず，徴収職員等の取立てに応じて弁済しなければならない（国徴法67条）。一方，その残余の部分の金額については，民執法156条1項による供託をすることが可能である（昭55.9.6民四第5333号通達第三・三・1・㈠・(3)・ア）。

第5章　供託の申請手続

強制執行による差押えがされた金銭債権について，更に滞納処分による差押えがされた場合，第三債務者はどのようにすればよいか

　　第三債務者は，金銭債権の全額に相当する金銭を債務の履行地の供託所に供託しなければならない。この供託をしたときは，第三債務者は，その事情を執行裁判所に届け出なければならない。

● 解　説

(1)　義務供託

　金銭債権について強制執行による差押えがされている場合において，差押債権者の提起した取立訴訟の訴状が送達される時までに滞納処分による差押えがされ，差押えが競合したときは，第三債務者は，滞調法36条の6第1項の規定によりその債権の全額に相当する金銭を債務の履行地の供託所に供託しなければならない。この場合において，第三債務者に供託義務を課した趣旨は，公平な配当の確保という民事執行法156条2項の規定の趣旨と異ならない。したがって，徴収職員等および差押債権者は，いずれも金銭債権の取立てをすることができない（滞調法36条の6・37条の7）。

(2)　事情届

　第三債務者は，この供託をしたときは，執行裁判所（裁判所書記官）に対してその事情を届け出なければならない（滞調法36条の6第2項）。この事情の届出は書面をもってすることを要し（滞調規則43条1項），これには供託書正本を添付しなければならない（同条2項）。事情の届出を受けた裁判所書記官は，その旨を書面により徴収職員等に通知しなければならない（滞調法36

条の6第3項)。

　債権の一部について強制執行による差押えがされている場合において，その残余の範囲内で滞納処分による差押えがされたときは，第三債務者は，滞納処分による差押えがされている部分の金額については供託をすることが認められず，徴収職員等の取立てに応じて弁済しなければならない（国徴法67条）。一方，それ以外の部分の金額については，民事執行法156条1項による供託をすることが可能である（昭55.9.6民四第5333号通達第三・三・1・㈡・⑶）。

滞納処分による差押えがされた金銭債権について，更に仮差押えの執行がされた場合，第三債務者はどのようにすればよいか

A　第三債務者は，滞納処分による差押えと仮差押えの執行との先後に関係なく，徴収職員等による取立てに応じて弁済してもよいし，金銭債権の全額に相当する金銭を債務の履行地の供託所に供託することもできる。この供託をしたときは，第三債務者は，その事情を徴収職員等に届け出なければならない。

● 解 説

(1) 権利供託

　仮差押えの執行と滞納処分による差押えとが競合したとき（差押え等の先後関係を問わない）は，第三債務者は，その債権の全額に相当する金銭を債務の履行地の供託所に供託することができる（滞調法20条の6第1項・20条の

9・36条の12)。この場合においては，徴収職員等が取立権を有する（国徴法67条1項・140条）ので，第三債務者に対して供託義務を課す必要はない。この供託は，あくまで第三債務者の保護のために認められたものである。

この供託の取扱いについては，金銭債権について仮差押えの執行のみがされた場合の供託（Q91参照）と同様であるとされる。したがって，債務者を被供託者とし，供託通知をしなければならない（昭55.9.6民四第5333号通達第三・三・2・㈠，民法495条3項，規則16条，準則33条）。

(2) 事情届

第三債務者は，この供託をしたときは，徴収職員等に対してその事情の届出をする必要がある（滞調法20条の9第1項・20条の6第2項）。この事情の届出は書面をもってすることを要し（滞調令12条の11第1項・12条の5第1項），これには供託書正本を添付しなければならない（滞調令12条の11第1項・12条の5第2項）。

徴収職員等が事情の届出を受けたときは，その旨を執行裁判所に通知しなければならない（滞調法20条の9第1項・20条の6第3項）。ただし，滞納処分と強制執行との競合の場合とは異なり，徴収職員等は，右通知書に供託書正本の保管を証する書面を添付しない（滞調令12条の11第1項により準用されるのは同12条の6第1項のみであり，同条第2項は準用されていない。）。

(3) その他

上記(1)の供託をすることができる場合であっても，滞納処分による差押えがされた部分については，第三債務者は，徴収職員等に直接弁済することができる（滞調通達20条の6関係1の（注）1）。この場合において，弁済した残余の部分については，民事保全法50条5項により準用される民事執行法156条1項の供託をすることが可能である。

なお，債権の一部について滞納処分による差押えがされている場合において，その残余の範囲内で仮差押えの執行がされたときは，第三債務者は，滞納処分による差押えがされている部分の金額については供託をすることが認められず，徴収職員等の取立てに応じて弁済しなければならない（国徴法67条）。一方，その残余の部分の金額については，民事執行法156条1項（保全

法50条5項による準用）による供託をすることが可能である。

Q101

仮差押えの執行がされた金銭債権について，更に滞納処分による差押えがされた場合，第三債務者はどのようにすればよいか

A　第三債務者は，徴収職員等による取立てに応じて弁済してもよいし，金銭債権の全額に相当する金銭を債務の履行地の供託所に供託することもできる。この供託をしたときは，第三債務者は，その事情を徴収職員等に届け出なければならない。

● 解説

(1) 滞納処分の優先

滞納処分は仮差押えによりその執行を妨げられないから（国徴法140条），仮差押えの執行がされている債権について，滞納処分により差押えをすることができることはもちろん，差押債権の取立ても妨げられない。

(2) 権利供託

仮差押えの執行と滞納処分による差押えとが競合したとき（差押え等の先後関係を問わない。）は，第三債務者は，その債権の全額に相当する金銭を債務の履行地の供託所に供託することができる（滞調法36条の12第1項・20条の6第1項）。

この供託の取扱いについては，金銭債権について仮差押えの執行のみがされた場合の供託（**Q91**参照）と同様であるとされる。したがって，債務者を被供託者とし，供託通知をしなければならない（昭55.9.6民四第5333号通達第

三・三・2・㈠，民法495条第3項，規則16条，準則33条）。

⑶ 事情届

　第三債務者は，この供託をしたときは，徴収職員等に対してその事情の届出をする必要がある（滞調法36条の12第1項・20条の6第2項）。この事情の届出は書面ですることを要し（滞調令32条・12条の11第1項・12条の5第1項），これには供託書正本を添付しなければならない（滞調令32条・12条の11第1項・12条の5第2項）。

　徴収職員等が事情の届出を受けたときは，その旨を執行裁判所に通知しなければならない（滞調法36条の12・20条の9第1項・20条の6第3項）。ただし，滞納処分と強制執行との競合の場合とは異なり，徴収職員等はこの通知書に供託書正本の保管を証する書面を添付しない（滞調令32条および12条の11第1項により準用されるのは同12条の6第1項のみで第2項は準用されていない。）。

⑷ その他

　上記⑴の供託をすることができる場合であっても，滞納処分による差押えがされた部分については，第三債務者は，徴収職員等に直接弁済することもできる（滞調通達20条の6関係1の（注）1）。この場合において，弁済した残余の部分については，民事保全法50条5項により準用される民事執行法156条1項の供託をすることが可能である。

　なお，債権の一部について仮差押えの執行がされている場合において，その残余の範囲内で滞納処分による差押えがされたときは，第三債務者は，滞納処分による差押えがされている部分の金額については，供託をすることが認められず，徴収職員等の取立てに応じて弁済しなければならない（国徴法67条）。一方，その残余の部分の金額については，民事執行法156条1項（保全法50条5項による準用）による供託をすることが可能である。

Q102 配当留保供託とは，どのような供託か

配当留保供託とは，執行手続において配当等を受けるべき債権者の債権について，一定の法律的障害事由がある場合に配当等の額に相当する金銭を保管し，その事由が消滅したときに配当等を実施するためにする供託である。

● 解説

(1) 配当留保供託

不動産に対する強制競売手続においては，不動産を差し押さえたうえ，これを売却し，その売却代金を債権者に分配することになる。ところが，配当等を受けるべき債権者の債権が停止条件付である等一定の法律的障害事由がある場合には，当該債権者に直ちに配当等を実施することができない。そこで，裁判所書記官をして当該債権者に配当等をすべき額に相当する金銭を供託させることにより，供託所がこれを障害事由の消滅するまで保管し，障害事由が消滅したときに改めて配当等を実施することにする。これが配当留保供託である（民執法91条）。

(2) 配当留保供託の事由

配当留保供託すべき障害事由（供託事由）は，配当等を受けるべき債権者の債権が，①停止条件付または不確定期限付であるとき，②仮差押債権者の債権であるとき等の一定の場合に限られ，民事執行法91条1項各号に掲げられている。こうした事由があると，裁判所書記官が配当等の額に相当する金銭を供託所に供託しなければならない（民執法91条1項）。そして，停止条件が成就し，あるいは仮差押債権者が本案訴訟において勝訴して執行力ある確定判決を得る等により障害事由，つまり供託の事由が消滅したときは，執

行裁判所が供託金について追加して配当等を実施する（民執法92条1項）。

この追加配当等は，裁判所書記官（民執規則61条）が支払委託書を供託所に送付する一方，払渡しを受けるべき者に証明書を交付し，これらに基づきこの者が供託所から供託金の払渡しを受ける（規則30条1項）方法により実施する。当該債権者に当初の予定どおり配当等を行う場合には，直ちに当該債権者のために供託金の支払委託をすればよい。

停止条件が成就しなかった場合等当該債権者に配当等を実施することができなくなった場合でも，他に追加配当を受けるべき債権者がいないときは債務者のために支払委託をすれば足りるが，他に追加配当を受けるべき債権者があるときは配当表を変更しなければならない（民執法92条2項）ので，執行裁判所で新たに配当表を作成し，その配当表に従って支払委託をすることになる。

この不動産に対する強制競売における配当留保供託手続は，不動産に対する担保権の実行としての競売の場合（民執法188条），船舶に対する強制執行および担保権の実行としての競売の場合（民執法121条・189条），自動車，建設機械に対する強制執行および担保権の実行としての競売の場合（民執規則97条・98条・176条2項），航空機に対する強制執行の場合（民執規則84条），債権に対する強制執行において，執行官が差し押さえられた債権を売却命令に基づいて売却した売得金を執行裁判所に提出した場合に実施される配当等の場合（民執法166条1項2号・2項）等に準用されている。

また，不動産に対する強制管理において管理人が配当等を実施する場合（民執法108条），債権に対する強制執行において管理人が配当等を実施する場合（民執法161条6項）および動産に対する強制執行において執行官が配当等を実施する場合（民執法141条1項）等の場合も同様であるが，こうした場合には，管理人または執行官は，供託した事情を執行裁判所に届け出なければならない。

滞納処分による換価代金等の配当の場合にも同様の制度が認められており，税務署長は，換価代金等を交付するにあたり，換価代金等を配当すべき債権が停止条件付である等の障害事由がある場合には換価代金等を供託所に

供託し，その後障害事由が消滅したときに支払委託の方法により配当を実施することになる（国徴法133条3項，国徴法施行令50条4項）。

不出頭供託とは，どのような供託か

不出頭供託とは，執行手続において配当等を受けるべき債権者がその受領のために出頭しない場合に認められる配当等の額に相当する金銭の供託である。

● 解説

(1) 不出頭供託が認められる場合

不動産に対する強制競売手続においては，債権者は，配当留保供託（Q102参照）の事由がない限り，配当期日の終了後または弁済金の交付の日に配当金等の交付を受けることができる。債権者は，そのために執行裁判所に出頭する必要がある。債権者が配当等の受領のために執行裁判所に出頭しないと，執行裁判所としては配当金等を交付しようがない。しかし，そのような場合において，裁判所がいつまでも配当金等を保管しておくことは，適当ではない。そこで，そのような場合には，裁判所書記官は，配当等の受領のために執行裁判所に出頭しなかった債権者（知れていない抵当証券の所持人を含む。）のために配当等の額に相当する金銭を供託しなければならないとされている（民執法91条2項）。これが不出頭供託である。

従来は，この不出頭供託の性質は執行供託であると解されていた（昭43.9.20民四第711号電報回答）が，民事執行法の制定により，配当等の実施に際しては執行力ある正本等の差出し等の必要がなくなった（民執規則62条参照）ので，不出頭供託を弁済供託であるとするのに支障はなくなり，不出頭供託

とは，受領拒絶ないし不能（知れていない抵当証券の所持人については債権者不確知）による弁済供託（民法494条）であると解される。

したがって，不出頭供託の場合には，知れていない抵当証券の所持人に対して供託する場合を除き，被供託者（債権者）あてに供託通知をしなければならない（民法495条3項）。

(2) 不出頭供託の手続

供託者は，裁判所書記官である（民執規則61条）。そして，前記のとおり，不出頭供託は弁済供託の性質を有するから，管轄供託所は，債務履行地，つまり執行裁判所の所在地の供託所である（民法495条1項）。この供託については，債権者ごとに各別に供託をし，債権者に通知する必要がある（同条3項，注釈民事執行法4巻372頁）。不出頭供託の場合については，配当留保供託における追加配当（民執法92条）のような規定はなく，この供託により，不出頭債権者に対する配当等の実施の手続は終了する。

この民事執行法91条2項による不出頭供託は，不動産に対する強制管理において執行裁判所が配当等を実施する場合（民執法111条），債権に対する強制執行において執行裁判所が配当等を実施する場合（民執法166条）等の場合に準用されている。また，不動産に対する強制管理等において管理人が配当等を実施する場合（民執法108条等），動産に対する強制執行等において執行官が配当等を実施する場合（民執法141条2項等）も同様であるが，こうした場合には，管理人ないし執行官が供託者となる。

執行停止中の売却による売得金の供託とは，どのような供託か

執行停止中の売却による売得金の供託とは，動産に対する強制執行手続が停止された場合に執行官が差押物を売却して得た売得金を保管するためにする供託である。

● 解 説

(1) 動産に対する強制執行

　動産に対する強制執行においては，執行官が債務者所有の動産を差し押さえたうえ，これを換価し，換価により得られた金銭を配当等の手続により債権者に分配することになる。しかし，この手続進行中に強制執行の一時の停止を命ずる旨を記載した裁判の正本等の民事執行法39条1項7号または8号に掲げる文書の提出があると，その後の手続は停止される。その場合には，差押えに係る動産については，通常は執行官がそのまま保管することになるが，差押物が果実，生鮮食料品等のように保管しておいたのでは著しい価額の減少を生ずる恐れがあるときや，冷凍食料品等のようにその保管のために不相応な費用を要するときは，執行官が差押物をそのまま執行停止中保管しておくと価額の低下や執行費用の増加等をきたすことになり，結局，差押債権者や債務者等の利害関係人にとって不利益になる。そこで，こうした場合には，執行官は，執行停止中にかかわらず，差押動産を売却することができることとし（民執法137条1項），その売却により得た売得金を供託しなければならない（同条2項）とされている。これが執行停止中の売却による売得金の供託である。

(2) 売得金の供託手続等

この供託は執行官が売得金の保管方法として行う保管供託（Q112参照）の一つであり，被供託者は存在しない。したがって，この供託金（売得金）に対しては，差押債権者や債務者は，直接権利を行使することはできない。執行官が取戻請求権を有するだけである。

債務者が請求異議の訴えに敗訴したとき，または差押債権者以外の債権者が強制執行の申立てをする等して動産に対する強制執行が続行されることとなったときは，それによって配当要求遮断効が生ずる（民執法140条）。したがって，この供託金について配当等を受けるべき債権者は，差押債権者のほか，この配当要求遮断効が生じるまでの間に配当要求をした債権者に限られる。

この債権者も，供託金について直接権利を行使することはできない。つまり，この債権者も，供託金の取戻請求権の差押え等によるのではなく，執行官に対し動産執行の申立てを行う（この申立てにより，執行官は事件の併合を行うことになる。民執法125条2項）方法によるべきである。

(3) 供託金の払渡手続

債務者が請求異議の訴えを提起して強制執行停止の命令を得た上，これを強制執行の一時停止を命ずる旨を記載した裁判の正本として執行官に提出して強制執行を停止させた（民執法35条・36条・39条1項7号）ものの請求異議の訴えに敗訴した場合や，債務者から執行官に債権者が債務名義の成立後に弁済を受けまたは弁済の猶予を承諾した旨を記載した文書を提出して強制執行を停止させたものの4週間ないし6月を経過した場合（民執法39条1項8号・2項・3項)，あるいは差押債権者以外の債権者が強制執行の申立てをした場合等には，当該動産に対する強制執行が続行されることになる。したがって，執行官は，配当等を実施すべきことになる（民執法139条）。この場合には，執行官は，供託原因消滅を理由として供託金を取り戻し，その後は配当等の実施の手続をとることになる。

一方，債務者が請求異議の訴えに勝訴する等して執行手続が取り消された場合には，執行官は，やはり供託原因消滅を理由として供託金を取り戻したうえ，これを債務者に交付することになる。

この執行停止中の売却による売得金の供託と同様の制度が，動産に対する仮差押えの執行（保全法49条3項）等の場合にも規定されている。

第6節　選挙供託

選挙供託とはどのような供託か

選挙供託とは，立候補の濫用防止のため，立候補をするのに一定の金額の供託を義務付け，一定の得票数に満たなかった等の場合に，その供託金が没取されることとなる供託である。

● 解 説

(1) 立候補の届出

　選挙供託は，公職の選挙に立候補の届出をするためにする供託である。すなわち，公職の候補者となろうとする者（一定の要件を満たす政党その他の政治団体に所属する者は除く。）は，当該選挙の期日の公示または告示があった日に，郵便等によることなく，文書（届出書）でその旨を当該選挙長に届け出る必要があり（公選法86条2項，86条の4第1項），この届出をするには，立候補しようとする公職の区分に応じ，法定の額の金銭またはそれに相当する額面の国債証書（振替国債を含む。）を供託しなければならない（公選法92条1項）。手続としては，立候補の届出書に上記の供託をしたことを証する書面（供託書正本）を添付する必要がある（公選令88条6項，89条2項1号）。公職の候補者は，この届出をした後でなければ，選挙運動をすることができないこととされている（公選法129条）。

　供託は，特定の選挙のための供託であることが明らかであれば，選挙期日

の公示または告示の日前でもすることができる（**Q106**参照）。この場合には，供託書中に選挙を特定する事項を記載しなければならない。

当該選挙区の選挙人名簿に登録された者が本人の承諾を得て他人を公職の候補者に推薦届出する場合（公選法86条3項），補充立候補（例えば，一般の立候補者がその選挙における議員の定数を超える場合において，立候補の届出期間の経過後候補者が死亡しまたは候補者たることを辞したときは，その選挙の期日前3日まで立候補の届出または推薦届出が延期されるが，かかる場合においてされる立候補をいう。）の場合（公選法86条8項，86条の4第5項・6項・8項）も，同様に法定の額の金銭または国債証書（振替国債を含む。）を供託しなければならないこととされている（公選法92条1項）。

なお，衆議院小選挙区選出議員選挙の場合については**Q108**を，衆議院比例代表選出議員選挙の場合には**Q109**を，参議院比例代表選出議員選挙の場合については**Q110**を参照されたい。

(2) 供託金額

供託すべき金額は，衆議院（比例代表選出）議員の選挙については名簿登載者一人につき600万円（当該名簿登載者がこれと同時に行われる衆議院小選挙区選出議員の選挙における候補者である場合にあっては，300万円），参議院（比例代表選出）議員の選挙については名簿登載者1人当たり600万円，衆議院（小選挙区選出）議員，参議院（選挙区選出）議員および都道府県知事の選挙についてはいずれも300万円，指定都市の長の選挙については240万円，指定都市以外の市の長の選挙については100万円，都道府県の議会の議員の選挙については60万円，指定都市の議会の議員の選挙については50万円，町村長の選挙については50万円，指定都市以外の市の議会の議員の選挙については30万円と定められている（公選法92条1項各号，2項，3項）。なお，町・村議会の議員の選挙については，供託をすることを要しない。

(3) 供託所の管轄

選挙供託については，供託所の土地管轄の定めがないので，選挙の区別および選挙住民の地域のいかん等にかかわりなく，全国どこの供託所にしても

よい。ただし，立候補届出日または補充立候補届出期間の末日が土曜日，日曜日その他の休日に当たる場合には，特に法務局または地方法務局の長が指定する供託所においてのみ選挙供託事務を取り扱うことになるので，他の供託所においては，執務時間外は，選挙供託であっても受理されないことになる（昭31.1.23民甲第144号回答参照）。

(4) 供託の性質

供託金は選挙の効力が確定するとともに候補者または推薦届出者に返還するのが原則である（公選令93条）が，一定数以上の得票がない場合および候補者が立候補の届出を取り下げ，または立候補を辞退した場合には没取され，国庫，都道府県または市町村に帰属する（公選法93条）。

このように，公職の選挙の立候補については，売名候補や候補者濫立を防ぐ目的で供託金制度がとられているのである（**Q106**，**Q108**から**Q110**まで参照）。

Q106 選挙供託は，公示または告示前においてもすることができるか

A 選挙供託は，選挙の公示または告示前においてもすることができる。

● 解 説

(1) 選挙期日

選挙期日についてみると，衆議院議員の任期満了による総選挙は議員の任期が終わる日の前30日以内に行われ，この総選挙を行うべき期間が国会開

会中または国会閉会の日から23日以内にかかる場合においては，その総選挙は国会閉会の日から24日以後30日以内に行われることになっており，衆議院の解散による総選挙は，解散の日から40日以内に行われることになっている（公選法31条1項～3項）。参議院議員の通常選挙は，議員の任期が終わる日の前30日以内に行われ，この通常選挙の行われるべき期間が参議院開会中または参議院閉会の日から23日以内にかかる場合においては，通常選挙は参議院閉会の日から24日以後30日以内に行われる（公選法32条1項・2項）。

地方公共団体の議会の議員の任期満了による一般選挙または長の任期満了による選挙はその任期が終わる日の前30日以内に，地方公共団体の議会の解散による一般選挙は解散の日から40日以内に，地方公共団体の設置による議会の議員の一般選挙および長の選挙は地方自治法6条の2第4項または7条7項の告示による当該地方公共団体の設置の日から50日以内に，それぞれ行われる（公選法33条1項～3項）。

以上のほか，衆議院議員および参議院議員の再選挙または補欠選挙の選挙期日について公職選挙法33条の2各項を，地方公共団体の議会の議員及び長の再選挙，補欠選挙等の選挙期日については公職選挙法34条各項を参照のこと。

(2) 選挙期日の公示または告示

次に，選挙期日の公示または告示についてみると，衆議院議員の選挙は少なくとも12日前（公選法31条4項）に，参議院議員の通常選挙は少なくとも17日前（公選法32条3項）にそれぞれ公示しなければならず，都道府県知事の選挙は少なくとも17日前に，指定都市の長の選挙は少なくとも14日前に，都道府県の議会の議員および指定都市の議会の選挙は少なくとも9日前に，指定都市以外の市の議会の議員および長の選挙は少なくとも7日前に，町村の議会の議員および長の選挙は少なくとも5日前にそれぞれ告示しなければならないこととされている（公選法33条5項）。

(3) 選挙供託の原因発生の時期

供託は，一般に法令の規定により供託原因が発生しなければこれをするこ

とができない。供託書には，供託の原因たる事実および供託を義務付け，または許容した法令の条項を記載することとされている（規則13条3項5号）。そして，供託書に記載する供託の原因たる事実は，選挙供託であれば，選挙の期日とどのような公職についての選挙であるかとを具体的に記載しなければならない。

　そこで，選挙供託については，その供託原因発生の時期がいつであるかがまず問題となる。先例は，選挙の公示または告示前においても選挙供託を受理して差し支えないとしている（昭4.10.3民事第8772号回答，昭7.11.7民甲第1245号回答，昭21.1.19民甲第35号回答，昭21.2.4民甲第67号回答，昭21.3.1民甲第124号回答，昭25.5.6民事局長回答，昭27.10.21民甲第466号回答，昭28.3.19民甲第445号通達，昭29.12.28民甲第2780号回答，昭30.2.2民甲第231号通達，昭31.1.23民甲第144号回答）。選挙供託は，選挙の行われる公職に立候補するためのものであるから，選挙の行われることが前述のとおりある一定の事実の発生によって法律上確実になっているといえる場合である。

　それでは，選挙供託がまったく無制限にいつでも受理することができるかという疑問が生ずるが，その可否については，消極に解すべきであろう。少なくとも選挙が行われることおよびその期日が確実にならなければすることができないと解される（昭40.12.14民甲第3449号認可受入関係1問・先例集(4)154頁参照）。

第5章 供託の申請手続

Q107

立候補届出日が日曜その他の休日の場合における供託所の取扱いはどのようになっているか

A　指定供託所にあっては，立候補届出日が土曜日または日曜日その他の休日に該当する場合であっても，午前8時30分から午後5時まで選挙供託の事務を取り扱うこととされている。

● 解説

(1) 選挙供託の執務時間

　選挙供託は公職の候補者にとって重要なものであり，供託の受理が選挙運動の開始にも影響するので，供託所においては，この点を考慮し，立候補届出日が土曜日，日曜日その他の休日であっても供託事務を取り扱うこととする選挙供託事務執務時間規程（昭和30年法務省訓令1号）が制定されている。

　なお，従来，公職に立候補するための届出期間は選挙期日の公示または告示があった日から2日間とされていたが，昭和58年の公職選挙法の一部改正（昭和58年法律第66号）により立候補するための届出が当該選挙期日の公示または告示があった日1日に限ることとされたのに伴い，選挙供託事務執務時間規程についても所要の改正がされ（昭和58年法務省訓令4号），法務局または地方法務局の長が指定する供託所においては，立候補届出日が土曜日または日曜日その他の休日に該当する場合であっても，特に午前8時30分から午後5時まで供託事務を取り扱うものとされている。また，補充立候補（公選法86条8項，86条の4第5項・6項・8項）の場合にあっては，補充立候補のための届出期間の末日が土曜日または日曜日その他の休日に該当する場合に限り，指定供託所において午前8時30分から午後5時まで取り扱うも

のとされている。

　ところで，供託所における供託の申請およびその受理または却下に関する事務は土曜日，日曜日その他の休日を除き午前8時30分から午後5時15分まで取り扱われているが，選挙供託については，前述した指定供託所における執務時間を含め，これらの執務時間中に申請する必要があり，たとえ立候補届出日であっても，これらの執務時間外に供託の申請があった場合には，当該供託を受理しないことができる（東京高判昭24.6.15改訂供託関係判例集476頁）。

(2)　指定供託所

　(1)のとおり，選挙供託事務執務時間規程により土曜日または日曜日その他の休日に選挙供託事務を行うべき場合においても，全国全ての供託所において取り扱う必要はないので，法務局または地方法務局の長が指定する供託所でこの事務を取り扱うものとされている。この場合について，法務局または地方法務局の長は，当該選挙の選挙長の事務所に近接する供託所の一つを指定する。

Q108

衆議院小選挙区選出議員の選挙供託はどのようにするか

　衆議院小選挙区選出議員の選挙において政党その他の政治団体，候補者となろうとする者または他人を候補者としようとする者が候補者の届出をするには，候補者一人につき，300万円を供託しなければならない。

● **解説**

(1) 立候補の届出

　衆議院（小選挙区選出）議員の選挙においては，一定の要件を満たす政党その他の政治団体は，当該政党その他の政治団体に所属する者を候補者としようとするときは，当該選挙の期日の公示又は告示があった日に，郵便等によることなく，文書（届出書）でその旨を当該選挙長に届け出る必要がある（公選法86条1項）。ここで，適法に立候補の届出をすることができる政党その他の政治団体は，

① 当該政党その他の政治団体に所属する衆議院議員または参議院議員を5人以上有すること

② 直近において行われた衆議院議員の総選挙における小選挙区選出議員の選挙もしくは比例代表選出議員の選挙または参議院議員の通常選挙における比例代表選出議員の選挙もしくは選挙区選出議員の選挙における当該政党その他の政治団体の得票総数が当該選挙における有効投票の総数の100分の2以上であること

のいずれかの要件を満たすものでなければならない。

　また，衆議院（小選挙区選出）議員の候補者となろうとする者または他人を小選挙区選出議員の候補者としようとする者も，当該選挙の期日の公示または告示があった日に，郵便等によることなく，文書（届出書）でその旨を当該選挙長に届け出ることができる（公選法86条2項，3項）。

　この届出をしようとする者は，公職の候補者一人につき，300万円またはこれに相当する額面の国債証書（振替国債を含む。）を供託しなければならない（公選法92条1項）。手続的には，立候補等の届出書に上記の供託をしたことを証する書面（供託書正本）を添付する必要がある（公選令88条4項，6項）。

　選挙運動は，この届出をした後でなければ，することができない（公選法129条）。

(2) 供託の手続

候補者の届出をしようとする政党その他の政治団体，候補者となろうとする者または他人を候補者としようとする者が供託者となる（公選法92条1項）。

　供託は，特定の選挙のための供託であることが明らかであれば，選挙期日の公示または告示の日前でもすることができる。供託書中「供託の原因たる事実」欄には，①選挙の種類および選挙期日，②候補者となろうとする者が供託をする場合を除き，候補者の氏名，③選挙区の名称を記載しなければならない。

　法人格を有しない政党等が供託しようとするときは，当該政党等の綱領，党則，規約その他これらに相当するものを記載した文書および代表者の資格を証する書面として，その選任を証する議事録等の書面（公選法86条の5第5項の告示がされている場合には，当該告示の写しでよい。）を添付しなければならない（規則14条3項，平7.3.2民四第2232号通達第二・一・(4)）。

衆議院比例代表選出議員の選挙供託はどのようにするか

　衆議院比例代表選出議員の選挙において政党その他の政治団体が候補者の届出をするには，選挙区ごとに，候補者一人につき，600万円（当該候補者が当該衆議院比例代表選出議員の選挙と同時に行われる衆議院小選挙区選出議員の選挙における候補者である場合にあっては，300万円）を供託しなければならない。

● 解 説

(1) 立候補の届出

　衆議院（比例代表選出）議員の選挙においては，一定の要件を満たす政党その他の政治団体は，当該政党その他の政治団体の名称（一の略称を含む。）ならびにその所属する者の氏名およびそれらの者の間における当選人となるべき順位を記載した文書（衆議院名簿）を選挙長に届け出ることにより，その衆議院名簿に記載されている者を当該選挙における候補者とすることができる（公選法86条の2第1項）。

　ここで，適法に名簿による立候補の届出をすることができる政党その他の政治団体は，

① 当該政党その他の政治団体に所属する衆議院議員または参議院議員を5人以上有すること
② 直近において行われた衆議院議員の総選挙における小選挙区選出議員の選挙もしくは比例代表選出議員の選挙または参議院議員の通常選挙における比例代表選出議員の選挙もしくは選挙区選出議員の選挙における当該政党その他の政治団体の得票総数が当該選挙における有効投票の総数の100分の2以上であること
③ 当該選挙において，この届出をすることにより候補者となる衆議院名簿登載者の数が当該選挙区における議員の定数の10分の2以上であること

のいずれか一つの要件を満たすものでなければならない。

　衆議院名簿による候補者の届出をしようとする政党その他の政治団体は，選挙区ごとに，当該衆議院名簿の登載者一人につき，600万円（当該衆議院名簿登載者が当該衆議院比例代表選出議員の選挙と同時に行われる衆議院小選挙区選出議員の選挙における候補者（候補者となるべき者を含む。）である場合にあっては，300万円）またはこれに相当する額面の国債証書（振替国債を含む。）を供託しなければならない（公選法92条2項）。

　衆議院名簿による候補者の届出は，当該選挙の期日の公示または告示があった日に，郵便等によることなく，当該衆議院名簿に上記の供託をしたこと

を証する書面(供託書正本)を添付してする必要がある(公選令88条の3第4項)。

選挙運動は，この届出をした後でなければ，することができない(公選法129条)。

(2) 供託の手続

衆議院名簿による候補者の届出をしようとする政党その他の政治団体が供託者となる(公選法92条2項)。

供託は，特定の選挙のための供託であることが明らかであれば，選挙期日の公示または告示の日前でもすることができる。供託書中「供託の原因たる事実」欄には，①選挙の種類及び選挙期日，②当該衆議院名簿登載者の数および重複立候補者がある場合には，その数，③選挙区の名称を記載しなければならない。

供託する額は(1)のとおりであるが，この供託する金額またはこれに相当する額面の国債証書(振替国債を含む。)は，300万円ごとの金額または額面に区分することができるものでなければならない(公選規則17条の3第1項)。これは，複数の候補者について一括してされた供託物につき，一部が没収され，一部が返還される場合が生ずることが予想されるので，その場合の事務処理を円滑に行うことが考慮されたものであろう。

法人格を有しない政党等が供託しようとするときは，当該政党等の綱領，党則，規約その他これらに相当するものを記載した文書および代表者の資格を証する書面として，その選任を証する議事録等の書面(公選法86条の6第6項の告示がされている場合には，当該告示の写しでよい。)を添付しなければならない(規則14条3項，平7.3.2民四第2232号通達第二・一・(4))。

Q110 参議院比例代表選出議員の選挙供託はどのようにするか

A 参議院比例代表選挙において政党その他の政治団体が候補者の届出をするには、候補者一人につき600万円を供託しなければならない。

● 解説

(1) 立候補の届出

参議院(比例代表選出)議員の選挙においては、一定の要件を満たす政党その他の政治団体は、当該政党その他の政治団体の名称(一の略称を含む。)およびその所属する者の氏名を記載した文書(参議院名簿)を選挙長に届け出ることにより、その参議院名簿に記載されている者を当該選挙における候補者とすることができる(公選法86条の3第1項・第2項、86条の2第2項)。

ここで、適法に名簿による立候補の届出をすることができる政党その他の政治団体は、

① 当該政党その他の政治団体に所属する衆議院議員または参議院議員を5人以上有すること
② 直近において行われた衆議院議員の総選挙における小選挙区選出議員の選挙もしくは比例代表選出議員の選挙または参議院議員の通常選挙における比例代表選出議員の選挙もしくは選挙区選出議員の選挙における当該政党その他の政治団体の得票総数が当該選挙における有効投票の総数の100分の2以上であること
③ 当該参議院議員の選挙において公職の候補者(この届出をすることにより候補者となる名簿登載者を含む。)を10人以上有すること

のいずれか一つの要件を満たすものでなければならない。

参議院名簿による候補者の届出をしようとする政党その他の政治団体は，当該参議院名簿の登載者一人につき，600万円又はこれに相当する額面の国債証書（振替国債を含む。）を供託しなければならない（公選法92条3項）。

　参議院名簿による候補者の届出は，当該選挙の期日の公示又は告示があった日に，郵便等によることなく，当該参議院名簿に上記の供託をしたことを証する書面（供託書正本）を添付してする必要がある（公選令88条の5第4項）。

　選挙運動は，この届出をした後でなければ，することができない（公選法129条）。

(2)　供託の手続

　参議院名簿による立候補の届出をしようとする政党その他の政活団体が供託者となるが，これには参議院（選挙区選出）議員の候補者を含んだ当該参議院議員の候補者の数が10人以上であるものも含まれる（公選法86条の2第1項3号参照）ので，参議院（比例代表選出）議員の数が10人以下の政党等からされた供託も受理される（昭58.4.18民四第2370号通達第二・一・1）。

　供託すべき額は(1)のとおりであるが，この供託する金額またはこれに相当する額面の国債証書（振替国債を含む。）は，600万円ごとの金額または額面に区分することができるものでなければならない（公選規則17条の3の2により読み替えて準用される17条の3第1項）。これは，複数の候補者について一括してされた供託物につき，一部が没取され，一部が返還される場合が生ずることが予測されるので，その場合の事務処理を円滑に行うことが考慮されたものであろう。

　法人格を有しない政党等が供託をしようとするときは，当該政党等の綱領，党則，規約その他これらに相当するものを記載した文書および代表者の資格を証する書面として，その選任を証する議事録等の書面（公選法86条の3第4項の告示がされている場合には，当該告示の写しでよい。）を添付しなければならない（規則14条3項，前記通達第二・一・3）。

　供託書中「供託の原因たる事実」欄には，名簿による立候補の届出に係る供託である旨および名簿登載者の数を記載する（前記通達第二・一・4）。

第7節　その他の供託

没取供託とはどのような供託か

ある一定の法の目的を実現するために，一定の事由が生じたときは供託物に対する供託者の所有権を剥奪してこれを国家に帰属させることとする供託である。

● 解説

(1) 没取供託の意義

一般に「没取」とは，一定の物の所有権を剥奪してこれを国家に帰属させる行政処分であるとされており，「没取供託」とは，これを目的とする供託制度である。すなわち，ある一定の法の目的を実現するために，一定の事由が生ずると供託物に対する供託者の所有権を剥奪してこれを国家に帰属させる仕組みがとられるものであり，供託制度の特殊な利用方法の一つといえよう。

(2) 没取供託の種類

最も典型的なものとしては，公職選挙法92条の規定による立候補の届出をするための供託金がある。これは，立候補の濫用を防止するために，候補者が一定の得票数に満たなかった場合や途中で立候補を辞退した場合において，国または地方公共団体がその供託金を没取するものである。

同様の例としては，行為者の誠実性を担保するためにする独占禁止法上の

裁判所の緊急停止命令の執行の免除のための供託（独禁法70条の14）がある。この供託金については，裁判所の緊急停止命令が確定したときにおいて，供託金が没取される（独禁法70条の14第2項）。

なお，保釈取消の場合における保釈保証金の没取（刑訴法96条2項）は，前述の「没取」には当たるが，没取供託には当たらない。このように，供託制度を利用しない「没取」があることにも留意する必要がある。

保管供託とはどのような供託か

保管供託とは，目的物の散逸を防止するために，供託物そのものの保全を目的としてされる供託である。

● 解説

(1) 保管供託の意義

保管供託とは，目的物の散逸を防止するために，供託物そのものの保全を目的としてされる供託であって，これも供託制度の特殊な利用方法ということができる。

(2) 具体例

典型的には，銀行，保険会社等の業績が悪化して資産状態が不良となった場合において，その財産の散逸を防止するため，監督官庁が前記銀行等に財産の供託を命ずる場合の供託がこれにあたる。すなわち，内閣総理大臣は，銀行等の業務または財産の状況に照らして必要があると認めるときは，当該銀行等に対し，財産の供託を命ずることができることとされている（銀行法26条，保険業法132条・179条等）。この供託された財産も，供託者である銀行等が破産すれば，破産管財人によってその取戻しがされ，破産財団に組み入

れられて，結局，債権者の債権の満足にあてられることになる。

また，質権の目的となっている金銭債権の弁済期が質権者の債権の弁済期前に到来した場合において第三債務者がする弁済金額の供託（民法366条3項），弁済の目的物が供託に適せずまたはその物について滅失もしくは毀損のおそれがある場合において弁済者が裁判所の許可を得てする競売の代価（自助売却金）の供託（民法497条）等も，保管供託の一種ということができる。

Q113

譲渡制限株式の譲渡に関する供託は，どのような供託か

譲渡等承認請求をした譲渡制限株式の株主または株式取得者と株式会社または指定買取人との間に成立する株式売買契約の履行（代金の支払および株券の引渡し）を担保するための供託である。

● 解説

(1) 譲渡制限株式の譲渡等承認請求

譲渡制限株式（株式会社がその発行する全部または一部の株式の内容として譲渡による当該株式の取得について当該株式会社の承認を要する旨の定めを設けている場合における当該株式）の株主は，その有する譲渡制限株式を他人（当該譲渡制限株式を発行した株式会社を除く。）に譲り渡そうとするときは，当該株式会社に対し，当該他人が当該譲渡制限株式を取得することについて承認するか否かの決定をすることを請求することができる（会社法

136条1項)。

また、譲渡制限株式を取得した株式取得者は、株式会社に対し、当該譲渡制限株式を取得したことについて承認するか否かの決定をすることを請求することができる（会社法137条1項)。

これらの請求においては、株式会社が当該譲渡等の承認をしない旨の決定をするときは当該株式会社または指定買取人（当該株式の全部または一部を買い取る者）が当該譲渡制限株式を買い取ることを請求することができる（会社法138条1号ハ、2号ハ)。

これらの請求があった場合には、株式会社は、当該譲渡等の承認をするか否かの決定をし、当該請求があった日から2週間（これを下回る期間を定款で定めた場合にあっては、その期間）以内に当該決定の内容を譲渡等承認請求をした者に通知しなければならない（会社法139条2項)。もし、上記の期間内に通知がされないときは、当該譲渡等の承認をする旨の決定をしたものとみなされる（会社法145条1号)。

なお、株式会社は、当該承認をしない旨の決定をしたときは、当該請求に係る譲渡制限株式を買い取るか、指定買取人を指定しなければならない（会社法140条1項、4項)。

(2) 株式会社による買取

株式会社は、当該承認をしない旨の決定をしたときは、当該請求に係る譲渡制限株式を買い取らなければならず（会社法140条1項)、この場合には、対象株式を買い取る旨および株式会社が買い取る対象株式の数を定め、当該譲渡等の承認をするか否かの決定をした旨の通知の日から40日（これを下回る期間を定款で定めた場合にあっては、その期間）以内に、譲渡等承認請求者に対し、これらの事項を通知しなければならない（会社法141条1項)。株式会社は、この通知をしようとするときは、一株当たり純資産額に株式会社が買い取る対象株式の数を乗じて得た額をその本店の所在地の供託所に供託し、かつ、当該供託をしたことを証する書面（供託書正本等）を譲渡等承認請求者に交付しなければならない（会社法141条2項)。もし、上記の期間内にこれらの通知がされないとき、あるいは上記期間内に譲渡等承認請求者

に当該供託をしたことを証する書面を交付しなかったときは、当該譲渡等の承認をする旨の決定をしたものとみなされる（会社法145条2号、3号、会社法施行規則26条）。

対象株式が株券発行会社の株券である場合には、供託をしたことを証する書面の交付を受けた譲渡等承認請求者は、当該交付を受けた日から一週間以内に、株式会社が買い取る対象株式に係る株券を当該株券発行会社の本店の所在地の供託所に供託し、遅滞なく、当該供託をした旨を通知しなければならない（会社法141条3項）。この供託が期間内にされないときは、株券発行会社は、対象株式の売買契約を解除することができる（会社法141条4項）。

(3) 指定買取人による買取

株式会社が当該承認をしない旨の決定をし、指定買取人を指定した場合には、指定買取人は、指定買取人として指定を受けた旨および指定買取人が買い取る対象株式の数を定め、当該譲渡等の承認をするか否かの決定をした旨の通知の日から10日（これを下回る期間を定款で定めた場合にあっては、その期間）以内に、譲渡等承認請求者に対し、これらの事項を通知しなければならない（会社法142条1項）。指定買取人は、この通知をしようとするときは、一株当たり純資産額に指定買取人が買い取る対象株式の数を乗じて得た額を株式会社の本店の所在地の供託所に供託し、かつ、当該供託をしたことを証する書面（供託書正本等）を譲渡等承認請求者に交付しなければならない（会社法142条2項）。もし、上記の期間内にこれらの通知がされないとき、あるいは上記期間内に譲渡等承認請求者に当該供託をしたことを証する書面を交付しなかったときは、当該譲渡等の承認をする旨の決定をしたものとみなされる（会社法145条2号、3号、会社法施行規則26条）。

対象株式が株券発行会社の株式である場合には、供託をしたことを証する書面の交付を受けた譲渡等承認請求者は、当該交付を受けた日から一週間以内に、指定買取人が買い取る対象株式に係る株券を当該株券発行会社の本店の所在地の供託所に供託し、遅滞なく、当該供託をした旨を通知しなければならない（会社法142条3項）。この供託が期間内にされないときは、指定買取人は対象株式の売買契約を解除することができる（会社法142条4項）。

(4) 売買価格の決定

　株式会社または指定買取人による対象株式の買取りの通知があった場合には，当該対象株式の売買価格は，株式会社または指定買取人と譲渡等承認請求者との協議によって定める（会社法144条1項，7項）。協議が整わないときは，株式会社，指定買取人または譲渡等承認請求者は，買取通知があった日から20日以内に，裁判所に対し，売買価格の決定の申立てをすることができる（会社法144条2項，7項）。この期間内に裁判所に対する価格決定の申立てがあったときは，協議が整っていたとしても，当該申立てにより裁判所が定めた額をもって対象株式の売買価格とし（会社法144条4項，7項），期間内に申立てがないときは，協議が整った場合を除き，一株当たり純資産額に対象株式の数を乗じて得た額をもって対象株式の売買価格となる（会社法144条5項，7項）。対象株式の売買価格が確定したときは，株式会社または指定買取人は，供託した金銭に相当する額を限度として，売買価格の全部または一部を支払ったものとみなされる（会社法144条6項，7項）。

(5) 供託の性格

　譲渡制限株式の譲渡手続において利用されている供託は，株式会社または指定買取人と譲渡等承認請求者との間に成立する株式売買契約の履行（代金の支払および株券の引渡し）を担保するための供託制度であるということができる。

第5章 供託の申請手続

Q114

質権の目的となっている金銭債権の第三債務者からする供託の性質はどのようなものか

A

質権の目的となっている金銭債権の弁済期が質権者の債権の弁済期前に到来した場合には，質権者は第三債務者にその弁済金額を供託させることができるが，この供託は，保管供託の一種である。

● 解説

債権の質権者は，質権の目的たる債権を直接に取り立てることができ，債権の目的物が金銭であるときは，自己の債権額に対する部分に限りこれを取り立てて自己の債権の弁済に充当することができる（民法366条1項・2項）。この場合において，被担保債権も質入債権もともに弁済期にあるときは，質権者は直ちに自己の名をもって質入債権の取立てをすることができるが，この債権の弁済期が被担保債権の弁済期前に到来したときは，質権者は，当然のことながらいまだ取立てをすることができない。しかし，被担保債権の弁済期まで第三債務者の弁済を延期させることは，質権者にとって不利益となる恐れがある。

そこで，民法は，この場合において，質権者は第三債務者をしてその弁済金額の供託をさせることとして，当事者間の利益の調和を図っている（民法366条3項）。この供託は，質権者のために供託物そのものの保全を目的としてされる保管供託の一種である。

この場合には，質権は，質入債権の債権者の有する供託金払渡請求権の上に存することになる。

土地収用法95条2項4号に基づく供託とはどのような供託か

起業者が，差押えまたは仮差押えがされていることにより補償金の払渡しをすることができない場合にする供託であって，公用収用の迅速な実現のために認められている供託である。

● 解説

(1) 補償金等の供託

起業者は，権利取得裁決において定められた権利取得の時期までに，裁決で定められた補償金等を土地所有者および関係人に支払う必要がある（土地収用法95条1項）が，①補償金等を受ける者がその受領を拒んだとき，または補償金等を受領することができないとき，②起業者が過失なくして補償金等を受けるべき者を確知することができないとき，③起業者が収用委員会の裁決した補償金等に対して不服があるとき，および④起業者が差押えまたは仮差押えにより補償金等の支払を禁じられたときは，当該補償金等を供託することができるものとされている（同条2項）。

起業者は権利取得裁決において定められた権利取得の時期までに補償金等の払渡しまたは供託をすることを条件として収用の目的を達成できる（土地収用法101条）のであって，起業者がその時期までに補償金等の払渡しまたは供託をしないときは，当該裁決はその効力を失う（土地収用法100条1項）。

このように，起業者の補償の払渡しまたは供託を条件として収用の効果が完成するものとしているのは，憲法29条3項の規定（私有財産は，正当な補償の下に，これを公共のために用いることができる）に由来するものであ

る。

(2) 供託の性質

土地収用法95条2項に基づく供託は，結局，土地収用に必要な補償金等の払渡しを行うことが起業者にとって困難である場合において，払渡しに代えて補償金等の供託を認めることにより，土地収用の迅速な実現を目指しているものといえよう。本問にある土地収用法95条2項4号に基づく供託の性質も，上記と異なるところはない。このような供託が認められているのは，補償金等について差押えまたは仮差押えがされると，起業者は本条の債権者（土地所有者等）に補償金等を支払うことが禁止されてその払渡しを保留しなければならないことになり，土地収用の迅速な実現が阻止される恐れがあるからである。

もちろん，供託により，補償金等は国家機関である供託所によって管理されることになるのであるから，権利者のための補償を確実に実現するという要請も満たされている。

(3) その他

土地収用法95条2項4号に定める「差押又は仮差押」に滞納処分による差押えが含まれるかという問題があるが，先例は，これを消極に解している（昭34.10.31民甲第2387号回答）。これは，滞納処分による差押えがあった場合においては，本来補償金等を受けるべき者に対する払渡しは禁止されるが，徴収職員は差押債権の取立権を有する（国徴法67条）から，起業者は徴収職員に支払をすることができ，供託を認める必要性がないという考え方に立っているものと解される。

Q116 土地区画整理法による換地処分に係る清算金または減価補償金の供託とはどのような供託か

A 施行者が清算金または減価補償金を交付すべき場合において，その宅地または宅地上の権利の上に担保物権が存するときに，その清算金等の供託を義務付けるものであって，物上代位の円滑化（供託金の上に担保物権の効力が及ぶ）を目的とした供託である。

● 解説

(1) 換地処分に係る清算金等の供託

土地区画整理事業の施行者は，施行地区内の宅地または宅地について存する権利について清算金または減価補償金を交付する場合において，当該宅地または権利について先取特権，質権または抵当権があるときは，これらの担保物権を有する債権者から供託しないでよい旨の申出があった場合を除き，その清算金または減価補償金を供託しなければならないこととされ（区画整理法112条1項），上記の担保物権を有する者は，供託金についてその権利を行使することができることとされている（同条2項）。

ここで，清算金とは，換地処分による不均衡を清算する金銭であり，その額は換地計画で定められる（区画整理法94条）。また，減価補償金とは，土地区画整理事業により施行後の宅地の価額の総額が施行前の宅地の価額の総額より減少した場合において，従前の宅地の所有者および使用収益権者に対して交付する金銭であり，各権利者には差額相当額を各権利者の権利の価額に按分して交付される（区画整理法109条，同施行令60条2項）。

なお，清算金を徴収し，または交付する場合において，仮清算が行われて

いるときは，その差額を徴収し，または交付する（区画整理法110条）。また，同一人について徴収すべき清算金と交付すべき清算金または減価補償金とがあるときは，これを相殺することができる（区画整理法111条）。

(2) 供託の性質

一般に，担保物権の効力はその目的物の売却，賃貸，滅失，毀損等により債務者の受けるべき金銭その他の物の上にも及ぶ（民法304条1項本文・2項）が，この場合には，担保権者はその払渡しまたは引渡し前に差押えをしなければならないこととされている（同条1項但書）から，差押え前に払渡しまたは引渡しがされてしまうと，物上代位の余地がなくなる。しかし，それでは担保物権を有する債権者の保護に十分ではないから，債務者に対して払渡しまたは引渡しがされるべき物について，その払渡しまたは引渡しの義務者に供託義務を課し，供託物の上に当然に担保物権の効力を及ぼすような物上代位の制度が考えられてよい。

(1)の供託は，その一例であり，物上代位の円滑化を目的とする供託制度ということができる。

(3) 同種の例

物上代位の円滑化を目的とした供託を定めている例としては，土地区画整理法に定める仮換地の指定に伴い除却した建築物等に対する補償金の供託（同法78条5項），土地改良法に定める土地改良事業に係る補償金等の供託（同法123条），都市再開発法に定める清算金の供託（同法105条），農地法に定める買収すべき土地等の対価の供託（同法10条2項・43条5項），漁業法に定める漁業権の取消しに係る損失補償金の供託（同法39条11項），鉱業法に定める鉱区増減の決定に係る対価の供託（同法98条1項3号）等がある。

仮登記担保法7条に基づく清算金の供託とはどのような供託か

第三債務者たる仮登記担保権者が差押えまたは仮差押えの執行により清算金の支払をすることができない場合に認められる供託であり，弁済供託の性質を有する。

● 解 説

(1) 清算金の供託

仮登記担保法は，清算期間が経過した時における仮登記担保契約の目的たる土地または建物の価額がその時の被担保債権の額を超えるときは，仮登記担保権者はその超える額に相当する金銭（清算金）を債務者または物上保証人に支払わなければならないものとし（仮担法3条1項），この清算金の支払を目的とする債権につき差押えまたは仮差押えの執行があったときは，仮登記担保権者は清算期間が経過した後清算金を債務履行地の供託所に供託して，その限度において債務を免れることができるものとしている（仮担法7条1項）。

第三債務者たる仮登記担保権者がこの供託をするときは，債務者等のほか，差押債権者または仮差押債権者に対しても供託の通知をしなければならない（仮担法7条4項）。また，仮登記担保権者は，いったん供託した以上は，原則として，供託金を取り戻すことができない（仮担法7条3項）。

(2) 供託の性質

この供託は，第三債務者たる仮登記担保権者に対して債務免脱の効果を与えることを目的とする弁済供託の性質を有する。債務者等が有する清算金債権に対して差押えまたは仮差押えがされたことにより，第三債務者たる仮登

記担保権者が清算金を支払えなくなると，仮登記担保契約の目的である土地または建物について所有権移転の登記を受けられないという不利益を受けるので，その救済措置としてこの供託が認められている。

なお，この供託がされたときは，差押えまたは仮差押えの効力は，供託金還付請求権の上に存続することとなる（仮担法7条2項）。

(3) 供託金の払渡し

清算金債権を差し押さえた者は，債務者等（仮担法2条1項参照）に対して差押命令が送達された日から1週間を経過したときは，差押えに係る債権を取り立てることができる（民執法155条1項）ので，この取立権に基づき，第三債務者たる国（供託所）に対して供託金の還付請求をすることができる（仮担法7条2項参照）。この場合には，供託金払渡請求書に差押命令が債務者等に送達された日から1週間が経過したことを証する書面を添付することを要する（規則24条1項1号参照）。そのほか，この供託の後にさらに第三者が供託金の還付請求権を差し押さえて差押えの競合が生じた場合等の取扱いについては，一般の供託金払渡請求権に対するそれの取扱いと同様である。

(4) 清算金債権に対する差押え等の競合

清算金債権につき差押え等が競合した場合には，民事執行法156条2項と仮登記担保法7条1項との関係が問題となるが，実務の取扱いは，いわゆる混合供託となり，双方の規定を根拠として清算金の全額を供託すべきものと解しているようである（昭54.6.11民四第3367号通達参照）。

Q118 船主責任制限法に基づく供託とはどのような供託か

責任制限手続が開始されると，制限債権者に対する弁済のための基金が供託金として確保され，制限債権者は，供託金から配当を受けることによって自己の債権を満足させることになる。

● 解説

(1) 責任制限手続開始の申立て

船舶の所有者等の責任の制限に関する法律（以下，本問では「船主責任制限法」という。）は，船舶所有者等が自己の損害賠償責任を一定の金額に制限することを認め，そのために裁判所に対する責任制限手続開始の申立てをすることができるとし（船主責任制限法17条），裁判所がこれを相当と認めるときは申立人に対して一定の期間内に責任限度額に相当する金銭およびこれに対する事故発生の日から供託の日まで年6パーセントの割合により算定した金銭を裁判所の指定する供託所に供託し，その旨を届け出るべきことを命ずるものとされている（船主責任制限法19条）。

もっとも，供託すべき金額はかなり多額となることが予想されるので，申立人は，裁判所の許可を得て，銀行，信託会社等の金融機関と供託委託契約を締結して供託を免れることができ（船主責任制限法20条），その場合には，供託は受託者たる金融機関が裁判所の定める日までに行うことになる（船主責任制限法21条）。もし，受託者が供託義務を履行しなかったときは，管理人（船主責任制限法40条参照）が受託者から取り立てて供託することになる（船主責任制限法22条）。

このようにして，責任制限手続においては，制限債権者に対する弁済のための基金がひとまず供託金として確保されることになる。

(2) 責任限度額等

責任限度額については，船主責任制限法7条に定められているが，例えば，責任を制限しようとする債権が物の損害に関する債権のみである場合においては，2000トン以下の船舶にあっては，1単位の100万倍（平成27年6月8日以降は，151万倍とされる予定）の金額とされている（責任限度額はトン数の増加に伴い増加する。）。この「1単位」とは，国際通貨基金協定3条1項に規定する特別引出権（いわゆるSDR）による1特別引出権に相当する金額をいうものとされている（船主責任制限法2条1項7号）。この1SDRの数値は日々変動するので，前記の裁判所の定める責任限度額に相当する金銭は供託の日において公表されている最終の1単位の額によって算定するものとされている（船主責任制限法19条2項）。

なお，責任制限手続開始の決定に対し即時抗告があった場合において，裁判所が責任限度額または事故発生の日を不当と認めるときは，追加供託の命令が発せられ（船主責任制限法30条），その分も制限債権者に対する弁済のための基金に加えられる。

(3) 配当

責任制限手続が開始された場合には，その取消しまたは廃止の決定がされない限り，制限債権者は，供託された基金から配当を受けることによって，自己の債権を満足させることになる（船主責任制限法33条・68条・76条）。制限債権者に対する配当は，管理人から供託所に対する支払委託の方法によって行われる（船主責任制限法69条，規則30条）。管理人は，配当に際して，供託規則27号書式の支払委託書を供託所に送付し，配当を受けるべき制限債権者に同規則29号書式の証明書を交付しなければならず，この制限債権者は，供託物払渡請求書に上記証明書を添付して配当を受けることになる。したがって，船主責任制限法に定める供託も，執行供託の一種とみることができる。

Q119 根抵当権の消滅請求をするための供託とはどのような供託か

根抵当権の消滅請求の前提要件とされており、消滅請求があると、供託は弁済の効力を生ずる。

● 解説

(1) 根抵当消滅請求権

民法398条の22は、元本の確定後に現存する債務額が極度額を超えている場合には、物上保証人、第三取得者（抵当不動産につき所有権、地上権、永小作権または対抗要件を具備した賃借権を取得した第三者）は極度額に相当する金額を払い渡しまたは供託して根抵当権の消滅を請求することができる旨を定めている。すなわち、民法は、根抵当権は極度額という枠の支配権であり、極度額に相当する金額について支払がされれば物上保証人および第三取得者に対する関係では根抵当権を消滅させてもかまわないという考え方に立っている。この根抵当権の消滅請求権は形成権であって、根抵当権者への意思表示によってその効力を生じ、この消滅請求により根抵当権は消滅する。

なお、債務者、保証人およびその承継人は、この消滅請求をすることができない（民法398条の22第3項・380条）。これらの者は、現存する全債務を弁済しないと根抵当権を消滅させることができないからである。

(2) 供託の性質

消滅請求のための供託は、消滅請求の前提要件であって、第三者による弁済ではない。しかし、供託の後に消滅請求があると、供託は弁済の効力を生ずることとされている（民法398条の第1項後段）。したがって、この範囲で、被担保債権は消滅し、供託者は債務者に対して求償権を取得することになる。

第6章 供託成立後の権利変動

第1節 供託の権利変動

Q120

供託物払渡請求権とは，どのような権利か

A 供託物払渡請求権とは，供託所を債務者とする実体的請求権であり，これには被供託者の有する供託物還付請求権と供託者の有する供託物取戻請求権とがあるが，それぞれ独立して処分の対象となる。

● 解説

(1) 供託物払渡請求権の性質

供託物払渡請求権は，供託所を債務者とする供託物に対する実体的請求権であるから，自由にその債権を譲渡することができ，また，債権質の設定に準じて取り扱うことができる（民法466条1項・362条，大11.9.13民甲第2449号回答）。また，強制執行による差押え（民執法143条），仮差押えの執行（保全法20条），担保権の実行（民執法193条）および滞納処分による差押え（国徴法62条）の対象ともなり得る（明32.2.9民刑第238号民刑局長回答・最判昭37.7.13民集16巻1556頁）。更に，債権者代位の目的にもなり（民法500条。昭27.9.2民甲第147号民刑局長回答），一身専属権ではないから相続の対象にもなり得る（民法896条但書。昭25.10.6民甲第2705号民事局長回答，昭39.3.31民甲第774号認可4問・先例集(3)397頁）。

(2) 供託物払渡請求権の種類

供託物払渡請求権には，被供託者の有する還付請求権および供託者の有す

る取戻請求権の両者があるが、この両者は、目的物を同一のものとしているにもかかわらず、それぞれ独立した別個の請求権であり、原則として、一方の請求権の処分または差押え等は、他方の請求権の行使に何ら影響を及ぼさない（最判昭37.7.13民集16巻8号1556頁）。

ただし、1個の供託という事実により生じた2個の権利であるため、取戻しまたは還付のいずれか一方の行使によって他方も当然に消滅する。

供託関係の変動とはどのようなことをいうのか

供託が成立した後、供託物払渡しによって供託関係が消滅するまでの間の供託物払渡請求権の変更、処分、消滅をいう。

● 解説

(1) 供託関係の変動事由

供託が成立した後供託物払渡しによって供託関係が終了するまでの間、すなわち、供託所における供託物の保管中に、供託関係に変更、処分、消滅等の変動を生ずる場合がある。また、代供託、附属供託、供託物の差替えおよび保管替えがされることや、時効による供託物払渡請求権の消滅が生ずることもある。このような変動を供託関係の変動というが、本項では、前者、つまり狭義の供託関係の変動である供託物払渡請求権の処分について説明する。

(2) 供託物払渡請求権の処分

供託物払渡請求権（Q120参照）は、供託所を債務者とする供託物に対する

実体的請求権であるから，自由にこれを譲渡，質入れ，差押え等の対象とすることができる。

供託物払渡請求権には，被供託者の有する還付請求権と供託者の有する取戻請求権とがあり，2個の請求権は，目的物を同一のものとしているにもかかわらず，それぞれ独立した別個の請求権であって，一方の請求権の処分等は，原則として他方の請求権に何ら影響を及ぼさない。

(3) 供託所における処理

供託物払渡請求権について譲渡もしくは質権設定の通知書または供託物払渡請求権に関する仮差押命令書，仮処分命令書，差押命令書，転付命令書もしくは譲渡命令書その他供託物払渡請求権の移転もしくは処分の制限に関する書類の送達があったときは，供託官は，当該書類に受付の旨およびその年月日時分を記載し，受付の順序に従って譲渡通知書等つづり込帳に編てつしなければならない（規則5条1項）。また，副本ファイルには，その年月日および書面の種類を記録する（準則75条）。

これらの処理は，還付請求権または取戻請求権について移転または処分の制限があった場合の優劣関係は，その譲渡通知等の到達の前後によって判断する必要がある（最判昭49.3.7民集28巻2号174頁）ことから，到達の時期を明確にするためにされるものである。

第2節　譲渡および質入れ

供託金払渡請求権の譲渡は，どのようにするのか

通常の債権譲渡の方法（民法466条以下）と同様，供託者または被供託者たる譲渡人と譲受人との間で諾成・不要式の譲渡契約によって行い，また譲渡の効力を債務者たる供託所およびその他の第三者に対抗するためには，譲渡人から供託所に対して譲渡通知書を送付しなければならない。

● 解説

(1)　指名債権の譲渡

指名債権の譲渡は債権者と譲渡人との間の諾成・不要式の譲渡契約によってその効力を生ずる（民法466条1項）が，譲渡の効力を債務者およびその他の第三者に対抗するためには，譲渡人が債務者に通知し，または債務者が承諾することを要するとされている（民法467条1項）。

この通知書については，譲渡の意思表示が明確に記載されていることを要するが，特に定められた様式はない。また，この通知書は，確定日付のある証書（例えば，公正証書または内容証明郵便等）によらなければならないものとされている（民法467条2項）。

(2)　供託金払渡請求権の譲渡

供託金払渡請求権は，供託所を債務者とする供託金に対する実体的請求権であるから，通常の指名債権と同様の法律関係に服する。したがって，被供

託者は供託金還付請求権を，供託者は供託金取戻請求権を，それぞれ通常の指名債権の譲渡方法をもって，自由に譲渡することができる。

　譲渡の効力を債務者である供託所およびその他の第三者に対抗するためには，譲渡人から供託所に対して譲渡通知書を送付しなければならない。この通知書については，譲渡の意思表示が明確に記載されていることを要するが，特に定められた様式はない。また，この通知書は確定日付のある証書（公正証書または内容証明郵便等）によらなければならない（民法467条2項）とされているが，供託金の還付または取戻請求権の譲渡通知書は，供託所という官庁に送付されるため，私書証書であっても，それに供託官が受付の旨およびその年月日時分を記載する（規則5条1項）ことによって確定日付のある書面となる（民法施行法5条，昭36.3.31民甲第785号通達）。

　債権譲渡の対抗要件としては，この通知のほかに「債務者の承諾」があるが，債務者たる供託所では積極的な承諾書の作成交付は行わず，単に通知書を受領し，内部処理を行うのみである。

　供託所がこの譲渡通知書の送付を受けたときは，当該譲渡通知書に前記の処理をするほか，副本ファイルにその年月日および書面の種類を記録し（準則75条），通知書および添付書類は譲渡通知書等つづり込帳に編てつする取扱いとされている（規則5条）。

Q123 供託物の譲渡通知書に印鑑証明書の添付が必要か

A 供託物の還付または取戻請求権の譲渡通知書には，必ずしも印鑑証明書の添付がなくても，その効力を妨げられることはない。ただし，譲受人が払渡請求をする際には，譲渡通知書の真正を担保するために譲渡人の印鑑証明書を提出させなければならないから，供託所が譲渡通知書の送付を受けた時点で，譲渡人に印鑑証明書の添付を求めることができる。

● 解 説

(1) 供託物の還付または取戻請求権の譲渡通知書には，必ずしも印鑑証明書の添付を必要とせず，仮に押印のない譲渡通知書であっても，譲渡の意思表示が明記してあれば，その譲渡の効力が発生する（昭39年度全国会同決議45問・先例集(3)423頁）。

したがって，譲渡通知書が有効に受理された後は，譲渡人からの還付または取戻請求があっても，供託所は，払渡請求に応ずることはできない（昭38.5.25民甲第1570号認可9問・先例集(3)287頁）。この場合には，譲受人において還付または取戻請求をすることになる。

(2) 供託関係法令中には，私書証書の真正を担保するための印鑑証明書を添付すべき旨の規定は存しないが，譲渡通知書送付の際その譲渡人の印鑑証明書が添付されていなかったときは，譲渡通知書の真正を担保するため譲渡人の印鑑証明書を添付しなければならない（昭35年度全国会同決議102問・先例集(3)17頁）。

したがって，供託所が譲渡通知書の送付を受けた時点で，添付された印鑑証明書の証明された印と一致しないような場合には，供託所は，譲渡人にそ

の補正を求めることができる（昭39年度全国会同決議48問・先例集(3)424頁）。

供託物の払渡請求権の質入れはどのようにするのか

供託者または被供託者たる質権設定者と質権者との間で質権設定契約をすることによって，その効力を生ずる。また，質権設定の効力を第三債務者たる供託所およびその他の第三者に対抗するためには，設定者から供託所に対して質権設定の通知書を送付しなければならない。

● 解説

　供託物払渡請求権は，譲渡の場合と同様に，質権の目的とすることができる。その質権の設定は，債権者と質権設定者との間の質権設定契約によってその効力を生ずる（民法363条）。指名債権を質入れしたときは，民法467条の規定に従って，第三債務者に対して質権の設定を通知しなければ，第三債務者その他の第三者に対抗することができない（民法364条）。したがって，払渡請求権の質入れの場合にも，質権設定者（供託者または被供託者）から第三債務者（供託所）に対する質権設定の通知を必要とする。

　なお，債権質権においては，債権であってこれを譲り渡すには，その証書を交付することを要するものを質権の目的とするときは，その証書を質権者に交付しなければ質権設定の効力が生じないものとされている（民法363条）が，供託物払渡請求権の質入れの場合には，供託書正本または供託通知書を質権者に交付しなければならないものではない。

第3節　差押え，仮差押え等

Q125

供託金払渡請求権に対しその額以下の強制執行による差押えがされた場合，供託所はどのようにするのか

A

　差押金額が供託金払渡請求権の額以下の場合には，供託所は，供託規則5条，供託事務取扱手続準則75条による手続以外特段の措置をとらない。差押債権者から，差押命令が債務者に送達された日から1週間経過したことを証する書面を供託金払渡請求書に添付して払渡請求がされたときは，他に差押え等のされていない限り，それに応じて支払う。

● 解説

(1)　同一の供託金払渡請求権についてされた譲渡，質入れ，差押え等については，その通知または送達の先後によって効力が決せられることになるので，供託所では，譲渡通知または差押命令等の送達の先後を記録上明確にしておく必要がある（規則5条，準則75条・76条）。

(2)　金銭債権の差押債権者は，債務者に対して差押命令が送達された日から1週間を経過したときは，差押債権者の債権および執行費用の限度で，その債権を取り立てることができる（民執法155条1項）。

　金銭債権に対して差押えがされた場合において，その差押金額が債権額以下のとき（単発の差押えであるか，2以上の差押えであればその差押金額の

合計額が債権額以下であるとき）は，一般論としては，第三債務者は，差押債権者の取立てに応じて支払をしてもよいし，民事執行法156条1項の規定により供託をして免責を得ることもできる。

　しかし，第三債務者が供託所である供託金払渡請求権に対する差押えの場合には，供託所は，改めて供託をする必要はないし，あえて執行裁判所の指示を待って払渡しをする必要もない。また，差押えが供託金払渡請求権の額以下の場合には，供託官は，執行裁判所に事情の届出をする必要もなく，差押債権者の取立権（民執法155条1項）に基づく払渡請求により，払渡しをすることになる。

　差押債権者の取立権に基づく払渡請求に応ずることができるのは，差押命令が債務者に送達された日から1週間以上経過した後である（民執法155条1項参照）が，第三債務者たる供託所にはいつ債務者に差押命令が送達されたかは知らされないから，差押命令が債務者に送達された日から1週間以上経過していることを証する書面が供託金払渡請求書に添付される必要がある。これは，供託金の還付請求の場合には供託規則24条1項1号，供託金の取戻請求の場合には供託規則25条1項の書面を添付することとされているので，これらの書面として，差押命令が債務者に送達された日から1週間を経過したことを証する書面を添付することとされている。

　(3)　したがって，差押金額が供託金払渡請求権の額以下の場合には，供託所は，当該差押命令書を受け取ったときは，①これに受付の旨およびその年月日時分を記載し，受付の順序に従って譲渡通知書等つづり込帳に編てつし（規則5条），②その年月日および書面の種類を副本ファイルに記録する（準則75条）のみで足り，それ以外特段の措置をとらない。

Q126 供託金払渡請求権に対し差押え等が競合した場合，供託所はどのようにするのか

A 供託金払渡請求権に対し差押え等が競合した場合には，第三債務者たる供託所は，供託義務を負い，差押債権者の取立てに応ずることができない。なお，そのまま供託を持続し，供託金払渡請求に応ずることができるときに，供託官は，その事情を執行裁判所に届け出る。

● 解 説

(1) 差押え等がされた場合の事務処理

供託金払渡請求権について，①差押えと差押えとの競合，②差押えと仮差押えの執行との競合，③差押えと配当要求があった旨を記載した文書の送達とがあった場合には，第三債務者たる供託所は，供託義務を負い，差押債権者の取立てに応ずることはできない（民執法156条2項）。この場合には，供託所は，差押命令書等に受付の旨およびその年月日時分を記載し，受付の順序に従って，譲渡通知書等つづり込帳に編てつしなければならない（規則5条）。また，送達された書面の種類およびその年月日を副本ファイルに記録する（準則75条）。

しかし，供託義務を負うといっても，既にされている供託金について改めて供託所が供託するというのは無意味であるから，そのまま供託を持続し，供託金払渡請求に応ずることができるときに，供託官は，民事執行法156条2項・3項（保全法50条5項において準用する場合を含む。）に基づき，執行裁判所に事情の届出をすることとされている（昭55.9.6民四第5333号通達第四・二・1・㈡・(1)，平成2.11.13民四第5002号通達第3・2・(2)・イ）。この場合

の事情届出のための書面は供託事務取扱手続準則附録第14号様式により2通作成し，その1通を執行裁判所に送付し，他の1通を譲渡通知書つづり込帳に編てつする（準則76条2項・3項）。また，事情届出書を裁判所に送付したときは，副本ファイルに事情届出の旨および年月日を記録する（同条3項）。

(2) 事情届出の時期

通常の債権執行における配当加入遮断効の発生時期は，第三債務者が「供託をした時」である（民執法165条1号）。この点について，民事訴訟法旧621条の規定による供託の場合においては，第三債務者の事情届出の時が配当要求の終期であると考えられていたので，事情届出をくぎりとするならば，供託金払渡請求権の差押えの場合も特別問題はない。しかし，民事執行法は「供託をした時」を基準時とするので，供託金払渡請求権に対する差押えにあっては，改めて供託をすることをせず，供託を持続することになるので，どの時点が「供託をした時」にあたるかが問題となる。

この点については，供託所は国家機関であるから法律の定めを遵守する義務を負っており，法が供託義務を課した場合には直ちにそれを履行すべき義務を負うので，供託義務を生じた時に民事執行法156条2項による供託がされたとみることができ，そのように取り扱うのが最も適切であり，供託の構造がこの時に執行供託に変わると解される（稲葉＝佐藤「基本通達の解説」民事月報35巻11号151・152頁）。

(3) 供託義務の発生

供託義務を生じた時に供託したものとみなされることは前述したとおりであるが，供託義務は次の二つの要件が備わったときに生ずると解される（昭55.9.6民四第5333号通達第四・二・1・㈡・(1)参照）。

① 差押えの競合が生じていること
② 供託金が払渡請求に応ずることができる状態にあること

これは，通常の債権執行においても，弁済期未到来の金銭債権または停止条件付金銭債権について差押え等が競合した場合には，弁済期が到来し，または条件が成就しない限り，現実に供託義務を負わないのと同様である。

前掲通達（第四・二・1・㈡・⑵）は，「払渡請求に応ずることができるとき」として，①裁判上の担保供託の取戻請求権にあっては担保取消決定が確定したとき，②弁済供託の還付請求権にあっては差押債権者または債務者から供託所に対し供託を受諾する旨を記載した書面もしくは供託を有効と宣言した確定判決の謄本が提出されたとき（規則47条），または受諾による還付請求権行使の申出（払渡請求）があったとき，③弁済供託の取戻請求権にあっては，差押債権者または債務者から不受諾による取戻請求権行使（払渡請求）があったときの三つの場合を例示している（なお，平成2.11.13民四第5002号通達第3・2・⑵・イ同旨）。

　なお，①弁済供託の還付請求権の差押え前に被供託者から供託規則47条の規定による供託受諾書等の提出がされているとき，②供託によって担保権（質権または抵当権）が消滅するときは，そもそも供託者の取戻請求権は生じないから，改めてその差押え後に権利行使の申出をする必要はなく，差押えの競合によって直ちに供託義務が生ずる。

供託金払渡請求権に対し転付命令が発せられた場合，供託所はどのようにするのか

　転付命令が第三債務者に送達される前に他の債権者から差押え，仮差押えの執行もしくは配当要求または滞納処分による差押えがされていない限り，転付債権者から転付命令確定証明書を添付して供託金の払渡請求があった場合には，供託所は，払渡しに応ずることができる。

● 解説

(1) 転付命令は，差し押さえた金銭債権を差押債権者に対し，債権の弁済に代えて券面額をもって強制的移転を命ずる裁判である。転付命令に対しては執行抗告をすることができ（民執法159条4項），転付命令が債務者に送達された日から1週間の執行抗告期間を徒過し，または執行抗告が却下され，もしくは棄却された時に，転付命令は確定し，その確定によって効力を生ずる（民執法159条5項）。

(2) 供託金払渡請求権につき転付命令を得た債権者がその払渡しを請求するには，転付命令の確定したことを証明しなければならないが，転付命令が第三債務者に送達される前に他の債権者から差押え，仮差押えの執行もしくは配当要求または滞納処分による差押えがされているときは，転付命令は仮に確定したとしても効力を生じないので（民執法159条3項），払渡しに応じてはならない。

転付命令が第三債務者に送達され，かつ，その確定前であっても，転付債権者には差押債権者としての取立権が認められる（民執法155条1項）ので，債権者は，この取立権を行使して払渡請求をすることができる。ただし，この取立権の発生は，転付命令の執行抗告期間と同一であり，差押命令と転付命令とが同時の場合には，あまり作用しないと思われる。

転付命令が第三債務者に送達された後に生じた差押え等の競合は確定した転付命令に対抗することができないので，転付債権者から払渡請求書に転付命令確定証明書を添付して払渡請求があったときは，供託所は，この払渡請求に応じてよい。また，転付命令が取り消されたときは，転付命令による優先的効力は生じないので，供託所は，なお差押え等の競合がある限り，供託義務の発生した時点で執行裁判所に事情届をする（昭55.9.6民四第5333号通達第四・二・1・㈢・(3)）。

(3) なお，転付命令書を受け取ったときは，供託所は，差押命令書等に受付の旨およびその年月日時分を記載し，受付の順序に従って，譲渡通知書等つづり込帳に編てつしなければならない（規則5条）。また，書面の種類およ

びその年月日を副本ファイルに記録する（準則75条）。

Q128

金銭債権に対する仮差押えの執行に基づき，第三債務者が供託した供託金還付請求権に対して差押えがされた場合，供託所はどのようにするのか

A

当該差押えが仮差押えの本執行としての差押えであることが明らかな場合を除いて，供託所は，直ちに差押命令を発した執行裁判所に対し事情届をしなければならない。

● 解説

(1) みなし解放金

第三債務者が仮差押えの執行のされた債権の額に相当する金銭を供託したときは，そのうち仮差押命令に記載された金額に相当する部分は，債務者が仮差押解放金額（保全法22条）に相当する金銭を供託したものとみなされる（保全法50条3項）。

この供託は本来の債権者たる仮差押債務者を被供託者とする一種の弁済供託であって，その仮差押債務者の有する供託金還付請求権の上に仮差押解放金の額の限度で仮差押えの執行の効力が移行すると解されているので（平2.11.13民四第5002号通達第2・3・(1)・ウ・(ア)），この供託によっては，配当加入遮断効は発生しない。したがって，他の債権者もさらに還付請求権に対して差押え等をすることができる。なお，当該仮差押債権者が本執行に移行するには，やはりこの還付請求権に対して差押えをすることになる。

(2) 仮差押債権者による差押えがされた場合の取扱い

金銭債権に対する仮差押えの執行を原因として第三債務者が供託をした後，供託金還付請求権に対して当該仮差押債権者が本執行として差押えをしたときは，差押えを原因として民事執行法156条1項の供託がされたのと同視することができる。したがって，この場合には，第三債務者たる供託所が民事執行法156条1項または同条2項により供託する場合に該当しないので，供託所が執行裁判所へ事情届をする根拠がなく，また，供託時と実体的な権利関係は変わっておらず，本執行として差押命令を発した執行裁判所は仮差押えの執行裁判所からの連絡により供託金に対する権利関係を知り得るので，改めて供託所から事情届をすることを要しないと解されている。

　他方，執行債務者の有する供託金還付請求権に対して，①他の債権者が差押えをしたとき，または②供託後他の債権者から仮差押えの執行がされ，さらに仮差押債権者が本執行としての差押えをし，差押えが競合したときは，供託所は，民事保全法50条5項において準用する民事執行法156条2項による供託義務を負うので，これにより同条3項の規定に基づき執行裁判所へ事情届をすることとされている（保全規則41条，民執規則138条1項）。

　供託所にとっては当該差押えが仮差押えの本執行としてされたものであるか否かを判断し難い場合が多く，また，仮差押債権者の差押えであってもそれぞれ請求債権が異なる場合もありうる。したがって，仮差押債権者の差押えが本執行としての差押えであることが明らかな場合を除き，事情届を要するとされている（平2.11.13民四第5002号通達第2・3・(1)・ウ・(イ)，昭57.4.13民四第2591号回答）。

　(3)　なお，当該差押命令書等を受け取ったときは，供託所は，差押命令書等に受付の旨およびその年月日時分を記載し，受付の順序に従って，譲渡通知書等つづり込帳に編てつしなければならない（規則5条）。また，書面の種類およびその年月日を副本ファイルに記録する（準則75条）。

Q129 供託金払渡請求権に対し担保権の実行または行使としての差押えがされた場合，供託所はどのようにするのか

A 強制執行による差押えがされた場合と同様，供託所は，供託規則5条，供託事務取扱手続準則75条による手続以外特段の措置をとらない。なお，差押債権者からの取立権に基づく払渡請求があれば，それに応じて支払う。

● 解 説

(1) 供託金払渡請求権に対して担保権の実行（先取特権，質権）または行使（物上代位）による差押えがされることはそれほど多くはないが，裁判上の担保供託（民訴法77条により他の債権者に先立ち弁済を受ける権利を有する。），信託業法11条6項，保険業法190条6項，223条6項，272条の5第6項，291条6項等の規定による保証供託（特別の先取特権が認められる。）について権利者が担保権の実行として差押えをすることがあり得るほか，一般に供託金払渡請求権について一般先取特権の実行としての差押えがされることがあり得る。

(2) 供託金払渡請求権について担保権の実行または行使による差押えがされた場合における取扱いは，強制執行による差押えがされた場合と同様である（昭55.9.6民四第5333号通達第四・三・3，**Q125**参照）。供託金払渡請求権について，担保権の実行または行使としての差押えと強制執行による差押えとが競合した場合には，先に送達された差押命令を発した執行裁判所に事情届をする。

なお，供託所は，当該差押命令書を受け取ったときは，①これに受付の旨

第 6 章　供託成立後の権利変動

およびその年月日時分を記載し，受付の順序に従って，譲渡通知書等のつづり込帳に編てつし（規則 5 条），②その年月日および書面の種類を副本ファイルに記録する（準則75条）のみで足り，それ以外特段の措置をとらない。

Q130

供託金払渡請求権に対し滞納処分による差押えがされた場合，供託所はどのようにするのか

A　供託所は，供託規則 5 条，供託事務取扱手続準則75条による手続以外特段の措置をとらない。税務署長等の徴収職員から国税徴収法67条による取立権に基づき払渡請求がされたときは，それに応じて支払う。

● 解 説

(1)　滞納処分（その例によるものを含む。）による供託金払渡請求権の差押えは，税務署長等の徴収職員からの第三債務者である供託所に対する債権差押通知書の送達によって行われる（国徴法62条 1 項）。差押えの効力は，当該通知書が第三債務者である供託所に送達された時に生ずる（同条 3 項）。

徴収職員は，滞納額を限度として滞納者に代位し，転付命令等を要せずに直接供託金を取り立てることができる（国徴法67条 1 項）が，民事執行法の差押命令による取立てと同様，供託手続法規の定める払渡しの手続によらなければならない。

なお，供託金払渡請求権に対する滞納処分による差押えの効力は，既発生の供託金利息に対しては当然には及ばないが，この利息についてもあわせて差押えがされている場合には，その利息も含めて請求することができる（昭

317

41.10.14民甲第2909号認可13問・先例集(4)219頁，昭42年度全国会同決議，払渡関係31問・先例集(4)342頁，昭43.1.26民甲第233号認可1問・先例集(5)14頁)。

(2) 供託所は，当該債権差押通知書を受け取ったときは，①これに受付の旨およびその年月日時分を記載し，受付の順序に従って，譲渡通知書等つづり込帳に編てつし（規則5条），②その年月日および書面の種類を副本ファイルに記録する（準則75条）のみで足り，それ以外特段の措置をとらない。

Q131

供託金払渡請求権に対し強制執行と滞納処分とが競合した場合，供託所はどのようにするのか

滞納処分が先行する場合には，供託所は，徴収職員等による払渡請求に応じて支払い，滞納処分の効力の及んでいない部分については，差押債権者の取立権または転付命令に基づく払渡請求に応じて支払う。

強制執行が先行する場合には，供託所に供託義務が生ずるので，供託所は，払渡しに応ずることができるときは，執行裁判所に事情の届出をしなければならない。

● 解説

同一の供託金払渡請求権の上に民事執行法の強制執行による差押えと滞納処分による差押えとが重複的に執行された場合の調整については，滞調法による。

(1) **滞納処分が先行する場合**（昭55.9.6民四第5333号通達第四・三・1・(一)）

滞納処分が先行している場合には，同一債権につき後から強制執行による差押命令の送達を受けても，滞納処分の効力には影響しない。これは，滞納

処分と強制執行との調整の原則である先着手主義によるもので，供託所は，滞納処分をした徴収職員等から払渡請求があったときは，供託金の払渡しをして差し支えない。

　先行の滞納処分による差押えが供託金払渡請求権の一部についてされているときは，滞納処分の効力の及んでいない部分については差押債権者の取立権または転付命令に基づく払渡請求に応じてよい。滞納処分による差押えが解除された場合も同様である。

　供託金払渡請求権の一部について滞納処分による差押えがされ，その残余の部分について差押え，仮差押えの執行もしくは配当要求または滞納処分による差押えの競合が生じたため，供託所に供託義務が生じた場合（民執法156条2項，滞調法36条の6第1項）には，その範囲で執行裁判所に対し事情届をする（前掲通達第四・三・1・㈠・⑵・イ）。この場合には，強制執行による各差押え，仮差押えの効力は債権全額に及び，観念的には債権全額について供託義務を負うことになるが，先行の滞納処分による差押えが優先する関係で，現実に執行裁判所の配当等の対象となるのは，その残余の部分である。

　また，滞納処分による一部差押えのされている供託金払渡請求権に対し強制執行による差押えがされ，続いて滞納処分による差押えがされたため，供託所が供託義務を負う場合には，最初に差押命令を発した執行裁判所に対し事情の届出をすることになる（滞調法36条の6第2項）。

　滞納処分による差押えが先行している場合であっても，後行の強制執行による差押えについて強制執行続行決定がされると，後行の強制執行による差押えが先行の滞納処分による差押えより前にされたものとみなされる（滞調法20条の8，10条1項）。この強制執行続行決定は第三債務者たる供託所に送達されるので，これにより供託義務が生じ，執行裁判所に事情の届出をしなければならない。事情届をした供託金は，全て執行裁判所の配当等の実施としての支払委託によって払い渡すことになる。

⑵ **強制執行が先行する場合**（昭55.9.6民四第5333号通達第四・三・1・㈡）
　強制執行が先行し，滞納処分が後行する場合には，滞納処分を強制執行の

手続に取り入れ，強制執行における差押えの競合の場合と同様に，第三債務者に対し供託義務を課している（滞調法36条の6第1項）。したがって，供託金払渡請求権について，強制執行による差押えが先行し，続いて滞納処分による差押えがされ競合したときは，供託所に供託義務が生ずるので，供託所は，供託金払渡請求に応ずることができるときに執行裁判所に事情の届出をしなければならない。なお，「払渡請求に応ずることができるとき」については，Q126を参照されたい。

この場合の供託金については，先行の差押えが効力を有する限り，執行裁判所の配当等の実施としての支払委託に基づいて払渡しがされる。先行の強制執行による差押えの申立てが取り下げられ，または取消決定が確定して差押えの効力が失われたときは，徴収職員等は，滞納処分による差押えの金額に相当する部分について払渡請求をすることができる（滞調法36条の6第4項）。

強制執行による差押えが先行し，滞納処分による差押えが後行している場合において，滞納処分について続行承認決定がされると，後行の滞納処分による差押えが先行の強制執行による差押えより前にされたものとみなされる（滞調法36条の11による同法27条1項の準用）。したがって，執行裁判所に事情届をしていても，滞納処分による差押え金額に相当する部分については，徴収職員等の払渡しに応じて差し支えない。なお，この場合の残余については，執行裁判所の支払委託に基づいて払い渡すことになる。

(3) 供託所に差押通知書等が送付された場合の措置

供託所は，債権差押通知書等を受け取ったときは，①これに受付の旨およびその年月日時分を記載し，受付の順序に従って，譲渡通知書等つづり込帳に編てつし（規則5条），②その年月日および書面の種類を副本ファイルに記録する（準則75条）。また，執行裁判所に事情届をしたときは，副本ファイルに事情届出の旨および年月日を記録しなければならない（準則76条）とされている。

第6章　供託成立後の権利変動

Q132

供託金払渡請求権に対し仮差押えの執行と滞納処分とが競合した場合，供託所はどのようにするのか

供託所は，徴収職員等による払渡請求に応じて支払う。

● 解 説

(1)　滞納処分による差押えは，仮差押えの執行がされている供託金払渡請求権についてもすることができ，この場合には，仮差押えの執行を無視して手続を進めることができる。仮差押えの執行が後行する場合にも，先行の滞納処分の効力が妨げられないことは当然である（国徴法140条）。

したがって，第三債務者たる供託所は，供託義務を負わない。また，配当加入遮断効を生じないので，執行裁判所または徴収職員等に事情の届出をすることを要しない。

徴収職員等から滞納処分による差押えがされた部分について直接払渡請求があれば，供託所は，これに応じて支払う。

(2)　供託金払渡請求権の一部のみに対する滞納処分による差押えとその残余を超える仮差押えの執行とが競合している場合において，さらに強制執行による差押えがされたときは，その残余の部分につき民事執行法156条2項による供託義務が生ずるので，供託所は，払渡しに応ずることができるときに差押命令を発した執行裁判所に事情の届出をしなければならない（平2.11.13民四第5002号通達第3・2・(3)・イ）。

なお，さらに仮差押えの執行がされたときは，仮差押えの執行のみが競合することになり，何ら供託義務が生ぜず，事情届の問題は起こらない。

(3)　供託所は，当該差押通知書等を受け取ったときは，①これに受付の旨

およびその年月日時分を記載し，受付の順序に従って，譲渡通知書等つづり込帳に編てつし（規則5条），②その年月日および書面の種類を副本ファイルに記録する（準則75条）のみで足り，それ以外特段の措置をとらない。

Q133

供託有価証券払渡請求権に対し強制執行による差押え，仮差押えの執行，滞納処分による差押え等がされた場合，供託所はどのようにするのか

先にされた差押債権者の払渡請求に基づき，その現実の引渡しは執行官に対して行う。ただし，滞納処分による差押えが先行する場合には，徴収職員等の請求に応じて払渡しをする。

● 解説

(1) 供託有価証券払渡請求権に対して強制執行がされた場合

供託有価証券払渡請求権の民事執行法における取扱いは動産と同視されるところから，動産の引渡請求権の差押えと同様の手続とされている（昭55.9.6民四第5333号通達第四・四・1・㈠・(1)）。

差押債権者はその申立てを受けた執行官に動産の引渡しを請求することができることとされているので（民執法163条1項），供託法令による払渡手続が若干変形され，この場合の有価証券払渡請求権者は差押債権者であるが，有価証券の現実の引渡しを受ける者は執行官とされる。すなわち，差押債権者は，その払渡請求をする場合には，供託有価証券払渡請求書の備考欄に供託官の認可した供託有価証券払渡請求書の1通について執行官への交付を求める旨記載するとともに，差押命令が債務者に送付されてから1週間を経過

したことの証明書を添付する。供託官は，払渡請求について理由があると認めるときは，その１通を執行官に交付し，他の１通にその受領を証させることとしている（前掲通達第四・四・１・㈠・⑵および⑶）。

供託有価証券払渡請求権について強制執行による差押えが競合した場合には，金銭債権に対する差押えの競合の場合と違い，いずれの差押債権者の払渡請求であっても，先に払渡請求のあったものを認可して差し支えない（前掲通達第四・四・１・㈡）。

⑵　供託有価証券払渡請求権の強制執行と滞納処分とが競合した場合

供託有価証券払渡請求権について，強制執行による差押えと滞納処分による差押えとが競合した場合には，先着手主義がとられ，先行する手続が優先する。すなわち，滞納処分による差押えが先行する場合には徴収職員等の請求により，強制執行による差押えが先行する場合には差押債権者の請求により，払い渡すことになる（滞調法20条の５・36条の８）。

なお，一部競合の場合には，強制執行による差押えの効力は債権全部に拡大する（滞調法20条の４・36条の４）が，滞納処分による差押えの効力は拡大しない。したがって，先行する滞納処分による差押えが一部だけの差押えの場合には，その残りの部分については強制執行の差押債権者が払渡しを受けられるのに対し，先行する強制執行による差押えが一部差押えの場合においては，差押債権者がその全部の払渡請求をすることができることになり，徴収職員等は払渡請求をすることはできない。

強制執行，滞納処分，強制執行の順で差押えが競合した場合は，最初の強制執行による差押えが効力を有している限り，最後の差押債権者も取立権を行使して供託有価証券の払渡しを請求することができるものと解される。

⑶　供託所における措置

供託所は，当該債権差押命令書等を受け取ったときは，①これに受付の旨およびその年月日時分を記載し，受付の順序に従って，譲渡通知書等つづり込帳に編てつし（規則５条），②その年月日および書面の種類を副本ファイルに記録する（準則75条）のみで足り，それ以外特段の措置をとらない。

Q134

供託振替国債払渡請求権に対して強制執行または担保権の実行もしくは行使がされた場合，供託所はどのようにするのか

A　供託所は，供託規則5条，供託事務取扱手続準則75条による手続以外特段の措置をとらない。執行裁判所が発する譲渡命令または売却命令等があったときは，執行債権者または買受人からの供託振替国債払渡請求に応じて払渡す。

● 解 説

(1) 供託された振替国債の払渡請求権の法的性質

供託振替国債払渡請求権は，当該払渡請求権者が供託官に対して供託物である供託振替国債について振替による譲渡を求める権利であると解される。したがって，供託官は，供託振替国債についての払渡請求を認可したときは，当該供託振替国債について，払渡請求権者の振替口座簿の保有欄に増額等の記載または記録をするために振替の申請をしなければならない（供託振替国債取扱規程4条1項）。

(2) 供託振替国債払渡請求権に対する強制執行

供託振替国債払渡請求権に対する強制執行は，不動産，船舶，動産および債権以外の財産権（その他の財産権）に対する強制執行として，民事執行法167条の規定によることとなる。同条1項は，その他の財産権に対する強制執行については，債権執行の例によるとしていることから，供託振替国債払渡請求権に対する強制執行については，執行裁判所が差押命令を発し（民執法143条1項），債務者に対し債権の取立てその他の処分を禁止し，および第三債務者に対し債務者への弁済，すなわち，供託振替国債について債務者に

対する振替の申請をすることを禁止することとなる（同法145条1項）。

　供託振替国債払渡請求権が差し押さえられた場合には，民事執行法161条1項の「その他の事由によりその取立てが困難であるとき」に該当するから，その換価手続は，債権者の申立てにより，執行裁判所が発する譲渡命令または売却命令その他相当な方法による換価を命ずる命令によることとなる。

　譲渡命令の場合には，譲渡命令の確定後，執行債権者は，供託官に対し供託振替国債払渡請求書を提出することとなるが，この場合には，供託官に譲渡命令が送達されているので，譲渡命令の正本等の添付は要しない。供託官は，譲渡命令に係る払渡請求権について払渡しの事由が存することを添付書類等によって確認した上，執行債権者の払渡請求を認可し，執行債権者に対する振替の申請を行う。

　売却命令の場合には，売却手続が完了すると，執行官は執行債務者に代わって第三債務者である供託官に確定日付のある証書により債権譲渡の通知をすることとされている（民執法161条5項）。この通知がされた後，供託振替国債払渡請求権の買受人は供託官に対し供託振替国債払渡請求書を提出することとなるが，この場合には，供託官に債権譲渡通知が送付されているので，売却命令の正本等の添付は要しない。供託官は，売却命令に係る払渡請求権について払渡しの事由が存することを添付書類等によって確認した上，買受人の払渡請求を認可し，買受人に対する振替の申請を行うこととなる。

　なお，供託振替国債払渡請求権に対し担保権の実行または行使としての差押えがされた場合の取扱いについては，強制執行がされた場合と同様である。

供託振替国債払渡請求権の差押え後に代供託,附属供託がされた場合の供託金の払渡しは,どのようにされるのか

代供託がされた場合には従前の供託振替国債払渡請求権に対する民事執行手続は代供託に係る供託金払渡請求権に対する民事執行手続として続けられ,附属供託がされた場合には従前の供託振替国債払渡請求権に対する民事執行手続において併せて附属供託に係る供託金に対する民事執行手続が行われることになるので,代供託,附属供託に係る供託金の払渡しは,民事執行法に定める債権執行の手続によることとなる。

● 解説

(1) 供託振替国債払渡請求権の差押え後に代供託がされた場合の取扱い

a 代供託に係る供託金の払渡しの取扱い

供託振替国債払渡請求権の差押え後に,当該振替国債の元本の償還による代供託がされた場合(社株法278条2項)には,供託振替国債払渡請求権に対する民事執行手続は代供託に係る供託金払渡請求権(金銭債権)に対する民事執行手続として続けられるため,代供託に係る供託金の払渡しは,民事執行法に定める執行の手続によることとなる。

b 執行債権者による取立て

執行債権者は,執行債務者(供託物払渡請求権者)に供託振替国債払渡請求権に対する差押命令が送達された日から1週間が経過した後であれば,代供託に係る供託金を取り立てることができる(民執法155条1項)。したがっ

て，執行債権者から代供託に係る供託金について払渡請求があった場合には，供託官は，執行債権者が取立権を有することおよび払渡事由が存することを確認した上で，これを認可することができる。

ただし，執行債権者の申立てにより供託振替国債払渡請求権に係る売却命令（民執法167条1項，161条1項）が発せられ，供託所にその告知（民執規則2条1項）がされた場合には，執行債権者が取立権を行使することはできない。

　c　供託振替国債払渡請求権について譲渡命令が発せられた場合

代供託がされた後も供託振替国債払渡請求権に対する譲渡命令（民執法167条1項，161条1項）の手続が続けられ，譲渡命令に基づき供託振替国債払渡請求権を取得した執行債権者から代供託に係る供託金について払渡請求があった場合には，供託官は，譲渡命令の効力が生じていること（民執法167条1項，161条4項参照）および払渡事由が存することを確認した上で，これを認可することができる。

　d　供託振替国債払渡請求権について売却命令が発せられた場合

代供託がされた後も供託振替国債払渡請求権に対する売却命令の手続が続けられ，売却の実施によって供託振替国債払渡請求権を取得した買受人から代供託に係る供託金について払渡請求があった場合には，供託官は，執行官から送付されてきた譲渡の通知書（民執法167条1項，161条5項）に譲受人として記載された者と請求者とが同一人であることおよび払渡事由が存することを確認した上で，これを認可することができる。

(2)　供託振替国債払渡請求権の差押え後に附属供託がされた場合の取扱い

　a　附属供託に係る供託金の払渡しの取扱い

供託振替国債払渡請求権の差押え後に，当該振替国債の利息の支払による附属供託がされた場合（社株法278条2項）には，差押えの効力は附属供託に係る供託金払渡請求権にも及ぶため，附属供託に係る供託金の払渡しは，民事執行法に定める債権執行の手続によることとなる。ただし，担保または保証のための供託について供託振替国債還付請求権が差し押さえられた場合には，その効力は差押え後に附属供託がされた供託金には及ばず，当該附属供

託に係る供託金は，取戻しの手続により払い渡すことができる。
　b　執行債権者による取立て
　附属供託に係る供託金について，執行債権者による取立てが可能であることは，代供託がされた場合と同様であり，執行債権者から附属供託に係る供託金について払渡請求があった場合には，供託振替国債払渡請求権に係る売却命令が発せられ，供託所にその告知がされたときを除き，供託官は，執行債権者が取立権を有することおよび払渡事由が存することを確認した上で，これを認可することができる。
　c　供託振替国債払渡請求権について譲渡命令または売却命令が発せられた場合
　供託振替国債払渡請求権について譲渡命令または売却命令が発せられた場合には，これらの命令が確定した時点において存在する附属供託に係る供託金（差押え後に附属供託されたものに限る。）の払渡請求権も，供託振替国債払渡請求権と共に差押債権者または買受人に移転する。したがって，それらの払渡しの手続は，代供託がされた場合と同様である。

第6章 供託成立後の権利変動

第4節 供託の受諾

Q136

供託の受諾とは何か

弁済供託の債権者が供託所に対し供託を受諾する旨を記載した書面を提出し，供託者の取戻請求権を消滅させることを，供託の受諾という。

● 解説

(1) 弁済供託は債権者側に一定の事情が存在する場合に弁済者の便宜を図りこれを保護するための制度であるから，供託後の事情の変更等によって弁済者が取戻しを望むときは，これを認めることとしても差し支えない。民法496条1項前段はこの趣旨のもとに「債権者が供託を受諾せず，又は供託を有効と宣言した判決が確定しない間は，弁済者は供託物を取り戻すことができる」と規定している。弁済供託がされている場合のなかには，当事者間に争いが存し，中には訴訟にまで発展しているものも少なくなく，また，債務の弁済（供託物の還付請求）と反対給付とが同時履行になっているなどの理由から，債権者（被供託者）が還付請求権を行使して債権の満足を得ようとしても直ちに還付請求をすることができないものもある。そこで，債権者は，とりあえず供託受諾の意思表示をすることにより供託者の取戻しを妨げ，還付請求権の消滅を防ぐことができることとされている。これを受けて，供託規則47条は，「弁済供託の債権者は，供託所に対し供託を受諾する旨を記載した書面……を提出することができる」旨を定めている。すなわ

329

ち，供託受諾の意思表示は，還付請求権を行使する意思を有することをあらかじめ表示することであり，供託者の取戻請求権を消滅させる効力を有するものであるから，供託所に対してされるものでなければならない。

この供託受諾書が供託所に提出されたときは，供託者の取戻請求権は消滅するとともに，その反面，被供託者は原則として（条件付供託受諾につき**Q140**参照）当該弁済供託の効力を認めたものと解され，以後これに反する主張すなわち供託受諾の撤回をすることはできない。

(2) 供託物の払渡しを受けようとする者は供託所に対して供託金（供託有価証券）払渡請求書を提出しなければならない（規則22条，第25号・第26号・第26号の2書式）が，この請求書には，還付・取戻しの別とともに払渡請求の事由を記載することとされている。弁済供託については，還付の場合には供託受諾，取戻しの場合には供託不受諾と記載されるのが通常である。このように，還付請求の際の払渡請求書の記載によってされる受諾の意思表示もいわゆる供託受諾であるが，一般的に「供託受諾」とは，被供託者（供託受諾をすることができる者の範囲につき**Q138**参照）が供託物の還付請求によらずに供託所に対する「供託を受諾する旨を記載した書面」の提出（規則47条）をすることによって供託者の取戻請求権を消滅させることをいう。

第6章 供託成立後の権利変動

供託の受諾はどのようにするのか

供託受諾は，供託所に対して「供託を受諾する旨を記載した書面」を提出して行う。

ただし，この「供託を受諾する旨を記載した書面」は，「供託受諾書」という書面でなくても，その記載の趣旨，内容から供託受諾の意思表示を判断することができるものであれば足りる。

● 解 説

(1) 供託受諾の法的性質

弁済供託において，供託者は，債権者（被供託者）が供託を受諾したとき（民法496条1項前段）は，供託物を取り戻すことはできない。この供託受諾の法律上の性質は，被供託者がいまだ還付請求の要件を備えることができない場合において，供託者の供託物の取戻しを妨げる意思表示である。したがって，供託受諾の意思表示は，撤回することができない（昭37.10.22民甲第3044号民事局長回答）。

(2) 供託受諾の方法

a 供託受諾の意思表示の相手方

供託受諾の意思表示は，供託所または債務者のいずれに対してしてもよいとするのが通説である。また，意思表示の本則からいえば，被供託者が供託者に対してすれば足りるはずであるが，供託者に対して意思表示をしたのみでは供託所に対する関係および供託物取戻請求権に対し権利を主張する第三者との関係において実効を期し難いので（供託受諾の意思表示は，供託者の取戻請求権を消滅させるものであるから），供託所に対して書面をもってす

ることとされている（規則47条）。
　b　供託受諾をすることができる者の範囲（**Q138**参照）
　c　供託受諾の方法

　供託受諾の意思表示は「供託受諾書」その他の「供託を受諾する旨を記載した書面」をもってすることとされている（したがって，口頭による供託受諾の申出は不可。昭36.4.4民甲第808号認可14問・先例集(3)22頁）が，この書面の様式については，特に定められていない。したがって，必ずしも供託受諾書として作成されていない書面であっても，その記載の趣旨，内容から供託受諾の意思表示があるものと判断されれば，供託受諾があったものと認めることができる。また，供託金の還付請求権の譲渡通知書の記載内容によっては，被供託者の「供託受諾」の意思表示があったものとして取り扱う傾向にあることに注意を要する（詳しくは**Q139**参照）。

　なお，供託受諾書には，被供託者の印鑑証明書の添付は必ずしも必要でない（昭41.12.8民甲第3321号認可10問・先例集(4)234頁）。供託規則26条1項は，原則として供託物払渡請求者は請求書に押印した印鑑につき市区町村長または登記所（請求者が法人の場合）の証明を得た印鑑証明書を提出すべき旨を定め，また，供託規則27条3項（同規則14条準用）は，請求者が法人である場合には原則として代表者の資格証明書を添付すべき旨を定めている。これ

```
　　　　　　　　　供　託　受　諾　書

　　下記供託を受諾いたします。
　　　　　　　　　　　　　　記
　　　　供託年月日　　平成　　年　　月　　日
　　　　供 託 番 号　　平成　　年度金第　　　　号
　　　　供 託 金 額　　金　　　　　　円
　　　　供 託 者　　住所
　　　　　　　　　　氏名
　　　　　　　　　　　　　　　　　平成　　年　　月　　日
　　法務局（地方法務局又はそれらの支局，出張所）御中
　　　　　　　　　　　　　　被供託者（住所氏名）　　　　　印
```

第6章　供託成立後の権利変動

は，請求者が本人に相違ないことを確認するための手段として用いられるものである。供託受諾書については，印鑑証明書および資格証明書の添付を求めていないが，同書面が本人の意思に基づいて作成提出されたものであるかどうかを確認する必要性は払渡請求の場合と同様にあるところ，後日還付請求をする際に提出される印鑑証明書等によりこれを確認することとされている。

　d　供託受諾書の送付を受けた供託所の処置

　供託受諾書が供託所に送付されたときは，供託官は，当該書面に受付の旨およびその年月日時分を記載し，受付の順序に従って，譲渡通知書等つづり込帳に編てつして保存する（規則5条1項。**Q136**～**Q140**参照）。

　また，副本ファイルには，当該書面を受け取った年月日およびその書面の種類を記録しなければならない（準則75条）。

供託受諾をすることができるのは誰か

供託受諾の意思表示をすることができる者は，被供託者，還付請求権の譲受人，取立権を有する差押債権者，転付債権者および債権者代位権を行使する一般債権者である。

● 解説

(1)　供託物の還付請求権または取戻請求権は，指名債権として債権譲渡の目的となり，また，差押え等の対象にもなり得るが，供託受諾の意思表示を有効にすることができる者は，当該弁済供託の還付請求権を行使することができる者である。すなわち，被供託者，還付請求権についての譲受人，取立

権を有する差押債権者，転付債権者および債権者代位権を行使する一般債権者であり，仮差押債権者は供託物払渡請求権の処分を禁ずる地位にとどまるのでこれには当たらないとされている（昭38.2.4民甲第351号認可，その他１問・先例集(3)243頁）。

(2) 供託受諾の意思表示をすることができる者は，原則として，別に書面をもって供託所に対しその意思表示をしない限り，供託者の取戻請求を妨げることはできない（規則47条参照）。転付債権者等については被差押債権から満足を得ようとする意思があることを推認することができるが，還付請求権を有することと，当該供託を受諾する行為とは別個であり，しかも，差押命令，差押・転付命令は元の被供託者である差押債務者の意思とは関わりなく強制的にされるので，当該差押・転付命令等が供託所に送達されたことにより供託受諾の意思表示があったものと認めることは妥当ではない。これに対して，債権譲渡による譲受人は，元の被供託者である譲渡人の自由意思により当該債権を譲り受けた者であるから，特別の事情のない限り，譲渡行為自体のなかに供託受諾の意思表示も含まれていると解して差し支えないであろう（**Q139**参照）。

供託物還付請求権の譲渡通知は供託受諾としての効力があるか

A

供託受諾書の様式は特に定められていないので，当該譲渡通知書中に特に供託を受諾したものではない旨の記載がある場合等を除き，当該譲渡通知書の到達と同時に供託受諾の意思表示があったものと認めることができる。

● 解説

(1) 供託受諾の意思表示は、供託所に対して「供託を受諾する旨を記載した書面」を提出することによってすることとされている（規則47条）が、この供託受諾書の様式については、特に定められていない（つまり、不要式行為である。）。したがって、必ずしも供託受諾書として作成されていない書面であっても、その記載の趣旨、内容から供託受諾の意思表示が判断されれば、供託受諾があったものと認めることができる。

(2) そこで、供託所に送付された供託物還付請求権の譲渡通知書をもって「供託受諾」の意思表示があったものとみることができるかという問題がある。供託物還付請求権の譲渡は、元の被供託者（譲渡人）の自由意思により行われるものであるから、特別の事情のない限り、譲渡行為自体に供託受諾の意思表示も含まれていると解される余地がある。すなわち、供託所に送付された当該債権譲渡通知書中に供託を受諾する旨の記載がない場合であっても、当該書面中に供託を受諾したものではない旨の積極的な記載がある等特別の事情のない限り、債権譲渡通知の到達と同時に供託受諾の意思表示があったものと認めることができる。このことは債権譲渡通知の記載内容によって判断すべきものと考えられるが、供託実務では、従来から、次のような場合には、「供託受諾」の意思表示があったものとして取り扱われている。

① 被供託者の譲渡通知書（……当会社は右還付請求権を……氏に譲渡します。依って同氏に御支払下さい。……右の通り供託物還付請求権の譲渡を通知します。）に受諾の意思表示が認められるとしたもの（昭33.5.1民甲第917号回答）

② 債権譲渡通知書（……供託金は通知人が受取るべきものでありますが、今般……会社へ通知人が債権譲渡をなしたるに付ここに通知致します。）に供託受諾の意思表示が認められるとしたもの（昭36.10.20民甲第2611号回答）

③ 家屋の管理一切を委任する旨の委任状（印鑑証明書付）を添付して、被供託者の代理人から家賃供託金還付請求権の譲渡通知が供託所に送達され

た後は，供託者から供託不受諾を理由に取戻請求があっても認可をすることはできないとしたもの（昭37.12.11民甲第3560号認可12問・先例集(3)230頁）

Q140 留保付きの供託受諾は認められるか

A 金額に争いのある債権の供託金について被供託者が債権額の一部として受領する旨の留保を付した供託受諾に限って認められる。

● 解説

(1) 供託受諾と留保付きの還付請求

供託受諾の意思表示は，単に供託者の取戻しを妨げる意図にとどまるときは，供託規則47条の受諾書を提出してすれば足りるが，この意思表示は，多くは供託物払渡請求書のなかで示されるのが普通である（規則第25号・第26号書式において，「供託受諾」を払渡請求事由として掲げる。）。したがって，留保付きの供託受諾の問題と留保付きの還付請求の問題（**Q166**参照）とは，同様の問題としてとらえることができる。

(2) 留保付きの供託受諾の法的性質

留保付きの供託受諾（または還付請求）を供託法上認めるべきかどうかについては，見解が分かれている。

否定説は，①債務者が債権全額として供託した額が債務の一部にすぎないときは，その弁済供託は無効であり（大判昭12.8.10民集16巻19号1344頁），債権者が債権全額としてされた供託の還付請求にあたって債権額の一部である

との留保を付けるということは，債務者の供託が無効であると主張しているのと同様である，②供託の法的性質を「第三者のためにする寄託契約」とみる立場（通説）からすれば，供託所は供託原因とは異なる趣旨の留保付きの供託受諾の意思表示を受ける権限はないし，これに応ずることは契約上の義務違反になる，③供託が弁済と同様に債務消滅を目的とする制度であることからみれば，留保付きの還付請求を認めることは法律関係の安定を損う危険がある，などと説く。

これに対して，今日の判例・通説は，次のとおり説いて，かかる留保付きの還付請求を肯定している。すなわち，供託の法的性質をどのように解するにしても，形式的審査権しかない供託所においては，債権者・債務者間の法律関係に影響を及ぼすような機能を認めるべきではない。したがって，供託額が債務の全部弁済に相当するのか，一部弁済にすぎないのかは，債権者・債務者の意思表示によって決まるのではなく，客観的に，裁判の確定によらなければならない以上，留保付きであっても，債権者が供託受諾の請求をしているときは，これを拒絶するような権限を供託所に認めるべきではない。また，債権者がその債務の一部の弁済を受ける意思で供託を受諾し，供託物を受領することも不都合ではない。さらに，このような留保付きの還付請求を認めないとするならば，債権者は裁判などで債権額が確定しない以上これを受領することができず，債権者に不利益であるとともに，供託物の利用が阻害されることになり不当である。そして，仮にこれを認めたとしても，債務者は債務を弁済しなければならない義務を負担しており，かつ供託額の範囲では弁済の意思があるのであるから，債務者には不利益は生じない。

(3) 供託実務上の取扱い

a 一部弁済としての留保

賃料の増額請求がされている場合において，賃借人が相当と認める額を供託しているとき，不法行為に基づく損害賠償金について加害者が相当と認める額を供託しているときなど「金額に争いのある債権の供託金」について，判例は，債権者（被供託者）が債務者に対して供託金を債権の一部に充当する旨通知し，かつ，供託所に対して留保の意思を明らかにして還付を受け（受

諾）たときは，供託金は債権の一部の弁済に充当されたものと解すべきである（最判昭36.7.20判例時報169号7頁，最判昭38.9.19民集17巻8号981頁）とし，これに対応して，供託先例も，債権の一部弁済として受領する積極的留保の意思表示ある払渡請求を認可することができる（昭35.3.30民事第775号回答，昭42.1.12民甲第175号認可6問・先例集(4)253頁）としている。供託先例がこうした留保付きの供託受諾を認めているのは，①供託者はその限度で債務を免れること，②それが一部の弁済であるか全部の弁済であるかは裁判等で決着をつければ足りること，③供託の受理から払渡しに至るまでの過程は形式的で，供託書に記載されたことのみをもって判断されており，供託者が全額であるとして供託した金額がどれほど真実に合致するものであるかはわからないこと，④供託が第三者のためにする寄託契約の性質を有するものであるとしても一部の弁済を受ける意思で供託を受諾することは不都合ではないことなどの考えに基づくものであろう。

　なお，金額に争いある債権の供託金を受領するに際して積極的に留保の意思表示がされなくとも，争いにつき本訴係属中であれば，これをもって留保の意思表示ありとする判例（最判昭42.8.24民集21巻7号1719頁），賃貸借契約の成否につき争いのある家屋の賃料供託金を受領しても，これにつき訴訟が係属していれば賃貸借を承認したことにはならないとする判例（最判昭44.7.24判例時報571号44頁）もあるが，紛争が訴訟に発展しているときは，当然に留保の意思表示ありと認めるべきかどうかについては，裁判所の判断に委ねるべきであろう。

　b　一部弁済としての留保以外の留保

　一部弁済としての留保以外の留保の意思表示がされた場合であるが，適法に土地の賃貸借契約解除後，当該土地の占有者がした賃料供託金を損害として受領する旨を占有者に通告したとしても賃貸借契約解除の意思を撤回したものと解されないとする裁判例（札幌高判昭42.5.9判例時報489号62頁）もあるが，供託先例は，このような供託受諾を認めていない（昭38.6.6民甲第1669号認可6問・先例集(3)293頁，昭39.7.20民甲第2591号回答）。

　この裁判例がいうように，賃料供託金につき賃料相当損害金として供託金

第6章　供託成立後の権利変動

を受領する具体的理由があり，供託金払渡請求行為が結果において承認される妥当性があったとしても，一般的に，供託所はそうした実体的権利関係を知り得ないのであり，契約の趣旨に従って払い渡すことを託された供託所としては，このような留保付きの払渡請求がされても，これを認めることはできないというべきであり，供託先例もその趣旨に基づくものであろう。つまり，前述した一部弁済として受領することを認めることとは異なり，第三者のために寄託契約の内容を供託所が一方的に変更することになり，許されないとするのが正当であろう。

第 5 節　供託物払渡請求権の消滅時効

弁済供託の払渡請求権の消滅時効は，いつから進行するか

供託の基礎となった事実関係をめぐる紛争が解決する等により，供託当事者において払渡請求権の行使を現実に期待することができることとなった時（権利を行使することができる時）から進行する。

● 解説

(1) 「権利を行使することができる時」に関する従来の解釈

供託金払渡請求権の消滅時効の起算点について，かつての実務の取扱いは，それまでの裁判例（東京控決昭12.7.20改訂供託関係判例集50頁以下）に従って，取戻請求権のみならず，還付請求権についても，一般的には供託の日，反対給付を付された弁済供託の還付請求権については反対給付が履行された時から進行すると解していた（昭6.5.5民事478号回答，昭7.6.21民甲第597号回答，昭37.2.9民甲第283号回答，昭39.9.14民甲第3048号回答，昭41.3.5民甲第613号回答）。すなわち，民法496条で「債権者が供託を受諾せず，又は供託を有効と宣告した判決が確定しない間は，弁済者は供託物を取り戻すことができる」とし，民法166条 1 項で「消滅時効は権利を行使することができる時から進行する」と規定されていることから，供託金払渡請求権の消滅時効についても，「権利を行使することができる時」を「供託の日」と解し，そ

の時から時効が進行すると解されていたものである。したがって，当事者において争訟中であること，あるいは裁判上の和解が成立したことは，消滅時効の進行には何らの影響もないという取扱いがされていた（前掲昭37.2.9民甲第283号回答）。

(2) 供託金払渡請求権の消滅時効の起算点

このような実務の取扱いに対して，裁判例に変化があらわれ，払渡請求権の行使を現実に期待することができる時から進行するとする下級審の裁判例が相次いで見られるところとなった（富山地判昭41.3.31判例時報453号57頁ほか）。このような裁判例が相次いだのは，賃料債務に関する裁判が長期化し，ようやく裁判が確定して供託金の払渡請求に及んだところ，消滅時効完成を理由にその請求が却下されるという例が多くあったことによるものと考えられる。

こうした裁判例の動向と実務の取扱いとの相違についての最高裁としての判断が望まれていたところ，最高裁昭和45年7月15日判決（民集24巻7号771頁）は，「弁済供託における供託物の取戻請求権の消滅時効の起算点は，供託の基礎となった債務について紛争の解決などによってその不存在が確定するなど供託者が免責の効果を受ける必要が消滅した時と解するのが相当である」と判示した。この判例は，賃借権の存否という弁済供託の基礎たる事実をめぐって供託者と被供託者との間に紛争があるという場合に関するものであるが，そうした紛争が続いている間に当事者のいずれかが供託物の払渡しを受けるということは相手方の主張を認めて自己の主張を撤回したものと解される恐れがあるので，紛争の解決を見るまでは供託物の払渡請求権の行使を当事者に期待することは事実上不可能に近く，供託物払渡請求権の消滅時効が供託時から進行すると解することは，法が当事者の利益保護のために認めた弁済供託制度の趣旨に反することになるという理由から，前記判示を導いたものである。

この最高裁判決の趣旨を受けて，昭和45年9月25日民事甲第4112号民事局長通達が発せられた。この通達は弁済供託における供託物払渡請求権の消滅時効が供託時から進行するという取扱いを改めるために発せられたもので

あり，供託当事者間に紛争があり，それによって供託者が事実上供託物の払渡しを受けることのできない場合における弁済供託における供託物払渡請求権の消滅時効の起算点を明確にしたものである。

　その後，平成13年11月27日最高裁第三小法廷判決において，債権者不確知または受領不能を原因とする弁済供託のように，供託の時点では供託の基礎となった事実関係をめぐる紛争が存在することを前提としない弁済供託の場合についても，弁済の基礎となった債務について消滅時効が完成するなど供託者が供託による免責の効果を受ける必要が消滅した時をもって供託金の取戻請求権の消滅時効の起算点とするのが相当であるとされ，これを受けて，上記最高裁判決と同旨の平成14年３月29日民商第802号民事局長通達が発せられ，供託事務の取扱いが改められている。

　したがって，弁済供託の取戻請求権については，受領拒否，受領不能または債権者不確知のいずれを原因とする弁済供託に係るものであっても，供託の基礎となった債務について消滅時効が完成するなど，供託者が供託による免責の効果を受ける必要が消滅した時が，その消滅時効の起算点として扱われる。

　また，弁済供託の還付請求権については，受領拒否を原因とする弁済供託にあっては昭和45年通達のとおり供託の基礎となった事実関係をめぐる紛争が解決する等により供託金還付請求権の行使を現実に期待することができることとなった時が，受領不能を原因とする弁済供託にあっては昭和60年10月11日民四第642号民事局第四課長回答のとおり供託時が，債権者不確知を原因とする弁済供託にあっては従前どおり判決の確定，和解成立等供託金還付請求権を行使できる時が，それぞれの消滅時効の起算点として扱われる。

Q142

保証供託の払渡請求権の消滅時効は、いつから進行するか

A

保証供託の取戻請求権については、供託原因消滅の時から進行する。

保証供託の還付請求権については、関係官公署等の行う特別の配当手続を経た上で債権者が還付請求をする場合は支払委託の時から、それ以外の場合は還付請求権を有することが確定した時から進行する。

● 解 説

保証供託（営業上の保証供託、裁判上の保証供託、税法上の保証供託等）のように、官公署の関与する供託事件についての消滅時効の起算点については、時効処理等取扱要領（平成25年1月11日民商第7号民事局長・官房会計課長通達）により定められている。

(1) 裁判上の保証供託

裁判上の保証供託の取戻請求権の消滅時効の起算点については、①民事訴訟法79条1項に基づく担保取消決定が確定した場合、②同条2項または3項に基づく担保取消決定が確定した場合、③民事保全規則17条1項または4項に基づく担保取戻許可がされた場合とで、それぞれ異なる。

民事訴訟法79条1項に基づく担保取消決定がされている場合には、供託者が提起した民事保全に係る本案訴訟において請求の全部認容判決があるなど供託者が全部勝訴した判決が確定した日等、担保の事由が消滅した日が取戻請求権の消滅時効の起算日として扱われる。また、同条2項または3項に基づく担保取消決定が確定した場合には、当該確定した日が取戻請求権の消

滅時効の起算日として扱われる。そして，民事保全規則17条1項または4項に基づく担保取戻許可がされた場合には，民事保全法43条2項の期間が経過した日または保全命令申立てが取り下げられた日，債務者（被供託者）が債権者（供託者）の権利を承継した日が取戻請求権の消滅時効の起算日として扱われる。

　なお，還付請求権については，被担保債権につき被供託者への給付等を命じた判決が確定した時，被供託者が被担保債権につき債権を有していることの確認判決と同一の効力を有する和解が成立した時，供託者が被担保債権につき被供託者に債権があることの債務承認をした時など，還付請求権を有することが確定した時が起算点として扱われる。

(2)　営業上の保証供託

　営業上の保証供託については，供託根拠法令に営業上の保証供託に係る供託金の取戻請求をするに当たって，取戻請求の前提手続として，取戻請求者または関係官公署等に当該営業保証金につき権利を有する者に対し，一定期間内に権利の申出をすべき公告または告示をすること（以下「権利申出公告手続」という。）を義務付けている場合が多いが，①供託根拠法令に権利申出公告手続の定めがない場合と②供託根拠法令に権利申出公告手続の定めがある場合とで，取戻請求権の消滅時効の起算点はそれぞれ異なる。

　供託根拠法令に権利申出公告手続の定めがない場合には，営業免許の失効もしくは取消し，営業廃止，事業者の死亡または合併による消滅等供託原因消滅の時が取戻請求権の消滅時効の起算点として扱われる。一方，供託根拠法令に権利申出公告手続の定めがある場合は，これらの供託原因消滅事由の発生後，権利申出をするために必要な最低限の期間が経過した時が取戻請求権の消滅時効の起算点として扱われる。

　なお，還付請求権については，債権者が供託根拠法令上の手続により，個々に随時に還付請求権の存在を証明して還付請求をする場合は，当該権利を取得した時，関係官公署等の行う特別の配当手続を経た上で債権者が還付請求をする場合は支払委託の時が起算点として扱われる。

第6章　供託成立後の権利変動

供託金払渡請求権の消滅時効は，どのような場合に中断するか

供託金払渡請求権は，供託証明書の交付等，債務承認となり得る事実の発生により中断する。

● 解　説

(1)　時効の中断となる場合

　時効の中断とは，一般的に時効の基礎である事実状態を覆すような一定の事実が生じた場合において，それまで進行してきた時効が進行しなくなることをいう。供託金払渡請求権の消滅時効については，民法が適用される（大11.9.28民甲第2214号回答）。したがって，ある事実が時効中断事由に該当するか否かは，民法147条の規定により定まる。

　なお，供託金払渡請求権には，取戻請求権と還付請求権という二つの独立した請求権があるから，時効の中断事由も，それぞれ各別に発生することとなる。

　時効中断に関する供託実務上の取扱いは，次のとおりとなっている。

　　a　供託証明書の交付は，債務の承認として中断事由にあたる（昭34.9.7民甲第1970号回答，昭10.7.8民甲第675号回答，昭18.3.15民甲第131号回答）。ただし，供託者に供託証明書が交付されたことにより取戻請求権について時効が中断しても，その時効中断の効果は還付請求権には影響しないから，還付請求権について時効が中断することはない（昭35.8.26民甲第2132号回答）。また，被供託者が数名いる場合において，その1名に対して供託証明書を交付しても，時効中断の効果はその1名の払渡請求権のみについて生じ，他の還付請求権者には影響しないとされている（昭39.3.27民甲第769号認可4問・先

例集(3)387頁)。これは，供託所に対する還付請求権がそれぞれ独立した可分債権であることを理由とするものである。

供託証明書は供託につき利害関係を有する者に交付される（規則49条1項）が，時効が中断するのは，供託金（供託物）について直接利害関係を有する払渡請求権者に対する証明に限られる（昭42.1.31民甲第174号認可1問・先例集(4)254頁）。したがって，被供託者は，例えば，将来損害賠償債権として供託金の払渡しを受けるため利害関係人として取戻請求権の時効を中断すべく供託証明書の交付を請求することはできない（昭39.9.3民甲第2912号認可）。

b 供託関係書類の閲覧は，債務の承認として中断事由にあたる（昭39.10.3民甲第3198号回答，昭41.12.8民甲第3321号認可2問・先例集(4)232頁）。なお，消滅時効が完成している可能性がある供託事件について閲覧または証明の請求がされたときは，供託官は，請求者に「消滅時効の効果に影響を与えるものではない。」旨を伝えた上で，閲覧に供し，または供託証明書を交付することとされている（平25.1.11民商第7号民事局長・官房会計課長通達第6）。

c 供託官の口頭説明によって時効中断の効果を生ずることがある。例えば，弁済供託の供託者または被供託者からされた供託物の有無に関する質問に対して供託官が口頭で払渡しができる旨を応答したときは，消滅時効は中断する（昭33.6.24民事四発第102号回答，昭38.5.18民甲第1504号認可7問・先例集(3)277頁，昭38.5.25民甲第1570号認可，払渡関係1問・先例集(3)285頁，昭38.7.1民甲第1839号認可2問・先例集(3)310頁）。ただし，供託官の応答が一般的説明にとどまるときは，時効は中断しない（昭41.10.5民甲第2828号認可14問・先例集(4)212頁）。

d 供託所から供託者に対して供託物取戻しの催告状を発したときは，その書面の到達により，供託金取戻請求権の消滅時効が中断する（昭10.6.10民甲第432号回答，昭34.2.12民甲第235号回答）。また，例えば，供託物払渡請求がされたが，添付書類中の印鑑証明書の有効期間が経過していたため返戻中に時効期間が到来した場合には，その払渡請求は催告（民法153条）に該当し，また，その返戻の際の供託官の指示の内容によっては債務承認に該当する場合があり得る（昭35年度全国会同決議28問・先例集(3)6頁）。

e　一括してされた弁済供託金の一部について払渡請求がされた場合（例えば，一括供託された5ヵ月分の家賃のうち，3ヵ月分につき取戻請求がされたときは，残りの2ヵ月分について）には，払渡請求のされなかった部分については，債務承認として時効が中断する（昭39.11.21民甲第3752号認可12問・先例集(4)39頁）。

(2)　時効の中断とならない場合
　a　弁済供託について，被供託者から供託受諾書が提出されたのみでは，還付請求権の消滅時効は中断しない（昭36.1.11民甲第62号回答）。
　b　供託金払渡請求権に対する差押え，仮差押え，仮処分は，被差押債権の消滅時効を中断しない（昭44.3.3民甲第345号回答）。国が財産差押えを事由として供託者の取戻請求権を行使して払渡しを受けても，被供託者の還付請求権の消滅時効を中断することにもならない（昭42.4.5民甲第705号認可8問・先例集(4)293頁）。

(3)　中断後の時効の進行
　中断した時効は，その中断の事由の終了した時から，さらにその進行を始めることになる（民法157条1項）が，供託物払渡請求権についても時効中断後の新たな時効期間は，時効中断の翌日から進行する（昭41.10.14民甲第2909号認可14問・先例集(4)219頁）。
　なお，時効中断の効果は，それまで続いた時効期間の進行の効果がまったく失われることであり，供託当事者および供託所の事務処理に重大な影響があるので，中断事由が発生したときは，副本ファイルにその要旨および中断事由発生の年月日を記録することとされている（準則87条参照）。

供託有価証券の払渡請求権は時効により消滅するか

供託有価証券の払渡請求権は，消滅時効にかかることはない。ただし，償還金の払渡請求権について消滅時効が完成したものについては，保管物取扱主任官において取り戻し，既済の処理がされる。

● 解 説

(1) 供託有価証券の消滅時効完成による処理の可否

供託物払渡請求の目的物が有価証券である場合において，その請求権について消滅時効完成による処理をすることができるかどうかについては，消極であるとするのが実務の取扱いである（大11.9.18民事第2214号回答）。民法は所有権について消滅時効を認めていないから，供託有価証券の所有権も時効によって消滅することはなく（大12.5.15民事第1180号回答，昭4.7.3民事第5618号回答），したがって，供託有価証券払渡請求権について消滅時効を考える実益がないという理由からである（水田＝村上・新供託読本〈新版〉66頁）。ただし，有価証券に表章されている償還金の請求権は消滅時効にかかるところ，供託後長期間経過して既に償還金請求権（例えば国債の償還金請求権）自体が時効により消滅したものは既に有価証券性を失っていると解されるので，そのような有価証券について，そのまま日本銀行に寄託を継続しておくことは適当ではない。そこで，このような有価証券については，供託手続を終結させるため，保管物取扱主任官たる供託官が寄託先の日本銀行から当該供託有価証券を取り戻して既済処理をする取扱いをしている（昭6.1.13民事第14号回答，昭32.10.17民甲第2019号通達）。

第6章　供託成立後の権利変動

　なお，日本銀行から取り戻して保存期間中の有価証券につき供託者から払渡請求があったときは，その請求に応じて差し支えないとされ，また，当該有価証券は日本銀行から取戻後10年間保存することとされている（昭36.9.5民甲第2090号回答，昭37.7.3民甲第1623号認可2問・先例集(3)152頁）。
　しかし，この償還金請求権について時効が完成して保管物取扱主任官が取り戻した供託有価証券を10年間保存するという実務の取扱いは，実体的な所有権に基づく供託有価証券の払渡請求権の存在を考慮してのものというよりは，むしろ文書一般の保存期間を考慮してのものと解することができ（規則10条参照），また，その有価証券を供託者の請求に応じて下付するというのも，供託物払渡請求権の行使請求に応ずるという趣旨のものではなく，便宜の措置として請求者に返還するにすぎないものといえよう。

(2)　供託有価証券払渡請求権の時効の成否
　供託有価証券払渡請求権について消滅時効を肯定すべきかどうかについては，供託の性質が寄託契約であるとすると，供託有価証券の払渡請求には寄託契約上の債権に基づく履行請求権と所有物返還請求権とが併存すると考えられるところ，所有権に基づく返還請求権によっていつまでも供託有価証券の引渡請求が認められるという理由だけで供託有価証券払渡請求権の時効完成を否定すべきではないとする見解（伊藤「供託有価証券払渡請求権の時効消滅の有無」別冊ジュリスト158号138頁），あるいは，「供託物が金銭の場合でも有価証券の場合でも，供託契約に基づく還付・取戻請求権について前述の消滅時効を認むべきことには変りがない」とする見解（水田・供託制度の概要(八)5頁）などが見られるが，ここに至っては，やはり立法的な措置を待つ必要があろう。
　なお，償還金請求権の消滅時効完成を期待することができない有価証券については，供託実務は，事務上の負担を考慮して，国債以外の供託有価証券で供託後20年以上経過したものについて，債権者に払渡請求方の催告をして差し支えないとする取扱いをしている（昭10.2.21民甲第105号回答）。

Q145 供託金利息の払渡請求権は、時効により消滅するか

A 供託金利息払渡請求権には消滅時効の適用があり、保証供託金の利息払渡請求権の消滅時効の期間は払渡しを請求することができる日から5年、保証供託以外の供託金の利息払渡請求権の消滅時効の期間は元金払渡しの日から10年である。

● 解 説

(1) 利息の消滅時効に関する適用法令

供託法3条は、供託金には命令の定めるところにより利息を付することを要する旨規定しているが、供託法上、供託金利息払渡請求権の消滅時効の期間に関する規定は存しない。この点に関し、金銭の給付を目的とする国に対する権利であって時効に関して他の法律に規定がないものは5年間これを行わないときは時効により消滅する旨定めた会計法30条の規定が適用されるかどうかが問題となる。

この点につき、判例および通説は、供託の法的性質を寄託契約の性質を有するものと解しており、したがって、民法上の契約の一種の法律関係から生じた供託金利息請求権も、民法上の権利であって、民法の適用を受けると解されている。供託実務における先例も、供託金利息請求権の消滅時効は民法によることを確認している（大11.9.18民第2214号民事局長回答）。

(2) 保証供託の場合

保証供託における担保権の効果は供託金の利息に及ばないから、保証供託金の利息については、毎年、供託した月に応当する月の末日後に、同日までの利息を支払うこととされている（供託継続期間が1年未満である場合等元

金とともに利息の払渡請求がされたときは，利息は元金とともに支払われる。規則34条2項）。したがって，保証供託金の利息については，いわゆる定期給付債権としてその消滅時効期間は5年と解され（民法169条），その起算点は供託金利息の払渡請求をすることができる日，すなわち供託月に応当する月の翌月の1日からと解されている（平25.1.11民商第7号民事局長・会計課長通達第4の7）。

(3) 保証供託以外の供託の場合

保証供託以外の供託の場合における供託金の利息については，元金と同時に払い渡すことを原則とし，元金の受取人と利息の受取人とが異なる等元金と同時に払い渡すことができないときは，元金を払い渡した後に払い渡すこととされている（規則34条1項）。

利息の弁済期は一般に元金の払渡しと同時に到来するのであるから，原則的な場合には，利息払渡請求権の消滅時効のみが単独で進行することはない。しかし，①元金の受取人と利息の受取人とが異なる場合，②元金の払渡請求時に利息の払渡請求をすべきであるにもかかわらず，その請求をしなかったために利息が未払となっている場合，③利息の不足払いをしたために不足分の利息が未払となっている場合などには，利息のみの払渡請求がされることになるから，利息払渡請求権の消滅時効の成否を検討する必要がある。この場合には，一般債権の規定が適用され，利息払渡請求権の消滅時効は元金払渡しの日から進行し10年を経過することによって完成する（民法166条1項・167条1項）。

第7章 供託物払渡しの手続

第1節 払渡手続通則

Q146 供託物の「還付」と「取戻し」との区別は何か

A 「還付」とは，供託関係に基づく権利者たる被供託者に対し供託物を払い渡すことをいい，「取戻し」とは，供託者に供託物を取り戻される場合をいう。

● 解 説

　供託の受理決定がされて供託が手続上有効に成立すると，供託物は供託所が保管するという状態（供託関係）に入る。この供託関係を終了させる手続が供託物の払渡手続である。

　この供託物の払渡しには，「還付」と「取戻し」との2種類の手続がある。
（1）還　付

　還付とは，供託関係に基づく権利者，すなわち，弁済供託または裁判上の保証供託の場合には被供託者またはその承継人，営業上の保証供託の場合には供託者と営業上の取引をした債権者等に対して供託物を払い渡すことをいい，還付によって，供託関係はその本来の目的を達成して終了する。

　還付請求が認められるためには，次のような要件を満たしていることが必要である。
① 被供託者が確定していること
② 被供託者の供託物に対する実体上の請求権が確定していること
③ 被供託者の供託物に対する実体上の請求権を行使するについて，条件が

成就していること(例えば,反対給付の条件が付されている場合にはその履行がされたこと,選挙供託の場合には法定得票数に達していないこと等)

還付請求をするには,その権利を有することを証明する書面を添付して払渡請求(還付請求)をする必要がある(法8条1項,規則24条1項)。なお,還付請求がされる主な例としては,次のような場合がある。
① 地代・家賃の弁済供託の場合における地主・家主等からの払渡請求
② 給料債権につき単発の差押えがされている場合における当該差押債権者からの払渡請求
③ 配当その他官公署の決定による債権者等からの払渡請求
④ 営業上の保証供託の場合における営業上の取引によって生じた債権に基づく債権者からの払渡請求

(2) 取戻し

「取戻し」とは,供託の目的が錯誤その他の理由によって初めから存在しなかったり,供託後において供託原因が消滅したこと等により,供託関係がその目的を達成せずに,供託物が供託者に払い渡されることをいう。この取戻しがされた場合にも,還付と同様に供託関係は終了する。

取戻請求は,供託者またはその承継人の請求によってされる。取戻しが認められるのは,次のいずれか一に該当する場合である。
① 当該供託が錯誤の供託であって無効であること(法8条2項)
　(i) 被供託者を「甲」とすべきであるのに「乙」としたもの(当事者の誤り)
　(ii) 供託原因を誤ったり,供託原因が不存在であったとき
② 供託後に供託原因が消滅したこと(法8条2項)
　(i) 停止条件付債務弁済のための供託における条件不成就(債権不発生)のとき
　(ii) 担保供託の場合における担保の目的たる債権の不発生ないし消滅のとき
　(iii) 法令により供託原因が消滅したとき

第7章　供託物払渡しの手続

(iv)　差替えをしたときの従前の供託物の取戻し
③　供託を有効と宣告した判決が確定していないこと（民法496条1項）
④　弁済供託の場合において，被供託者が供託を受諾していないこと（不受諾）（民法496条1項）

供託物の払渡請求はどのような方法によってするのか

供託物払渡請求書に必要な書類を添付または提示して，これを供託所に提出して払渡請求をする。

● 解 説

　供託物の払渡請求者は，供託物が金銭の場合には供託金払渡請求書（規則25号書式）1通を，供託物が有価証券の場合には供託有価証券払渡請求書（規則26号書式）2通を，供託物が振替国債の場合には供託振替国債払渡請求書（規則26号の2書式）2通を作成し，所定の添付書類とともに供託所に提出する（規則22条1項・24条・25条・26条・27条）。払渡請求書の用紙は供託所に備え付けられており，請求すれば無料で交付されるから，この用紙に所要の事項を記載し（規則22条2項），請求者（会社等法人の場合は代表者）またはその代理人が記名・押印して提出する。

　供託所においては，請求の内容が適法であるかどうかを払渡請求書および添付書類または提示書類（以下「添付書類等」という。）によって審査し，当該請求を認可すべきか否かを決定する。

(1)　還付請求手続

a　還付請求と払渡請求書

　供託金の還付請求は原則として被供託者の請求によってされるが，還付請求権者は，払渡請求書のほか，必要な書類を添付し，または提示して，供託所に提出しなければならない。供託物が金銭の場合には1通，有価証券または振替国債の場合には2通の払渡請求書に所要の事項を記載して，請求者（法人である場合にはその代表者，法人でない社団もしくは財団であって代表者もしくは管理人の定めのあるものである場合にはその代表者または管理人）またはその代理人が記名・押印をして提出する。

　b　添付書類または提示書類

　還付請求の場合の添付書類等は供託の種類および還付請求者によって異なるが，通常，次の書類を添付または提示しなければならない（**Q148**参照）。
① 還付を受ける権利を有することを証する書面（規則24条1項1号）

　　副本ファイルの記録から，請求者が還付請求権を有することが明らかな場合を除いて，還付を受ける権利を有することを証する書面を添付しなければならない。
② 反対給付があったことを証する書面（規則24条1項2号）

　　副本ファイルに「反対給付の内容」として記録されているものがあるときは，その内容に対応した反対給付の履行を証する書面を払渡請求書に添付する（法10条）。
③ 印鑑証明書（作成後3ヵ月以内のもの）（規則26条）

　　供託物の還付請求をする者は，還付請求権者と払渡しを請求する者とが同一人であることを証するため，印鑑証明書を添付しなければならない（規則26条1項）。ただし，ⅰ）払渡しを請求する者が個人である場合において，その者が提示した運転免許証，住民基本台帳カード，在留カードその他の官庁または公署から交付を受けた書類その他これに類するもの（氏名，住所および生年月日の記載があり，本人の写真が貼付されたものに限る。）により，その者が本人であることを確認することができるとき（規則26条3項2号），ⅱ）法令の規定に基づき印鑑を登記所に提出することができる者以外の者が供託金の払渡しを請求する場合（その額が10万円未

満である場合に限る。）において，供託規則30条1項に規定する証明書（支払証明書）を添付したとき（代理人口座への預貯金振込みを希望する場合を除く（**Q160**参照。規則26条3項5号）。）は，印鑑証明書の添付を省略することができる（詳細については，**Q149**参照）。
④　代表者等の資格または代理人の権限を証する書面（規則27条）
　　登記された法人の代表者の資格を証する書面および支配人その他登記のある代理人の権限を証する書面は，払渡請求書に添付することを要せず，単に提示すればよい。
(2)　取戻請求手続
　a　取戻請求と払渡請求書
供託物の取戻請求ができるのは原則として供託者であるが，その承継人または取戻請求権者の差押債権者・転付債権者によっても行われる。供託物払渡請求書は前述の方法により作成し，「供託不受諾」「供託原因消滅」「錯誤」等の該当する払渡請求事由を「払渡請求事由及び還付，取戻の別」欄に記載する。
　b　添付書類または提示書類
取戻請求の場合の添付書類等は供託の種類,取戻請求の事由,取戻請求権者等によって異なるが，通常次の書類を添付しなければならない（**Q148**参照）。
①　取戻しをする権利を有することを証する書面（規則25条1項），供託原因の消滅を証する書面，錯誤を証する書面
　　ただし，弁済供託については，一般的には，別段の証明書等の提出を要しない（規則25条1項但書）。
②　印鑑証明書（作成後3ヵ月以内のもの）（規則26条）
　　供託物の取戻請求をする者は，取戻請求権者と払渡しを請求する者とが同一人であることを証するため，印鑑証明書を添付しなければならない（規則26条1項）。ただし，ⅰ)払渡しを請求する者が個人である場合において，その者が提示した運転免許証，住民基本台帳カード，在留カードその他の官庁または公署から交付を受けた書類その他これに類するもの（氏名，住所および生年月日の記載があり，本人の写真が貼付されたものに限

る。）により，その者が本人であることを確認することができるとき（規則26条3項2号），ⅱ）供託申請の際に供託官に提示した委任状（供託官が確認した旨の記載のあるもの）であって請求者等が供託物払渡請求書または供託物払渡請求に係る委任状に押した印鑑と同一の印鑑を押したものを添付したとき（規則26条3項3号），ⅲ）法令の規定に基づき印鑑を登記所に提出することができる者以外の者が供託金の払渡しを請求する場合において，官庁または公署から交付を受けた供託の原因が消滅したことを証する書面を添付したとき（代理人口座への預貯金振込みを希望する場合を除く（**Q160**参照。規則26条3項4号）。）は，印鑑証明書の添付を省略することができる（詳細については，**Q149**参照）。

③ 代表者等の資格または代理人の権限を証する書面（規則27条）

登記された法人の代表者の資格を証する書面および支配人その他登記のある代理人の権限を証する書面は，払渡請求書に添付することを要せず，単に提示すればよい。

⑶ 供託物が振替国債である場合の払渡請求禁止期間

供託振替国債について，その償還期限の8日前を経過しているときは，その払渡しを請求することができない（規則23条の2第1項）。また，当該期間の計算にあっては，日本銀行の振替業の休日は算入されない（同条2項）。

国債振替決済制度においては，決済のために償還期限の2営業日前から振替口座簿の記載または記録を停止する取扱いとなっていることから，払渡請求禁止期間内に供託振替国債の払渡請求を認可した場合には，請求者の口座への振替の申請ができなくなる蓋然性が高く，振替の申請ができないときは，その払渡しは不能となるため，改めて供託金である償還金の払渡請求を求めるほかないこととなる。そのため，そのような事態を回避する趣旨で，払渡請求禁止期間が設けられている。

⑷ オンラインによる供託金または供託振替国債の払渡しの請求

全ての供託所においては，供託金または供託振替国債の払渡しの請求は，オンラインですることができる（規則38条1項）。オンラインによる供託金または供託振替国債の払渡しの請求は登記・供託オンライン申請システムを使

用するため，これを行う場合には，必要な事前準備をした上で，請求書様式に所要事項を記録し，それに電子署名を行ったものを送信する（規則39条１項）。必要な添付書面については，当該書面に代わるべき情報にその作成者が電子署名を行ったものを送信しなければならない。ただし，これに代えて，供託所に当該書面を提出し，または提示することもできる（規則39条２項）。これらの情報を送信するときは，定められた電子証明書を併せて送信しなければならない（規則39条３項）。

なお，オンラインにより供託金の払渡しを受けるときは，預貯金振込みの方法または国庫金振替の方法によらなければならず（規則43条１項），小切手の交付を受けることはできない。

Q148

供託物の払渡しを請求する場合は，どのような書類を提出しなければならないか

A

還付の場合には，還付を受ける権利を有することを証する書面，反対給付の履行を証する書面等がある。取戻しの場合は，供託原因が消滅したことを証する書面，供託が錯誤であることを証する書面等がある。

還付および取戻しに共通する添付書類としては，印鑑証明書，会社等法人が請求をする場合の代表者の資格証明書，代理人による請求の場合の委任状，請求者が供託者または被供託者の権利承継人である場合のその事実を証する書面，差押えまたは配当によって供託物の払渡請求をする場合のそれを証する書面等がある。

● 解説

(1) 還付請求の場合の添付書類

供託物の還付請求をするには，通常，①被供託者が確定していること，②被供託者の供託物に対する実体的請求権が確定していること，③被供託者の供託物に対する実体的請求権行使の条件が成就していること，などの要件が備わっていなければならない。これらの事実を証するために，次の書類を添付することとされている。

① 還付を受ける権利を有することを証する書面（規則24条1項1号）

(i) 被供託者が死亡し，その相続人が還付請求をする場合には，その還付請求権を包括承継したことを証する戸籍謄本等（昭37.6.19民甲第1622号認可2問・先例集(3)126頁）。

(ii) 被供託者が甲であるか乙であるかが不確定であるため供託がされている場合において，その一方が還付請求をするときは，他の被供託者の同意書または確定判決書

(iii) 営業上の保証供託の場合において，債権者から還付請求をするときは，請求権者が営業上の保証供託をした者との当該営業上の取引によって生じた債権を有することを証する当該業者の債務確認書，確定判決書等

上記のように還付を受ける権利を有することを証する書面には，確定判決，和解調書，調停調書，公正証書等のほか各種の私署証書があり，個々の場合に応じて提出すべき書面の種類も多様である。

② 反対給付の履行を証する書面（規則24条1項2号）

副本ファイルに記録されている反対給付の内容によって証する書面は異なるが，家賃の支払と家屋修繕義務等の場合には，通常，供託者の証明書等を添付する。

(2) 取戻請求の場合の添付書類

供託物の取戻請求をするには，供託が無効（錯誤の供託）である場合，供託原因が消滅した場合，供託者が「供託不受諾」を原因として取り戻す場合

等の事由に応じ，取戻しをする権利を有することを証する書面として，次の書類を添付することとされている（規則25条1項）。
① 供託原因が消滅したことを証する書面
　　裁判上の保証供託の場合には担保取消決定と確定証明書または供託原因が消滅した旨の裁判所の証明書，営業上の保証供託の場合には廃業等により供託原因が消滅したことを証する主務官庁の証明書等を添付する。
② 供託が錯誤であることを証明した書面
　　弁済供託の場合には被供託者の証明書，裁判上の保証供託の場合には裁判所の証明書等が考えられるが，その他確定判決で証明される場合もある。

(3) 還付・取戻しに共通する添付書類等
① 請求者が権利の承継人であるときは，戸籍・除籍の謄（抄）本，住民票の抄本または登記事項証明書等
② 請求者の印鑑証明書（**Q149**参照）
③ 会社等法人が払渡請求をするときは，代表者の資格を証する書面（簡易確認⇨**Q39**参照）を提示
④ 代理人によって払渡請求をするときは，委任状または代理権限を証する書面
⑤ 住所，氏名の変更または供託申請の際に住所，氏名を誤記した場合には，住所，氏名の変更を証する戸籍・住民票の抄本または不在住・不在籍証明書等
⑥ 登記された法人以外の法人および法人でない社団または財団であって代表者または管理人の定めのある団体（いわゆる権利能力のない社団・財団）の場合には，主務官庁の証明書，当該社団または財団の定款または寄付行為および管理人または代表者を選任した総会議事録（3ヵ月以内のもの）等の代表者または管理人の資格を証する書面

Q149

供託物払渡請求書に印鑑証明書の添付を要しないのは，どのような場合か

A

①払渡しを請求する者が官庁または公署であるとき，②払渡しを請求する者が個人である場合において，その者が提示した運転免許証，住民基本台帳カード，在留カードその他の官庁または公署から交付を受けた書類その他これに類するものにより，その者が本人であることを確認することができるとき，③供託物の取戻しを請求する場合において，委任状による代理人によって供託した際に供託官に提示した委任状を供託物払渡請求書に添付し，その委任状に押した印鑑と払渡請求書または払渡請求の委任状に押した印鑑とが同一であるとき，④法令の規定に基づき印鑑を登記所に提出することができる者以外の者が供託金の取戻しを請求する場合において，官庁または公署から交付を受けた供託の原因が消滅したことを証する書面を添付したとき，⑤法令の規定に基づき印鑑を登記所に提出することができる者以外の者が供託金の払渡しを請求する場合（その額が10万円未満である場合に限る。）において，供託規則30条1項に規定する証明書（支払証明書）を添付したとき（④および⑤については，代理人口座への預貯金振込みを希望する場合を除く。）は，いずれの場合にも印鑑証明書の添付は要しない。

● 解説

供託物の払渡しを請求する場合には，その請求が供託物払渡請求書に記載

された者（すなわち払渡しを求めることができる権利を有する者。法定代理人，代表者等の場合もある。）の真正な意思に基づく請求であることを証するために（委任状が添付されていないときは，それによって本人または使者であることを推認することとなる。），原則として，供託物払渡請求書または委任による代理人によって払渡請求をするときは委任状に押印された印鑑についての市区町村長または登記所作成の印鑑証明書を供託物払渡請求書に添付しなければならない（規則26条1項・2項）。これらの印鑑証明書は，いずれも作成後3ヵ月以内のものでなければならない（規則9条）。

なお，登記所に提出してある印鑑（商登法20条・12条）については，その登記所と供託所とが同じ法務局，地方法務局の本局・支局・出張所（法務大臣が指定した東京，大阪，名古屋の各法務局の本局を除く。）であるときは，その印鑑について登記官の確認を受けた供託物払渡請求書を提出するなど，印鑑証明書に代える「簡易確認」を利用することができる（規則26条1項ただし書）。

次の各場合には，印鑑証明書の添付自体を省略することが認められている（規則26条3項）。

① 払渡しを請求する者が官庁または公署であるとき（規則26条3項1号）
② 払渡しを請求する者が個人である場合において，その者が提示した運転免許証，住民基本台帳カード，在留カードその他の官庁または公署から交付を受けた書類その他これに類するもの（氏名，住所および生年月日の記載があり，本人の写真が貼付されたものに限る。）により，その者が本人であることを確認することができるとき（規則26条3項2号）

払渡しを請求する者が個人である場合において，道路交通法（昭和35年法律第105号）92条1項に規定する運転免許証，住民基本台帳法30条の44第1項に規定する住民基本台帳カード（住民基本台帳法施行規則別記様式第二に限る。）または出入国管理及び難民認定法19条の3に規定する在留カード，官庁または公署から交付を受けた書類その他これに類するもの（氏名，住所および生年月日の記載があり，本人の写真が貼付されたものに限る。）を提示し，これによりその者が本人であることを確認すること

ができるときは，印鑑証明書の添付を要しない。

　なお，供託官は，運転免許証等により，払渡しを請求する者が本人であることを確認したときは，後日，本人確認が適切に行われたかを検証することができるようにするため，その写しを作成し，供託物払渡請求書及びその添付書類とともに保存するものとされている（平15.9.18民商第2803号民事局長・官房会計課長通達）。

③　取戻しの場合
　(i)　委任状による代理人によって供託した際に供託官に提示した委任状を供託物払渡請求書に添付し，その委任状に押した印鑑と払渡請求書または払渡請求の委任状に押した印鑑とが同一であるとき（規則26条3項3号）

　　　法定代理人，支配人その他登記のある代理人，法人もしくは法人でない社団もしくは財団の代表者もしくは管理人または民事再生法，会社更生法もしくは金融機関等の更生手続の特例等に関する法律による管財人もしくは保全管理人もしくは外国倒産処理手続の承認援助に関する法律による承認管財人もしくは保全管理人の印鑑についてもこの取扱いが認められることは，前号の場合と同様である。すなわち，供託する際の委任状に押された印鑑と取戻請求書または取戻請求の代理権限を証する書面に押された印鑑とが同じであるときは，その供託の際の委任状を取戻請求書に添付すれば，印鑑証明書の添付は要しない。これは昭和56年の供託規則の改正により認められたものであるが，この取扱いが認められる委任状は，供託の際に供託事務取扱手続準則附録8号の2様式による印判および供託官の職印が押されたものに限られている（準則63条・32条の2）。

　(ii)　法令の規定に基づき印鑑を登記所に提出することができる者以外の者が供託金の払渡しを請求する場合において，官庁または公署から交付を受けた供託の原因が消滅したことを証する書面を添付したとき（規則26条3項4号）

　　　自然人については，取戻請求に当たって官庁または公署から交付を受

けた供託の原因が消滅したことを証する書面の添付があれば，印鑑証明書の添付を要しない。

なお，この取戻請求は，紛争のない部分の取戻しを認めるものであることから，規則26条3項5号のように供託金額の多寡にかかわることなく，供託の原因が消滅したことを証する書面のみですることができる。

ただし，代理人口座への預貯金振込みの方法により払渡しを受ける場合には，払渡請求者本人の意思確認のために，原則に戻って印鑑証明書の添付を要する（**Q160**参照）。

④ 還付の場合

法令の規定に基づき印鑑を登記所に提出することができる者以外の者が供託金の払渡しを請求する場合（その額が10万円未満である場合に限る。）において，供託規則30条1項に規定する証明書（支払証明書）を添付したとき（規則26条3項5号）

供託規則30条1項に規定する証明書（支払証明書）を所持する者については，配当手続等において担保官庁等に債権の申出をし権利の確認を受けているなど権利者本人である蓋然性が極めて高いことが考慮され，一定の要件を満たす場合には，印鑑証明書の添付を要しない。

なお，これは，基本的に何らかの紛争を前提に裁判所や所管官庁が介入して一定の解決状態に導いたものであるとはいえ，配当を受ける還付請求者間に競合的な関係にあることを考慮し，一定額以上の請求については，印鑑証明書を併せて提出させてより厳密な本人確認を行い，当該紛争に起因する紛争を予防することとするものであり，規則26条3項4号の場合とは異なるので，注意を要する。

また，代理人口座への預貯金振込みの方法により払渡しを受ける場合にも，払渡請求者本人の意思確認のために，原則に戻って印鑑証明書の添付を要する（**Q160**参照）。

供託金払渡請求権の差押債権者が払渡請求をするには，どのようにしたらよいか

差押債権者は，差押命令が債務者に送達された日から1週間以上を経過していることを証する書面およびそのほか一般に添付を要求されている書類（例えば，還付を受ける権利を有することを証する書面等）を払渡請求書に添付して，供託金払渡請求をする。

● 解 説

供託物払渡請求権は，通常の債権と同様に自由に処分することができる権利であるから，還付請求権者（被供託者）または取戻請求権者（供託者）の債権者は，この払渡請求権に対し，民事執行法の規定により差押えをし，または民事保全法の規定により仮差押えの執行をすることができる。

(1) 差押命令

債権（供託金払渡請求権）に対する差押命令は，執行債務者（供託者または被供託者およびその承継人）に対しては差押債権（供託金など）の取立てその他いっさいの処分を禁止し，第三債務者（国・代表者＝供託官）に対しては債務者への弁済を禁止する旨の内容になっている（民執法145条1項）。金銭債権を差し押さえた債権者は，債務者に対して差押命令が送達された日から1週間を経過したときは，差押債権者の債権および執行費用の額を限度として差押えに係る債権を取り立てることができることとされている（民執法155条1項）。

第三債務者は，被差押債権につき債務者への支払が禁止される（民執法145条1項）。これが差押命令の本質的内容であり，第三債務者は，これに違

反して債務者またはその他の者に弁済しても，差押債権者には対抗することができず，改めて請求があれば二重払いをせざるを得ない。

(2) 払渡請求に必要な添付書類等

① 差押命令送達通知書（送達証明書）

　差押債権者が前述した取立権に基づいて払渡請求をするときは，供託規則24条1項1号または25条1項の書面として，供託金払渡請求書に差押命令が債務者に送達された日から1週間が経過したことを証する書面を添付することを要する（昭55.9.6民四第533号通達第四・二・1・㈠・(1)，民執規則134条）。

② 還付請求権または取戻請求権を有することを証する書面（法8条，規則24条1項1号・25条1項）

　裁判上の保証供託の取戻請求権を差し押さえた場合には，供託原因の消滅を証する担保取消決定および確定証明書等通常の払渡請求に必要な書面を添付する。

③ 反対給付を必要とする場合には，それを証する書面

④ 印鑑証明書

　差押債権者の作成後3ヵ月以内の印鑑証明書

⑤ 代表者等の資格または代理人の権限を証する書面

　代表資格または代理権限を証する書面であって官庁または公署の作成に係るものについては，その作成後3ヵ月以内のものに限られる。

Q151 供託金払渡請求権の転付債権者が払渡請求をするには，どのようにしたらよいか

A 　転付命令が確定してその効力を生ずると，転付命令が供託所に送達された時にさかのぼって，あたかも払渡請求権の譲渡がされたと同様に，供託当事者（供託者または被供託者）の地位が転付債権者に当然移転することになるので，転付債権者は，自ら払渡請求者として，供託法の定める手続に従って，供託金の還付または取戻しの請求をすることができる。この場合には，転付命令が確定したことを証明する書面を添付しなければならない。

● 解説

(1) 転付命令とは

　転付命令とは，差し押さえた金銭債権（すなわち供託金払渡請求権）を，差押債権者に対し，支払に代えて券面額をもって移転する執行裁判所の命令である（民執法159条1項）。転付命令に対しては執行抗告をすることができ（同条4項），また，転付命令は確定しなければ効力が生じないとされている（同条5項）。差押命令および転付命令が確定すると，取立てをすることなく被転付債権（供託金払渡請求権）が転付債権者に帰属し，執行は終了する。

　したがって，他の債権者はその後（転付命令が第三債務者に送達された時以降―民執法160条），当該債権を差し押さえ，またはその配当に加入する余地はなくなる。換言すれば，供託金払渡請求権について転付命令が供託所に送達された後（転付命令確定前であっても），他の差押命令または仮差押命令が送達されて差押え等が競合した場合であっても，転付命令が確定したと

きは，それによって生ずる被転付債権の転付債権者への移転の効力が妨げられるものではない。

(2) 転付命令の有効性

転付命令が第三債務者に送達されるまでの間に，転付命令に係る債権について，他の債権者から差押え・仮差押えの執行または配当要求がされると，債権者が競合し，転付命令はその効力を生じず無効となるので（民執法159条3項），この場合には，転付債権者の払渡請求に応じてはならない。この場合には，供託官は，差押えの競合として処理をすべきことになる。

(3) 転付命令の効力

供託物払渡請求権について発せられた転付命令が確定し，その効力が生ずると，転付命令が供託所に送達された時に遡って，あたかも払渡請求権の譲渡がされたと同様に，供託当事者（供託者または被供託者）の地位が転付債権者に当然に移転することになる。すなわち，差押債権者の債権および執行費用は，転付債権が存在する限度の券面額で（例えば，100万円の転付を求める申立てについて100万円の転付命令が発せられた場合において，現実に存在する転付債権が50万円であったときは50万円で），転付命令が第三債務者に送達された時に遡って弁済されたことになる（民執法160条）。

なお，転付命令を得た債権者であっても，それが確定するまでは，差押命令に基づく取立権を行使して払渡請求をすることができる（**Q150**参照）。

(4) 転付命令と確定証明書

転付命令は確定しないとその効力が生じないので，第三債務者（供託所）としては，転付債権者に弁済するにあたり，転付命令が確定したか否かを確認する必要がある。したがって，転付命令を得た債権者は，転付命令の発令裁判所に確定証明書または執行抗告のない旨の証明書を求めることになる。

ここで，供託所において注意すべきことは，転付命令の確定証明書があれば常に転付債権者に弁済してよいということにはならないことである。前記(2)のとおり，転付命令が有効であるためには，その前提として，他の差押えや配当要求がされていないことを要件とするので，まず転付命令の送達前に他の差押え等がされていないかを副本ファイルの記録によって確認した上

で，払渡請求に応ずることになる。

(5) 払渡請求

転付命令は供託当事者の交替を生ずるので，転付債権者は，自ら払渡請求者として，供託法の定める手続に従って，供託金の還付または取戻しの請求をすることができる。この場合には，転付債権者であることを証する書面として，転付命令通知書を添付すれば足り，転付命令の正本または謄本を添付する必要はない（昭29.3.8民甲第480号通達）。

なお，転付債権者が供託金の取戻請求権を行使するには供託原因消滅の証明書を要することは，一般の取戻しの場合と同様である（昭8.10.2民甲第1189号回答）。

Q152

供託金払渡請求権の質権者が払渡しを請求するには，どのようにしたらよいか

A　質権者は，供託所に対して直接還付請求または取戻請求をすることができる。また，質権者は，その質権の実行として，当該質権の目的たる供託物払渡請求権を差し押さえて，さらには転付命令を得て，その払渡しを請求することもできる。

● 解説

(1) 質権設定

供託物払渡請求は質権の目的とすることができる（民法362条）が，この場合には，民法467条の規定に従って第三債務者に対して質権の設定の通知

をしなければ，第三債務者その他の第三者に対抗することができない（民法364条）。したがって，払渡請求権の質入れの場合にも，質権設定者（還付請求権者または取戻請求権者）は，第三債務者（供託所）に対して，質権設定の通知をする必要がある。この通知については，私署証書であっても，供託所において当該通知に受付の旨および年月日時分を記載する（規則5条）ことによって，確定日付のある書面となる（昭36.3.31民甲第785号回答）ので，内容証明によらなくても差し支えない。

この通知が代理人からされた場合には，代理権の存否についての書面の添付がなくても，質権設定通知として取り扱い，供託所では，副本ファイルにそれに係る記録をするが，質権者からの払渡請求の際には，その欠缺を補正させたうえ（昭40.12.28民甲第3701号認可，その他1問・先例集(4)164頁）払渡請求に応ずることとしている。

質権者は，被質入債権が供託物の還付・取戻請求権であることに応じて，それぞれ供託物の払渡しを受けるべき条件が満たされた場合には，供託物還付・取戻請求権について質権の実行をすることができる。この実行については，次の二つの方法がある。

(2) 質権の実行

a 債権の直接取立（民法366条）

供託物の払渡請求権の質権者は，質権の目的たる払渡請求権を直接取り立てることができるので，供託所に対して直接還付請求または取戻請求をすることができる。この払渡請求は，一般の場合と同様に，払渡請求書に供託規則24条・25条に定める添付書類のほか印鑑証明書，代理権限を証する書面等（規則26条・27条）を添付または提示してすることを要する。

なお，質権設定通知書の送付の段階で質権設定者の印鑑証明書の添付がなくても，その通知の効力は認められる。しかし，この場合には，払渡請求に際し，質権設定者（供託者・被供託者）の印鑑証明書の添付を要する。

質権者の取り立てた（払渡しを受けた）供託金は質権者の所有となるとともに被担保債権の弁済に充当されるが，第三債務者（供託所）による弁済は，被担保債権に対する弁済ではなく，質権設定者（被供託者，供託者）に

対する債務（質入債権）の履行たる性質を有する。

　　b　民事執行法に定める執行方法（民執法193条）

　債権に対する強制執行（民執法145条～160条）の方法によっても，権利の実行をすることができる（民執法193条）。

　質権者は，その質権の実行として（質権実行の申立てには，債務名義を要しない），当該質権の目的たる供託物払渡請求権を差し押さえて，あるいはさらに転付命令を得て，払渡しを請求する（昭55.9.6民四第533号通達第四・二・3。**Q150**，**Q151**参照）。

Q153

供託有価証券払渡請求権の差押債権者が払渡しを請求するには，どのようにしたらよいか

供託有価証券払渡請求書の「備考」欄に，供託官の認可した供託有価証券払渡請求書の1通を執行官へ交付することを求める旨の記載をするとともに，差押命令が債務者に送達された日から1週間が経過したことを証する書面を添付して払渡請求をする。

● 解説

(1)　供託有価証券払渡請求権に対する強制執行

　供託有価証券払渡請求権は，民事執行法上は，動産の引渡請求権と評価される。動産の引渡請求権を差し押さえた債権者は，債務者に対して差押命令が送達された日から1週間を経過したときは，第三債務者に対し，差押債権者の申立てを受けた執行官にその動産を引き渡すべきことを請求することが

できる（民執法163条1項）。したがって，供託有価証券払渡請求権に対する強制執行は，この動産の引渡請求権に対する強制執行の手続による。

これによれば，差押債権者は，供託有価証券の払渡請求をすることはできるが，現実に供託有価証券の払渡し（ひいてはその前提となる払渡しを認可する旨の記載のある供託物払渡請求書の交付）を受けることはできず，その引渡しを受けられるのは，執行官に限られることになる。差押債権者が供託有価証券払渡請求書を作成し，供託官は，払渡しを認可する旨の記載のある供託有価証券払渡請求書を差押債権者の申立てを受けた執行官に交付する。

執行官は日本銀行またはその代理店から供託有価証券の払渡しを受け，これを動産執行の売却の手続により売却し，その売得金を執行裁判所に提出し（民執法163条2項），執行裁判所が配当等を実施することになる（民執法166条1項3号）。

(2) 供託有価証券払渡請求手続

差押債権者は，供託規則第26号書式による有価証券払渡請求書2通を作成し，その「備考」欄に，「供託官の認可した供託有価証券払渡請求書の1通（日本銀行に持参するもの）を執行官何某に交付されたい。」旨を記載し，かつ，差押命令が債務者に送達された日から1週間が経過したことを証する書面（規則24条1項1号・25条1項）を添付して，払渡請求をする。そのほか差押債権者の供託物払渡請求書に押された印鑑についての証明や還付・取戻しができることを証する書面等の添付を要することは，払渡請求手続の一般原則からいって当然のことである。

供託官は，この払渡請求を認可すべきものと認めたときは，供託規則29条の規定により払渡請求書の1通に認可の旨を記載して，執行官に交付する。他の1通には，執行官をして払渡しの認可のある供託有価証券払渡請求書の受領を証させる（昭55.9.6民四第5333号通達第四・四・1）。執行官は，交付された供託有価証券払渡請求書を日本銀行またはその代理店に提出して，供託有価証券の引渡しを受けることとなる。

(3) 供託有価証券払渡請求権についての差押えの競合

供託有価証券払渡請求権について強制執行による差押えが競合した場合に

は，金銭債権に対する差押えの競合の場合におけるような特別の取扱いはされない。その前後を問わず，いずれの差押債権者からの払渡請求に応じても差し支えない。その理由は，当該供託有価証券払渡請求書（供託官の認可の旨を記載したもの）を供託所から受領することができるのは執行官に限られていることから，配当等の実施には支障を生じないからである。

供託物の内渡しの手続はどのようにしたらよいか

内渡しの場合の払渡請求も通常の払渡請求と同じであるが，払渡請求書の標題部左側に「内渡し」と表示し，内渡しである旨を明らかにする。

● 解説

(1) 供託物の内渡し

供託物の内渡しとは，配当手続によることなく，供託物の一部についての供託原因の消滅その他の理由により供託物の一部を払い渡すことをいう。この内渡しが認められるのは，次のような場合である。

① 供託物の一部について供託原因が消滅する場合（民訴法79条1項，旅行業法8条4項等）
② 供託物の一部について担保権を実行する場合（民法366条，民執法193条，旅行業法17条等）
③ 供託物の一部について差押命令または転付命令があり，これに基づき還付または取戻しの請求をする場合（民執法155条・159条・160条）
④ 弁済供託金について債権者である共有者の1人からその持分に係る還付

請求があった場合（昭40.2.22民甲第357号認可2問・先例集(4)67頁）

内渡しの場合には，請求者は，通常の払渡請求書（規則25号書式，26号書式または26号の2書式）を使用するが，その標題部左側に「内渡し」と表示して識別を明らかにする。ただし，日本銀行に提出する供託有価証券払渡請求書の1通（規則29条）については，その標題部の末尾に「内渡し」の表示をする（昭48.3.16民四第2191号依命通知）。元本金額欄には内渡請求の金額を記載して提出する。

(2) 供託有価証券の内渡し

供託有価証券の内渡しについては，金銭のように目的物が必ずしも可分とは限らないため，供託物に対する債権者が複数のときに問題を生ずる（民法427条・428条）。

例えば，1万円券の国債1枚を2人で供託した場合には，債権の目的がその性質上不可分（供託所は換価の手段を有しない）と解されるから，各供託者は，それぞれ単独で，民法428条の規定により，総債権者のために供託物の払渡しを請求することができる。これに対し，国債1万円券2枚計2万円を甲，乙両名で供託した場合においては，各人それぞれ1枚1万円ずつに分割することが可能であるから，甲，乙各別に払渡請求をしたときは，右割合で分割された供託物の払渡しを受けることができる。

それでは可分と不可分とが混合した場合はどうであろうか。このような供託では，供託物の全部が分割の対象とならない限り不可分として取り扱うべきものか（決議の多数意見），あるいは供託物のうち一部が不可分であっても分割可能な部分がある限り可分として取り扱うべきものか（決議の少数意見）が問題となるが，「少数意見」が相当であるとした先例（昭42.5.19民甲第623号認可・先例集(4)313頁）がある。

「一括払渡請求」はどのような場合に認められるか

同一人が数個の供託について同時に供託物の払渡請求をする場合において，払渡請求事由が同一であるときは，一括してその請求をすることができる。

● 解説

(1) 供託物払渡しの一括請求

同一人が数個の供託について同時に供託物の還付を受け，または取戻しをしようとする場合において，払渡請求の事由が同一であるときは，一括してその請求をすることができる（１個の払渡請求書で請求することができる。規則23条）。これを「一括請求」という。

供託は，供託者の申請に基づき供託所が供託物を受け入れることに始まり，払渡請求者に対し供託物を払い渡すことによって終了する手続である。したがって，個々の供託事件は独立性が強く，他の供託事件との牽連関係はないので，その帰趨も各個別々に考えればよいのであるが，毎月継続してされた地代，家賃の弁済供託の供託金の還付または取戻しを請求する場合には，この一括請求をすることが便利であり，実務上もよく利用されているところである。払渡請求書（規則25号書式，26号書式および26号の２書式）の様式も，この一括請求に適するように作成されている。

なお，一括請求は，請求者本人が同一人の場合に限って許される。代理人が同一人であっても，請求者本人が同一人でない限り，一括請求は認められないことに注意すべきである。

(2) 供託金利息または供託有価証券利札払渡しの一括請求

供託物払渡しの一括請求に関する供託規則23条の規定は，供託金利息または供託有価証券利札の払渡しについても準用されている（規則35条4項・36条3項）。したがって，利息または利札のみの払渡しを請求する場合にも，同一人が同一の事由に基づいて払渡しを請求する限り，数件につき一括して請求することができる。

第2節　払渡請求の認可および供託物の交付

払渡請求の認可につき，供託官はどのような事項につき審査をするのか

供託官の審査は，供託物の払渡請求が正当な払渡請求権者によってされているか，また払渡請求が適法であるかどうかを，供託物払渡請求書およびその添付書類または提示書類と供託所保管の資料とを対査照合してする，いわゆる形式審査である。

● 解 説

　供託物の払渡請求が正当な払渡請求権者によってされているか，また払渡請求が適法であるかどうかを審査をするためには，払渡請求書のみでは足りないので，払渡請求書への必要な書面の添付または提示が要求されている（規則24条・25条）。供託官は，供託物払渡請求書およびその添付書類等と供託所保管の副本ファイルの記録および金銭（有価証券・振替国債）供託元帳の記載などとを対査照合してその適否を判断し，適法と認めた場合には払渡しを認可する。このことからも理解されるように，払渡請求の場合における供託官の審査権限は，供託申請の場合と同じく提出書類等の範囲から審査し得る実体的な面に限られるという意味でのいわゆる形式審査にとどまるといえる。

審査の対象となる事項としては、おおむね次のようなものがある。
① 請求書が所定の様式によって作成されているか（規則第25号・第26号・第26条の2書式、規則22条1項）
② 請求書に法定の事項が記載されているか（規則22条2項）
③ 必要な書類が添付または提示されているか（規則24条・25条・26条・27条）
④ 資格証明書等が有効期間内のものか（規則9条）
⑤ 請求書における供託番号、供託物、当事者等の記載が副本ファイルの記録におけるそれと符合しているか
⑥ 請求書における払渡請求の事由の記載および請求書の添付書類の記載から判断し、当該請求者が実体上の払渡しを受ける権利を有しているか
⑦ 反対給付をすべき場合には、それがされているか（還付）
⑧ 実体上供託が無効なものであるか、供託原因が消滅しているか（取戻し）

このように、供託官の審査は形式的な面のみならず実質的な面にまで及ぶのであるが、これはあくまで提出された書面を通しての審査であって、これら添付書類等以外のもの（例えば口頭の供述）によって正当な権限を有する者かどうかを判断することはできない。また、当該書面の内容についての真否まで審査すべき権限を有しないことは、供託の申請に対する審査の場合と同様である。

払渡請求権の譲渡、差押え、供託受諾その他処分の制限、消滅時効の完成等払渡請求を妨げる事由の有無も調査しなければならないが、これらはいずれも請求者の提出する書類によっては判明せず、一般に副本ファイルの記録によって判断する場合が多い。

供託物(金銭)の払渡しは,どのようにして行われるか

供託金の払渡請求が認可されると,他の受取方法を希望しなければ,日本銀行あての記名式持参人払式小切手が請求者に交付される。

● 解 説

(1) 供託所における払渡手続

供託金払渡請求(還付,取戻し)書が提出されると,供託官は,①受付をし,②払渡請求者および添付書類等について調査をする。調査は形式審査であるから,提出された書類のみによって正当な請求権の有無,それを証明する書類の添付の有無および適否について審査する。提出された書類が適正であれば,③供託所で保管している副本ファイルの記録との照合を行う。副本ファイルには,供託後における権利変動が記録されている。すなわち,払渡請求権者の交替があったり差押え等処分の制限がされたりした場合には,それらの債権者等が副本ファイルに記録されているので,これらの利害関係について審査をする。

供託官は,これらの審査過程で当該請求権者が実体上供託物の払渡しを受ける権利を有するか否かの判断まですることとなるが,それまでの段階で書類に不備があり,または不足するものがあれば,補正することができるものについては補正を求める。補正することができない不適当な請求であるときは,払渡請求者に対して請求の取下げを促し,払渡請求者は,これに応じるときは,取下書を提出して払渡請求書および添付書類の還付を受ける。払渡請求者が取下げに応じない場合には,供託官は,理由を付して却下決定をす

ることとなる。

　請求が適法であるものまたは補正を完了したものについては，④払渡請求が認可される。⑤払渡請求が認可されると，供託物払渡請求書に供託官が払渡しを認可する旨を記載して押印し，元本のほか利息を付すべきものである場合にはその合計金額（準則58条1項3号），その他の場合には請求金額について小切手が振り出される。⑥請求者は払渡請求書の「受取人氏名印」欄に氏名を記載し，押印（この印は，請求書に押捺されているものと同一でなければならない。なお，代理人により受け取るときは，本人の氏名および代理人の氏名，押印が必要）して受領を証明すると，当該小切手が交付されて払渡手続が完了する。

　なお，払渡請求書に隔地払，国庫金振替，預貯金振込みによる旨の記載がされているときは，それぞれの手続によって払渡しがされる。

(2)　日本銀行における払渡手続

　金銭供託の払渡しの場合の供託金の交付は小切手をもってされるが，この小切手は，日本銀行あての記名式持参人払式の小切手であるから，だれでも1年以内に日本銀行に提示して現金化し，または市中銀行を通じてその取立てをすることができる（会計法28条1項）。

Q158

供託物（供託有価証券）の払渡しは，どのようにして行われるか

A　供託有価証券の払渡請求が認可されると，払渡しを認可する旨記載された払渡請求書が請求者に交付される。それを日本銀行で呈示すると有価証券が交付される。

● 解説

(1) 供託所における払渡手続

供託有価証券の払渡手続の過程は，金銭の場合と同様である。すなわち，①受付，②払渡請求書および添付書類等についての調査，③供託所保管の副本ファイルの記録との照合，補正，取下げの求め，補正することができない場合の却下決定，④払渡請求の認可という過程を経て，払渡しを認可する旨記載された払渡請求書1通が請求者に交付される。

供託物が金銭の場合と異なり，払渡請求書は，2通提出することとされている。2通にそれぞれ供託官が払渡しを認可する旨の記載をし，その1通については供託官が記名押印して請求者に交付される。他の1通については請求者が「供託官の認可した払渡請求書1通を受領した」旨を証して，供託所で保管される。すなわち，払渡請求書の「受取人氏名印」欄に氏名を記載し，押印する（この印は，請求書に押してある印と同一であることを要することは，金銭の場合と同様である）。もし受取人が代理人であるときは，受取人の氏名のほか代理人の氏名を記載し，押印する（当該欄には，本人，代理人いずれの住所も不要。規則29条）。

請求者と受取人とは同一人であることが通常であるが，供託有価証券払渡請求権が差し押さえられ，差押債権者が払渡請求をする場合には，供託有価証券払渡請求書は差押債権者が作成するが，認可された払渡請求書については，1通を差押債権者の申立てを受けた執行官に交付し，他の1通には執行官が受領を証する（昭55.9.6民四第5333号通達第四・四・1・㈠・(3)）。

また，地方公共団体が供託物の払渡請求をする場合にも，権限の委任がない限り，その長が払渡請求者であるが，受領に関する事務は会計管理者が管掌している（地方自治法168条1項本文・170条1項・2項1号・3号）ので，受領権者となるのは会計管理者である。

供託物が有価証券である場合には，供託物払渡請求権についての消滅時効を考慮する必要がない（準則57条参照）。所有権には消滅時効がないから，供託有価証券上の所有権も消滅することがなく，これに基づく所有物返還請求

権も消滅するものではないとの理由による（大判大5.6.23）。

供託有価証券払渡請求書または供託有価証券利札請求書に記載した有価証券の枚数および総額面または請求利札の枚数については，訂正，加入または削除をしてはならない（規則6条6項）。

(2) 日本銀行における払渡手続

有価証券は日本銀行本・支店またはその代理店で保管されているので，払渡請求者は，供託所において認可されて交付された払渡請求書の末尾に日本銀行宛て領収の旨を記載の上有価証券を保管している銀行に呈示する。銀行では，請求書と有価証券とを照合し，請求が適正（保管している有価証券と払渡請求書の有価証券の記載とが符合しているか，供託金額等に訂正がないか，受領印が押印されているか等）であれば，有価証券を交付する。

供託物（振替国債）の払渡しは，どのようにして行われるか

供託振替国債の払渡請求が認可されると，請求者の口座にその振替国債の増減の記載または記録がされる。

● 解説

(1) 供託所における払渡手続

供託振替国債の払渡手続の過程は，金銭の場合と同様である。すなわち，①受付，②払渡請求書および添付書類等についての調査，③供託所保管の副本ファイルの記録との照合，補正，取下げの求め，補正することができない場合の却下決定，④払渡請求の認可という過程を経て，払渡しを認可する旨

記載された払渡請求書1通が請求者に交付される。

　供託物が有価証券の場合と同様に，払渡請求書を2通提出することとされており（規則22条1項），2通それぞれについて払渡しを認可する旨の記載をし，その1通については供託官が記名押印して請求者に交付される（規則29条2項）。

　なお，供託物が振替国債である場合には，その償還期限の8日前を経過しているときは，その払渡しを請求することができない（規則23条の2）。これは，国債振替決済制度においては，決済のために償還期限の2営業日前から振替口座簿の記載または記録を停止することとしていることから，払渡禁止期間内に供託振替国債の払渡請求を認可した場合には，請求者の口座への振替の申請ができなくなる蓋然性が高く，振替の申請ができないときは，その払渡しは不能となって，改めて供託金である償還金の払渡請求を求めるほかないことから，そのような事態を回避する趣旨である。

(2)　請求者の口座への振替の手続

　供託官は，振替国債の払渡請求を認可したときは，国債振替決済振替申請書を払渡請求にかかる銘柄ごとに作成し，日本銀行に送付する。これにより請求者の口座にその振替国債の増減の記載または記録がされることによって，振替国債の払渡しが行われる。

「預貯金振込み」とは，どのような手続か

　供託金の払渡請求権者本人またはその代理人の預貯金口座に直接振り込む方法により請求者に供託金を支払う手続である。

第7章　供託物払渡しの手続

● **解 説**

(1) 「預貯金振込み」の方法による払渡請求手続

　供託官は，供託金の払渡しの請求に理由があると認め，請求を認可した場合には，日本銀行あての記名式持参人払いの小切手を振り出して請求者に交付する。しかし，請求者の利益を考慮して，請求者の申出のあるときは，小切手の交付に代えて，日本銀行が指定した金融機関の店舗における当該請求者本人またはその代理人の預金もしくは貯金に直接振り込む方法により供託金を支払うことができる（規則22条2項5号・28条2項）。

　例えば，債権者が遠隔地におり，供託所へ出頭することができないため郵便により供託金払渡請求をする場合や，供託金が多額のため記名式持参人払式小切手を持参して金融機関の店舗へ行くことが危険である場合などに，請求者の請求により利用されるのがこの「預貯金振込み」の手続である。この預貯金振込みは，次のような手続を経て行われる。

　①　供託金の払渡請求者は，供託規則25号書式の供託金払渡請求書に所定の事項を記載したうえ，「隔地払，国庫金振替，預貯金振込を希望するときはその旨」欄の3に〇印を付し，「預貯金振込」欄に振込先銀行名，支店名，預貯金の種別（普通，当座，通知，別段），預貯金口座番号，預貯金口座名義人（かな書き）を記載して供託物払渡請求をする（規則22条2項5号）。

　②　振込みを受ける預貯金口座は，供託所の所在地と同一の市町村内にある金融機関における店舗でも差し支えないが，日本銀行が指定した金融機関でなければならない（供託官は，供託物払渡請求書に表示された振込先金融機関が日本銀行が指定したものであるかどうかを確認した上請求に応ずる。）。

　なお，振込先金融機関名，預貯金の種別および預貯金の口座番号は，正確に記載しなければならない。この記載を誤ると，請求者の口座に振込みができないばかりでなく，訂正の手続が複雑になる。

　③　代理人の口座への預貯金振込みを希望する場合には，払渡請求書に添付された代理権限証書に供託金の受領に関する権限を委任する旨が明記され

ていなければならない。

　また，代理人の口座への預貯金振込みの場合は，供託物払渡請求書に官庁又は公署から交付を受けた供託の原因が消滅したことを証する書面または供託規則30条1項に規定する証明書（支払証明書）を添付した場合においても，請求者本人の意思確認のために払渡請求者の印鑑証明書の添付を省略することはできない（規則26条3項4号・5号）。

(2)　「預貯金振込み」による払渡手続

　供託官は，預貯金振込みの方法による供託金の払渡請求を認可したときは，支払指図書を作成し，日本銀行に向けて送信する（特例省令11条1項）。支払認可の翌日に財務省から支払予定情報が送信されるので，供託官は，これを確認し，請求者またはその代理人に預貯金振込みの手続をした旨の通知をする（規則28条2項，準則58条2項）。この翌日に，日本銀行は，供託所に対して支払済情報を送信し，振込みの手続をする。

「隔地払」とは，どのような手続か

　隔地払は，払渡請求者の利便を考慮して，供託金の支払を請求権者の住所地または最寄りの銀行で受け取ることを認めた制度である。

● 解説

(1)　「隔地払」の方法による払渡請求手続

　供託金の交付は，請求者が希望するときは，払渡請求書にその旨（「隔地払，国庫金振替，預貯金振込みを希望するときはその旨」欄の1 隔地払に○

第7章　供託物払渡しの手続

を付し，当該欄に銀行名，支店名，受取人氏名（請求者本人））を記載することにより（規則22条2項5号），供託所の保管金取扱店である日本銀行の店舗の所在地外の日本銀行の店舗または供託官の定める銀行の店舗への送金手続を依頼することができる。この送金方法を隔地払の手続という。この制度も，「預貯金振込み」と同様，請求者の利益を考慮して認められた制度である。請求者が供託所に出頭することができない場合において，郵送による供託金払渡請求がされる際によく利用される制度である。しかし，請求者の住所が供託官（出納官吏）が振り出す小切手の支払店である日本銀行（本・支店または代理店）の所在地と同一の市町村内にある場合にまでこれを認めると，手続が繁雑となり，多大の手数をかけることにもなるので，この場合には許されない（「支出官等が隔地者に支払をする場合等における隔地の範囲を定める省令」（昭和30年大蔵省令第15号））。

　隔地払により支払を受ける土地の日本銀行の支店または代理店，日本銀行との間に送金の特約のある銀行（供託所では，その銀行がはたして国庫金送金取扱店であるかどうかを地元の日本銀行に確かめる必要がある）が判明しているときはその名称および所在地を記載し，もし請求者が送金先の銀行を指定していない場合には，請求者の便宜と思われる銀行を指定することとなる。

(2)　「隔地払」による払渡手続

　供託官は，隔地払の方法による供託金の払渡請求を認可したときは，支払指図書を作成し，日本銀行に向けて送信する（特例省令11条1項）。支払認可の翌日に，財務省から支払予定情報が送信されるので，これを確認し，請求者に隔地払の手続をした旨の通知（国庫金送金通知書）をする（規則28条2項，準則58条2項）。

　請求者は，国庫金送金通知書の発行日から1年以内に，印鑑証明書等の本人確認書面を添付するなどして，指定した銀行で支払を受けることができる。

Q162 供託官から交付を受けた小切手の払渡しを受けずに1年を経過したときは、どうなるか

A 振出日付から1年を経過した小切手を日本銀行に呈示しても、支払を拒絶される。振出日付後1年を経過した未払小切手については、供託所において歳入納付の手続がとられるので、当該小切手の所持人は、これを振り出した歳入歳出外現金出納官吏（供託官）に償還請求をすることとなる。

● 解 説

(1) 振出後1年を経過した小切手の効力

歳入歳出外現金出納官吏（供託官）の振り出した小切手も小切手法（昭和8年法律第57号）の適用を受ける。支払のための呈示期間は、小切手に振出しの日付として記載された日から原則として10日間とされている。もっとも、支払呈示期間の経過により小切手の支払委託の効力がなくなるわけではなく、支払委託の取消しがないときは、支払人は、依然として支払をすることができる。しかし、支出官等国の会計機関が日本銀行を支払人として振り出した小切手については、振出日付から1年を経過した後は、日本銀行はその支払をしてはならないものとされており、供託官の振り出した小切手もその例外ではない（会計法28条）。したがって、振出日付後1年経過後の小切手は、日本銀行に呈示してもその支払を拒絶される（日本銀行国庫金取扱規程23条2項）。

そこで、供託所では、その振り出した小切手が振出日付後支払を受けることなく1年を経過したときは（毎月の保管金月計突合表（日本銀行国庫金取扱規程82条の2）により判明する。）、出納官吏事務規程44条および45条の規定

により歳入納付の手続をとる（「昭和10年大蔵省令第8号（「供託官吏ノ振出シタル小切手ニシテ其ノ振出日附後一年ヲ経過シタル場合及供託金ガ政府ノ所得ニ帰シタル場合ノ取扱方ニ関スル件」）1条」）。

(2) 小切手所持人からの償還請求手続

歳入納付をした供託金に係る権利者，すなわち小切手上の権利を喪失した小切手の所持人は，振出人，裏書人または支払保証をした支払人に対し，その受けた利益の限度において償還を請求する権利（利得償還請求権）を有する。一方，国は供託金を歳入納付したことにより供託金相当額の利益を受けているので，その小切手所持人は国の代表者であって当該小切手の振出人である供託官に対してその利得の償還を請求することができることとされている（出納官吏事務規程46条・47条）。つまり，出納官吏（供託官）が振り出した小切手であってその振出日付から1年を経過したものが支払のため日本銀行に呈示された場合には，日本銀行は支払をすることができず，その小切手の余白に支払期間経過の旨を記入（日本銀行国庫金取扱規程42条の6・37条3項・23条2項）して，この小切手を呈示した者に返付しなければならないものとされている。

そこで，この小切手所持人から出納官吏（供託官）に対して償還請求があったときは，出納官吏は，これを調査し，償還すべきものと認めるときは，事由を明らかにして，証拠書類（①当該小切手にかかる保管金（供託金）を歳入納付したことを証する書面である政府所得調書，②償還請求書，③供託金払渡請求書の写し，④支払期間経過の旨が記載された未払小切手，⑤その他償還請求に必要な書類）を添えて，その支払を支出官（法務局長または地方法務局長）に請求する。支出官は，出納官吏から支払請求を受けた場合には，これを審査し，償還すべきものと認めるときは償還の手続をする（支出官事務規程24条）。

供託物の払渡請求を認可すべきものでないときは,どうするか

供託物の払渡請求を認可すべきものでないときは,これを却下しなければならないが,補正の容易なものについては,補正を求める。

● 解 説

(1) 払渡請求があった場合の審査

　供託所に対し供託物の払渡請求があったときは,供託官は,供託物払渡請求書およびその添付書類等について払渡請求が適法なものであるかどうかを審査する。審査の範囲は,請求書が法定の書式に従って作成されているか等の形式的な面のみならず,請求書における払渡請求の事由の記載および請求書の添付書類等の記載からして当該請求者が実体上供託物の払渡しを受ける権利を有するかどうか等の実体的な面にまで及ぶ。しかし,これはあくまで提出された書面を通しての審査であって,供託官は,当該書面の内容についての真否まで審査すべき権限は有しない。

　供託所は,請求が不適法なものであるときは,これを却下しなければならない（規則31条,21条の7）が,補正の容易なものについては,補正を求める。なお,供託官の払渡請求却下決定に対しては,これを不当とする者は監督法務局長または地方法務局長に対して審査請求をすることができる（法1条ノ4）とされているところから,供託官が供託物の払渡請求を却下しようとするときは,事案の内容が簡単なものを除いて監督法務局または地方法務局の長に内議するものとされている（準則78条）。

(2) 払渡請求があった場合における却下処分の手続

供託官は，供託物の払渡請求につき理由がないと認めるときは，却下の理由を明らかにした却下決定書（準則附録第15号の2様式）を作成し，これを払渡請求者または申立人に交付しなければならない（規則31条，37条，21条の7，45条）。決定書の原本の欄外に決定告知の年月日およびその方法，例えば「簡易書留郵便について発送」または「本人に手交」の記載をして押印し，これを却下に係る払渡請求書およびその添付書類とともに雑書つづり込帳に編てつする（準則79条1項）。

　請求者は，却下に係る供託物払渡請求書の添付書類について，書面によりその還付を請求することができる（準則79条2項・3項）。

　後日審査請求があった場合等には，供託所において払渡請求の却下処分の適否を判断するために払渡請求書等の添付書類が必要となることから，却下の際には，原則として，払渡請求書等の添付書類は請求者に返還しないこととされているが，これらの添付書類のなかには，供託物払渡請求権の譲渡証書等のように，供託物の払渡しを受けようとする者にとって後日必要となる書類もあるから，請求者から請求があるときは，当該添付書類を還付しなければならないこととされている。

　請求者が添付書類の還付請求をすべき時期については，特に定められていない。したがって，添付書類の還付請求は，却下決定書が交付される際でも，また，その後であっても差し支えない。

　添付書類の還付請求は書面によってするものとされている（準則79条3項）が，この書面の様式については，特段の定めはないから，適宜の様式によって作成して差し支えない。

　なお，オンラインによる供託申請を却下する場合には，供託官は，却下決定書に係る電磁的記録を作成し，申請人に提供することとされている（規則45条）。

第3節　弁済供託の払渡し

弁済供託において供託者が供託物の取戻しをすることができないのは，どのような場合か

弁済供託においては，①債権者が供託を受諾したとき，②供託を有効と宣告した判決が確定したとき，③供託によって質権または抵当権が消滅したとき，または④供託金取戻請求権が時効により消滅したときは，供託物を取り戻すことができない。

● 解説

(1) 供託物の取戻し

　弁済供託においては，一定の事由がある場合には，供託者が供託物を取り戻すことができる（民法496条）。

　この供託物取戻請求権の性質については，弁済供託に係る債務は取戻請求権の行使を解除条件として消滅するものであり，その行使により被供託者の供託物還付請求権を消滅させる一種の形成権であるとするのが多数説である。

　供託物が取り戻されると，供託は当初から存しなかったものとみなされ，債権は消滅しなかったこととなるから，債務者は，供託をしていた期間についての利息，遅延損害金を支払わなければならない。なお，特定物の供託にあっては，供託によって移転した所有権は，当然に復帰することになる。

(2) 供託物の取戻しができない場合

このように，供託物の取戻しは供託関係の取消しまたは撤回としての効果を生ずるものであるから，被供託者の意思またはその不利益を無視してこれを任意に認めるべきではない。民法496条は，供託物の取戻しをすることができない場合を次のように定めている。

① 債権者が供託を受諾したとき（民法496条1項前段）

受諾の意思表示は，供託所または債務者に対してすべきである（通説）が，供託所に対する受諾の意思表示については，書面による（規則37条）ほか，供託所に対して供託金の還付請求権の譲渡通知書が送付された場合には当該譲渡通知をもって供託受諾の意思表示がされたものと解されている（昭33.5.1民甲第917号民事局長心得回答）。

なお，一旦された供託受諾の意思表示は，これを撤回することができない（昭37.10.22民甲第3044号民事局長回答）。

② 供託を有効と宣告した判決が確定したとき（民法496条1項前段）

この判決は，確認判決に限らず，給付判決でもよいとされており（通説），また，供託が有効であることを判決の主文で宣告しているものだけではなく，その理由中の判断において示しているものでも差し支えないとされている。債権者は，これらの判決の謄本を供託所に提出すればよい。

③ 供託によって質権または抵当権が消滅したとき（民法496条2項）

債務者が供託することによって債務は解除条件付で消滅するから，これにより当該債務を担保する質権や抵当権もすべて消滅するところ，その後供託物が取り戻されると，債務が復活し，同時にこれらの担保物権も復活するはずであるが，そのような復活を認めると，例えば供託後取戻前に同じ目的物の上に抵当権を取得した者のような第三者に不測の損害を及ぼす恐れがある。そのため，民法は，供託によって質権または抵当権が消滅した場合には，供託物の取戻しをすることができない旨定めている。

(3) 供託金取戻請求権の消滅時効

(2)の場合のほか，金銭を目的とする弁済供託にあっては，供託金取戻請求権が時効によって消滅したときも，供託金の取戻しを請求することはできな

い。弁済供託における払渡請求権の消滅時効は，供託の基礎となった事実関係をめぐる紛争が解決する等により供託当事者において払渡請求権を行使することを現実に期待することができるようになった時から，あるいは，債権者不確知または受領不能を原因とする弁済供託の場合にあっては債務について消滅時効が完成する等により供託者が供託による免責の効果を受ける必要が消滅した時から，それぞれ進行するものと解される（最判昭45.7.15民集24巻7号771頁，昭45.9.25民甲第4112号通達，最判平13.11.17民集55巻6号1334頁，平14.3.29民商第802号通達）。

Q165

還付請求権が差し押さえられた場合でも，供託者は取戻請求をすることができるか

弁済供託の還付請求権を差し押さえた者は，独自に供託受諾の意思表示をすることができ，供託所に対し供託を受諾する旨の書面が提出された後は，供託者は，取戻請求をすることができない。

● 解説

(1) 弁済供託の法的性質

弁済供託の法律的性質については，第三者のためにする寄託契約であると解するのが通説・判例である（最判昭45.7.15民集24巻7号771頁）。したがって，債務者（供託者）が供託所に弁済供託をすると，債権者（被供託者）は，供託所に対して，金銭債権に対応する供託金還付請求権を取得することになる。同時に，債務者（供託者）は，供託所に対して供託金取戻請求権を

取得する。

(2) 還付請求権に対する差押えと取戻請求権

供託関係が成立すると，供託の目的物である供託金について，被供託者は供託金還付請求権を取得し，供託者は取戻請求権を取得する。そこで，被供託者に対して債権を有する第三者が供託金還付請求権に対して強制執行による差押えもしくは担保権の実行としての差押えをした場合，または，当該供託金還付請求権に対して徴収職員等

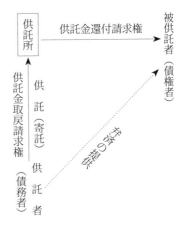

による滞納処分による差押えがされた場合には，被供託者は，供託所に対して供託金の払渡請求をすることができず，また，供託金還付請求権を他に譲渡することもできない（民執法145条1項・193条2項，国徴法62条2項）。

この供託金還付請求権に対して差押えがされた場合には，当該差押えを供託受諾の意思表示とみることができるかどうかが問題となる。これを受諾の意思表示と解するときは以後取戻請求権を行使することはできないが，受諾の意思表示と解しないときは取戻請求権の行使については影響を受けないことになる。この問題については，供託金還付請求権の差押え等は被供託者の意思に関わらず執行されるものであり，被供託者による供託の受諾の意思表示があったものと同視する前提を欠くことから，差押命令が供託所に送達されたことのみをもって，供託受諾の意思表示があったものと認めることはできないと解すべきであろう。この場合には，差押債権者は，別途，供託所に対し，書面をもって供託受諾の意思表示をすることを要し，これがされない間は，供託者は，取戻請求をし得ることになる（**Q138**参照）。

なお，実務の取扱いでは，供託所に対して供託受諾の意思表示を有効にすることができる者は還付請求権の譲受人，取立権を有する差押債権者，転付債権者および一般債権者（債権者代位）であるとされ，仮差押債権者はこれに含まれないとされている（昭38.2.4民甲第351号認可，その他1問・先例集(3)

243頁。受諾については，**Q138**参照）。

被供託者が留保を付して供託物の還付請求をすることができるか

金額に争いのある債権の供託金について被供託者が債権額の一部として受領する旨の留保を付した還付請求に限って認められる。

● 解 説

(1) 留保付きの供託金還付請求

受領拒否を理由とする弁済供託において債務額について争いがある場合において，債務者が債務の全額として供託した金額を債権者が受領したときは，特段の事情のない限り，債務者は完全に免責されるとするのが通説・判例である（最判昭33.12.18民集12巻16号3323頁）。しかし，この考え方を推し進めると，債権者と債務者との間で債務の額について争いがある場合には，紛争の解決まで供託物が宙に浮くことになり，経済的にも妥当ではない。そこで，判例は，債権額に争いのある場合には，債権者は，債務者が全額として供託した金額について一部弁済に充当する旨の留保をしてこれを受領することができることを認め，その場合には一部弁済の効果が生ずることを認めている（最判昭36.7.20判例時報269号7頁，最判昭38.9.19民集17巻8号981頁）。

供託実務においても，留保付きの還付請求が認められており，「供託受諾，但し債権額の一部に充当する。」旨の留保を付した払渡しを認可して差し支えないとされている（昭34.10.2民甲第2184号回答，昭35.3.30民甲第775号回答，昭42.1.12民甲第175号認可6問・先例集(4)253頁）。

(2) 留保付きの供託金還付請求が認められない場合

しかし，供託先例は，全ての場合に広く留保付還付請求を認めているわけではない。これが否定された事例としては，次のような場合がある。

① 受領拒否による地代・家賃増額供託における弁済供託金について，貸主が増額請求後の地代に相当する金額のみを受諾して還付請求をしても，払渡認可をすることはできない（昭37.3.14民甲第695号認可5問・先例集(3)77頁）。

② 家賃弁済供託金について，損害賠償金として供託を受諾し，還付を請求することはできない（昭38.6.6民甲第1669号認可6問・先例集(3)293頁）。

③ 2月分の家賃として弁済供託があった場合において，還付請求書に「1月分の家賃弁済として受諾する」旨の記載があるときは，払渡しを認可すべきでない（昭39年度全国会同決議36問・先例集(3)420頁）。

④ 家賃の弁済供託があった後に，被供託者から損害金として受諾する旨の留保を付した受諾書の提出があっても，供託者は取戻請求権を失うものではない（昭39.7.20民甲第2591号回答）。

このように見てくると，供託実務上は，金額に争いのある債権の供託金について被供託者が債権額の一部として受領する旨の留保を付した還付請求に限りこれを認可する取扱いとしているということができる。これ以外の留保を認めると，供託者が弁済の目的を達し得ないにもかかわらず供託金の取戻請求権を失うという問題が生ずるだけでなく，一部弁済として受諾することを認める場合と異なり第三者のためにする寄託契約（供託）の内容を供託所が一方的に変更することとなるため許されないという理由によるものと考えられる。

なお，東京地裁昭和60年9月30日判決（判例時報1167号28頁）は，地代として供託された弁済供託金についてこれを損害金の一部として還付請求する旨の留保を付した払渡請求を却下した供託官の処分の取消しを求めた訴えについて，供託官の処分を適法と是認して原告の請求を棄却している。

反対給付が付された供託の還付請求はどのようにするのか

被供託者が供託者に対して反対給付をすべき場合には，供託物払渡請求書に反対給付をしたことを証する書面を添付しなければならない。

● 解説

(1) 反対給付を付した供託

弁済供託は債務者が債権者側の一定の事由によって債務の弁済をすることができない場合において債務の目的物を供託することによってその債務を免れさせる制度であるが，売買その他の双務契約において債務が同時履行の関係にあるときは，供託によって債務者を債務から免れさせるだけではなく，債権者にもその負担する債務を履行させなければ公平とはいえない。そこで，民法498条は，債務者が債権者の給付に対して弁済をすべき場合においては，債権者はその給付をしなければ供託物を受け取ることができない旨を定めている。

債権者の反対給付を供託物受領の条件とすることができるのは債務者が債権者に対して同時履行の抗弁権を有している場合でなければならず，また，本来の債権に付着していない条件を付した供託は，条件のみならず供託全体が無効であるから，受理されない（受理されても無効である。）。例えば，買主が代金債務の支払のため約束手形を振り出した場合には当該手形の返還を反対給付として代金の弁済供託をすることができ（昭35年度全国会同決議3問・先例集(3)1頁），また「家屋の修繕並びに畳の修理」を反対給付とする家賃の弁済供託もすることができる（昭40.11.4民甲第3141号認可4問・先例集(4)

118頁，昭45.12.22民甲第4760号認可1問・先例集(5)187頁)。しかし，家屋明渡しの調停成立後，家主が敷金の返還請求に応じない場合に調停成立後の家賃につき敷金の返還を反対給付としてする弁済供託は受理されない(昭42.3.3民甲第352号認可3問・先例集(4)264頁)。また，第三者による弁済供託の反対給付として債権証書を求めることはできない(昭54.5.22民四第3160号認可4問・先例集(6)187頁)。

(2) 還付請求手続

債権者が反対給付を要する供託物の還付請求をするときは，供託物払渡請求書に供託者が作成した書面，裁判書，公正証書その他の公正に作成された書面であって当該反対給付があったことを証するものを添付しなければならない(法10条，規則24条1項2号)。

この書面は，供託書に記載された反対給付の内容(規則13条3項8号)を満足するものでなければならず，例えば，家屋の修繕を反対給付の内容とする場合には供託者の作成に係る家屋修繕を了したことを証する書面等がこれに該当し，不動産の所有権移転登記を了すべきことを反対給付の内容とする場合には当該不動産の登記事項証明書がこれに該当する。

Q168

債権者不確知を理由とする供託の還付請求はどのようにするのか

A　債権者不確知を理由とする供託の還付請求をする場合には，供託物払渡請求書に還付を受ける権利を有することを証する書面を添付しなければならない。

● 解説

(1) 債権者不確知供託

債権者不確知供託とは，弁済者の過失なくして債権者を確知することができないとき（民法494条）にする供託である。債権者が死亡して相続が開始されたがその相続人が誰であるか不明である場合等の事実上の理由による場合であると，債権の帰属について債権者甲とその譲受人乙との間で債権譲渡の有無，効力について争いがあるために，いずれが債権者であるかを確知することができない等の法律上の理由による場合であるとを問わない。

ただし，債務者が債権者不確知を理由として供託することができるのは，債権成立後の事情により債権者を確知することができなくなった場合に限られる。したがって，債権の成立時から契約のかしにより債権者を特定することができない場合（例えば，無記名定期預金と称して，指名債権であるにもかかわらず，債権者の住所・氏名を把握しないで預金契約を締結した場合等）には，その不確知は債務者の故意または過失を伴うものであって，供託原因を欠くことになる。なお，**Q49**参照。

(2) 還付請求手続

債権者不確知供託にあっては，供託書の記載上，還付を受ける権利を有する者が明らかではないので，供託物の還付を受けようとする者は，供託物払渡請求書に還付を受ける権利を有することを証する書面を添付しなければならない（法8条1項，規則24条1項1号）。

この「還付を受ける権利を有することを証する書面」については，

① 被供託者を「住所 何某の相続人」とする供託においては，還付請求権者は戸籍謄本等により自己が何某の相続人であることを証明することができる（昭37.6.19民甲第1622号認可2問・先例集(3)126頁）。

② 被供託者を「甲または乙」とする供託において甲または乙が還付請求するときは，甲・乙間の訴訟の確定判決の謄本，和解調書等または相手方が権利者であることを認める承諾書等により証明しなければならない。なお，確定判決の謄本を添付する場合には，判決の理由中で還付請求権を有

することを確認することができれば足りる（昭42年度全国会同決議，払渡関係27問・先例集(4)340頁）。

債権者不確知供託においては，供託者の承諾書をもって還付を受ける権利を有することを証する書面として取り扱うことはできない（昭36.4.4民甲第808号認可3問・先例集(3)20頁）。また，被供託者を甲または乙とする弁済供託においては，甲から印鑑証明書を添付して払渡請求があっても，乙の承諾がない限り，当該払渡しの認可をすることはできないとされている（昭41.4.14民甲第1107号認可・先例集(4)177頁）。

なお，被供託者を「甲または乙」とする弁済供託においては，第三者丙が，被告を甲および乙とする訴えを提起し，当該供託に係る債権の実体上の権利を丙が有することを確認する旨の確定判決を添付して供託金払渡請求をしたとしても，丙は，供託物の還付を受けることはできない。丙に実体上の権利があるとすれば，被供託者を「甲または乙」とする供託は無効であり（法9条），丙は無効な供託に対して還付請求をすることはできないからである。

第4節　保証供託の払渡し

裁判上の保証供託の取戻しは，どのようにするのか

裁判上の保証供託の取戻しをするには，原則として担保取消決定を得なければならない。

なお，裁判所の許可を得て担保を取り戻すことができる場合もある。

● 解説

(1) 裁判上の保証供託

裁判上の保証供託は，裁判によって相手方または第三者に生ずべき損害賠償を担保する目的で，その裁判の申立人が提供することを命じられる担保であって，大別して，訴訟手続上の担保，執行手続上の担保およびその他の裁判上の担保に分類される。

被供託者すなわち担保権利者は供託物の上に優先権を有し，この優先権については，「供託した金銭又は有価証券について，他の債権者に先立ち弁済を受ける権利を有する」と規定されている（民訴法77条，民執法15条2項，保全法4条2項）。

(2) 裁判上の保証供託の取戻し

裁判上の保証供託物の取戻請求をするには，その供託原因が消滅していなければならない。したがって，供託物払渡請求書には「取戻しをする権利を

有することを証する書面」(規則25条1項)として供託原因消滅証明書を添付しなければならないこととされている。

　この供託原因消滅証明書とは，担保の事由がなくなった場合または担保権利者の同意があった場合において担保提供者の申立てにより裁判所が担保取消決定をしたとき(民訴法79条，民執法15条2項，保全法4条2項)の担保取消決定書の正本およびその確定証明書をいうが，これらの書面に代わるものとして，供託原因の消滅を証する裁判所の証明書または供託書正本に供託原因が消滅したことを証する旨を裁判所書記官が奥書証明したものも認められている(昭38.1.21民甲第45号認可4問・先例集(3)236頁，昭40.1.5民甲第4058号回答)。

　なお，民事保全法14条1項に基づく保全命令の担保として供託がされている場合において，民事保全規則で定める一定の事由が存し，担保の提供を求める必要性がないときは，裁判所の許可を得て供託物を取り戻すことができる(保全規則17条1項)。

　このほか，供託物払渡請求書には，印鑑証明書(規則26条)および代理人による場合の代理権限証書(規則27条)を添付しなければならない。

(3)　担保権利者による取戻請求

　担保権利者は，担保権の実行としての優先権を行使することなく，供託者の取戻請求権に対する差押・転付命令を得る方法を利用することが少なくない。これは，個々の場合における権利関係を考慮して，その利便により選択がされる結果である。なお，供託者の債権者が供託物取戻請求権の差押・転付命令を得て権利行使することもある。

裁判上の保証供託の被供託者が権利の実行として供託物の払渡しを受けるには，どのようにするのか

裁判上の保証供託について担保権を実行する方法としては，①直接還付請求をする方法のほか，②取戻請求権に対する差押・転付命令を得る方法によることもできる。

● 解説

(1) 裁判上の保証供託の担保権の実行

　裁判上の保証供託の担保権者は，供託した金銭または有価証券について，他の債権者に先立ち弁済を受ける権利を有する。担保権者である訴訟の被告または債務者たる被供託者は，その担保権を実行する方法として，①直接還付請求をする方法による（平9.12.19民四第2257号通達）ほか，②取戻請求権に対する差押・転付命令を得る方法によることもできる。

(2) 直接還付請求をする方法

　担保権利者は，供託物払渡請求書に被担保債権（損害賠償請求権）の存在を証する書面を添付して（規則24条１項１号），直接還付請求をすることができる。この書面としては，確定判決またはこれと同一の効力を有する和解調書，認諾調書，調停調書，確定した仮執行宣言付支払命令，公正証書等が該当する。

　上記書面のほか，供託物払渡請求書には，印鑑証明書（規則26条）および代理人による場合の代理権限証書（規則27条）を添付しなければならない。

(3) 取戻請求権に対する差押・転付命令を得る方法

　前述の(2)は，「他の債権者に先立ち弁済を受ける権利」の実行の方法であ

るが，実務上は，被担保債権自体の債務名義に基づいて取戻請求権に対する差押・転付命令を得る方法が利用される。この方法は，被担保債権に基づく強制執行であるから，当然債務名義を要し，また，供託手続上も取戻請求権の行使をすることになる。

この方法は通常の強制執行であるから，取戻請求権についての先順位の差押債権者や質権者等に劣後するが，供託金利息についても差押え・転付の効果が及ぶ。

この場合の供託物払渡請求書の添付書類は，転付命令確定証明書（差押命令による取立権の行使の場合には，差押命令が債務者に送達された日から1週間経過したことを証する裁判所の証明書），担保取消決定の正本および確定証明書（規則25条1項），印鑑証明書（規則26条）ならびに代理人による場合の代理権限証書（規則27条）である。

営業上の保証供託の取戻しは，どのようにするのか

営業上の保証供託の取戻しを請求するには，原則として，担保権者の有無を確かめるための催告手続を必要とする。

● 解 説

(1) 営業上の保証供託の取戻し

宅地建物取引業，割賦販売業，旅行業等のように，取引の相手方が不特定多数であって，取引活動の範囲が広く，頻繁であるため，取引の相手方に対して取引上の損害を与えることが十分予測される一定の営業については，当

該営業取引上の債権を取得する相手方やその営業活動により損害を被る被害者を保護するため，それぞれの業法において営業保証供託制度が採用されている。

したがって，これらの営業を営もうとする者は（保証協会に加入している場合や保証金につき供託委託契約を締結している場合等を除く）一定額の供託をしなければならないが，営業保証金を供託した者が，①当該事業を廃止した場合，②事業の許可，免許または登録等が取り消された場合，③一部の営業所等を廃止したため営業保証金の額が法定の額を超えることとなった場合，その他営業保証金の全部または一部について供託をしておく必要性がなくなった場合には，供託した営業保証金の全部または一部を取り戻すことができる。

(2) 催告手続

供託者が営業保証金を取り戻す場合には，当該営業保証金によって担保される債権を有する者が存することも考えられる。そのため，各業法において，その債権者を保護するために，当該営業保証金につき権利を有する者は原則として6ヵ月を下らない一定期間内にその債権額および債権発生の原因たる事実ならびに住所および氏名または名称を記載した申出書を主務官庁に提出すべき旨を官報等に公告し担保権者の有無を確認した上で営業保証金を取り戻すべき旨を定めている（家畜商法10条の7第4項，家畜商営業保証金規則8条〜10条，割販法18条の2・20条の4・29条2項・35条の2，許可割賦販売業者等の営業保証金等に関する規則19条〜24条，水洗炭業に関する法律29条2項，水洗炭業者保証金規則19条〜22条，宅建業法30条2項・64条の11，積立式宅地建物販売業法27条・29条・30条，旅行業法9条等）。

なお，鉱業担保のための供託金の取戻請求にあっては，その根拠法に取戻公告に関する規定は存しないが，主務官庁が担保権者の存否を審査したうえで取戻しを承認していることから，公告は不要とされている（昭37.12.20民事甲第3678号通達）。

なお，資金決済法に基づく発行保証金の供託については，毎年3月末および9月末の基準日における未使用残高に基づき必要とされる供託金額（供託

基準額）を算定することとされており，この供託基準額以下となった場合等には，主務官庁の承認を得て取戻しをすることができる（同法18条2号，同法施行令9条1項）。

(3) 供託物取戻手続

営業上の保証供託の取戻請求をするときは，供託物払渡請求書に，取戻しをする権利を有することを証する書面（規則25条1項）として主務官庁の証明書を添付するほか印鑑証明書（規則26条）および代理人による場合の代理権限証書（規則27条）を添付しなければならない。

Q172 取引上の債権者等が営業保証金に対し権利を行使するには，どのようにするのか

A 営業保証金について担保権者が担保権を実行する方法としては，根拠法により，①取引から生じた債権の存することを証して還付請求をする方法と，②担保官庁等に申出をした上で配当実施としての支払委託による方法とがある。

● 解説

(1) 営業保証金の担保権者

営業保証金を供託した事業者との取引によって債権を取得した者またはその事業活動により損害を受けた者は，供託所に対して供託物の還付請求をすることができる。しかし，この還付請求権は，業者との取引によって生じた債権であることを要し，一般債権者が供託金について還付請求をすることはできない。したがって，例えば，宅地建物取引業者の供託した営業保証金に

ついて，金銭消費貸借契約公正証書に基づく債権差押・転付命令があっても，宅地建物取引業に関する取引により生じた債権に基づく還付請求があったときは，これを認可して差し支えないとされている（昭35年度全国会同決議35問・先例集(3)7頁）。

営業保証金の還付を受けるには，根拠法令により，取引から生じた債権の存在を証して個別に還付請求をする方法と担保官庁等に申出をした上で，配当実施としての支払委託による方法とがある。

(2) 個別の還付請求

担保権者の権利行使について根拠法令に特別の定めがない場合には，供託法令上の手続に従って，個々に，随時，その権利を証明して供託物の還付請求をすることになる。

この方法によると，担保権者の権利実行の手続が簡便である反面，債権者が多数であるために営業保証金によって全ての債権を弁済することができない場合には結果的に早い者勝ちになるという指摘がある。

この場合の払渡請求書には，印鑑証明書（規則26条）および代理人による場合の代理権限証書（規則27条）のほか，還付を受ける権利を有することを証する書面（規則24条1項1号）として，確定判決，和解調書，調停調書または事業者の債務承認書（印鑑証明書によりその真正に作成されたことを担保することができるもの）等を添付しなければならないが，取引から生じた債権であることを証明することができるものであれば足り（現在当該債権が存在しているか否かを証明させる必要はない。），そのいずれでも差し支えない（昭41.12.8民事甲第3302号認可1問・先例集(4)228頁）。

(3) 配当手続による還付請求

許可割賦販売業，前払式支払手段発行業，包括信用購入あっせん業，積立式宅地建物販売業等の特定の根拠法令においては，担保権者の権利実行の方法として，競合する多数の債権者について平等の満足を与えるため，主務官庁等の行う特別の配当手続を経た上で供託物を還付請求すべきことが定められている。この方法によると，債権者の権利実行の申立て等に基づいて配当実施権者が配当表を作成した上，供託所に対しては支払委託をするととも

に，債権者には配当を受ける者である旨の支払（配当）証明書を交付する。

　したがって，担保権者は，払渡請求書に印鑑証明書（規則26条）および代理人による場合の代理権限証書（規則27条）のほか，還付を受ける権利を有することを証する書面（規則24条1項1号）として前記証明書を添付して，還付請求をする。

　この方法によるときは，債権者間の平等的満足は図られるが，債権者の権利行使の手続が複雑となり権利の調査・確定のための期間が長期にわたるという指摘がある。

第5節　執行供託の払渡し

裁判所の配当等に基づく払渡請求は，どのようにするのか

執行供託における供託金の払渡しは，執行裁判所の配当等の実施としての支払委託に基づいてされ，供託金払渡請求書には，裁判所が交付した証明書を添付しなければならない。

● 解 説

(1) 配当手続

執行供託においては，執行裁判所は，①強制管理の停止の届出があった場合，②管理人による配当が供託された場合において供託事由が消滅したとき，③民事執行法156条1項または2項の供託（第三債務者による供託）がされた場合，④民事執行法157条5項の供託（取立訴訟の原告に対する支払の方法としての供託）がされた場合に，配当等を実施しなければならない（民執法166条1項）。

執行裁判所は，債権者が1人である場合または2人以上であっても供託金で各債権者の債権および執行費用の全部を弁済することができる場合にあっては交付計算書を作成して債権者に交付すべき弁済金および債務者に交付すべき剰余金を明らかにし，これらの場合以外の場合にあっては配当期日において配当表を作成し，これに基づいて配当等を実施する（民執法166条2項・

84条・85条)。そして，いずれの場合においても，配当等の実施については，執行裁判所の書記官が各債権者または債務者に配当すべき金額を供託金から払い渡すべき旨を記載した支払委託書を供託所に送付し（民執規則61条），同時に各債権者または債務者に対して供託金から払渡しを受けるべき金額を記載した証明書を交付すべきこととされている（規則30条1項）。

　なお，配当等を受けるべき債権者の債権が停止条件付または不確定期限付である場合，仮差押債権者の債権である場合など一定の場合には，その配当等の額に相当する金額については，供託を持続し，供託の事由が消滅したときに配当等を実施する（民執法166条2項・91条1項・92条1項）。また，配当等の受領のために出頭しなかった債権者の配当金についても供託を持続する（民執法166条2項・91条2項）が，債権者が後日受領のために出頭すれば，支払委託をすることになる。

(2) 供託金払渡手続

　裁判所の配当等に基づき供託金の払渡しを受けようとする場合には，供託金払渡請求書に，還付を受ける権利を有することを証する書面として執行裁判所書記官から交付を受けた証明書（規則24条1項1号）を添付するとともに，供託金払渡請求書または委任による代理人の権限を証する書面に押された印鑑につき市町村長または登記所の作成した印鑑証明書（作成後3ヵ月以内のもの）を添付しなければならない（規則26条1項・2項・9条）。

　なお，自然人が還付請求する場合（還付請求する供託金の額が10万円未満である場合に限る。）は，印鑑証明書の添付を要しない（代理人口座への預貯金振込みを希望する場合を除く（**Q160**参照。規則26条3項5号)。）。

Q174 裁判所の配当等に基づく払渡しの場合,供託金の利息の払渡しはどのようになるのか

裁判所の配当等に基づく払渡しの場合であっても,供託金の利息は支払われるが,配当実施前の利息については支払委託により払渡しがされ,配当実施後の利息については配当債権者の請求により払渡しがされる。

● 解説

(1) 配当実施前の利息

執行供託における供託金の払渡しは,一定の要件の下に執行裁判所による配当の実施としての支払委託によってされる(民執法166条,民執規則61条)。

供託金には,供託法3条および供託規則33条により,年0.024パーセントの利息が付される(ただし昭和57年4月1日から昭和66年(平成3年)3月31日までの間,利息が付されない措置がとられていた(法附則15条)。なお,Q184参照)が,執行供託における供託金は本来執行債務者の財産であり,これに対して付される利息も,執行債務者の財産として配当原資に繰り入れられて配当実施がされる。したがって,配当実施の時点で既に生じている利息については,配当として支払委託の手続によって支払われることになる(大14.4.21民第2802号回答)。この場合において,支払委託書および配当債権者に送付される証明書には,供託金と利息とを区別して記載すべき取扱いとされている(大11.9.30民第3540号回答)。

なお,配当実施の時点で供託金に利息が生じていても,支払委託がない限り,利息の払渡しを受けることはできない(前掲大11.9.30民第3540号回答,昭35年度全国会同決議38問・先例集(3)7頁)。支払委託書に記載された利息の総

額が供託金利息の総額よりも少ないときはその範囲で払い渡されるが、供託金利息の総額を超過しているときは、供託官は、支払委託に応ずることなく、その旨を執行裁判所に通知することとされている（大14.5.29民第4541号回答）。

(2) 配当実施後の利息

配当原資に繰り入れられる供託金利息は供託後配当期日までの間に生じた利息であって、配当実施によって債権額が確定した後に生じた利息については、配当債権者の財産であり、別に支払委託を要することなく、配当債権者の請求により、配当金の割合に応じて配当実施の月から支払の前月までの利息が支払われる（大14.7.2民第5815号回答、大15.4.14民第2702号回答、昭55.6.9民四第3273号認可9問・先例集(6)305頁）。

(3) 利息の払渡手続

供託金および利息は原則として同時に払い渡すこととされており（規則34条）、請求者は、供託金払渡請求書を供託所に提出すれば足り、ほかに供託金利息請求書を提出する必要はない。

金銭債権に対する差押え等を原因として供託がされた後に差押えが取り下げられた場合の供託金の払渡しは、どのようにしてされるか

A 金銭債権に対して差押え等がされて第三債務者が供託した後に差押え等が取り下げられた場合の供託金の払渡しは、原則として、執行裁判所の支払委託に基づいてされる。

● 解説

(1) 第三債務者による供託

　第三債務者は，差押えに係る金銭債権の全額または差押金額と同額の金銭を債務の履行地の供託所に供託することができる（民執法156条1項―権利供託・**Q68**参照）。また，取立訴訟の訴状の送達を受けるまでに，差押えに係る金銭債権について差押えまたは仮差押えの執行が競合した場合にはその債権の全額に相当する金銭を，配当要求がされた場合には差し押さえられた部分に相当する金銭を債務の履行地の供託所に供託しなければならない（民執法156条2項―義務供託・**Q69，76，81**参照）。そして，これらの供託については，金銭債権に対して仮差押えの執行がされた場合も同様とされている（保全法50条5項）。

(2) 差押え等の取下げと供託金

　第三債務者は(1)の供託をすることによりその供託金額の範囲内で自己の債権者である執行債務者に対する債務を免れ，その効果を差押債権者に対抗することができるものであって，供託後に差押え等が取り下げられて失効したとしても，第三債務者が供託原因の消滅を理由に供託金を取り戻すことを認めるべきものではない。

　強制執行の目的物たる金銭債権は執行裁判所の差押え等により供託され，その管理に服していたのであり，差押え等の取下げによってその効力が失われたとしても，これにより直ちに執行裁判所が供託金に対する管理権を喪失するものではなく，あくまで執行裁判所の処分に基づいて払渡しをして事件が完結すべきであると考えられる。したがって，供託金の払渡しは，原則として執行裁判所の支払委託によるべきものとされている（昭51.2.4民四第1138号回答，昭55.9.6民四第5333号通達第二・四・1・㈠・⑶・イ）。

　ただし，執行裁判所がこのような考え方によらない場合には，支払委託がされず，執行債務者が供託金の払渡しを受けられないこととなって不都合を生ずることになるので，前掲供託先例も，支払委託によることを原則としつつも，執行債務者から供託金払渡請求書に差押命令の申立て等が取り下げら

れたことを証する書面を添付して供託金の払渡請求があったときは，これを認可して差し支えないとしている。

なお，差押え等の取消し（民執法40条）があった場合も，同様である。

Q176

仮差押えの執行を原因としてされた供託金の払渡しは，どのようにしてされるか

A　仮差押えの執行を原因として第三債務者が供託した供託金は，①仮差押金額を超える部分については債務者の還付請求または第三債務者の取戻請求により，②仮差押えの執行に係る部分について差押えがあったときは支払委託により，③仮差押えの執行が効力を失ったときは債務者の還付請求により，それぞれ払渡しがされる。

● 解説

(1) 仮差押えの執行による供託

金銭債権に対して仮差押えの執行がされた場合（仮差押えの執行が競合した場合を含む）においては，第三債務者は，仮差押えの執行に係る金銭債権の全額または仮差押金額に相当する金銭を債務の履行地の供託所に供託することができる（保全法50条5項による民執法156条1項の準用）。この供託がされると，債務者が民事保全法22条1項の規定により定められた仮差押解放金を供託したものとみなされる（保全法50条3項。ただし，仮差押金額を超える部分については，この限りでない）。これを，いわゆる「みなし解放金」という。

この供託は執行の目的物であるという意味において執行供託の性質を有するが，同時に弁済供託の性質を有するのであって，債務者が還付請求権を有し，その還付請求権について仮差押えの執行の効力が及んでいると解される。

(2) みなし解放金の払渡し

a 仮差押えの執行により第三債務者が供託した場合において，仮差押金額に相当する金額を超える部分があるときは，当該部分については，仮差押えの執行の効力が及んでいないから，純然たる弁済供託であり，被供託者たる債務者はいつでも供託を受諾して還付請求をすることができ，第三債務者は供託不受諾を原因として取戻請求をすることができる（平2.11.13民四第5002号通達第2・3・(1)・イ・(ア)）。

b 供託金還付請求権に対して仮差押債権者が本執行としての差押えをしたときまたは他の債権者が差押えをしたときは，供託金について配当が実施されることになり，この場合の供託金の払渡しは，執行裁判所の配当等の実施としての支払委託に基づいて行われる（前掲通達第2・3・(1)・ウ・(イ)）。

c 供託後に，仮差押えの執行が取り消され，または仮差押執行の申請の取下げ等によって失効した場合には，債務者の有する供託金還付請求権は仮差押えの拘束力から解放されることになり，被供託者たる債務者は，供託金の還付請求権を行使することができる（前掲通達第2・3・(1)・エ）。この場合の供託金払渡請求書には，仮差押えの執行が効力を失ったことを証する書面を添付しなければならない。

なお，仮差押えの執行が効力を失っても第三債務者が不受諾を理由とする取戻請求をすることが認められるべきでないのは，差押えによる供託の場合と同様である（Q175(2)参照）。

第7章　供託物払渡しの手続

Q177

仮差押解放金の払渡しは，どのようにしてされるか

A　仮差押解放金は，①仮差押えの執行が効力を失ったときは供託者の取戻請求により，②仮差押債権者の権利実行としての強制執行の方法による取戻請求により，③他の債権者等が差押えをしたときは執行裁判所の配当等の実施としての支払委託に基づいて，それぞれ払渡しがされる。

● 解説

(1)　仮差押解放金

　裁判所が仮差押命令を発する場合には，仮差押命令においては仮差押えの執行の停止を得るためまたは既にした執行の取消を得るために債務者が供託すべき金銭の額を定めなければならない。この金銭の供託は仮差押命令を発した裁判所または保全執行裁判所の所在地を管轄する地方裁判所の管轄区域内の供託所に供託しなければならないとされている（保全法22条）が，これを「仮差押解放金」という。

　債務者が仮差押解放金を供託したことを証明したときは，保全執行裁判所は仮差押えの執行を取り消さなければならず（保全法51条1項），この取消決定は確定を待たず即時にその効力を生ずることとされている（同条2項）。仮差押解放金の供託は担保供託とは法的性質を異にし，債権者が優先的な還付請求権を有することはなく，仮差押解放金が仮差押えの執行の目的物に代わるものであって，債務者の有する供託金取戻請求権の上に仮差押えの執行の効力が及ぶものと解される。

(2)　仮差押解放金の払渡し

a　仮差押えの執行が効力を失い，供託原因が消滅したときは，供託者たる債務者は，供託金取戻請求権を行使することができる（平2.11.13民四5002号通達第2・6・(2)・ウ）。

　仮差押えの執行が効力を失うのは，仮差押えが取り下げられた場合や本案訴訟で仮差押債権者が敗訴した場合等である。

　債務者が供託金の取戻請求をするときは，供託物払渡請求書に仮差押えの保全執行裁判所が作成した供託原因消滅証明書を添付しなければならない（前掲通達参照）。

　b　仮差押債権者は，仮差押解放金について権利実行をしようとするときは，本執行としての差押えの申立てをし，供託金取戻請求権について差押命令を得て，債務者に差押命令が送達された日から1週間を経過した後，取立権を行使して仮差押解放金の取戻請求をすることができる（民執法155条1項）。この場合には，差押・転付命令を得ることもできる（民執法159条）。

　供託金払渡請求書には，供託原因が消滅したことを証する書面として，仮差押えの被保全債権と差押えの執行債権とが同一であることを証する書面（規則25条1項）を添付しなければならない。

　c　仮差押解放金について他の債権者が差押えをした場合，または他の債権者が仮差押えの執行をした後に仮差押債権者のいずれかが本執行としての差押えをした場合には，仮差押えの執行と差押えとの競合が生じ，供託官は第三債務者として執行裁判所に事情の届出をしなければならず（保全法50条5項，民執法156条2項・3項），供託金の払渡しは，配当等の実施としての支払委託に基づいてされる。供託金払渡請求書には，裁判所から交付された証明書を添付しなければならない（規則30条）。

第7章　供託物払渡しの手続

Q178

仮処分解放金の供託金の払渡請求手続は，どのようにするのか

A　仮処分解放金は，仮処分解放金に対する仮処分債権者の権利の実行の方法の違いによって，一般型仮処分解放金と特殊型仮処分解放金とに分けることができるが，仮処分の本案の勝訴判決が確定した場合における仮処分債権者の供託金に対する権利の実行は，一般型仮処分解放金にあっては直接供託所に対する供託金の還付請求権の行使により，特殊型仮処分解放金にあっては詐害行為の債務者の取得した供託金の還付請求権に対する強制執行に基づく取立てまたは裁判所の配当等の実施による支払委託により行われる。

● 解 説

(1)　一般型仮処分解放金の供託金の払渡請求の方法等

　a　供託金の還付請求の手続等

　仮処分の保全すべき権利の内容が民法424条1項の規定による詐害行為取消権以外の権利である場合において一般型仮処分解放金の供託がされ，民事保全法57条1項の規定により仮処分の執行が取り消されたときは，仮処分の目的物に代わるものとして仮処分解放金の供託金に仮処分の効力が及び，仮処分債権者は，当該供託金について停止条件付還付請求権を取得する。この場合において，仮処分の本案の勝訴判決が確定したときは，供託金還付請求権について停止条件が成就するので，仮処分債権者は，執行文の付与を要することなく，還付請求権を行使して直接供託所に対して供託金の還付請求をすることができる。

この場合における供託金払渡請求書には，供託規則24条1項1号の「還付を受ける権利を有することを証する書面」として，本案判決の正本およびその確定証明書のほか仮処分の被保全権利と本案の訴訟物との同一性を証する書面（例えば，仮処分申立書，仮処分命令等）を添付することを要する（保全規則13条2項参照）。
　なお，本案判決において反対給付をすることが命じられている場合には，前記の添付書面のほか反対給付をしたことを証する書面を添付しなければならない（法10条，規則24条1項2号）。
　　b　供託金の取戻請求の手続等
　仮処分の本案判決の確定前に仮処分の申立てが取り下げられ，または仮処分債権者が本来訴訟で敗訴した場合には，供託原因が消滅するので，仮処分債務者（供託者）は，供託金の取戻請求をすることができる。
　この場合における供託金払渡請求書には，供託規則25条1項の「取戻しをする権利を有することを証する書面」として，仮処分の申立てが取り下げられたことを証する書面または本案判決の正本およびその確定証明書のほか仮処分の被保全権利と本案の訴訟物との同一性を証する書面（例えば仮処分申立書，仮処分命令決定書等）を添付しなければならない。
　(2)　特殊型仮処分解放金の供託金の払渡請求の方法等
　　a　供託金の還付請求
　　①　仮処分債権者による供託金の還付請求
　仮処分の債務者が民法424条1項の規定による詐害行為取消権を保全するための仮処分における仮処分解放金を供託したときは，仮処分の目的物に代わるものとして，同項の債務者（以下「詐害行為の債務者」という。）が当該供託金について停止条件付還付請求権を取得するとされている（保全法65条前段）が，この還付請求権は，
(i)　仮処分債務者の供託によって民事保全法57条1項の規定により仮処分の執行が取り消され，かつ，
(ii)　仮処分債権者の保全すべき権利につき本案の判決が確定した後に，仮処分債権者が詐害行為の債務者に対する債務名義により詐害行為の債務者が

取得した還付請求権に対して強制執行をするときに限り，これを行使することができることとされている（保全法65条後段）。

すなわち，仮処分債権者の保全すべき権利につき本案の勝訴判決が確定したときは，詐害行為の債務者の供託金還付請求権について停止条件が成就し，還付請求権は確定的に同人に帰属することとなるので，仮処分債権者は，それを前提として当該還付請求権について差押えをすることとなる。この場合において，差押命令が詐害行為の債務者に送達された日から1週間を経過したときは，仮処分債権者は，その債権を取り立てることができるので，他の債権者による差押えまたは仮差押えの執行がされていない限り，差押命令に基づく取立権の行使として供託所に対して供託金の払渡請求をすることができる。しかし，それ以外の場合には，裁判所による配当等の実施による支払委託によって供託金の払渡しをすることとなる。

なお，仮処分債権者が直接供託金の払渡請求をする場合の供託金払渡請求書には，供託規則24条1項1号の書面として，本案判決の正本およびその確定証明書のほか仮処分の被保全権利と本案の訴訟物との同一性を証する書面（例えば，仮処分申立書，仮処分命令決定書等）および差押命令が債務者に送達された日から1週間が経過したことを証する書面を添付しなければならない。

② 裁判所の配当等による供託金の払渡し

①で前述したとおり，仮処分債権者以外の者も詐害行為の債務者の有する供託金の還付請求権に対して差押えまたは仮差押えの執行をすることができるが，仮処分債権着が前記の差押えをするまでの間は，他の債権者は，当該差押命令に基づく取立権の行使または転付命令による転付を受けることはできない（保全法65条後段参照）。したがって，この場合には，他の債権者による差押え等が競合しても，供託官は，裁判所にその事情の届出をする必要はない。

しかし，仮処分債権者が先に差押えをしてその取立権の行使に基づく供託金の払渡請求をする前に，当該還付請求権に対して他の債権者から差押えまたは仮差押えの執行がされた場合には，供託事由が生じたものとして，供託

官は，直ちに民事執行法156条2項・3項の規定に基づき，その事情を先に送達された差押命令を発した裁判所に届け出ることを要する（民執規則138条3項）。この場合の供託金の払渡しは，執行裁判所の配当等の実施としての支払委託に基づいてすることとなる（民執法166条1項）。

③ 詐害行為の債務者による供託金の還付請求

仮処分の本案の勝訴判決が確定した後に，仮処分債権者が詐害行為の債務者が有する供託金還付請求権に対して差押えをし，その後に当該差押えの申立てを取り下げた場合には，他の債権者による差押えまたは仮差押えの執行がされていない限り，被供託者たる詐害行為の債務者は，供託金の還付請求をすることができる。

この場合における供託金払渡請求書には，供託規則24条1項1号の書面として，①の仮処分債権者が払渡請求をする場合と同様に，本案判決の正本およびその確定証明書のほか仮処分の被保全権利と本案の訴訟物との同一性を証する書面（例えば，仮処分申立書，仮処分命令決定書等）および仮処分債権者の差押えの申立てが取り下げられたことを証する書面を添付しなければならない。

b 供託金の取戻請求

仮処分解放金の供託がされた後，本案の勝訴判決の確定以前に仮処分の申立てが取り下げられた場合には，供託原因が消滅することとなるので，仮処分債務者は，供託金の取戻請求をすることができる。この場合における供託金払渡請求書には，供託規則25条1項の書面として仮処分の申立てが取り下げられたことを証する書面を添付しなければならない。

また，仮処分債権者が本案訴訟で敗訴した場合には，仮処分債務者は，供託金の取戻請求をすることができる。したがって，この場合における供託金払渡請求書には，供託規則25条1項の書面として本案判決の正本およびその確定証明書のほか仮処分の被保全権利と本案の訴訟物との同一性を証する書面（例えば，仮処分申立書，仮処分命令決定書等）を添付しなければならない（**Q95**参照）。

第7章　供託物払渡しの手続

Q179

滞納処分による差押えと強制執行による差押えとの競合を原因としてされた供託金の払渡しは、どのようにしてされるか

A

滞納処分による差押えと強制執行による差押えとの競合を原因としてされた供託金の払渡しは、①滞納処分が先行する場合には、徴収職員によってされた後、残余について執行裁判所の配当によってされ、②強制執行が先行する場合には、執行裁判所の配当によってされる。

● 解説

(1) 滞調法による供託金の払渡し

滞調法による供託は、滞納処分が先行する場合と強制執行が先行する場合とで、権利供託と義務供託とに分かれる（詳細はQ98からQ100までを参照）が、供託金の払渡手続も、滞納処分が先行する場合と強制執行が先行する場合とで異なる。

(2) 滞納処分が先行する場合

供託金のうち滞納処分による差押えの金額に相当する部分の払渡しは、徴収職員等の還付請求によってされる（国徴法67条1項）。

供託金のうち滞納処分による差押えの金額に相当する部分以外の部分の払渡しは、執行裁判所の配当等の実施としての支払委託に基づいてされる（滞調法20条の7第1項）。この配当等の実施は、第三債務者による権利供託がされた場合の事情届に基づき、徴収職員等から執行裁判所に対してする通知（滞調法20条の6第3項）によってされる。

なお、滞納処分による差押えが解除されたときは、解除された額に相当す

る部分については，執行裁判所の配当の実施としての支払委託に基づいて払渡しがされる。

(3) 強制執行が先行する場合

この場合には，滞納処分による差押えを強制執行手続に取り込んで双方の調整を図ることとされており，滞納処分に係る国税等については，その差押えの時に交付要求があったものとみなされる（滞調法36条の10第1項）。したがって，供託金の払渡しは，全て執行裁判所の配当等の実施として，支払委託に基づいてされる（滞調法36条の9）。

なお，先行の強制執行による差押えの申立てが取り下げられ，または差押命令を取り消す決定が効力を生じたときは，徴収職員等は，供託金のうち滞納処分による差押えの金額に相当する部分について，還付請求をすることができる（滞調法36条の6第4項）。

(4) 払渡請求手続

執行裁判所の配当等の実施としての支払委託により供託金の払渡し（還付）を請求する場合には，供託金払渡請求書に，印鑑証明書（規則26条1項），執行裁判所の交付した証明書（規則30条2項）および代理人によって払渡請求する場合には代理権限を証する書面（規則27条）を添付しなければならない。

なお，自然人が還付請求をする場合（還付請求する供託金の額が10万円未満である場合に限る。）は，印鑑証明書の添付を要しない（代理人口座への預貯金振込みを希望する場合を除く（**Q160**参照。規則26条3項5号）。）。

第6節　その他の供託

Q180

供託物の没取は，どのような場合に行われるか

A

没取供託においては，根拠法令に定められた一定の事実の発生または条件の不成就等によって，供託物が被供託者に没取される。

● 解説

　没取供託は，供託者と被供託者との間に何らの請求権の満足を図るという関係がなく，特殊な目的の下に供託がされるものである。この没取供託の供託物は，一定の事実の発生または条件の不成就によって，供託書上の被供託者に没取される。

　この没取の条件はそれぞれの根拠法令によって異なるが，没取供託の主なものは，次のとおりである。

① 選挙供託

　公職選挙法に基づく公職の候補者は，町村の議会の議員の選挙を除くほか，公職の候補者の立候補の届出等をしようとする場合には，定められた金額またはこれに相当する額面の国債証書（振替国債を含む。）を供託しなければならないこととされている（公選法92条）。そして，候補者（または政党）の得票数が公職選挙法で定める数に達しないときまたは途中で立候補を辞退したときは，供託物は，国庫等に帰属する（公選法93条・94条）。これは，立候補の濫用を防止し，特に泡沫立候補者の出現を抑制す

る機能を果たしている。
② 裁判所の緊急停止命令の執行の免除のための供託
　公正取引委員会の申立てによって裁判所の緊急停止命令もしくはその変更・取消があった場合においては，裁判所の定める供託をすることによって，これらが確定するまでの間その執行の免除を受けることができるが，当該命令が確定したときは，裁判所は，公正取引委員会の申立てにより，供託物を没取することができる（独禁法70条の14）。

Q181

没取した供託物の収納は，どのような手続で行われるか

A 没取供託における供託物の収納手続は，個々の制度によって異なるが，①選挙供託にあっては選挙管理委員会等からの通知に基づき歳入徴収官等出納担当者が還付請求をして歳入に収納し，②裁判所の緊急停止命令の執行の免除のための供託にあっては裁判所の歳入徴収官が還付請求し，出納官がこれを収納する。

● 解説

　没取供託は，制度の濫用を防止し，あるいは行為者の誠実性を担保するために，没取の目的物を供託させるものであり，一定の条件に反する結果が生じたときは，供託物は没取することとされている。その収納手続は，以下のとおりである。
(1) 選挙供託
　a　衆議院（比例代表選出）議員または参議院（比例代表選出）議員選挙

の場合には，中央選挙管理会（選挙長）が供託物が国庫に帰属した旨を明示した書面および供託物に係る供託書正本を総務省主管歳入徴収官（総務大臣官房会計課長）に送付し，歳入徴収官が還付請求手続をするとともに，①金銭供託にあっては供託官を納入者とする納入告知書を発し，供託官がこれに基づいて国庫金振替の方法によって供託金の国庫内移管の手続をとり，②有価証券供託にあっては当該有価証券の寄託先である日本銀行を納入者とする納入告知書を発し，供託所を経由して国庫への収納手続をとる。

　b　衆議院（小選挙区選出）議員または参議院（選挙区選出）議員選挙の場合には，都道府県選挙管理委員会から都道府県の総務省主管歳入徴収官の事務委任を受けた会計管理者に対して供託書等が送付されるほかは，aと同様である（昭30.3.31民事甲第604号通達）。

　c　地方選挙の場合には，地方公共団体の長が供託官に対して供託書正本および還付証明書を添付して還付請求をし，歳入に収納される。この場合には，供託物の受領権限は会計管理者にあるので，供託物払渡請求書の受取人氏名欄には，この者を表示しなければならない（昭11.11.22民事甲第1629号回答）。

(2)　裁判所の緊急停止命令の執行の免除のための供託

　裁判所の緊急停止命令の免除のための供託においては，当該命令が確定したときは，裁判所は，非訟事件手続法により，供託物の全部または一部を没取することができる（独禁法70条の14）。没取の裁判が確定したときは，裁判長は，歳入徴収官にその旨を通知するとともに決定正本および供託書を送付し，歳入徴収官が供託所から供託金の還付を受け，出納官がこれを収納する（昭4.9.26民事第8599号通達）。

Q182

衆議院（比例代表選出）議員または参議院（比例代表選出）議員の選挙に係る供託金の取戻しの手続はどのようにするのか

衆議院（比例代表選出）議員または参議院（比例代表選出）議員の選挙の全部が無効となった場合および名簿届出政党等について当選人が存在する場合には，供託物の取戻しを請求することができる。

● 解 説

(1) 供託物の取戻しを請求することができる場合

　衆議院（比例代表選出）議員または参議院（比例代表選出）議員の選挙において，名簿届出政党等は，①名簿の届出に係る選挙の全部が無効となった場合には直ちに供託物の全額の取戻しを請求することができ（公選令93条の2第1項，第3項），②名簿届出政党等に係る当選人が存在する場合には公職選挙法94条2項または3項の規定により国庫に帰属するものとされない額について選挙および当選の効力が確定した後，直ちに供託物の取戻しを請求することができる（公選令93条の2第2項・3項）。

　選挙の全部が無効となるのは，選挙訴訟（公選法204条・208条）の結果当該選挙の全部が無効とされた場合であって（公選法110条2項），この訴訟の確定によって，当選の効力はなくなり，各名簿届出政党等への議席の配分および届出に係る名簿も無効とされる。

　名簿届出政党等の所属候補者について当選人が存在する場合には，名簿届出政党等は，当選人の数を2倍した数が立候補の届出に係る名簿登載者数に達したときは供託物の全額について取戻請求をすることができ，それ以外の

ときはその当選人の数を2倍した数に600万円を乗じた額（衆議院（比例代表選出）議員選挙の場合は，当該選挙と同時に行われた衆議院（小選挙区選出）議員選挙の当選人の数に300万円を乗じた額との合算額）の供託物（「国庫に帰属するものとされない額」）について取戻請求をすることができる。その残額は，「国庫に帰属することとされた」供託物として，総務省主管歳入徴収官により還付請求される（公選法94条1項，3項）。

(2) 取戻手続

名簿届出政党等が供託物の全額について取戻請求をするときは，供託物払渡請求書に取戻しをする権利を有することを証する書面として選挙長の供託原因消滅証明書を添付しなければならない（規則25条1項）。

なお，取戻請求をする名簿届出政党等の代表者の資格証明書を添付しなければならない（規則27条3項・14条2項・3項）が，取戻請求をするものが，法人格を有しない政党等である場合において，当該政党等の代表者が公職選挙法86条の7第4項の規定による政党等の名称等の届出に基づく告示による代表者と同一であるときは，当該告示の写しをもって取戻請求についての代表者の資格を証する書面とすることができる（前掲通達第二・二・2・㈡・(2)）。

印鑑証明書の添付については，通常の場合と同様である（規則26条。なお，**Q149**参照）。

Q183 衆議院（小選挙区選出）議員または参議院（選挙区選出）議員の選挙に係る供託金の取戻しの手続はどのようにするのか

A 供託物の取戻しを請求することができるのは，公職の候補者が選挙の期日における投票所を開くべき時刻までに死亡した場合，公職選挙法103条4項の規定により公職の候補者に係る候補者の届出が取り下げられ，もしくは公職の候補者であることを辞したものとみなされた場合，選挙の全部が無効となった場合，得票数が公職の立候補者等が供託金を没収されないために必要な得票数に達した場合および無投票当選の規定により投票が行われなかった場合である。

● 解説

(1) 供託物の取戻しを請求することができる場合

衆議院（小選挙区選出）議員または参議院（選挙区選出）議員の選挙においては，①公職の候補者が選挙の期日における投票所を開くべき時刻までに死亡した場合，公職選挙法103条4項の規定により公職の候補者に係る候補者の届出が取り下げられ，もしくは公職の候補者であることを辞したものとみなされた場合，選挙の全部が無効となった場合には直ちに供託物の全額の返還を請求することができ（公選令93条1項），②得票数が公職の立候補者等が供託金を没収されないために必要な得票数に達した場合および無投票当選の規定により投票が行われなかった場合には，その選挙および当選の効力が確定した後，直ちに供託物の全額の返還を請求することができる（公選令93条2項）。

選挙の全部が無効となるのは，選挙訴訟（公選法204条・208条）の結果当該選挙の全部が無効とされた場合であって（公選法109条4号），この訴訟の確定によって，当選の効力はなくなる。

　また，公職の候補者の得票数が，衆議院（小選挙区選出）議員の選挙の場合は有効投票の総数の10分の1，参議院（選挙区選出）議員の選挙の場合は当該選挙区内の議員の定数をもって有効投票の総数を除して得た数の8分の1（ただし，選挙すべき議員の数が通常選挙における当該選挙区内の議員の定数を超える場合においては，その選挙すべき議員の数をもって有効投票の総数を除して得た数の8分の1）に達するときは，供託物の全額について取戻請求をすることができ，達しない場合には，国庫に帰属するものとして，総務省主管歳入徴収官により還付請求される（公選法93条1項）。

　候補者が1人であるなどの理由で投票が行われなかった場合においても，供託物の全額について取戻請求をすることができる。

(2)　取戻手続

　供託物の全額について取戻請求をするときは，供託物払渡請求書に取戻しをする権利を有することを証する書面として選挙長の供託原因消滅証明書を添付しなければならない（規則25条1項）。

　資格証明書，印鑑証明書の添付については，**Q182**と同様である。

第7節　利息・利札の払渡手続

Q184

供託金には利息が付されるのか

A　供託金には，供託規則の定めるところにより利息が付される。ただし，昭和57年4月1日から昭和66年（平成3年）3月31日までは，利息を付さないこととされていた。

● 解 説

(1) 供託金利息

供託金には命令の定めるところにより利息を付することを要するとされ（法3条），その利率および利息を付すべき期間等については，規則で定めている（規則33条以下）。すなわち，供託金の受入れの月および払渡しの月を除いて，供託の継続した期間に応じて年0.024パーセントの利息が付されるが，供託金の全額が1万円未満であるときまたは供託金に1万円未満の端数があるときは，その全額またはその端数金額については利息は付されない（規則33条）。なお，供託されている時期によって適用される利率が異なる（具体的な利率は(3)参照。）。

(2) 供託金の付利停止

供託法においては供託金には利息を付すこととされているが，昭和57年4月1日から昭和60年3月31日までの間，主に国の財政状況の悪化を理由として供託金の付利停止措置がとられ（昭和56年法律第94号，法15条），さらに昭和66年（平成3年）3月31日まで付利停止期間が延長された（昭和60

第7章 供託物払渡しの手続

(3) 供託金利息の利率の変遷

根 拠 法 令 等	適 用 期 間	利 率
・明治23年7月26日勅令第145号「供託規則」第2条	明治26年11月30日まで	1,000円以上年3分 1,000円未満年4分2厘
・明治26年7月24日勅令第75号	明治26年12月1日から明治32年3月31日まで	無 利 息
・明治32年2月8日法律第15号 供託法第3条 ・明治32年3月17日大蔵省告示第9号	明治32年4月1日から昭和7年9月30日まで	年3分6厘
・昭和7年9月29日司法省令第41号 ・昭和34年1月17日法務省令第2号	昭和7年10月1日から昭和53年2月28日まで	年2分4厘
・昭和53年3月1日法務省令第4号「供託規則の一部を改正する省令」	昭和53年3月1日から昭和57年3月31日まで	年1.2パーセント
・昭和56年法律第94号 ・昭和60年法律第5号	昭和57年4月1日から昭和60年3月31日まで 昭和66年3月31日まで延長	無 利 息
	平成3年4月1日から平成6年3月31日まで	年1.2パーセント
・平成6年3月1日法務省令第8号	平成6年4月1日から平成8年3月31日まで	年0.6パーセント
・平成8年3月1日法務省令第9号	平成8年4月1日から平成10年3月31日まで	年0.24パーセント
・平成10年2月27日法務省令第8号	平成10年4月1日から平成14年3月31日まで	年0.12パーセント
・平成14年2月28日法務省令第12号	平成14年4月1日から	年0.024パーセント

供託金の利息は，いつ，誰に払い渡されるか

供託金の利息は，原則として，元金の払渡しと同時に，供託金の払渡請求をする者に払い渡される。

● 解 説

(1) 供託金利息の払渡時期

供託金の利息は，保証供託の場合を除き，元金と同時に払い渡されるのが原則である（規則34条1項本文）。ただし，後述するように，元金の受取人と利息の受取人とが異なる等の理由により元金と利息とを同時に払い渡すことができないときは，元金を払い渡した後に利息を払い渡すこととされている（規則34条1項ただし書）。

なお，保証供託として金銭を供託した場合においては，保証の担保の目的物となるのは供託金のみであって，供託金に付される利息については，いつでも払渡しを受けることができる。しかし，供託実務においては，事務取扱いの便宜から，毎年，供託した月に応当する月の末日後に，同日までの利息を払い渡すことができることとされている（規則34条2項）。したがって，例えば，平成25年4月5日に営業上の保証のために金銭供託をした者は，平成26年5月1日以後に，平成25年5月1日から平成26年4月末日までの1年分の利息の払渡しを請求することができることになる。

(2) 供託金利息の払渡請求権者

供託金利息を請求することができるのは，供託金の払渡請求をする者，すなわち，供託金の取戻しにあっては供託者，供託金の還付にあっては被供託者である。ただし，保証供託の場合は，担保の効力は利息に及ばないので，利息の払渡請求をするのは供託者であることが通常である。

なお，供託中に供託物払渡請求権の譲渡または差押・転付命令がされた場合には，譲渡通知または転付命令の送達があった時に権利が移転するから，日割計算により，その前日までの利息を譲渡人または被転付債権者に，その日以降に生じた利息を譲受人または転付債権者に払い渡すこととなる（民法89条2項）。

(3) 供託金利息の払渡手続

供託金とともに利息の払渡しを受ける場合には，供託金払渡請求書（規則25号書式）を提出すれば足り，別に供託金利息請求書（規則30号書式）を提出する必要はない。

供託金利息のみの払渡しを受ける場合には，供託金利息請求書（規則30号書式）を供託所に提出しなければならない（規則35条1項）。この請求書には，利息請求権の譲渡証書等のように，払渡しを受ける権利を有することを証する書面を添付しなければならないが，副本ファイルの記録により払渡しを受ける権利を有することが明らかである場合には，その添付を要しない（規則35条3項）。

なお，供託金利息請求書についても，供託金払渡請求書の場合と同様に，代理権限証書，資格証明書および印鑑証明書の添付または提示を要する（規則35条4項・26条・27条）。

供託官は，利息の払渡請求を理由があると認めるときは，利息の金額を計算して，日本銀行あての記名式持参人払いの小切手を振り出して請求者に交付するが，請求により，隔地払または預貯金振込みの方法によることができる（規則35条4項・28条・22条）。

なお，保証供託の利息債権については，いわゆる定期給付債権として短期消滅時効の規定が適用されるので（民法169条），5年を経過することによって時効が完成することとなる。

供託有価証券の利札の払渡しは，どのようにしてされるか

保証供託として有価証券が供託されているときは，その利札の渡期の到来後に，供託有価証券利札請求書2通を供託所に提出して，利札の払渡しを受けることができる。

● 解 説

(1) 有価証券利札の払渡し

　営業上の保証供託や裁判上の保証供託等の保証供託においては，担保権の目的は供託物そのものであって，その効力は供託物の果実（利息および利札）には及ばないと解されている（昭37.6.7民事甲第1483号回答）。したがって，保証供託として有価証券が供託されている場合において，当該有価証券に付されている利札の償還期が到来したときは，供託者は，利札の払渡しを請求することができる（法4条但書）。

　なお，既に利札の渡期（支払期）が到来したものについては，利札請求権としてこれを独立して他人に譲渡することができる。また，有価証券の取戻請求権が譲渡されたときは，譲渡後に支払期の到来する利札は譲受人に帰属することになる。

(2) 有価証券利札の払渡手続

　供託有価証券の利札払渡請求権は利札の渡期（支払期）が到来した時点から発生すると解されるから，渡期の到来した利札についてはいつでも払渡請求をすることができるが，渡期到来前にされた払渡請求については，認可することができない（昭5.7.15民事局長回答）。

　利札の払渡請求をしようとするときは，供託有価証券利札請求書2通を作

成し，副本ファイルの記録により払渡しを受ける権利を有することが明らかである場合を除き，払渡しを受ける権利を有することを証する書面等の添付書類または提示書類とともに，これを供託所に提出しなければならない（規則36条1項・3項）。

供託有価証券利札請求書には，供託番号および請求者に関する事項のほか，供託有価証券の名称，総額面，券面額（券面額のない有価証券についてはその旨），回記号，番号，枚数ならびに請求利札の渡期および枚数を記載しなければならない（規則36条2項）。

供託官は，利札の払渡請求の当否を判断して，払渡しの請求を理由があると認めるときは，供託有価証券利札払渡請求書に払渡しを認可する旨を記載し，その1通に記名・押印してこれを請求者に交付する（規則36条3項・29条）。請求者は，供託所から交付を受けた供託有価証券払渡請求書を日本銀行またはその代理店に提出して，利札の払渡しを受けることになる。

Q187

供託振替国債の利息の払渡しは，どのようにして行われるか

供託振替国債の利息については，権利者から利息の支払期ごとに請求することを要せず，その支払期に日本銀行から口座簿上の名義人（供託所）に支払が行われ，支払われた利息は供託振替国債の従たるものとして保管されるので，その払渡手続は，供託金と同様である。

● 解 説

(1) 供託振替国債の利息の支払い

供託振替国債の利息については，権利者から利息の支払期ごとに請求する

ことを要せず，その支払期に日本銀行から口座簿上の名義人（供託所）に支払が行われ（日本銀行供託振替国債取扱規程3条参照），支払われた利息は，供託振替国債の従たるものとして保管される（社株法129条2項）。これは，供託法4条に相当する規定であるが，供託物払渡請求権者の請求があった場合に限られないという意味で，同条に規定する附属供託とは異なる。

供託振替国債の従たるものとして保管される供託振替国債の利息は，供託金として取り扱われる。

(2) 供託振替国債の利息に係る供託金の払渡し

供託振替国債の従たるものとして保管される供託振替国債の利息の払渡しは，供託有価証券の利札の払渡しと同様である。すなわち，営業上の保証供託や裁判上の保証供託等の保証供託においては，担保権の目的は供託物そのものであって，その効力は供託物の果実には及ばないと解されている。したがって，保証供託として振替国債が供託されている場合において，当該振替国債の利息の支払があり，供託振替国債の従たるものとして供託振替国債の利息が供託金として保管されているときは，供託者は，当該利息に係る供託金の払渡しを請求することができる。

(3) 供託振替国債の利息に係る供託金の払渡手続

保証のための供託において，供託振替国債の従たるものとして振替国債の利息が保管されている場合における当該利息に係る供託金払渡請求権は，当該利息の支払を受けた時点から発生すると解されるから，いつでも払渡請求をすることができる。

振替国債の利息に係る供託金の払渡請求は，供託金の払渡請求の場合と同様である。

したがって，供託振替国債の払渡しと同時に振替国債の利息に係る供託金の払渡請求をするときは，供託振替国債払渡請求書（規則26号の2書式）とは別に，供託金払渡請求書（規則25号書式）を供託所に提出する必要がある。

なお，保証のための供託において，供託振替国債の従たるものとして振替国債の利息を保管した場合における当該利息に係る供託金払渡請求権の消滅時効の起算点は当該利息の支払を受けた日であり，その日から10年を経過することによって時効が完成することとなる（民法166条1項，167条1項）。

第8章 供託法上の特殊手続

Q188

代供託とは何か

A 代供託とは，償還期限の到来した供託有価証券について，供託所の内部手続によりその償還を受け，その償還金をもって金銭供託として供託を継続する手続をいう。

● 解説

(1) 代供託の意義

代供託とは，償還期限の到来した供託有価証券について，当該有価証券を供託したまま供託所の内部手続により償還を受け，その償還金をもって供託を継続する手続をいう。代供託は，供託有価証券の償還期限が到来した場合はいつでも，供託者または被供託者からその請求をすることができる（法4条）。

この代供託の特質は，代供託の前後を通じて，供託の同一性が維持されるという点にある。

また，代供託がされると，償還金が供託物となり，金銭供託における所定の利息も付されるから，有価証券をそのまま供託しておくよりも有利であるのみならず，償還金を取らずにいて証券上の債権が時効により消滅する危険を免れるという利点もある。

しかし，この代供託は実務上利用される例は少なく，多くの場合，「供託物の差替え」手続（**Q190**参照）によってまかなわれている。つまり，供託有価証券の償還期限が到来した場合には，いったん金銭または他の有価証券を別途新たに供託したうえで，従前の供託有価証券（償還期限到来のもの）を供託原因消滅を理由に取り戻し，その有価証券について償還を受けるという

方法をとることが広く行われている。

(2) 代供託の請求権者

代供託を請求することができる者は，「供託物ヲ受取ルヘキ者」（法4条）であり，それは，一般的には，供託者または被供託者である。

なお，このほか，供託者，被供託者に対する差押債権者も代供託の請求をすることができるとした先例（「供託有価証券の差押債権者から代供託の請求があったときは，金庫は，代供託の取扱いをすべきである」明44.11.15民第821号民事局長回答）がある。

(3) 代供託の手続

供託者または被供託者が代供託の請求をするには，代供託請求書（規則22号および23号書式）正副2通を供託所に提出しなければならない（規則21条1項）。請求の目的である供託有価証券が国債以外の記名式のものであるときは，請求者は，日本銀行へ宛てた償還金取立てのための委任状を上記請求書に添付しなければならない（規則21条2項）。

なお，このほか，請求者が法人である場合における代表者の資格を証する書面の提示，代理人による場合の委任状の添付等が要求されている点（規則21条5項・14条）は，他の供託物の払渡請求手続と同様である。

供託官は，代供託請求を受理すべきものと認めたときは，代供託請求書の正本に請求を受理すべき旨および供託番号を記載して記名押印し，これを保管金払込書（保管金払込事務取扱規程3条1項による一号書式）および有価証券払渡請求書（供託有価証券取扱規程3条）とともに代供託請求者に交付する（規則21条4項）。請求者は，これらの書面を日本銀行に提出して，当該供託有価証券の償還手続を請求する。

日本銀行は，当該請求書の提出を受けたときは，日本銀行政府有価証券取扱規程18条3項の規定により，当該供託有価証券の償還金の受領に必要な手続をして，これを供託金として取り扱い，代供託請求書に受領の旨を記入し，これを請求者に返付する取扱いをする。

(4) 供託振替国債の代供託に準じた保管の制度

供託振替国債の償還金は，あらかじめ供託所から日本銀行に送付している

償還金等の受入れに係る指図書に基づき，償還期に供託所から日本銀行に対して特段の請求をすることなく，償還期の到来により日本銀行の供託金口座への支払の手続がとられる。

供託振替国債について，供託所に対して元本の償還がされたときは，当該償還金は，当該供託振替国債に代わるものとして保管される（社株法278条2項前段）。これは，供託法4条に相当するものであるが，供託物払渡請求権者の請求があった場合に限られないという意味で，同条に規定する代供託とは異なる。

附属供託とは何か

附属供託とは，供託有価証券について支払期の到来した利息または配当金の支払を受け，その金銭を供託した有価証券の元本債権に附属して供託する手続をいう。

● 解 説

(1) 附属供託

附属供託とは，供託有価証券について支払期の到来した利息または配当金の支払を受け，その金銭を供託した有価証券の元本債権に附属して供託する手続をいう。供託有価証券の利息または配当金の支払期が到来したときに，これを従前の供託物とあわせて供託することにより，有価証券上の供託の効力を当該利息または配当金による金銭供託の上にも一体として及ぼさせる手続である。

附属供託は供託者または被供託者の請求によって行われる（法4条）が，

その根拠規定，請求書式等は，代供託と同一である。したがって，請求手続，供託所および日本銀行の処理等も，代供託の場合と同様である（手続についてはQ188参照）。

なお，附属供託がされた実例は皆無のようである。その理由は，保証のための担保供託においては，担保の目的物は供託された元本に限られ，供託物の果実である利息または利札には及ばないと解されているため，保証のために有価証券を供託した者は支払期の到来している附属利札について単独で払渡請求をすることができる（規則36条）ので，附属供託の請求をする実益と必要性に乏しいという点にあると思われる。

(2) 供託振替国債の附属供託に準じた保管の制度

供託振替国債の利息は，あらかじめ供託所から日本銀行に送付している償還金等の受入れに係る指図書に基づき，各利息支払期ごとに供託所から日本銀行に対して特段の請求をすることなく，各支払期の到来により日本銀行の供託金口座への支払の手続がとられる。

供託振替国債について，供託所に対して利息の支払がされたときは，当該利息は，当該供託振替国債に従たるものとして保管される（社株法129条2項前段）。これは，供託法4条本文に相当するものであるが，供託物払渡請求権者の請求があった場合に限られないという意味で，同条に規定する附属供託とは異なる。

この場合において，当該振替国債が保証金に代えて供託されたものであるときは，供託者は，当該利息の払渡しを請求することができる（社株法278条2項後段）。これは，供託法4条ただし書と同趣旨の規定である。

第8章 供託法上の特殊手続

Q190

供託物の差替えとはどのようなもので，その手続はどのようにするのか

A 供託物の差替えとは，営業上の保証供託または裁判上の保証供託において，監督官庁等の承認を得て新たな供託をし，新たな供託に係る供託書正本の写しを添付して従前の供託物を取り戻す手続をいう。

● 解説

(1) 差替えの意義

「供託物の差替え」とは，営業上の保証供託または裁判上の保証供託において，監督官庁または裁判所の承認を得て，新たな供託をして従前の供託物を取り戻す手続をいう。例えば，担保の目的で金銭または有価証券を供託している場合において，有価証券を金銭または他の有価証券に変換するというような手続である。この差替えは，一般的には供託中の有価証券の償還期が到来したというような場合に行われている。

裁判上の保証供託については，民事訴訟法80条に裁判所の担保変換決定による供託物の差替えの規定が設けられているが，それを除けば差替えについての具体的な根拠法条はなく，供託規則，供託事務取扱手続準則上にも差替えに関する規定は設けられていない。

営業上の保証供託において保証金を事業者の営業所の最寄りの供託所に供託すべきものと定められている場合において，営業所を移転したときは，供託物が金銭以外のものであれば，新営業所所在地の供託所に新たな供託をし，旧営業所所在地の供託所に対しては従前の供託物の取戻請求をすることができることとされている（宅建業法29条，家畜商法10条の6）が，これも一

443

種の供託物の差替えである。

(2) 差替えの要件

差替えの供託をしようとするときは，主務官庁等の承認等が必要であるかどうかを根拠法令で確認する必要がある。この承認等が，新たな供託をするに先立って必要か否かについては，先例において一様ではないが，裁判上の保証供託の差替えについては事前の承認を要する（大11.9.4民第3313号通達）とし，これを欠く供託の申請は受理すべきでないとしている。営業上の保証供託について，例えば，旅行あっせん業法の一部改正に伴う運用通達（昭34.6.12民甲第1240号通達），宅地建物取引業法の一部改正に伴う運用通達（昭34.4.30民甲第862号通達）では差替えについての事前の承認を求めていないが，前払式支払手段の発行保証金の供託については主務官庁の事前の承認を要することとされている（前払式支払手段発行保証金規則4条）。

なお，差替えは供託物の一部についてすることも差し支えない（昭37.10.16民甲第2945号回答，昭42.1.9民甲第16号認可，受入3・先例集(4)248頁）とされている。

差替えに係る従前の供託物の取戻手続は一般の払渡しの場合と同じであり，その払渡認可も他の認可と変わるところはなく，一つの処分であると解されるので，供託物払渡請求権に対して既に差押え等がされた後は，差替えをすることはできない（昭36.7.19民甲第1717号回答）。

(3) 差替えの手続

a 差替供託の申請手続

差替えの場合にする新たな供託については，その供託書の「供託の原因たる事実」欄に従前の供託の供託番号（供託所を異にする場合には，従前の供託所をも表示する。）および差替えによる供託である旨を記載するほかは，一般の供託手続と同様の取扱いである。ただし，裁判上の保証供託の差替えについては，供託書の「備考」欄に担保変換決定の内容等を，例えば「年月日何裁判所の担保変換決定により供託番号何号を変換のため」と記載する必要がある。

差替えのための新たな供託をする場合には，特別の添付書類は必要ではな

い。

　なお，差替えの供託は，必ずしも従前の供託所にする必要はなく，法令に規定する範囲内のものであれば，他の供託所にすることも許される。例えば，民事訴訟法による担保供託であれば，担保を立てるべきことを命じた裁判所の所在地を管轄する地方裁判所の管轄区域内の供託所に供託しなければならないとされている（民訴法76条）ところ，担保変換決定を得てこの区域内の他の供託所に差替えの供託をすることも差し支えない（昭39年度全国会同決議7・先例集(3)413頁）。

　b　従前の供託物の払渡手続

　従前の供託物の取戻手続については，一般の払渡しの場合と同様であり，供託物払渡請求書には取戻しの事由として「供託原因消滅」と記載して請求する。

　新たな供託をした供託所が従前の供託所と異なる場合には，新たな供託をした供託書正本の写し（原本還付の手続をとる。）または供託証明書を払渡請求書に添付することを要する（昭36.12.27民甲第3227号回答）。また，同一供託所において払渡請求をする場合には，払渡請求書の「備考」欄に新たな供託の供託番号および差替えによる取戻しである旨を記載する（供託所の内部手続によって新たな供託をしている事実を確認することができる。）。

　裁判所の担保変換決定により差替供託をし，従前の供託物の取戻請求をする場合には，担保変換決定書正本の添付を要する（昭39.11.21民甲第3753号認可3・先例集(4)40頁）。

　なお，営業上の保証のためにした従前の供託物の取戻しについては，一般的には主務官庁の承認書の添付を要しない（昭38.6.22民甲第1794号認可4問・先例集(3)305頁）が，前述した前払式支払手段の発行保証金として供託された供託物の差替供託に伴う取戻しの場合には，供託規則25条1項の書面として差替えにつき主務官庁の承認があったことを証する書面の添付を要する取扱いとされている（前払式支払手段発行保証金規則4条4項，2条）。

供託物の保管替えとは何か

供託物の保管替えとは，営業上の保証供託において，事業者が監督官庁に登録後営業所または住所を移転したため管轄供託所に変更を生じた場合に，供託者たる当該事業者の請求により新営業所または新住所地の最寄りの供託所に供託物を移管する内部手続をいう。

● 解 説

(1) 保管替えの意義

営業上の保証供託の管轄供託所は，一般的に，それぞれの実体法に定めるところにより，事業者の営業所または住所地の最寄りの供託所とされている。その事業者が監督官庁の許可を得，あるいは登録した後に営業所または住所を移転したため，管轄供託所に変更を生じることとなった場合においては，供託物が金銭であるときに限り，供託者たる事業者の請求により供託所の内部手続によって供託物を新営業所または新住所地の最寄りの供託所に移管することが認められている。これを「保管替え」という。

(2) 保管替えの要件

保管替えの請求が認められるためには，次の要件を必要とする。

① 法令の規定により保管替えが許容されていること

例えば，宅地建物取引業法29条，家畜商法10条の6等に規定されているように，保管替えを認める実体法の規定がなければならない。

② 営業所または住所を移転したため，法令で定められている最寄りの供託所に変更が生じたこと

なお，行政区画の変更（市町村合併）により宅地建物取引業者の主たる

事務所の最寄りの供託所が甲支局から乙支局に変更になった場合には，事務所移転の事実がないから，営業保証金について保管替えをすることは認められない（昭42.4.24民甲第976号認可10・先例集(4)300頁）。

③　営業保証金が金銭で供託されていること

したがって，有価証券で供託している場合または一部が金銭，一部が有価証券で供託されている場合には，保管替えは認められない。この場合には，差替えの手続（**Q190**参照）によることになる。

なお，営業保証金として金銭が数回にわたって供託されていても，これらの供託金を一括して保管替えすることはできる。

④　供託金について，差押え，譲渡，質入れがないこと

供託物払渡請求権が差し押さえられた後は供託物の差替えは認められないこととされている（昭36.7.19民甲第1717号回答）が，保管替えについても同様に解すべきである。なぜならば，第三債務者の代表者の表示を「甲供託所供託官何某」と表示した差押命令の効力は乙供託所の供託官には及ばないから，保管替えがされれば差押債権者の権利の実行は不可能となるが，差押えは債務者による一切の処分を禁止し，執行の確実を期するためのものであるから，保管替えも「処分」に属するというほかなく，差押え後に供託者が保管替えの請求をすることは許されないと解すべきであるからである（村上・「供託先例百選」別冊ジュリスト35号131頁）。供託物払渡請求権が他に譲渡，質入れされた場合も，同様に解すべきであろう。

(3)　保管替えの手続

供託金の保管替えは供託者たる事業者の請求によって行われるが，この請求をしようとする者は，供託金保管替請求書（規則24号書式）1通に供託書正本を添付し，当該供託金を供託している供託所（移転前）に提出しなければならない（規則21条の3第1項）。

添付書類および提示書類については，供託物払渡請求の際に必要な添付書類または提示書類に関する供託規則26条（印鑑証明書）および同規則27条（代理権限証書，資格証明書）の規定が準用される（規則21条の3第3項）。

なお，保管替請求書には，営業所または住所の移転を証する書面も添付す

べきである。この書面によって，新旧の住所の相違が証明されるほか，保管替えの請求事由も証明されることとなる。

次に，保管替えをする供託所の処理について，甲供託所から乙供託所へ保管替えをする場合を例にあげて説明すると，おおよそ次のとおりである。

　　a　甲供託所が営業保証金の保管替えの請求を受け，これを供託官が認可したときは，供託官は，当該請求書に保管替えをする旨の記載をして記名・押印し，これを添付された供託書正本とともに保管替えを受ける移転後の乙供託所に送付し，当該保管替えに関する事項を副本ファイルに記録し，かつ，供託金を移管するため財務大臣の定める保管金払込事務等取扱規程に従い，国庫金振替の手続をしなければならない（規則21条の4第1項）。

また，甲供託所の供託官は，金銭供託元帳に保管替えをした旨を記録し，保管替えを受けた供託に関する事項を副本ファイルに記録するために必要な情報を乙供託所に送信しなければならない（規則21条の4第2項・第3項）。

　　b　保管替えに係る書類の送付を受けた乙供託所の供託官は，送付に係る供託書正本に新たに供託番号を記載し，従前の供託番号を朱まつし，かつ，金銭供託元帳に保管替えを受けた旨を記載しなければならない（規則21条の5第1項）。

また，乙供託所の供託官は，甲供託所から送信を受けた保管替えを受けた供託に関する事項を副本ファイルに記録するために必要な情報により，副本ファイルに当該保管替えを受けた供託に関する事項を記録しなければならない（規則21条の5第2項）。

　　c　乙供託所の供託官は，日本銀行から国庫金振替済の通知を受けたときは，甲供託所から送付された供託書正本に「保管替済」の旨を記載して記名・押印し，これを保管替えの請求をした者に交付しなければならない（規則21条の5第3項）。

以上をもって，甲供託所から乙供託所への一連の保管替手続は完了し，事業者が営業保証金を供託している状態は持続されることになる（次ページの図参照）。

なお，保管替えについては，請求者において費用を予納することになって

第8章　供託法上の特殊手続

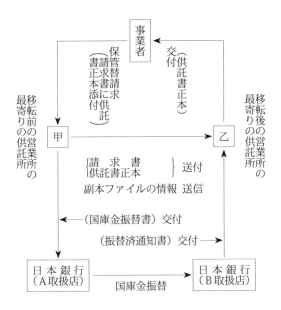

いる（書類送付に要する書留・配達証明郵便等の料金）ので，請求の際に供託所においてその費用を徴収する必要がある。

第9章 供託に関する帳簿・書類の閲覧・証明

第1節 供託に関する帳簿・書類

Q192

供託に関する帳簿には、どのようなものがあるか

A 必要帳簿として、現金出納簿、金銭供託元帳、有価証券供託元帳、供託有価証券受払日計簿など34種（規則2条、準則9条）のものがあり、任意帳簿として、供託金払渡請求受付帳など5種（準則18条）のものがある。

● 解説

(1) 供託所に備え付けるべき必要帳簿として、供託規則および供託事務取扱手続準則等に規定されているものは、次のとおりである。

① 現金出納簿（予算決算及び会計令（以下「予決令」という。）135条、規則2条）

予決令の定めるところにより、供託金および供託金利息の出納を記入する帳簿である（規則3条3項）。

② 金銭供託元帳（規則2条3号）、有価証券供託元帳（規則2条4号）、振替国債供託元帳（規則2条5号）

金銭、有価証券または振替国債の供託を受理し、またはこれら供託物の払渡しを認可したときに記録する帳簿であり、会計年度ごとに調製する（規則4条）。

③ 供託有価証券受払日計簿（規則2条1号）、供託振替国債受払日計簿（規則2条2号）

451

供託有価証券または供託振替国債の受払いを記入する帳簿である（規則3条2項）。
④　譲渡通知書等つづり込帳（規則2条6号）

弁済供託における供託受諾書または供託を有効と宣告した確定判決の謄本（規則47条），譲渡通知書，質権設定通知書，仮差押命令書，仮処分命令書，差押命令書，転付命令書，譲渡命令書，その他供託物払渡請求権の移転または処分の制限に関する書類（規則5条1項），供託物払渡請求権に対する差押えが競合しまたは配当要求がされた場合の事情届出書の1通（準則76条2項）を受付の順序に従って編てつする（規則5条1項）。

⑤　供託関係帳簿保存簿（準則9条1項1号）

供託に関する帳簿を調製するごとに登録する（準則10条）。

⑥　小切手用紙検査簿（準則9条1項2号）

記名式持参人払小切手および国庫金振替書に区分して口座を設け，小切手等事務取扱規程13条に規定する事項を記載する（準則11条）。

⑦　保管金払込書原符つづり込帳（準則9条1項3号）

保管金払込書の原符には供託番号を記載し，その番号順に整理し編てつする。

⑧　保管金領収証書つづり込帳（準則9条1項4号），供託有価証券受託証書つづり込帳（準則9条1項5号），振替国債受払通知つづり込帳（準則9条1項5号の2）

日本銀行から送付を受けた保管金領収証書，供託有価証券受託証書または振替国債受払通知を，その日付順に整理し編てつする（準則12条）。

⑨　オンライン出納関係通知つづり込帳（準則9条1項4号の2）

領収済通知書および支払済通知書を通知書の種類ごとに，その日付の順番に従い編てつする（準則12条の2）。

⑩　金銭供託書添付書類等つづり込帳（準則9条1項6号），有価証券供託書添付書類等つづり込帳（準則9条1項7号），振替国債供託書添付書類等つづり込帳（準則9条1項7号の2）

供託書，代供託請求書または附属供託請求書の添付書類に供託番号を付

記し，受理の順序に従って金銭，有価証券または振替国債に区別して編てつする（準則13条）。
⑪　供託金払渡請求書類つづり込帳（準則9条1項8号），供託有価証券払渡請求書類つづり込帳（準則9条1項9号），供託振替国債払渡請求書類つづり込帳（準則9条1項9号の2）

供託物払渡請求書およびその添付書類ならびに払渡しの完了した供託に係る譲渡通知書等供託規則5条の書面および支払委託書を払渡認可の順序に従って金銭，有価証券または振替国債に区別して編てつする（準則14条）。
⑫　支払委託書類つづり込帳（準則9条1項10号・15条）。
⑬　供託金利息請求書類つづり込帳，供託有価証券利札請求書類つづり込帳（準則9条1項13号・14号・17条）
⑭　供託書正本・みなし供託書正本請求書類つづり込帳（準則9条1項14号の2）
⑮　供託金利子補てん請求書つづり込帳（準則9条1項15号・74条）
⑯　供託金政府所得調書つづり込帳（準則9条1項16号・88条）
⑰　未払小切手調査表つづり込帳（準則9条1項17号・90条）
⑱　未払有価証券調査表つづり込帳（準則9条1項18号・91条）
⑲　供託金小切手原符つづり込帳（準則9条1項19号）
⑳　国庫金振替関係書類つづり込帳（準則9条1項20号）
㉑　審査請求書類つづり込帳（準則9条1項21号・81条）
㉒　供託金年度別現在高表つづり込帳または供託金年度別受払日計簿（準則9条1項22号・93条）
㉓　諸表つづり込帳（準則9条1項23号・94条）
㉔　雑書つづり込帳（準則9条1項24号・24条・47条・79条・85条・86条）

(2)　準則に規定する任意帳簿は次のとおりである。
①　供託金払渡請求受付帳，供託有価証券払渡請求受付帳，供託振替国債払渡請求受付帳（準則18条1号・2号・3号・19条）
②　小切手調査簿（準則18条4号・20条）

③ 送付書類等受発送簿（準則18条5号・21条）

供託に関する書類には，どのようなものがあるか

供託書，代供託請求書，附属供託請求書およびこれらの添付書類ならびに供託物払渡請求書およびその添付書類等がある。

● 解 説

供託に関する書類とは，供託手続および供託物の払渡手続に必要な書類ならびに供託物払渡請求権の移転，処分の制限に関する書類等をいう。具体的には，次の書類がある。

① 供託書（法2条，規則13条）
② 代供託請求書（法4条，規則21条）
③ 附属供託請求書（法4条，規則21条）
④ 供託金保管替請求書（規則21条の3）
⑤ 供託物払渡請求書（規則22条）
⑥ 供託金利息請求書（規則35条）
⑦ 供託受諾書（規則47条）
⑧ 供託有価証券利札請求書（規則36条）
⑨ 供託書等の添付書類および提示書類
　（i）資格証明書（規則14条1項～3項・21条5項・27条3項・35条4項・36条3項）
　（ii）代理権限証書（規則14条4項・21条5項・27条1項・35条4項・36条3

項）
　(ⅲ)　供託通知書（規則16条）
　(ⅳ)　記名式有価証券（株券を除く）を供託するときは，譲渡証書（規則17条1項）
　(ⅴ)　還付を受ける権利を有することを証する書面（規則24条1項1号）
　(ⅵ)　反対給付をしなければならないときは，これを履行したことを証する書面（規則24条1項2号）
　(ⅶ)　利害関係人の承諾書（規則24条2項）
　(ⅷ)　取戻しをする権利を有することを証する書面（規則25条1項）
　(ⅸ)　印鑑証明書（規則26条・35条4項・36条3項）
　(ⅹ)　支払委託の場合における証明書（規則30条2項）
　(ⅺ)　供託金利息または供託有価証券利札の払渡しを受ける権利を有することを証する書面（規則35条3項・36条3項）
⑩　供託物払渡請求権の譲渡通知書（民法467条）
⑪　供託物払渡請求権の質権設定通知書（民法364条・467条）
⑫　供託物払渡請求権に対する差押命令書，仮差押命令書，仮処分命令書，転付命令書，滞納処分による差押通知書，事情届出書

Q194 供託に関する帳簿・書類のうち，どのようなものが閲覧・証明の対象となるのか

A 副本ファイル，譲渡通知書等つづり込帳，金銭供託書添付書類等つづり込帳，有価証券供託書添付書類等つづり込帳，振替国債供託書添付書類等つづり込帳，供託金払渡請求書類つづり込帳，供託有価証券払渡請求書類つづり込帳，供託振替国債払渡請求書類つづり込帳，払渡済有価証券供託書副本つづり込帳，供託金利息請求書類つづり込帳，供託有価証券利札請求書類つづり込帳等が閲覧・証明の対象となる。

● 解説

(1) 閲覧・証明の制度

供託につき利害関係を有する者は，供託に関する書類の閲覧を請求し（規則48条1項），供託に関する事項につき証明を請求することができる（規則49条1項）。

ところで，供託は，登記等と異なり，関連する法律関係を広く公示するための制度ではない。したがって，供託に関する帳簿・書類の閲覧や供託に関する事項の証明は，その本質的要請ではないといえる。しかし，供託につき利害関係を有する者については，供託に関する書類を閲覧してその権利状態を知り，また，供託に関する事項の証明によって供託の事実を立証する必要もある。

しかしながら，供託に関する書類の閲覧・証明が認められているからといって，すべての供託に関する帳簿・書類がその対象となるものでないことは当然である。

第9章　供託に関する帳簿・書類の閲覧・証明

(2) 閲覧・証明の対象となる帳簿・書類

　それでは，いかなる帳簿・書類が閲覧・証明の対象となるのであろうか。

　閲覧・証明の趣旨が供託の権利状態を知り，また供託の事実を立証するためのものであるとすれば，副本ファイルはその要請に最も適するものであるから対象となる。また，供託書の添付書類も対象になるといえる。したがって，金銭供託書添付書類等つづり込帳，有価証券供託書添付書類等つづり込帳および振替国債供託書添付書類等つづり込帳も対象となる。更に供託物払渡請求権が譲渡され，または差押えがされたこと等は供託の権利状態を知る上で必要となることであるので，譲渡通知書等つづり込帳も対象となる。それ以外のものとしては，供託物の払渡請求書も対象となる。このほか，供託金払渡請求書類つづり込帳，供託有価証券払渡請求書類つづり込帳，供託振替国債払渡請求書類つづり込帳，供託金利息請求書類つづり込帳および供託有価証券利札請求書類つづり込帳も対象となるといえよう。ただし，これらの諸つづり込帳についての閲覧等が関係部分に限られることはいうまでもないことである。

　上記以外の帳簿・書類については，供託の権利状態を知り，また供託の事実を立証する上からも必要とは認められないので，閲覧・証明の対象とはならないものと解される。

　国税局から国税徴収法141条の規定に基づき供託関係書類の閲覧の要請があった場合においては供託物が特定していればその閲覧に応じて差し支えないとする先例（昭37.5.31民甲第1485号認可7問・先例集(3)111頁）および差押債権を特定するために弁護士法23条の2第2項に基づきされた閲覧申請には応じられないとする先例（昭47.11.7全国会同決議28問・先例集(5)254頁）等からすると，供託物を特定するための閲覧は許されないといえる。したがって，供託物を特定するための金銭供託元帳，有価証券供託元帳および振替国債供託元帳の閲覧等は許されないものと解される。

　同様のことは，供託金払渡請求受付帳，供託有価証券払渡請求受付帳および供託振替国債払渡請求受付帳についてもいえよう。

Q195 供託に関する帳簿・書類の閲覧・証明を制限することはできるか

A DV被害者，ストーカー被害者，児童虐待を受けた児童である被害者およびこれらに準ずる被害を受けている者は，その住所等の情報が加害者に知れることによって更なる被害を受けるおそれがあることから，これらの者から住所等秘匿申出があった場合には，供託官において住所等の情報の秘匿に係る所要の措置を採ることとされている。

● 解 説

(1) 住所等秘匿の申出の対象

供託手続においては，配偶者からの暴力の防止及び被害者の保護に関する法律（DV防止法）1条2項に規定するDV被害者が，扶養義務に係る定期金債権を請求債権として，DV加害者の給与債権を差し押さえ，雇用者から供託された供託金の払渡しを請求することなどがあるところ，各手続における書面にDV被害者の住所等を記載する必要があることが多く，DV加害者が，供託に関する帳簿・書類の閲覧を通じて，その被害者の住所，居所等（以下「住所等」という。）を突き止めて更なる危害を加える現実的なおそれが認められることから，DV防止法の趣旨等に鑑み，DV被害者から住所等秘匿申出がされた場合に，供託官において住所等の情報の秘匿に係る所要の措置を採ることとされている（平25.9.20民商第78号商事課長通知）。

これは，ストーカー被害者，児童虐待を受けた児童である被害者およびこれらに準ずる被害を受けている者（犯罪や不法行為の被害者など）についてもその住所等の秘匿すべき要請は同様に高く，DV被害者と同様に取り扱わ

第9章　供託に関する帳簿・書類の閲覧・証明

れる。

　また，住所等秘匿申出がされた供託関係書類について閲覧請求がされた場合，当該閲覧者が加害者かどうかの判断を供託官が行うことは困難であり，また，加害者の依頼を受けた第三者等によるＤＶ被害者等の住所等の情報の閲覧を防止する必要があることから，この措置は，閲覧の請求者が加害者本人であるかどうかを問わず，閲覧の請求がされた場合には全て同様に講ずるものとされている。

　(2)　住所等秘匿申出の方法等について
　　a　住所等秘匿申出の方法
　　　ＤＶ被害者等が住所等秘匿申出を行う場合には，供託官に対し，上申書等の書面を提出する（郵送による提出を含む。）。上申書等には，申出人である払渡請求者の住所（住民票上の住所と居所が異なる場合には，連絡先となる居所）および氏名，供託番号，住所等の秘匿を求める理由，秘匿を求める部分ならびに申出年月日を記載し，申出人が記名押印することを要する。なお，給与の差押による執行供託の払渡しのように継続的に払渡請求をするような場合であっても，払渡請求ごとに申出に係る上申書等を提出する必要がある。
　　b　添付書類等
　　　住所等秘匿申出に係る上申書等には，被害の相談に関する公的証明書を添付すべきこととされている。ＤＶ被害の相談に関する公的証明書としては，配偶者暴力相談支援センターが発行する配偶者暴力被害相談の証明書，同センターや警察署の意見が記載された住民基本台帳事務における支援措置申出書や支援措置決定通知書，ＤＶ防止法に基づく保護命令決定書等（いずれの書面も写しで可。）が該当するものと考えられる。
　　　また，ストーカー被害者については，ストーカー規制法に基づく警告等実施書面等が上申書等に添付すべき公的証明書に該当するものと考えられる。
　　　なお，犯罪被害者等を被供託者として，加害者から不法行為に基づく損害賠償金の弁済供託がされている場合には，その供託の原因たる事実

の記載から被供託者が犯罪被害者であること及びその住所等の情報が加害者に知られることにより報復を受けるおそれがあるなどにより住所等情報を加害者に対して厳重に秘匿している事実が明らかであるような事情が認められる場合には，犯罪被害者等が住所等秘匿申出をするに当たって被害に係る公的書類の添付は要しないものと考えられる。

　c　本人確認方法

　　住所等秘匿申出の申出人の本人確認は，払渡請求における本人確認に準ずることとされている。したがって，払渡請求と同時に住所等秘匿申出をする場合には，払渡請求書に添付または提示する本人確認書類をもって足りることとなり，住所等秘匿申出に係る本人確認書類を別途添付する必要はない。ただし，払渡請求後に住所等秘匿申出をする場合には，上申書等に押された印鑑につき市区町村長の発行する証明書を添付するか，供託規則26条3項2号に規定する運転免許証等の提示が必要となる。

(3)　供託物払渡請求書における請求者の住所の概括的記載等について

　a　払渡請求者の住所等の概括的記載について

　　供託物払渡請求書には払渡請求者の住所を記載することを要するが，払渡請求者から払渡請求と同時に住所等秘匿申出がされた場合，払渡請求書に記載すべき住所については，都道府県までの概括的な記載で足りるとされている。これは，必ずしもその全てが記載されていなくても，払渡請求者が特定され得る限りにおいて，住所の記載を求めている規定の趣旨を害するものではなく，住所等秘匿申出の上申書等には申出人の住所が記載されているため，供託官における払渡請求者の住所確認についても問題が生じない。

　　また，ＤＶ被害者等の住民票上の住所と居所が異なる場合に，国庫金振込通知書の送付先として居所を希望する場合には，その旨を住所等秘匿申出に係る上申書等に記載すれば足りることとされている。

　b　供託関係書類の閲覧請求がされた場合のマスキング措置について

　　供託関係書類の閲覧は，供託について利害の関係を有する者に限っ

第9章　供託に関する帳簿・書類の閲覧・証明

て，供託に関する権利の内容等を知ることを趣旨として認められているものであり，利害の関係を有しない書類についてまで閲覧することを保障しているものではない。とりわけ，ＤＶ被害者等が閲覧の制限を求める払渡請求者の住所等，預貯金振込みに係る金融機関および国庫金振込通知書の送付先等に係る情報は，第三者が供託に関する権利の内容等を知る上で必要な情報とはいえず，その閲覧を制限することにより閲覧請求者の利益を害するとは考えられない。そこで，マスキング措置を講ずることにより，払渡請求後に住所等秘匿申出がされた場合のＤＶ被害者等の住所等および隔地払や預貯金振込みに係る金融機関の口座等の情報の閲覧を制限することができるとされている。

　なお，閲覧申請書の閲覧の目的（利害関係）の記載から，そもそも閲覧につき利害関係が認められない添付書面については，閲覧の対象から除外される。

第2節 閲　　覧

供託に関する書類の閲覧を請求することができる者の範囲

供託物取戻請求権者，供託物還付請求権者およびそれらの一般承継人，供託物払渡請求権の譲受人，質権者，差押債権者等の供託物につき直接利害関係を有する者である。

● 解説

(1) 供託につき利害関係を有する者

供託規則48条1項は，「供託につき利害関係がある者は，供託に関する書類の閲覧を請求することができる」としている。

「供託につき利害関係を有する者」とは，一般的には，供託物につき直接利害関係を有する者をいう。具体的には，供託物取戻請求権者，供託物還付請求権者およびそれらの一般承継人ならびにそれらの権利について譲受け，質権設定もしくは差押えをした者であってその通知または送達が供託所にされているもの等，直接それらの権利について供託上の利害関係を有している者をいう。したがって，供託物払渡請求権者の一般債権者であっても，これから当該払渡請求権を差し押さえようとする者は，供託物には直接の利害関係は有していないから，供託規則48条の利害関係人には含まれない（昭38.5.22民甲第1452号民事局長認可12問・先例集(3)284頁）。

第9章　供託に関する帳簿・書類の閲覧・証明

　このように，利害関係人は通常の場合供託関係書類上利害関係人であると認められる者であるから，閲覧申請には，利害関係人であることの証明書は必ずしも必要ではない。

(2)　官公署等からの閲覧請求に対する取扱い

　供託上の利害関係について実務上しばしば問題となるのは，官公署からの閲覧申請，照会，書面の取寄せまたは送付嘱託等があった場合の取扱いである。例えば，警察署から犯罪捜査上必要があるとして閲覧申請があった場合等であるが，一般論からすれば，これらの場合には，官公署が供託上直接の利害関係を有していることはほとんどない。

　しかし，実務の取扱いにおいては，そのような場合においても，犯罪捜査，関連事件の調査，滞納処分による差押えのための調査等公益の必要上相当と認められるときは，便宜，それらの閲覧申請等に応じて差し支えないものとされている。その実例としては，例えば，犯罪捜査のための閲覧（昭39.6.16民甲第2104号認可8問・先例集(3)409頁），滞納処分による差押えをするための閲覧（昭36.4.8民甲第816号認可23問・先例集(3)26頁）等の場合である。

　また，裁判所または検察庁から，当該事件の審理または捜査の必要上供託関係書類の取寄せまたは送付嘱託があったときは，供託事務に特に支障のない限り，これに応じて差し支えない（昭39.4.18民四第162号回答，昭39年度全国会同決議57問・先例集(3)426頁）とされている。

　なお，これらの場合でも，閲覧等の目的物である供託関係書類が供託番号等によって特定されていることが必要である。

　一方，国税局から弁護士の収入状況調査のために供託関係書類の閲覧申請があっても応ずるべきでない（昭34.10.31民甲第2437号回答）とされているが，この場合には公益性が認められないとして回答されたものであろう。

閲覧の申請はどのような方法により行うか

供託規則33号書式による閲覧申請書および印鑑証明書等，供託規則所定の添付書類を提出して行う。

● 解 説

(1) 閲覧申請書

供託につき利害関係を有する者が供託関係書類の閲覧を請求しようとするときは，供託規則33号書式による申請書を提出しなければならない（規則48条2項）。

申請書には，次の事項を記載しなければならない。

① 閲覧の目的
② 閲覧しようとする関係書類およびその部分
　　閲覧しようとする関係書類は，供託年月日，供託番号等により特定する必要がある。
③ 申請年月日
④ 申請人の住所および氏名
⑤ 代理人によって申請するときは，代理人の住所および氏名
⑥ 供託所の表示

(2) 添付書類等

閲覧申請には，次の書面の添付または提示を要する。

① 印鑑証明書（規則48条3項・26条）。
　　閲覧を請求する者が，閲覧申請書に記載された者と同一人であることを証することが必要であり，その真正を担保するため，閲覧申請書（または委任による代理人の権限を証する書面）に押されている請求者本人の印鑑

についての印鑑証明書（請求者が法人であるときは，登記所の作成した印鑑証明書）の添付を要する。
② 請求者が法人であるときは，代表者の資格を証する書面（規則48条3項・27条3項・14条1項）

この書面は，請求者が登記された法人である場合には提示すれば足りるが，それ以外の法人の場合には添付することを要する。
③ 代理人による申請の場合には，代理権限を証する書面（規則48条3項・27条1項）
④ 代表者または管理人の定めのある権利能力のない社団または財団が請求するときは，当該社団または財団の定款および代表者または管理人の資格を証する書面（規則48条3項・27条3項・14条3項）

なお，供託につき利害関係を有する者であるかどうかは，供託関係書類上認められるものであることから，その閲覧申請には，特に利害関係人であることの証明書は必ずしも必要でない（昭35年度全国会同決議99問・先例集(3)17頁）とされている。

なお，供託関係書類の閲覧は，無料である。

(3) 閲覧された場合の事務処理

払渡しの完了していない供託に関し，供託の有無についての確認を目的とする書類の閲覧に応ずることは「債務の承認」（民法147条3号）となり得ることから，供託事務取扱手続準則87条においては，副本ファイルに，閲覧の年月日，申請者の氏名および閲覧させた旨を記録しなければならないこととされている。

(4) その他

閲覧は供託所内の指定された場所でしなければならず，閲覧書類を供託所外に持ち出すことは許されない（準則85条1項1号）。

第3節　証　　明

供託に関する事項の証明を求めることができる者の範囲

供託物取戻請求権者，供託物還付請求権者およびそれらの一般承継人，供託物払渡請求権の譲受人，質権者，差押債権者等の供託物につき直接利害関係を有する者である。

● 解 説

　供託規則49条1項は，「供託につき利害関係がある者は，供託に関する事項につき証明を請求することができる」としている。
　「供託につき」利害関係を有する者とは，供託物について直接に法律上の利害関係を有する者をいうのであって，その範囲は，閲覧の場合と同じである（昭42.1.31民甲第174号認可1問・先例集(4)254頁。**Q196**参照）。
　この証明制度は，閲覧制度とは若干異なった必要性をもっている。例えば，供託書正本は本人が紛失してもこれを再交付すべき性質のものではないから，営業上の保証供託のようにその供託書正本を主務官庁に提出すべき場合には，供託官から当該供託がされている事実を証する書面の交付を受けて，これをもって供託の事実を立証する以外に方法はない。また，時効を中断させる目的で供託証明書の交付を受ける場合もある。

第9章　供託に関する帳簿・書類の閲覧・証明

供託に関する事項の証明の請求方法

供託規則34号書式による証明申請書および証明を請求する事項を記載した書面，印鑑証明書等供託規則所定の添付書類を提出して行う。

● 解 説

　供託につき利害関係を有する者が供託に関する事項の証明を請求しようとするときは，供託規則34号書式による申請書を提出しなければならず，また，当該申請書には，証明を請求する事項を記載した書面を，証明の請求数に応じて添付しなければならない（規則49条2項・3項）。
　証明申請書には，次の事項を記載しなければならない。
① 　証明申請の目的（利害関係）
② 　証明を申請する事項
③ 　申請年月日
④ 　申請人の住所および氏名
⑤ 　代理人によって申請するときは，代理人の住所および氏名
⑥ 　供託所の表示
　証明申請書に添付すべき書面は，証明を請求する事項を記載した書面のほかは，閲覧申請の場合と同様である（**Q197**参照）。
　以上の書面を添付して証明申請がされると，供託官は，証明を請求する事項を記載した書面の下部余白に証明文および職氏名を記載し，職印を押して（準則86条1項・2項），これを申請人に交付することになる。
　なお，供託に関する証明は，閲覧以上に供託物払渡請求権の消滅時効の中断をする目的に使用されることが多い。つまり，証明は，債務承認となり得

るからである（昭10.7.8民甲第675号民事局長回答）。

　したがって，供託所の内部手続としては，時効中断の立証を容易にするため，閲覧の場合と同様に，副本ファイルに，証明の年月日，申請者の氏名およびその証明の要旨を記録しなければならないこととされている（準則87条）。

　なお，証明の付与は，閲覧申請と同様に，無料である。

第10章 供託官の処分に対する不服申立制度

Q200

供託官の処分に不服があるときは，どのようにすればよいか

A

供託官の処分を不当とする者は，監督法務局または地方法務局の長に対して審査請求をすることができる。

● 解説

(1) 審査請求の要件

供託官の処分を不当とする者は，監督法務局または地方法務局の長に対し，審査請求をすることができることとされている（法1条ノ4）。

供託官は，供託の申請があったときは，これを受理し，また，これを受理すべきでないと認めるときは却下しなければならない。供託官の処分としては，供託申請に対する受理または却下，供託物の払渡請求に対する認可または却下，閲覧申請または証明申請に対する受理または却下，異議申立に対する却下などが考えられる。

審査請求をすることができる場合として最も典型的なものは，申請または請求の全部または一部が却下されたという場合である。この場合には，当該却下処分を受けた申請人または請求者は，その却下処分を不当として，審査請求をすることができる。

一方，申請または請求が全部認容された場合の不当処分に対する審査請求の可否については，仮に，その審査請求の理由が，供託官の審査権の及ばない実体上の問題に基因する場合，例えば，供託原因とされた実体上の債務の不存在等に基づく場合には，供託自体は無効であるとしても，供託官の処分

または行為については何ら不当な点は存在しないから、当該申請人または請求者はもちろん、その供託について利害関係を有する者（被供託者である債権者等）も、供託官の処分または行為の不当性を理由に審査請求をすることができない（この場合には、上記無効な供託でも供託が形式的に受理されれば、手続的に確定力を生じ、供託者は錯誤を原因として供託物の取戻請求をすべきであり、他方、債権者（被供託者）は債務者に対して供託が無効であることを前提として、実体上の債権の支払請求または債権存在確認の訴等を提起すべきである。）。ところが、当該供託の認容（受理）自体が供託官の審査権の範囲内の判断に過誤があったことから生じた場合、例えば、供託書の形式的記載自体から当該供託が無効であることが判断され、したがって、当該供託を受理すべきでなかったのに誤ってこれを受理した場合には、供託上の利害関係人は、その受理を不当処分として、なお審査請求をすることができるものと解される余地もある。

(2) 審査請求手続

供託官の処分を不当とする者は、処分をした供託所に審査請求書を提出することを要する（法1条ノ5）。

供託官は、審査請求があった場合において、請求を理由があると認めて処分を変更することができるが、その場合には、供託事務取扱手続準則附録16号様式による通知書により、その旨を審査請求人に通知することを要する。

また、請求に理由がないと認めるときは、供託官は、審査請求書に意見を付し、供託事務取扱手続準則附録17号様式の送付書により、審査請求の理由の有無を審査するに必要な書面を添付して、5日以内に、監督法務局または地方法務局の長に送付することとされている（法1条ノ6第2項、準則82条）。

法務局または地方法務局の長は、審査請求に理由があると認めるときは、供託官に相当な処分を命ずることを要する（法1条ノ7）。また、理由がないと認めるときは、棄却の決定をすることとなる。

(3) 訴えの提起

第10章 供託官の処分に対する不服申立制度

　法務局または地方法務局の長が審査請求を棄却した場合には，供託官の処分の違法を理由として供託官の処分の取消の訴え（審査請求に対する裁決の取消を求めることはできない。）を提起することができるが，この取消の訴えは，原則としてその処分を知った日から6ヵ月以内に提起することを要し，処分または裁決の日から1年を経過したときは提起することができない（行政事件訴訟法14条1項・3項）。

　なお，供託官の処分に対し審査請求をせずに取消訴訟を提起することも可能である（行政事件訴訟法8条1項本文）。

供託官の処分に対して行政訴訟を提起することはできるか

　供託官の供託申請に対する却下処分または供託物の払渡請求に対する却下処分等に対しては行政訴訟を提起することができる。

● 解説

　供託官の処分の性質および供託官の処分に対する抗告訴訟の提起の可否については，学説・判例上争いのあったところであるが，最高裁昭和45年7月15日大法廷判決（民集24巻7号771頁）は，供託に関する実定法からみて，弁済供託は原則的には民法上の寄託契約の性質を有するものであるが，供託法は国家の後見的役割を果たすうえから供託官に対し単に民法上の寄託契約の当事者的地位にとどまらず行政機関としての立場から請求の理由の有無を判断する権限を与えていると解することができるとした上，供託官の払渡請

求に対する却下は行政処分であり，行政事件訴訟に基づく抗告訴訟の形式をとった訴えは適法であると判示した。

本判決は，弁済供託における供託金取戻請求に対し供託官がした却下処分の取消訴訟の事案についてのものであるが，他の種類の供託についても同様のことがいえるものと解されるし，また，供託の申請に対する却下処分についても同様に解することができる。

なお，本判決には，抗告訴訟は不適法であるとする反対意見が付されているが，本判決後の下級審判決は民事訴訟を不適法としており（大阪高判昭45.9.30判例時報619号43頁），本判決は，確立された判例であるといえよう。

したがって，供託官の処分に対して行政訴訟を提起することは認められるものと解される。

Q202 供託物払渡請求が却下された場合，請求者は供託官を被告として供託物の払渡請求の訴えを提起することができるか

A 供託物払渡請求が却下された場合には，国を被告として処分の取消しを求める抗告訴訟を提起しなければならない。

● 解 説

(1) 供託官の却下処分を争う訴訟の形式

供託官の却下処分に対し取消訴訟を提起することができる否かについて，学説および下級審の裁判例は見解が分かれていたが，最高裁昭和45年7月15日大法廷判決（民集24巻7号771頁）は，弁済供託における供託物の取戻

請求に対し供託官がした却下処分の取消訴訟の事案について，弁済供託は民法上の寄託契約の性質を有するものであるが，法は国家の後見的役割を果たすため単に民法上の寄託契約の当事者的地位にとどまらず行政機関としての立場から取戻請求につき理由があるかどうかを判断する権限を供託官に与えたものと解し，したがって，供託官が却下した行為は行政処分であり，行政事件訴訟に基づく抗告訴訟の形式をとった訴えは適法であると判示した。

ところで，本判決は抗告訴訟が適法であると判示しているにとどまるものであるため，民事訴訟を不適法とする趣旨であるかどうかについては明らかでない。

この点については，行政訴訟と民事訴訟とが常に選択的に許容されるとする見解（藤原・「供託先例百選」別冊ジュリスト35号214頁）もあるものの，本判決に従えば，民事訴訟は適法ではないということになるものと解される（最高裁判所判例解説（民事篇）昭和45年度633頁）。なお，本判決後，大阪高裁昭和45年9月30日判決（判例時報619号43頁）は，本判決を引用し，民事訴訟による訴えを不適法として却下している。

(3) 抗告訴訟

抗告訴訟の被告は処分をした行政庁の所属する国又は公共団体とされている（行政事件訴訟法11条1項）。

したがって，供託物の払渡請求が却下された場合には，国を被告として処分の取消しを求める抗告訴訟を提起しなければならない。この場合には，処分または裁決をした行政庁を明らかにするため，訴状には，当該処分または裁決をした行政庁（供託官）を記載するものとされている（同条4項）。

なお，取消訴訟を提起することができる処分または裁決をする場合には，行政庁は当該処分または裁決の相手方に対し当該処分または裁決に係る取消訴訟の被告とすべき者及び当該処分または裁決に係る取消訴訟の出訴期間を書面で教示しなければならないこととされていることから（行政事件訴訟法46条），却下決定書または審査請求に係る裁決書にその旨を記載して教示することとされている（準則附録15号の2・18号様式）。

参考資料

●供 託 法

（明治32年2月8日法律第15号）
改正　大正10年4月12日法律第 69号
　　　昭和22年12月17日　　同第195号
　　　同　24年5月31日　　同第137号
　　　同　27年7月31日　　同第268号
　　　同　37年9月15日　　同第161号
　　　同　38年7月9日　　同第126号
　　　同　56年12月4日　　同第 94号
　　　同　60年3月30日　　同第 5号
　　　平成5年11月12日　　同第 89号
　　　同　11年12月22日　　同第160号
　　　同　16年6月9日　　同第 84号
　　　同　26年6月13日　　同第 69号

朕帝国会議ノ協賛ヲ経タル供託法ヲ裁可シ茲ニ之ヲ公布セシム

　　供託法
第1条　法令ノ規定ニ依リテ供託スル金銭及ヒ有価証券ハ法務局若ハ地方法務局若ハ此等ノ支局又ハ法務大臣ノ指定スル此等ノ出張所カ供託所トシテ之ヲ保管ス
　　　（大10法69・昭24法137・昭27法268・平11法160・一部改正）
第1条ノ2　供託所ニ於ケル事務ハ法務局若ハ地方法務局若ハ此等ノ支局又ハ此等ノ出張所ニ勤務スル法務事務官ニシテ法務局又ハ地方法務局ノ長ノ指定シタル者カ供託官トシテ之ヲ取扱フ
　　　（昭24法137・全改、昭27法268・昭38法126・平11法160・一部改正）
第1条ノ3　供託官ノ処分ニ付テハ行政手続法（平成5年法律第88号）第2章ノ規定ハ之ヲ適用セズ
　　　（平5法89・追加）
第1条ノ4　供託官ノ処分ニ不服アル者又ハ供託官ノ不作為ニ係ル処分ノ申請ヲ為シタル者ハ監督法務局又ハ地方法務局ノ長ニ審査請求ヲ為スコトヲ得
　　　（昭24法137・全改、昭37法161・昭38法126・一部改正、平5法89・旧第1条ノ3繰下、平26法69・一部改正）
第1条ノ5　審査請求ハ供託官ヲ経由シテ之ヲ為スコトヲ要ス
　　　（昭24法137・全改、昭37法16・一部改正、平5法89・旧第1条ノ4繰下、平26法69・一部改正）
第1条ノ6　供託官ハ処分ニ付テノ審査請求ヲ理由アリト認ムルトキ又ハ審査請求ニ

係ル不作為ニ係ル処分ヲ為スベキモノト認ムルトキハ相当ノ処分ヲ為シテ其旨ヲ審査請求人ニ通知スルコトヲ要ス
②供託官ハ前項ニ規定スル場合ヲ除クノ外意見ヲ付シ審査請求アリタル日ヨリ5日内ニ之ヲ監督法務局又ハ地方法務局ノ長ニ送付スルコトヲ要ス此ノ場合ニ於テ監督法務局又ハ地方法務局ノ長ハ当該意見ヲ行政不服審査法（平成26年法律第68号）第11条第2項ニ規定スル審理員ニ送付スルモノトス

　　　　（大10法69・追加，昭24法137・昭37法161・昭38法126・一部改正，平5法89・旧第1条ノ5繰下，平26法69・一部改正）

第1条ノ7　法務局又ハ地方法務局ノ長ハ処分ニ付テノ審査請求ヲ理由アリト認ムルトキ又ハ審査請求ニ係ル不作為ニ係ル処分ヲ為スベキモノト認ムルトキハ供託官ニ相当ノ処分ヲ命スルコトヲ要ス
②法務局又ハ地方法務局ノ長ハ審査請求ニ係ル不作為ニ係ル処分ノ申請ヲ却下スベキモノト認ムルトキハ供託官ニ当該申請ヲ却下スル処分ヲ命ズルコトヲ要ス

　　　　（昭24法137・全改，昭37法161・昭38法126・一部改正，平5法89・旧第1条ノ6繰下，平26法69・一部改正）

第1条ノ8　第1条ノ4ノ審査請求ニ関スル行政不服審査法ノ規定ノ適用ニ付テハ同法第29条第5項中「処分庁等」トアルハ「審査庁」ト，「弁明書の提出」トアルハ「供託法（明治32年法律第15号）第1条ノ6第2項に規定する意見の送付」ト，同法第30条第1項中「弁明書」トアルハ「供託法第1条ノ6第2項の意見」トス

　　　　（平26法69・全改）

第1条ノ9　行政不服審査法第13条，第18条，第21条，第25条第2項乃至第7項，第29条第1項乃至第4項，第31条，第37条，第45条第3項，第46条，第47条，第49条第3項（審査請求ニ係ル不作為ガ違法又ハ不当ナル旨ノ宣言ニ係ル部分ヲ除ク）乃至第5項及ビ第52条ノ規定ハ第1条ノ4ノ審査請求ニ付テハ之ヲ適用セズ

　　　　（昭37法161・追加，昭38法126・一部改正，平5法89・旧第1条ノ7繰下，平16法84・一部改正，平26法69・旧第1条ノ8繰下）

第2条　供託所ニ供託ヲ為サント欲スル者ハ法務大臣ノ定メタル書式ニ依リテ供託書ヲ作リ供託物ニ添ヘテ之ヲ差出タスコトヲ要ス

　　　　（大10法69・昭22法195・昭24法137・昭27法268・一部改正）

第3条　供託金ニハ法務省令ノ定ムル所ニ依リ利息ヲ付スルコトヲ要ス

　　　　（大10法69・全改，平11法160・一部改正）

第4条　供託所ハ供託物ヲ受取ルヘキ者ノ請求ニ因リ供託ノ目的タル有価証券ノ償還金，利息又ハ配当金ヲ受取リ供託物ニ代ヘ又ハ其従トシテ之ヲ保管ス但保証金ニ代ヘテ有価証券ヲ供託シタル場合ニ於テハ供託者ハ其利息又ハ配当金ノ払渡ヲ請求スルコトヲ得

　　　　（大10法69・昭24法137・一部改正）

第5条　法務大臣ハ法令ノ規定ニ依リテ供託スル金銭又ハ有価証券ニ非サル物品ヲ保

管スヘキ倉庫営業者又ハ銀行ヲ指定スルコトヲ得
② 倉庫営業者又ハ銀行ハ其営業ノ部類ニ属スル物ニシテ其保管シ得ヘキ数量ニ限リ之ヲ保管スル義務ヲ負フ
　　　（大10法69・昭22法195・昭27法268・一部改正）
第6条　倉庫営業者又ハ銀行ニ供託ヲ為サント欲スル者ハ法務大臣ノ定メタル書式ニ依リテ供託書ヲ作リ供託物ニ添ヘテ之ヲ交付スルコトヲ要ス
　　　（大10法69・昭22法195・昭27法268・一部改正）
第7条　倉庫営業者又ハ銀行ハ第5条第1項ノ規定ニ依ル供託物ヲ受取ルヘキ者ニ対シ一般ニ同種ノ物ニ付テ請求スル保管料ヲ請求スルコトヲ得
　　　（大10法69・一部改正）
第8条　供託物ノ還付ヲ請求スル者ハ法務大臣ノ定ムル所ニ依リ其権利ヲ証明スルコトヲ要ス
② 供託者ハ民法第496条ノ規定ニ依レルコト，供託カ錯誤ニ出テシコト又ハ其原因カ消滅シタルコトヲ証明スルニ非サレハ供託物ヲ取戻スコトヲ得ス
　　　（大10法69・昭22法195・昭27法268・一部改正）
第9条　供託者カ供託物ヲ受取ル権利ヲ有セサル者ヲ指定シタルトキハ其供託ハ無効トス
第10条　供託物ヲ受取ルヘキ者カ反対給付ヲ為スヘキ場合ニ於テハ供託者ノ書面又ハ裁判，公正証書其他ノ公正ノ書面ニ依リ其給付アリタルコトヲ証明スルニ非サレハ供託物ヲ受取ルコトヲ得ス
　　　（大10法69・一部改正）
　　　附　則
第11条　本法ハ明治32年4月1日ヨリ之ヲ施行ス
第12条　本法施行前ニ供託シタル金銭ニハ其施行ノ月ヨリ払渡請求ノ前月マテ第3条ノ利息ヲ附スルコトヲ要ス
第13条　第4条，第8条及ヒ第10条ノ規定ハ本法施行前ニ供託シタル物ニモ亦之ヲ適用ス
第14条　明治23年勅令第145号供託規則ハ本法施行ノ日ヨリ之ヲ廃止ス
第15条　昭和57年4月1日ヨリ昭和66年3月31日マデノ間ノ利息ハ第3条ノ規定ニ拘ラズ之ヲ付セズ
　　　附　則（大正10年4月12日法律第69号）
① 本法施行ノ期日ハ勅令ヲ以テ之ヲ定ム
　　　（大正11年勅令第28号で大正11年4月1日から施行）
② 本法施行前為シタル供託ニ関シ必要ナル規定ハ勅令ヲ以テ之ヲ定ム
③ 供託所所在地外ニ於テハ法務総裁ハ当分ノ内其ノ適当ト認ムル銀行ヲシテ第1条ノ規定ニ依ル供託事務ヲ取扱ハシムルコトヲ得
　　　（昭24法137・一部改正）

附　則（昭和22年12月17日法律第195号）　抄
第17条　この法律は，公布の後60日を経過した日から，これを施行する。
　　　附　則（昭和24年5月31日法律第137号）　抄
1　この法律は，昭和24年6月1日から施行する。
5　従前の供託法第1条ノ3又は第1条ノ7第1項の規定によつてした抗告に関しては，この法律施行後でも，なお従前の例による。
　　　附　則（昭和27年7月31日法律第268号）　抄
1　この法律は，昭和27年8月1日から施行する。
　　　附　則（昭和37年9月15日法律第161号）　抄
1　この法律は，昭和37年10月1日から施行する。
2　この法律による改正後の規定は，この附則に特別の定めがある場合を除き，この法律の施行前にされた行政庁の処分，この法律の施行前にされた申請に係る行政庁の不作為その他この法律の施行前に生じた事項についても適用する。ただし，この法律による改正前の規定によつて生じた効力を妨げない。
3　この法律の施行前に提起された訴願，審査の請求，異議の申立てその他の不服申立て（以下「訴願等」という。）については，この法律の施行後も，なお従前の例による。この法律の施行前にされた訴願等の裁決，決定その他の処分（以下「裁決等」という。）又はこの法律の施行前に提起された訴願等につきこの法律の施行後にされる裁決等にさらに不服がある場合の訴願等についても，同様とする。
4　前項に規定する訴願等で，この法律の施行後は行政不服審査法による不服申立てをすることができることとなる処分に係るものは，同法以外の法律の適用については，行政不服審査法による不服申立てとみなす。
5　第3項の規定によりこの法律の施行後にされる審査の請求，異議の申立てその他の不服申立ての裁決等については，行政不服審査法による不服申立てをすることができない。
6　この法律の施行前にされた行政庁の処分で，この法律による改正前の規定により訴願等をすることができるものとされ，かつ，その提起期間が定められていなかつたものについて，行政不服審査法による不服申立てをすることができる期間は，この法律の施行の日から起算する。
8　この法律の施行前にした行為に対する罰則の適用については，なお従前の例による。
9　前8項に定めるもののほか，この法律の施行に関して必要な経過措置は，政令で定める。
　　　　○商業登記法の施行に伴う関係法令の整理等に関する法律（昭和38法律第126号）　抄
　（登記官吏等に関する規定の適用）
第39条　他の法令中登記官吏又は供託官吏に関する規定は，登記官又は供託官に関す

る規定として適用するものとする。
　（原則）
第40条　商業登記法及びこの法律による改正後の規定は，別段の定めがある場合を除き，この法律の施行前に生じた事項にも適用する。ただし，この法律による改正前の規定によつて生じた効力を妨げない。
2　この法律の施行前にしたこの法律による改正前の規定による処分，手続その他の行為は，商業登記法及びこの法律による改正後の法令の適用については，別段の定めがある場合を除き，当該法令の相当規定によつてしたものとみなす。
　（登記官及び供託官）
第41条　この法律の施行の際現に登記官吏又は供託官吏として指定されている者は，登記官又は供託官として指定されたものとみなす。
　（省令への委任）
第45条　この章に定めるもののほか，商業登記法及びこの法律の施行に伴い必要な経過措置は，法務省令で定める。
　　　　附　則（昭和38年7月9日法律第126号）　抄
　この法律は，商業登記法の施行の日（昭和39年4月1日）から施行する。
　　　　附　則（昭和56年12月4日法律第94号）
　この法律は，公布の日から施行する。
　　　　附　則（昭和60年3月30日法律第5号）
　この法律は，公布の日から施行する。
　　　　附　則（平成5年11月12日法律第89号）　抄
　（施行期日）
第1条　この法律は，行政手続法（平成5年法律第88号）の施行の日から施行する。
　　（施行の日＝平成6年10月1日）
　　　　○中央省庁等改革関係法施行法（平成11法律第160号）　抄
　（処分，申請等に関する経過措置）
第1301条　中央省庁等改革関係法及びこの法律（以下「改革関係法等」と総称する。）施行前に法令の規定により従前の国の機関がした免許，許可，認可，承認，指定その他の処分又は通知その他の行為は，法令に別段の定めがあるもののほか，改革関係法等の施行後は，改革関係法等の施行後の法令の相当規定に基づいて，相当の国の機関がした免許，許可，認可，承認，指定その他の処分又は通知その他の行為とみなす。
2　改革関係法等の施行の際現に法令の規定により従前の国の機関に対してされている申請，届出その他の行為は，法令に別段の定めがあるもののほか，改革関係法等の施行後は，改革関係法等の施行後の法令の相当規定に基づいて，相当の国の機関に対してされた申請，届出その他の行為とみなす。
3　改革関係法等の施行前に法令の規定により従前の国の機関に対し報告，届出，提

出その他の手続をしなければならないとされている事項で，改革関係法等の施行の日前にその手続きがされていないものについては，法令に別段の定めがあるもののほか，改革関係法等の施行後は，これを，改革関係法等の施行後の法令の相当規定により相当の国の機関に対して報告，届出，提出その他の手続をしなければならないとされた事項についてその手続がされていないものとみなして，改革関係法等の施行後の法令の規定を適用する。

（従前の例による処分等に関する経過措置）

第1302条　なお従前の例によることとする法令の規定により，従前の国の機関がすべき免許，許可，認可，承認，指定その他の処分若しくは通知その他の行為又は従前の国の機関に対してすべき申請，届出その他の行為については，法令に別段の定めがあるもののほか，改革関係法等の施行後は，改革関係法等の施行後の法令の規定に基づくその任務及び所掌事務の区分に応じ，それぞれ，相当の国の機関がすべきものとし，又は相当の国の機関に対してすべきものとする。

（政令への委任）

第1344条　第71条から第76条まで及び第1301条から前条まで並びに中央省庁等改革関係法に定めるもののほか，改革関係法等の施行に関し必要な経過措置（罰則に関する経過措置を含む。）は，政令で定める。

　　　附　　則（平成11年12月22日法律第160号）　抄

（施行期日）

第１条　この法律（第２条及び第３条を除く。）は，平成13年１月６日から施行する。ただし，次の各号に掲げる規定は，当該各号に定める日から施行する。

一　第995条（核原料物質，核燃料物質及び原子炉の規制に関する法律の一部を改正する法律附則の改正規定に係る部分に限る。），第1305条，第1306条，第1324条第２項，第1326条第２項及び第1344条の規定　公布の日

　　　附　　則（平成16年６月９日法律第84号）　抄

（施行期日）

第１条　この法律は，公布の日から起算して１年を超えない範囲内において政令で定める日から施行する。

（平成16年政令第311号で平成17年４月１日から施行）

　　　附　　則（平成26年６月13日法律第69号）　抄

（施行期日）

第１条　この法律は，行政不服審査法（平成26年法律第68号）の施行の日から施行する。

（経過措置の原則）

第５条　行政庁の処分その他の行為又は不作為についての不服申立てであってこの法律の施行前にされた行政庁の処分その他の行為又はこの法律の施行前にされた申請に係る行政庁の不作為に係るものについては，この附則に特別の定めがある場合を

除き，なお従前の例による。
　（訴訟に関する経過措置）
第6条　この法律による改正前の法律の規定により不服申立てに対する行政庁の裁決，決定その他の行為を経た後でなければ訴えを提起できないこととされる事項であって，当該不服申立てを提起しないでこの法律の施行前にこれを提起すべき期間を経過したもの（当該不服申立てが他の不服申立てに対する行政庁の裁決，決定その他の行為を経た後でなければ提起できないとされる場合にあっては，当該他の不服申立てを提起しないでこの法律の施行前にこれを提起すべき期間を経過したものを含む。）の訴えの提起については，なお従前の例による。

2　この法律の規定による改正前の法律の規定（前条の規定によりなお従前の例によることとされる場合を含む。）により異議申立てが提起された処分その他の行為であって，この法律の規定による改正後の法律の規定により審査請求に対する裁決を経た後でなければ取消しの訴えを提起することができないこととされるものの取消しの訴えの提起については，なお従前の例による。

3　不服申立てに対する行政庁の裁決，決定その他の行為の取消しの訴えであって，この法律の施行前に提起されたものについては，なお従前の例による。
　（その他の経過措置の政令への委任）
第10条　附則第5条から前条までに定めるもののほか，この法律の施行に関し必要な経過措置（罰則に関する経過措置を含む。）は，政令で定める。

●供託規則（昭和34年法務省令第2号）

目次
　第1章　総則（第1条—第12条）
　第2章　供託手続（第13条—第21条の7）
　第3章　払渡手続（第22条—第32条）
　第4章　供託金利息及び利札（第33条—第37条）
　第5章　電子情報処理組織による供託等に関する特則（第38条—第46条）
　第6章　雑則（第47条—第50条）
　附則
　　　第1章　総則
　（趣旨）
第1条　金銭，有価証券及び振替国債（その権利の帰属が社債，株式等の振替に関する法律（平成13年法律第75号）の規定による振替口座簿の記載又は記録により定まるものとされる国債をいう。以下同じ。）の供託に関する手続は，別に定める場合のほか，この省令の定めるところによる。
　（供託関係帳簿）
第2条　供託所には，現金出納簿のほか，次の各号に掲げる帳簿を備える。
　一　供託有価証券受払日計簿
　二　供託振替国債受払日計簿
　三　金銭供託元帳
　四　有価証券供託元帳
　五　振替国債供託元帳
　六　譲渡通知書等つづり込帳
　（供託有価証券受払日計簿等）
第3条　供託有価証券受払日計簿は第1号書式，供託振替国債受払日計簿は第1号の2書式により，調製しなければならない。
　2　供託官は，毎日，供託有価証券又は供託振替国債の受払いを供託有価証券受払日計簿又は供託振替国債受払日計簿に記入しなければならない。
　3　供託官は，予算決算及び会計令（昭和22年勅令第165号）の定めるところにより，現金出納簿に供託金及び供託法（明治32年法律第15号）第3条（社債，株式等の振替に関する法律第278条第4項において準用する場合を含む。）の規定による利息（以下「供託金利息」という。）の出納を記入しなければならない。
　（金銭供託元帳等）
第4条　金銭供託元帳，有価証券供託元帳及び振替国債供託元帳は，磁気ディスク（これに準ずる方法により一定の事項を確実に記録することができる物を含む。以下同じ。）をもつて会計年度ごとに調製しなければならない。

2　供託官は，金銭，有価証券又は振替国債の供託を受理したときは，それぞれ次に掲げる事項を金銭供託元帳，有価証券供託元帳又は振替国債供託元帳に記録しなければならない。
　一　受理年月日
　二　供託番号
　三　供託の種類
　四　供託者の氏名又は名称
　五　受入年月日
　六　供託金額（金銭供託元帳に限る。）
　七　供託有価証券の名称，総額面及び枚数（有価証券供託元帳に限る。）
　八　供託振替国債の銘柄及び金額（振替国債供託元帳に限る。）
3　供託官は，前項の供託に係る供託物の払渡しを認可したときは，それぞれ次に掲げる事項を金銭供託元帳，有価証券供託元帳又は振替国債供託元帳に記録しなければならない。
　一　払渡年月日
　二　還付又は取戻しの別
（譲渡通知書等つづり込帳）
第5条　供託官は，第47条の規定により提出された書面，供託物払渡請求権についての譲渡若しくは質権設定の通知書又は供託物払渡請求権に関する仮差押命令書，仮処分命令書，差押命令書，転付命令書若しくは譲渡命令書その他供託物払渡請求権の移転若しくは処分の制限に関する書類を受け取つたときは，これに受付の旨及びその年月日時分を記載し，受付の順序に従つて，譲渡通知書等つづり込帳に編てつしなければならない。
2　譲渡通知書等つづり込帳には，第4号書式の目録を付さなければならない。
（記載の文字）
第6条　供託書，供託物払渡請求書その他供託に関する書面に記載する文字は，字画を明確にしなければならない。
2　金銭その他の物の数量を記載するには，アラビア数字を用いなければならない。ただし，縦書をするときは，「壱，弐，参，拾」の文字を用いなければならない。
3　記載した文字は，改変してはならない。
4　記載事項について訂正，加入又は削除をするときは，二線を引いてその近接箇所に正書し，その字数を欄外に記載して押印し，訂正又は削除をした文字は，なお読むことができるようにしておかなければならない。ただし，供託者又は請求者が供託書，供託通知書，代供託請求書又は附属供託請求書の記載事項について訂正，加入又は削除をするときは，これらの書面に押印することを要しない。
5　供託官が訂正，加入又は削除をするときは，前項本文の規定による欄外記載及び押印に代えて，訂正，加入又は削除をした文字の前後に括弧を付し，これに押印す

ることができる。
6　供託書，供託通知書，代供託請求書，附属供託請求書，供託有価証券払渡請求書又は供託有価証券利札請求書に記載した供託金額，有価証券の枚数及び総額面又は請求利札の枚数については，訂正，加入又は削除をしてはならない。
（継続記載）
第7条　供託所に提出すべき書類について書式及び用紙の大きさが定められている場合において，1葉の用紙に記載事項の全部を記載することができないときは，当該用紙と同じ大きさの用紙を用いて適宜の書式により継続して記載することができる。
2　前項の場合には，各葉の用紙に継続の旨を明らかにしなければならない。
（書類の契印）
第8条　供託所に提出すべき書類（供託書，供託通知書，代供託請求書及び附属供託請求書を除く。）が2葉以上にわたるときは，作成者は，毎葉のつづり目に契印しなければならない。
2　前項の場合において，当該書類の作成者が多数であるときは，その1人が契印すれば足りる。
（資格証明書等の有効期間）
第9条　供託所に提出又は提示すべき代表者又は管理人の資格を証する書面，代理人の権限を証する書面であつて官庁又は公署の作成に係るもの及び印鑑の証明書は，この規則に別段の定めがある場合を除き，その作成後3月以内のものに限る。
（添付書類の原本還付）
第9条の2　供託書，代供託請求書，附属供託請求書，供託物保管替請求書，供託物払渡請求書，供託金利息請求書又は供託有価証券利札請求書に添付した書類については，供託又は請求に際し，還付を請求することができる。ただし，第30条第1項の証明書及び代理人の権限を証する書面（官庁又は公署の作成に係るものを除く。）については，この限りでない。
2　書類の還付を請求するには，供託書又は請求書に原本と相違がない旨を記載した当該書類の謄本をも添付しなければならない。
3　供託官は，書類を還付したときは，その謄本に原本還付の旨を記載して押印しなければならない。
4　委任による代理人によつて供託書，代供託請求書又は附属供託請求書に添付した書類の還付を請求する場合には，代理人の権限を証する書面を提示しなければならない。
5　委任による代理人によつて供託物保管替請求書，供託物払渡請求書，供託金利息請求書又は供託有価証券利札請求書に添付した書類の還付を請求する場合には，請求書に代理人の権限を証する書面を添付しなければならない。この場合には，第15条の規定を準用する。

参考資料

（保存期間）
第10条　供託官は，供託に関する書類（磁気ディスクをもつて調製した記録及び電磁的記録媒体（電子的方式，磁気的方式その他人の知覚によつては認識することができない方式で作られる記録であつて電子計算機による情報処理の用に供されるものに係る記録媒体をいう。以下同じ。）を含む。次条及び第12条において同じ。）及び帳簿を，次の区別に従つて保存しなければならない。

一　第13条の2第2号（第21条第6項において準用する場合を含む。）の副本ファイルの記録	最終の払渡し又は第21条の4第1項の保管替えをした年度の翌年度から10年
二　支払委託書	最終の払渡しをした年度の翌年度から10年
三　供託書及びその添付書類	供託を受理した年度の翌年度から10年
四　代供託請求書副本及び代供託請求書の添付書類並びに附属供託請求書副本及び附属供託請求書の添付書類	代供託又は附属供託の請求を受理した年度の翌年度から10年
五　供託物払渡請求書（第43条第2項又は第44条第2項に規定する申請書情報の内容を用紙に出力したものを含む。）及びその添付書類，供託物保管替請求書及びその添付書類，第5条に掲げる書類	払渡し又は振替をした年度の翌年度から10年
六　供託金利息請求書（第43条第2項に規定する申請書情報の内容を用紙に出力したものを含む。）及びその添付書類，供託有価証券利札請求書及びその添付書類	払渡しをした年度の翌年度から5年
七　供託有価証券受払日計簿，供託振替国債受払日計簿，金銭供託元帳，有価証券供託元帳，振替国債供託元帳	当該書面の提出を受けた年度の翌年度から10年
八　第21条の2第1項の書面	当該書面の作成をした年度の翌年度から10年
九　第21条の2第4項の書面	最終の記載をした年度の翌年度から10年
十　第13条の3第1項に規定する電磁的記録媒体	受理の日から1年

2　前項の書類又は帳簿は，保存期間の満了した後でも，保存を必要とする特別の事由があるときは，その事由のある間保存しなければならない。
（書類廃棄手続）
第11条　供託所において保存期間の満了した書類又は帳簿を廃棄しようとするとき

は，その目録を作り，法務局又は地方法務局の長の認可を受けなければならない。
（未完結書類の持出禁止）
第12条　払渡しの完了しない供託，代供託又は附属供託に関する書類は，事変を避けるためにする場合を除き，供託所外に持ち出してはならない。

　　　　第2章　供託手続
（供託書）
第13条　金銭又は有価証券の供託をしようとする者は，供託の種類に従い，第1号から第11号までの様式による供託書を供託所に提出しなければならない。
2　前項の供託書には，次の事項を記載しなければならない。
　一　供託者の氏名及び住所，供託者が法人であるとき又は法人でない社団若しくは財団であつて，代表者若しくは管理人の定めのあるものであるときは，その名称，主たる事務所及び代表者又は管理人の氏名
　二　代理人により供託する場合には，代理人の氏名及び住所，ただし，公務員がその職務上するときは，その官公職，氏名及び所属官公署の名称
　三　供託金の額又は供託有価証券の名称，総額面，券面額（券面額のない有価証券についてはその旨），回記号，番号，枚数並びに附属利賦札及びその最終の渡期
　四　供託の原因たる事実
　五　供託を義務付け又は許容した法令の条項
　六　供託物の還付を請求し得べき者（以下「被供託者」という。）を特定することができるときは，その者の氏名及び住所，その者が法人又は法人でない社団若しくは財団であるときは，その名称及び主たる事務所
　七　供託により質権又は抵当権が消滅するときは，その質権又は抵当権の表示
　八　反対給付を受けることを要するときは，その反対給付の内容
　九　供託物の還付又は取戻しについて官庁の承諾，確認又は証明等を要するときは，当該官庁の名称及び事件の特定に必要な事項
　十　裁判上の手続に関する供託については，当該裁判所の名称，件名及び事件番号
　十一　供託所の表示
　十二　供託申請年月日
3　振替国債の供託をしようとする者は，供託の種類に従い，第5号から第9号まで，第11号及び第12号の様式による供託書を供託所に提出しなければならない。
4　第2項の規定は，前項の供託書について準用する。この場合において，第2項第3号中「供託金の額又は供託有価証券の名称，総額面，券面額（券面額のない有価証券についてはその旨），回記号，番号，枚数並びに附属利賦札及びその最終の渡期」とあるのは，「供託振替国債の銘柄，金額，利息の支払期及び元本の償還期限」と読み替えるものとする。
5　供託書が2葉以上にわたるときは，作成者は，当該供託書の所定の欄に枚数及び丁数を記載しなければならない。

（供託書正本の調製等）
第13条の2　供託官は，供託書の提出があつたときは，次に掲げる措置を執らなければならない。
　一　第5号から第18号の5までの書式に準じて供託書正本を調製すること。
　二　当該供託書に記載された事項を磁気ディスクをもつて調製する副本ファイルに記録すること。
（電磁的記録媒体の添付）
第13条の3　供託をしようとする者は，第13条第2項各号（第2号，第5号，第9号，第11号及び第12号を除き，同条第4項において準用する場合を含む。）に掲げる事項の供託書への記載に代えて，法務大臣の指定する方式に従い当該事項を記録した電磁的記録媒体を当該供託書に添付することができる。この場合には，2葉以上にわたる供託書を提出することができない。
2　前項に規定する電磁的記録媒体は，法務大臣の指定する構造のものでなければならない。
3　前2項の指定は，告示してしなければならない。
（供託カード）
第13条の4　賃料，給料その他の継続的給付に係る金銭の供託をするために供託書を提出する者は，供託カードの交付の申出をすることができる。ただし，前条第1項に規定する場合は，この限りでない。
2　前項の申出があつた場合には，供託官は，当該供託を受理することができないときを除き，供託カードを作成して，申出をした者に交付しなければならない。
3　前項の供託カードには，供託カードである旨及び供託カード番号を記載しなければならない。
4　供託カードの交付を受けた者が，当該供託カードを提示して，当該継続的給付について供託をしようとするときは，第13条第2項の規定にかかわらず，供託書には，次の各号に掲げる事項を記載すれば足りる。
　一　供託カード番号
　二　供託者の氏名又は名称
　三　第13条第2項第2号，第3号及び第12号に掲げる事項（代理人の住所を除く。）
　四　供託カードの交付の申出をした際に供託書に記載した事項と同一でない事項
5　前項の規定は，次の各号に掲げる場合には，適用しない。
　一　最後に同項の規定による供託をした日から2年を経過したとき。
　二　第13条第2項第1号又は第2号に掲げる事項に変更があつたとき。
（資格証明書の提示等）
第14条　登記された法人が供託しようとするときは，登記所の作成した代表者の資格を証する書面を提示しなければならない。この場合において，供託所と証明をすべき登記所が同一の法務局若しくは地方法務局若しくはこれらの支局又はこれらの出

張所（法務大臣が指定したものを除く。）であるときは，その記載された代表者の資格につき登記官の確認を受けた供託書を提出して，代表者の資格を証する書面の提示に代えることができる。
2　前項の法人以外の法人が供託しようとするときは，代表者の資格を証する書面を供託書に添付しなければならない。
3　法人でない社団又は財団であつて，代表者又は管理人の定めのあるものが供託しようとするときは，当該社団又は財団の定款又は寄附行為及び代表者又は管理人の資格を証する書面を供託書に添付しなければならない。
4　代理人によつて供託しようとする場合には，代理人の権限を証する書面を提示しなければならない。この場合において，第1項後段の規定は，支配人その他登記のある代理人によつて供託するときに準用する。
　（供託振替国債に関する資料の提供）
第14条の2　供託者が振替国債を供託しようとするときは，その振替国債の銘柄，利息の支払期及び償還期限を確認するために必要な資料を提供しなければならない。
　（添付書類の省略）
第15条　同一の供託所に対して同時に数個の供託をする場合において，供託書の添付書類に内容の同一のものがあるときは，1個の供託書に1通を添付すれば足りる。この場合には，他の供託書にその旨を記載しなければならない。
　（供託通知書の発送の請求等）
第16条　供託者が被供託者に供託の通知をしなければならない場合には，供託者は，供託官に対し，被供託者に供託通知書を発送することを請求することができる。この場合においては，その旨を供託書に記載しなければならない。
2　前項の請求をするときは，供託者は，被供託者の数に応じて，供託書に，送付に要する費用に相当する郵便切手又は民間事業者による信書の送達に関する法律（平成14年法律第99号）第2条第6項に規定する一般信書便事業者若しくは同条第9項に規定する特定信書便事業者による同条第2項に規定する信書便の役務に関する料金の支払のために使用することができる証票であつて法務大臣の指定するものを付した封筒を添付しなければならない。
3　前項の指定は，告示してしなければならない。
4　第1項の請求があつた場合においては，供託官は，供託の種類に従い，第19号から第21号までの書式に準じて供託通知書を調製しなければならない。
　（供託書の特則等）
第16条の2　金銭又は有価証券の供託をしようとする者は，やむを得ない事情があるときは，第13条第1項の規定にかかわらず，同項に規定する供託書を供託所に提出することを要しない。この場合においては，供託の種類に従い，第5号から第18号までの書式による正副2通の供託書を供託所に提出しなければならない。
2　第13条第2項の規定は，前項後段の供託書について準用する。

参考資料

3　第1項後段の場合においては，第13条第5項，第13条の2第1号，第13条の3及び第13条の4の規定は，適用しない。
4　第1項後段の場合において，前条第1項の請求をするときは，供託者は，被供託者の数に応じて，供託の種類に従い，第19号から第21号までの書式の供託通知書を添付しなければならない。
5　前項の場合においては，前条第1項後段及び第四項の規定は，適用しない。
（記名式有価証券の供託）
第17条　供託者が記名式有価証券（株券を除く。）を供託しようとするときは，その還付を受けた者が直ちに権利を取得することができるように裏書し，又は譲渡証書を添附しなければならない。
2　前項の場合には，裏書する旨又は譲渡証書を添付する旨を供託書に記載しなければならない。
（受理手続）
第18条　供託官は，金銭又は有価証券の供託を受理すべきものと認めるときは，供託書正本に，供託を受理する旨，供託番号，一定の納入期日までに供託物を日本銀行に納入すべき旨及びその期日までに供託物を納入しないときは受理の決定は効力を失う旨を記載して記名押印し，これを，財務大臣の定める保管金払込事務等の取扱いに関する規定又は供託有価証券の取扱いに関する規定に従い作成した保管金払込書又は供託有価証券寄託書とともに供託者に交付しなければならない。
2　供託者が前項の納入期日までに供託物を納入しないときは，受理の決定は効力を失う。
3　供託官は，第16条第1項の請求があつた場合において，日本銀行から財務大臣の定める保管金払込事務等の取扱いに関する規定又は供託有価証券の取扱いに関する規定による供託物受領の証書の送付を受けたときは，被供託者に同条第四項の供託通知書を発送しなければならない。
第19条　供託官は，振替国債の供託を受理すべきものと認めるときは，供託者に対し，供託を受理する旨，供託番号，供託所の口座，一定の納入期日までに当該口座について供託振替国債に係る増額の記載又は記録がされるべき旨及びその期日までに増額の記載又は記録がされないときは受理の決定は効力を失う旨を告知しなければならない。
2　前項の納入期日までに供託所の口座について供託振替国債に係る増額の記載又は記録がされないときは，受理の決定は効力を失う。
3　供託官は，第1項の納入期日までに前項の記載又は記録がされたときは，供託書正本に供託振替国債を受け入れた旨を記載して記名押印し，これを供託者に交付しなければならない。
（供託金受入れの特則）
第20条　供託金の受入れを取り扱う供託所に金銭の供託をしようとする者は，供託書

489

とともに供託金を提出しなければならない。
2　供託官は，前項の供託を受理すべきものと認めるときは，供託書正本に供託を受理する旨，供託番号及び供託金を受領した旨を記載して記名押印し，これを供託者に交付しなければならない。この場合において，第16条第1項の請求があるときは，供託官は，被供託者に同条第4項の供託通知書を発送しなければならない。

第20条の2　供託官は，銀行その他の金融機関に供託金の振込みを受けることができる預金があるときは，金銭の供託をしようとする者の申出により，第18条の規定による供託物の納入又は前条第1項の規定による供託金の提出に代えて，当該預金に供託金の振込みを受けることができる。
2　供託官は，前項の申出があつた場合において，同項の供託を受理すべきものと認めるときは，供託書正本に供託を受理する旨及び供託番号を記載して記名押印し，かつ，供託者に対し，供託を受理した旨，供託番号，一定の振込期日までに供託金を同項の預金に振り込むべき旨及びその期日までに供託金を振り込まないときは受理の決定は効力を失う旨を告知しなければならない。
3　供託者が前項の振込期日までに供託金を振り込まないときは，受理の決定は効力を失う。
4　供託者が第2項の振込期日までに供託金を振り込んだときは，供託官は，供託書正本に供託金を受領した旨を記載して記名押印し，これを供託者に交付しなければならない。この場合には，前条第2項後段の規定を準用する。

第20条の3　供託官は，金銭の供託をしようとする者の申出により，第18条の規定による供託物の納入又は第20条第1項の規定による供託金の提出に代えて，供託官の告知した納付情報による供託金の納付を受けることができる。
2　供託官は，前項の申出があつた場合において，同項の供託を受理すべきものと認めるときは，供託書正本に供託を受理する旨及び供託番号を記載して記名押印し，かつ，供託者に対し，供託を受理した旨，供託番号，同項の納付情報，一定の納付期日までに当該納付情報により供託金を納付すべき旨及びその期日までに供託金を納付しないときは受理の決定は効力を失う旨を告知しなければならない。
3　供託者が前項の納付期日までに第1項の納付情報により供託金を納付しないときは，受理の決定は効力を失う。
4　供託者が第2項の納付期日までに第1項の納付情報により供託金を納付したときは，供託官は，供託書正本に供託金を受領した旨を記載して記名押印し，これを供託者に交付しなければならない。この場合には，第20条第2項後段の規定を準用する。

第20条の4　供託官は，金銭の供託をしようとする者が国である場合には，当該者の申出により，第18条の規定による供託物の納入又は第20条第1項の規定による供託金の提出に代えて，国庫内の移換の手続による供託金の払込みを受けることができる。

2　供託官は，前項の申出があつた場合において，同項の供託を受理すべきものと認めるときは，供託書正本に供託を受理する旨及び供託番号を記載して記名押印し，かつ，供託者に対し，供託を受理した旨，供託番号，一定の払込期日までに同項の手続により供託金を払い込むべき旨及びその期日までに供託金を払い込まないときは受理の決定は効力を失う旨を告知しなければならない。

3　供託者が前項の払込期日までに第1項の手続により供託金を払い込まないときは，受理の決定は効力を失う。

4　供託者が第2項の払込期日までに第1項の手続により供託金を払い込んだときは，供託官は，供託書正本に供託金を受領した旨を記載して記名押印し，これを供託者に交付しなければならない。この場合には，第20条第2項後段の規定を準用する。

（代供託又は附属供託の請求）

第21条　供託の目的たる有価証券の償還金，利息又は配当金の代供託又は附属供託を請求しようとする者は，第22号及び第23号書式による正副2通の代供託請求書又は附属供託請求書を供託所に提出しなければならない。

2　供託有価証券が国債以外の記名式のものであるときは，請求者は，前項の請求書に償還金，利息又は配当金取立のための日本銀行あての委任状を添附しなければならない。

3　前項の場合の取立の費用は，請求者の負担とする。

4　供託官は，第1項の請求を受理すべきものと認めるときは，代供託請求書又は附属供託請求書の正本に請求を受理する旨及び供託番号を記載して記名押印し，これを，第18条の保管金払込書及び財務大臣の定める供託有価証券の取扱に関する規定により作成した払渡請求書とともに請求者に交付しなければならない。

5　第14条及び第15条の規定は，第1項の場合に準用する。

6　第13条の2第2号の規定は，供託所に第1項の規定による正副2通の代供託請求書又は附属供託請求書の提出があつた場合に準用する。

（供託振替国債の償還等）

第21条の2　供託所に対し供託振替国債の元本の償還又は利息の支払をしようとする者は，次に掲げる事項を記載した書面又は当該事項を記録した電磁的記録（電子的方式，磁気的方式その他人の知覚によつては認識することができない方式で作られる記録であつて，電子計算機による情報処理の用に供されるものをいう。以下同じ。）を供託所に提出し，又は送信しなければならない。

一　供託番号
二　供託振替国債の銘柄
三　償還金又は利息（以下「償還金等」という。）の支払をしようとする年月日
四　償還金等の金額
五　償還金又は利息の別

2 　供託官は，前項の書面又は電磁的記録の提出又は送信を受けた場合において，当該償還金等の供託を受理することができないと認めるときは，当該支払をしようとする者にその旨を通知しなければならない。
3 　前項の通知を受けた者は，第１項の支払をすることができない。
4 　供託官は，第１項の電磁的記録の送信を受けたときは，これに代わるものとして保存すべき書面を作成しなければならない。
　（保管替え）
第21条の3 　法令の規定により供託金の保管替えを請求しようとする者は，第24号書式による供託金保管替請求書１通に，供託書正本を添付して，これを当該供託金を供託している供託所に提出しなければならない。
2 　数回にわたつて供託されている供託金については，一括して保管替えを請求することができる。
3 　第26条及び第27条の規定は，第１項の請求に準用する。
第21条の4 　供託官は，保管替えの請求を相当と認めるときは，供託金保管替請求書に保管替えする旨を記載して記名押印し，これを供託書正本とともに保管替えを受ける供託所に送付し，当該保管替えに関する事項を副本ファイルに記録し，かつ，財務大臣の定める保管金払込事務等の取扱いに関する規定に従い，国庫金振替の手続をしなければならない。
2 　供託官は，前項の手続をしたときは，金銭供託元帳に保管替えをした旨を記録しなければならない。
3 　供託官は，第１項の手続をしたときは，保管替えを受ける供託所に対し，保管替えを受けた供託に関する事項を副本ファイルに記録するために必要な情報を送信しなければならない。
第21条の5 　前条第１項の規定による書類の送付を受けた供託所の供託官は，供託書正本に新たに供託番号を記載し，従前の供託番号を朱抹し，かつ，金銭供託元帳に保管替えを受けた旨を記録しなければならない。
2 　前条第３項の規定による情報の送信を受けた供託所の供託官は，副本ファイルに保管替えを受けた供託に関する事項を記録しなければならない。
3 　日本銀行から国庫金振替済の通知を受けたときは，供託官は，供託書正本に保管替済の旨を記載して記名押印し，これを保管替えの請求をした者に交付しなければならない。
第21条の6 　第21条の３第１項及び第２項並びに前２条の規定は，供託振替国債の保管替えについて準用する。この場合において，第21条の３第１項中「第24号書式」とあるのは「第24号の２書式」と，前条第３項中「国庫金振替済」とあるのは「供託振替国債に係る増額の記載又は記録がされた旨」と読み替えるものとする。
2 　第26条及び第27条の規定は，前項において準用する第21条の３第１項の請求について準用する。

（却下決定）
第21条の7　供託官は，供託を受理すべきでないと認めるとき又は第21条第1項若しくは第21条の3第1項（前条第1項において準用する場合を含む。）の請求を理由がないと認めるときは，却下決定書を作成し，これを供託者又は請求者に交付しなければならない。

第3章　払渡手続
（供託物払渡請求書）
第22条　供託物の還付を受けようとする者又は供託物の取戻しをしようとする者は，供託物の種類に従い，第25号から第26号の2までの書式による供託物払渡請求書（供託物が有価証券又は振替国債であるときは請求書2通）を提出しなければならない。
2　前項の請求書には次の事項を記載し，請求者又はその代表者若しくは管理人若しくは代理人が記名押印しなければならない。
　一　供託番号
　二　払渡しを請求する供託金の額，供託有価証券の名称，総額面，券面額（券面額のない有価証券についてはその旨），回記号，番号及び枚数又は供託振替国債の銘柄及び金額（国債の発行等に関する省令（昭和57年大蔵省令第30号）第3条第2項に規定する最低額面金額の整数倍の金額に限る。）
　三　払渡請求の事由
　四　還付又は取戻しの別
　五　隔地払の方法（供託所の保管金取扱店である日本銀行所在地外の日本銀行その他供託官の定める銀行において供託金の払渡しをする方法をいう。）又は預貯金振込みの方法（日本銀行が指定した銀行その他の金融機関の当該請求者又はその代理人の預金又は貯金に振り込む方法をいう。第43条第1項において同じ。）により供託金の払渡しを受けようとするときは，その旨
　六　国庫金振替の方法により供託金の払渡しを受けようとするときは，その旨
　七　供託振替国債の払渡しを請求するときは，請求者の口座
　八　請求者の氏名及び住所，請求者が法人であるとき又は法人でない社団若しくは財団であつて，代表者若しくは管理人の定めのあるものであるときは，その名称，主たる事務所及び代表者又は管理人の氏名
　九　請求者が供託者又は被供託者の権利の承継人であるときは，その旨
　十　代理人により請求する場合には，代理人の氏名及び住所，ただし，公務員がその職務上するときは，その官公職，氏名及び所属官公署の名称
　十一　供託所の表示
　十二　払渡請求の年月日
（供託物払渡しの一括請求）
第23条　同一人が数個の供託について同時に供託物の還付を受け，又は取戻しをしよ

うとする場合において，払渡請求の事由が同一であるときは，一括してその請求をすることができる。
　（供託振替国債の払渡請求の特則）
第23条の2　供託振替国債について，その償還期限の3日前を経過しているときは，その払渡しを請求することができない。
2　供託振替国債を取り扱う社債，株式等の振替に関する法律第2条第2項に規定する振替機関（同法第48条の規定により振替機関とみなされる日本銀行を含む。）の振替業の休日及び行政機関の休日に関する法律（昭和63年法律第91号）第1条第1項各号に掲げる日は，前項の期間に算入しない。
　（還付請求の添付書類）
第24条　供託物の還付を受けようとする者は，供託物払渡請求書に次の各号に掲げる書類を添付しなければならない。
　一　還付を受ける権利を有することを証する書面。ただし，副本ファイルの記録により，還付を受ける権利を有することが明らかである場合を除く。
　二　反対給付をしなければならないときは，供託法第10条の規定による証明書類
2　前項の規定により供託物払渡請求書に利害関係人の承諾書を添付する場合には，同項に規定する者は，当該承諾書の作成前3月以内又はその作成後に作成された次に掲げる書面を併せて添付しなければならない。
　一　当該承諾書に押された印鑑につき市町村長（特別区の区長を含むものとし，地方自治法（昭和22年法律第67号）第252条の19第1項の指定都市にあつては，市長又は区長若しくは総合区長とする。第26条第1項において同じ。）又は登記所の作成した証明書
　二　法人が利害関係人となるときは，代表者の資格を証する書面
　三　法人でない社団又は財団であつて代表者又は管理人の定めのあるものが利害関係人となるときは，代表者又は管理人の資格を証する書面
　（取戻請求の添付書類）
第25条　供託物の取戻しをしようとする者は，供託物払渡請求書に取戻しをする権利を有することを証する書面を添付しなければならない。ただし，副本ファイルの記録により，取戻しをする権利を有することが明らかである場合は，この限りでない。
2　前条第2項の規定は，前項本文の場合について準用する。
　（印鑑証明書の添付）
第26条　供託物の払渡しを請求する者は，供託物払渡請求書又は委任による代理人の権限を証する書面に押された印鑑につき市町村長又は登記所の作成した証明書を供託物払渡請求書に添付しなければならない。ただし，供託所と証明をすべき登記所が同一の法務局若しくは地方法務局若しくはこれらの支局又はこれらの出張所（法務大臣が指定したものを除く。）である場合において，その印鑑につき登記官の確

認があるときは，この限りでない。
2 法定代理人，支配人その他登記のある代理人，法人若しくは法人でない社団若しくは財団の代表者若しくは管理人又は民事再生法（平成11年法律第225号），会社更生法（平成14年法律第154号）若しくは金融機関等の更生手続の特例等に関する法律（平成8年法律第95号）による管財人若しくは保全管理人若しくは外国倒産処理手続の承認援助に関する法律（平成12年法律第129号）による承認管財人若しくは保全管理人が，本人，法人，法人でない社団若しくは財団又は再生債務者，株式会社，金融機関等の更生手続の特例等に関する法律第2条第2項に規定する協同組織金融機関，相互会社若しくは債務者のために供託物の払渡しを請求する場合には，前項の規定は，その法定代理人，支配人その他登記のある代理人，代表者若しくは管理人又は管財人，承認管財人若しくは保全管理人について適用する。
3 前2項の規定は，次の場合には適用しない。
一 払渡しを請求する者が官庁又は公署であるとき。
二 払渡しを請求する者が個人である場合において，運転免許証（道路交通法（昭和35年法律第105号）第92条第1項に規定する運転免許証をいう。），個人番号カード（行政手続における特定の個人を識別するための番号の利用等に関する法律（平成25年法律第27号）第2条第7項に規定する個人番号カードをいう。），在留カード（出入国管理及び難民認定法（昭和26年政令第319号）第19条の3に規定する在留カードをいう。）その他の官庁又は公署から交付を受けた書類その他これに類するもの（氏名，住所及び生年月日の記載があり，本人の写真が貼付されたものに限る。）であつて，その者が本人であることを確認することができるものを提示し，かつ，その写しを添付したとき。
三 供託物の取戻しを請求する場合において，第14条第4項前段の規定により供託官に提示した委任による代理人の権限を証する書面で請求者又は前項に掲げる者が供託物払渡請求書又は委任による代理人の権限を証する書面に押した印鑑と同一の印鑑を押したものを供託物払渡請求書に添付したとき。
四 法令の規定に基づき印鑑を登記所に提出することができる者以外の者が供託物の取戻しを請求する場合において，官庁又は公署から交付を受けた供託の原因が消滅したことを証する書面を供託物払渡請求書（当該請求書に委任による代理人の預金又は貯金に振り込む方法による旨の記載がある場合を除く。次号において同じ。）に添付したとき。
五 前号に規定する者が供託金の払渡しを請求する場合（その額が10万円未満である場合に限る。）において，第30条第1項に規定する証明書を供託物払渡請求書に添付したとき。
　（代理権限を証する書面の添付等）
第27条 代理人によつて供託物の払渡しを請求する場合には，代理人の権限を証する書面を供託物払渡請求書に添付しなければならない。ただし，支配人その他登記の

ある代理人については，登記所が作成した代理人であることを証する書面を提示すれば足りる。
2　第14条第１項後段の規定は，前項ただし書の場合に準用する。
3　第14条第１項から第３項まで及び第15条の規定は，供託物の払渡請求に準用する。

（払渡しの手続）

第28条　供託官は，供託金の払渡しの請求を理由があると認めるときは，供託物払渡請求書に払渡しを認可する旨を記載して押印しなければならない。この場合には，供託官は，請求者をして当該請求書に受領を証させ，財務大臣の定める保管金の払戻しに関する規定に従い小切手を振り出して，請求者に交付しなければならない。
2　供託物払渡請求書に第22条第２項第５号の記載があるときは，供託官は，前項後段の手続に代えて，財務大臣の定める保管金の払戻しに関する規定に従い，日本銀行に供託金の払渡しをさせるための手続をし，請求者又はその代理人に当該手続をした旨を通知しなければならない。
3　供託物払渡請求書に第22条第２項第６号の記載があるときは，供託官は，第１項後段の手続に代えて，財務大臣の定める国庫内の移換のための払渡しに関する規定に従い，国庫金振替の手続をしなければならない。

第29条　供託官は，供託有価証券の払渡しの請求を理由があると認めるときは，供託物払渡請求書に払渡しを認可する旨を記載し，その１通に記名押印してこれを請求者に交付し，他の１通に押印し，かつ，請求者をして払渡しの認可の記載のある供託物払渡請求書の受領を証させなければならない。
2　供託官は，供託振替国債の払渡しの請求を理由があると認めるときは，供託物払渡請求書に払渡しを認可する旨を記載し，その１通に記名押印してこれを請求者に交付しなければならない。

（配当等の場合の特則）

第30条　配当その他官庁又は公署の決定によつて供託物の払渡しをすべき場合には，当該官庁又は公署は，供託物の種類に従い，供託所に第27号から第28号の２までの書式の支払委託書を送付し，払渡しを受けるべき者に第29号書式の証明書を交付しなければならない。
2　前項に規定する場合において，供託物の払渡しを受けるべき者は，供託物払渡請求書に同項の証明書を添付しなければならない。

（却下決定）

第31条　第21条の７の規定は，第22条第１項の請求を理由がないと認める場合について準用する。

第32条　削除

第４章　供託金利息及び利札

（供託金利息）

第33条　供託金利息は，1年について0.024パーセントとする。
2　供託金利息は，供託金受入れの月及び払渡しの月については付さない。供託金の全額が1万円未満であるとき，又は供託金に1万円未満の端数があるときは，その全額又はその端数金額に対しても同様とする。
（供託金利息の払渡し）
第34条　供託金利息は，元金と同時に払い渡すものとする。ただし，元金の受取人と供託金利息の受取人とが異なる等元金と同時に払い渡すことができないときは，元金を払い渡した後に払い渡すものとする。
2　保証として金銭を供託した場合には，前項の規定にかかわらず，毎年，供託した月に応当する月の末日後に，同日までの供託金利息を払い渡すことができる。
第35条　前条第1項ただし書又は第2項の規定により供託金利息のみの払渡しを受けようとする者は，第30号書式による供託金利息請求書を供託所に提出しなければならない。
2　前項の請求書には次の事項を記載し，請求者又はその代表者若しくは管理人若しくは代理人が記名押印しなければならない。
　一　第22条第2項第1号，第5号，第6号，第8号から第12号までに掲げる事項
　二　供託金額
3　第1項の請求書には払渡しを受ける権利を有することを証する書面を添付しなければならない。ただし，副本ファイルの記録により，払渡しを受ける権利を有することが明らかである場合は，この限りでない。
4　第23条，第24条第2項及び第26条から第28条までの規定は，供託金利息のみの払渡しについて準用する。
（利札の払渡し）
第36条　保証のため有価証券を供託した者が渡期の到来した利札の払渡しを受けようとするときは，第31号書式による供託有価証券利札請求書2通を供託所に提出しなければならない。
2　前項の請求書には次の事項を記載し，請求者又はその代表者若しくは管理人若しくは代理人が記名押印しなければならない。
　一　第22条第2項第1号，第8号から第12号までに掲げる事項
　二　供託有価証券の名称，総額面，券面額（券面額のない有価証券についてはその旨），回記号，番号，枚数並びに請求利札の渡期及び枚数
3　第23条，第24条第2項，第26条，第27条，第29条及び第35条第3項の規定は，利札の払渡しについて準用する。
（却下決定）
第37条　第21条の7の規定は，第35条第1項又は前条第1項の請求を理由がないと認める場合について準用する。
　　　第5章　電子情報処理組織による供託等に関する特則

（電子情報処理組織による供託等）

第38条　次に掲げる供託又は請求（以下「供託等」という。）は，行政手続等における情報通信の技術の利用に関する法律（平成14年法律第151号。以下「情報通信技術利用法」という。）第３条第１項の規定により，同項に規定する電子情報処理組織を使用してすることができる。ただし，当該供託等は，法務大臣が定める条件に適合するものでなければならない。

　一　金銭又は振替国債の供託（これと同時にする第42条第１項の書面の交付又は送付の請求を含む。）

　二　供託金，供託金利息又は供託振替国債の払渡しの請求

（電子情報処理組織による供託等の方法）

第39条　前条の規定により供託等をするには，供託等をしようとする者又はその代表者若しくは管理人若しくは代理人（以下「申請人等」という。）は，法務大臣の定めるところに従い，法令の規定により供託書又は請求書に記載すべき事項（供託申請又は請求の年月日を除く。）に係る情報（以下「申請書情報」という。）（前条第２号の規定による払渡しの請求にあつては，当該申請書情報に電子署名（電子署名及び認証業務に関する法律（平成12年法律第102号）第２条第１項に規定する電子署名をいう。以下同じ。）を行つたもの）を送信しなければならない。

２　申請人等は，法令の規定により供託書若しくは請求書に添付し，又は提示すべき書面があるときは，法務大臣の定めるところに従い，当該書面に代わるべき情報にその作成者が電子署名を行つたもの（以下「添付書面情報」という。）を送信しなければならない。ただし，添付書面情報の送信に代えて，供託所に当該書面を提出し，又は提示することを妨げない。

３　申請人等は，前２項の情報（第１項の情報にあつては，前条第２号の規定による払渡しの請求に係るものに限る。）を送信するときは，当該情報の作成者が電子署名を行つたものであることを確認するために必要な事項を証する情報であつて次のいずれかに該当するものを併せて送信しなければならない。

　一　商業登記規則（昭和39年法務省令第23号）第33条の８第２項（他の省令において準用する場合を含む。）に規定する電子証明書

　二　電子署名等に係る地方公共団体情報システム機構の認証業務に関する法律（平成14年法律第153号）第３条第１項の規定により作成された署名用電子証明書

　三　電子署名を行つた者を確認することができる電子証明書であつて，前２号に掲げるものに準ずるものとして法務大臣の定めるもの

４　前条第２号の規定による払渡しの請求について，第１項又は第２項の電子署名を行つた者が法令の規定に基づき印鑑を登記所に提出した者であるときは，送信すべき電子証明書は，前項第１号に掲げる電子証明書に限るものとする。ただし，商業登記規則第33条の３各号に掲げる事項がある場合は，この限りでない。

５　登記された法人が前条の規定による供託等をする場合において，当該法人の代表

者に係る第3項第1号に掲げる電子証明書が申請書情報（前条第2号の規定による払渡しの請求に係るものに限る。）又は代理人の権限を証する書面に代わるべき情報と併せて送信されたときは，当該供託等については，第14条第1項（第27条第3項（第35条第4項及び第42条第3項において準用する場合を含む。）において準用する場合を含む。）の規定は，適用しない。
6 支配人その他登記のある代理人によつて前条第2号の規定による払渡しの請求をする場合において，その者に係る第3項第1号に掲げる電子証明書が申請書情報と併せて送信されたときは，当該請求については，第27条第1項（第35条第4項において準用する場合を含む。）の規定は，適用しない。
7 前条第1号の規定による金銭の供託をする場合において，第16条第1項の規定による供託通知書の発送の請求をするときは，申請書情報に当該請求をする旨の記録をしなければならない。

（供託をする場合の資格証明書等の提示に関する特則）

第39条の2 登記された法人が第38条第1号の規定による供託をする場合において，その申請書情報に当該法人の代表者が電子署名を行い，かつ，当該代表者に係る前条第3項第1号に掲げる電子証明書を当該申請書情報と併せて送信したときは，第14条第1項の規定にかかわらず，当該代表者の資格を証する書面を提示することを要しない。
2 支配人その他登記のある代理人によつて第38条第1号の規定による供託をする場合において，その申請書情報にその者が電子署名を行い，かつ，その者に係る前条第3項第1号に掲げる電子証明書を当該申請書情報と併せて送信したときは，第14条第4項の規定にかかわらず，代理人の権限を証する書面を提示することを要しない。
3 前2項に規定する場合のほか，登記された法人が第38条第1号の規定による供託をする場合において，当該法人の会社法人等番号（商業登記法（昭和38年法律第125号）第7条（他の法令において準用する場合を含む。）に規定する会社法人等番号をいう。）がその申請書情報と併せて送信され，これにより供託官が当該法人の登記情報を直ちに確認することができるときは，登記所の作成した代表者の資格を証する書面又は代理人の権限を証する書面を提示することを要しない。

（金銭供託の受理手続の特則）

第40条 第39条第1項の規定により金銭の供託に係る申請書情報が送信されたときは，第13条第1項の規定により供託書が供託所に提出されたものとみなして，第13条の2及び第16条第4項の規定を適用する。この場合においては，当該供託について，第20条の3第1項の申出（金銭の供託をしようとする者が国である場合には，当該者の選択により，同項の申出又は第20条の4第1項の申出）があつたものとする。
2 前項の場合において，供託者が第20条の3第2項の納付期日までに同条第1項の

納付情報により供託金を納付し，又は第20条の4第2項の払込期日までに同条第1項の手続により供託金を払い込み，かつ，法務大臣の定めるところに従い，供託書正本に係る電磁的記録の提供を求めるときは，供託官は，情報通信技術利用法第4条第1項の規定により，同項に規定する電子情報処理組織を使用して当該電磁的記録を提供しなければならない。
3 供託官は，前項の規定により供託書正本に係る電磁的記録を提供しようとする場合において，供託官の使用に係る電子計算機に備えられたファイルに当該電磁的記録に係る情報が記録され，電子情報処理組織を使用して送信することが可能となつた時から30日以内に当該電磁的記録の提供を受けるべき者がその使用に係る電子計算機に備えられたファイルに当該情報を記録しないときは，同項の規定にかかわらず，当該電磁的記録を提供することを要しない。
　（振替国債供託の受理手続の特則）
第41条　前条第2項及び第3項の規定は，第39条第1項の規定により振替国債の供託に係る申請書情報が送信された場合において，第19条の規定により供託所の口座について供託振替国債に係る増額の記載又は記録がされたときについて準用する。
　（みなし供託書正本の交付）
第42条　供託者は，第40条第2項（前条において準用する場合を含む。）の規定により供託書正本に係る電磁的記録の提供を求めたときは，供託官に対し，当該電磁的記録に記録された事項を記載して供託官が記名押印した書面の交付を請求することができる。ただし，供託者が既に当該書面の交付を受けているときは，この限りでない。
2 前項の書面の交付を請求しようとする者は，第32号書式による請求書を提出しなければならない。
3 第9条の2第1項から第3項まで及び第5項の規定は請求書に添付した書類の還付について，第26条及び第27条の規定は第1項の書面の交付の請求について準用する。
4 第1項の書面は，第21条の3から第21条の5まで（第21条の6第1項において準用する場合を含む。）及び他の法令の規定の適用については，供託書正本とみなす。
　（供託金又は供託金利息の払渡手続の特則）
第43条　第38条第2号の規定により供託金又は供託金利息の払渡しの請求をするときは，預貯金振込みの方法又は国庫金振替の方法によらなければならない。
2 供託官は，第39条第1項の規定により前項の請求に係る申請書情報が送信された場合において，当該請求を理由があると認めるときは，第28条第1項前段（第35条第4項において準用する場合を含む。）の規定にかかわらず，当該申請書情報の内容を用紙に出力したものに払渡しを認可する旨を記載して押印しなければならない。

（供託振替国債の払渡手続の特則）
第44条　第39条第１項の規定により供託振替国債の払渡しの請求に係る申請書情報が送信されたときは，第22条第１項の規定にかかわらず，供託物払渡請求書２通が供託所に提出されたものとみなす。
２　供託官は，前項に規定する場合において，当該請求を理由があると認めるときは，第29条第２項の規定にかかわらず，当該申請書情報の内容を用紙に出力したものに払渡しを認可する旨を記載し，請求者にその旨を通知しなければならない。
（却下手続の特則）
第45条　供託官は，第38条の規定による供託等を却下する場合には，申請人等に対し，情報通信技術利用法第４条第１項の規定により，同項に規定する電子情報処理組織を使用して却下決定書に係る電磁的記録を提供することができる。
（氏名等を明らかにする措置）
第46条　情報通信技術利用法第３条第４項又は第４条第４項に規定する氏名又は名称を明らかにする措置であつて主務省令で定めるものは，当該署名等をすべき者による電子署名（第38条第１号の規定による供託にあつては，申請人等の氏名又は名称に係る情報を入力する措置）とする。

　　　第６章　雑則
（受諾書等の提出）
第47条　弁済供託の債権者は，供託所に対し供託を受諾する旨を記載した書面又は供託を有効と宣告した確定判決の謄本を提出することができる。
（供託に関する書類の閲覧）
第48条　供託につき利害の関係がある者は，供託に関する書類（電磁的記録を用紙に出力したものを含む。）の閲覧を請求することができる。
２　閲覧を請求しようとする者は，第33号書式による申請書を提出しなければならない。
３　第９条の２第１項から第３項まで及び第５項の規定は申請書に添付した書類の還付について，第26条及び第27条の規定は閲覧の請求について準用する。
（供託に関する事項の証明）
第49条　供託につき利害の関係がある者は，供託に関する事項につき証明を請求することができる。
２　証明を請求しようとする者は，第34号書式による申請書を提出しなければならない。
３　前項の申請書には，証明を請求する事項を記載した書面を，証明の請求数に応じ，添付しなければならない。
４　第９条の２第１項から第３項まで及び第５項の規定は申請書に添付した書類の還付について，第26条及び第27条の規定は証明の請求について準用する。
（書面等の送付の請求）

第50条　次の各号に掲げる者は，送付に要する費用を納付して，それぞれ当該各号に定めるものの送付を請求することができる。
　一　第9条の2第1項（第42条第3項及び前条第4項において準用する場合を含む。）の規定により書類の還付を請求する者　当該書類
　二　第18条第1項の規定により供託書正本及び保管金払込書又は供託有価証券寄託書の交付を受ける者　当該供託書正本及び保管金払込書又は供託有価証券寄託書
　三　第19条第3項，第20条第2項前段，第20条の2第4項前段，第20条の3第4項前段，第20条の4第4項前段又は第21条の5第3項（第21条の6第1項において準用する場合を含む。）の規定により供託書正本の交付を受ける者　当該供託書正本
　四　第21条第4項の規定により代供託請求書又は附属供託請求書の正本，保管金払込書及び払渡請求書の交付を受ける者　当該正本，保管金払込書及び払渡請求書
　五　第29条第2項の規定により供託物払渡請求書の交付を受ける者　当該供託物払渡請求書
　六　第42条第1項の規定により同項の書面の交付を請求する者　当該書面
　七　前条第1項の規定により証明を請求する者　当該証明に係る書面
2　前項の場合においては，送付に要する費用は，郵便切手又は第16条第2項の証票で納付しなければならない。

第1号書式―第34号書式（略）
第1号様式―第12号様式（略）

参考資料

●供託根拠法令条項一覧

平成25年2月1日現在

	法令名(制定年・法令番号)・条項	備考
【い】	意匠法(昭34・法125) 33条Ⅶ	通常実施権設定の裁定に定める対価の供託(特許法88の準用)
	一般社団法人及び一般財団法人に関する法律(平18・法48) 261Ⅱ	一般社団法人等解散命令の申立てに係る担保
	入会林野等に係る権利関係の近代化の助長に関する法律(昭41・法126) 11条Ⅱ	入会林野整備計画認可の際に支払うべき金銭の供託
	同 22条Ⅲ	旧慣使用林野整備計画認可の際に支払うべき金銭の供託
【か】	会社法(平17・法86) 141条Ⅱ	株式会社による株式の買取りの通知をする場合の株券代金の供託
	同 141条Ⅲ	株式会社による株式の買取りの通知を受けた場合の株券の供託
	同 142条Ⅱ	指定買取人による株式の買取りの通知をする場合の株券代金の供託
	同 142条Ⅲ	指定買取人による株式の買取りの通知を受けた場合の株券の供託
	同 154条Ⅱ	登録株式質権者の債権取立による第三債務者供託
	同 272条Ⅲ	登録新株予約権質権者の債権取立による第三債務者供託
	同 824条Ⅱ	会社解散命令の申立てに係る担保
	同 827条Ⅱ	外国会社の取引継続禁止又は営業所閉鎖命令の申立てに係る担保(会社法824Ⅱの準用)
	同 836条Ⅰ	会社の組織に関する訴えに係る担保
	同 840条Ⅵ	新株発行の無効の判決が確定した場合の登録株式質権者の債権取立による第三債務者

503

【か】

		供託
同	847条Ⅶ	責任追及等の訴えに係る担保
会社更生法（平14・法154）	82条Ⅳ	共益債権の存否等に争いがあるときの供託
同	113条Ⅰ	更生担保権に係る質権の目的である金銭債権の債務者がする供託
同	209Ⅳ	更正計画の遂行を確実にするための担保
家事事件手続法（平23・法52）	95条Ⅰ	特別抗告に係る担保（民訴法80の準用）
同	101条Ⅱ	審判以外の裁判に対する即時抗告に係る担保
同	104条Ⅰ	再審の申立てに係る担保
河川法（昭39・法167）	43条Ⅱ	受領拒否等による補償金の供託
同	43条Ⅲ	補償金に不服あるときの差額の供託
家畜商法（昭24・法208）	10条の2Ⅰ	営業保証金（営業開始）
同	10条の5Ⅰ	従事者増員・権利実行による不足額の供託
同	10条の6Ⅰ	住所移転による保管替え等
家畜伝染病予防法施行令（昭28・政235）	10条Ⅴ	受領拒否等による補償金の供託
割賦販売法（昭36・法159）	16条Ⅰ	営業保証金（営業開始）
同	18条Ⅰ	営業保証金（営業所又は代理店の設置）
同	18条の3Ⅱ	前受業務保証金の不足額の供託
同	20条の3Ⅲ	供託委託契約受託者がする供託
同	20条の3Ⅳ	債権申出公示に係る経済産業大臣の指示による供託
同	22条Ⅰ	権利実行による不足額の供託
同	22条の2Ⅰ	営業所移転による保管替え（金銭）
同	22条の2Ⅱ	営業所移転による差替え（有価）
同	35条の3	16～18，22，22の2の包括信用購入あっせ

参考資料

【か】		ん業者への準用
株式会社商工組合中央金庫法 （平19・法74） 59条		主務大臣による商工組合中央金庫の財産の供託命令
株式会社日本政策投資銀行法 （平19・法85） 26条Ⅱ		主務大臣による会社の財産の供託命令
仮登記担保契約に関する法律 （昭53・法78） 7条Ⅰ		清算金に対する差押等の執行があったときの清算金の供託
関税定率法（明43・法54） 13条Ⅲ		免税等に係る関税の担保
同	17条Ⅱ	再輸出免税等に係る関税の担保（13Ⅲの準用）
同	18条Ⅱ	再輸出減税に係る関税の担保
同	19条Ⅱ	輸出貨物製造用原料製品の関税の免税等に係る関税の担保（13Ⅲの準用）
関税法（昭29・法61） 61条Ⅱ		保税工場外における保税作業許可の担保
同	62条の4Ⅱ	保税展示場内の販売物品の関税の担保
同	62条の15	総合保税地域における販売物品の関税の担保（62の4Ⅱの準用）
同	63条Ⅱ	外国貨物の運送承認に係る担保
同	69条の6Ⅰ	輸出差止申立てに係る損害賠償の担保
同	69条の6Ⅱ	輸出差止申立てに係る損害賠償の担保が不足する場合の追加担保
同	69条の10Ⅲ	輸出してはならない貨物に係る認定手続の取りやめ申立てに係る損害の担保
同	69条の15Ⅰ	輸入差止申立てに係る損害賠償の担保
同	69条の15Ⅱ	輸入差止申立てに係る損害賠償の担保が不足する場合の追加担保
同	69条の16Ⅴ	疑義貨物の見本の検査に係る損害賠償の担保（69条の12Ⅰ、Ⅱの準用）
同	69条の20Ⅲ	輸入してはならない貨物に係る認定手続の取りやめ申立てに係る損害賠償の担保
同	73条Ⅰ	外国貨物の引取り承認に係る担保

【か】	同	77条Ⅶ	郵便物受取り承認に係る担保
	同	85条Ⅲ	貨物の公売代金等の供託
	同	88条	旅客等の携帯品等の公売代金等の供託
	同法施行令（昭29・政150） 80条Ⅲ		受領拒否等による公売代金等の供託
【き】	軌道ノ抵当ニ関スル法律（明42・法28） 1条		配当金額の供託請求等について鉄道抵当法の準用
	企業担保法（昭33・法106） 17条Ⅰ		企業担保権の実行手続について，民訴法第1編から第4編までの準用
	同	17条Ⅱ	企業担保権の実行手続についての執行抗告，執行異議又は第三者異議の訴えに係る執行停止等の担保（民執法10Ⅵ，11Ⅱ，38Ⅳの準用）
	同	55条	企業担保権の実行における配当留保供託及び不出頭供託（民執法91Ⅰ及びⅡの準用）
	揮発油税法（昭32・法55）13条		納期限延長の担保
	同	18条Ⅰ	保税地域からの引取りの保全担保
	旧日本占領地域に本店を有する会社の本邦内にある財産の整理に関する政令（昭24・政291） 28条の10		在外会社の整理財産に属する債務の弁済又は残余財産の分配のためにする供託
	協同組合による金融事業に関する法律（昭24・法183） 5条の9Ⅲ		信用協同組合等の会計監査人の責任追及等の訴え提起に係る担保（会社法847Ⅶの準用）
	同	6条Ⅰ	財務大臣による信用協同組合等の財産の供託命令，解散の場合の裁判所による財産の供託命令（銀行法26Ⅰ，45Ⅲの準用）
	協同組織金融機関の優先出資に関する法律（平5・法44） 14条Ⅱ		優先出資の発行について，不公正価額による引受けがあった場合の公正価額との差額の支払を求める訴え提起に係る担保（会社法847Ⅶの準用）
	同	14条Ⅲ	優先出資の発行の無効の訴え提起に係る担保（会社法836Ⅰの準用）

【き】	同　　　　　　　　14条Ⅳ	優先出資の発行の不存在の確認の訴え提起に係る担保（会社法836Ⅰの準用）
	同　　　　　　　　40条Ⅳ	優先出資者総会の決議の不存在若しくは無効の確認又は取消しの訴えに係る担保（会社法836Ⅰの準用）
	漁業法（昭24・法267）　39条Ⅺ	漁業権取消の場合の補償金の供託
	同　　　　　　　　123条Ⅱ	他人の土地使用・立入による損失補償のための供託
	同法施行法（昭24・法268）14条	漁業権消滅時に権利を有する者に対する補償金の供託
	銀行法（昭56・法59）　26条Ⅰ	内閣総理大臣による銀行の財産の供託命令
	同　　　　　　　　43条Ⅰ	内閣総理大臣による他業会社への転移の際の残債務の総額を限度とする財産の供託命令
	同　　　　　　　　45条Ⅲ	解散の場合の裁判所による清算銀行の財産の供託命令
	金融機関の合併及び転換に関する法律（昭43・法86）　53条Ⅰ	金融機関の合併無効の訴え提起に係る担保（会社法836Ⅰの準用）
	同　　　　　　　　65条Ⅰ	金融機関の転換無効の訴え提起に係る担保（会社法836Ⅰの準用）
	金融機関等の更生手続の特例等に関する法律（平8・法95）54条Ⅳ	協同組織金融機関の更生手続について，共益債権の存否等に争いがあるときの供託
	同　　　　　　　　65条	協同組織金融機関の更生手続における更生担保権に係る質権の目的である金銭債権の債務者がする供託（会社更正法113Ⅰの準用）
	同　　　　　　　　220条Ⅳ	相互会社の更生手続について，共益債権の存否等に争いがあるときの供託
	同　　　　　　　　231条	相互会社の更生手続における更生担保権に係る質権の目的である金銭債権の債務者がする供託（会社更生法113Ⅰの準用）
	金融機関の信託業務の兼営等に	信託業務を営む金融機関の営業保証金（信

【き】	関する法律（昭18・法43）2条	託業法11の準用）
	同　　　　　　　　　9条	内閣総理大臣による財産の供託命令
	金融商品取引法（昭23・法25）31条の2 I	金融商品取引業者の営業保証金
	同　　　　　　　31条2 IV	供託委託契約受託者がする供託
	同　　　　　　　　53条 I	内閣総理大臣による財産の供託命令
	同　　　　　　　57条の6 I	内閣総理大臣による財産の供託命令
【け】	原子力損害の賠償に関する法律（昭36・法147）　12条	損害賠償措置としての供託
	建設機械抵当法（昭29・法97）22条Ⅲ	一般財産から弁済すべき配当金額の供託請求
【こ】	公益信託ニ関スル法律（大11・法62）　　　　4条 I	主務官庁による財産の供託命令
	鉱業法（昭25・法289）53条の2 Ⅶ	取消処分に係る補償金の供託
	同　　　　　　　　98条 I	受領拒否等による対価の供託
	同　　　　　　　107条 I	土地の使用・収用に係る補償金の供託（土地収用法の適用）
	同　　　　　　　117条 I	鉱業権者等による損害賠償の担保
	同　　　　　　　117条Ⅲ	経済産業大臣による鉱業権者等に対する損害賠償の担保の供託命令
	公共用地の取得に関する特別措置法（昭36・法150）　26条	損失補償の担保
	同　　　　　　　　27条	緊急裁決に係る仮補償金の供託
	同　　　　　　　　28条	緊急裁決があった場合の担保
	航空機抵当法（昭28・法66）18条Ⅲ	一般財産から弁済すべき配当金額の供託請求
	公職選挙法（昭25・法100）92条 I ①	立候補の届出（衆議院議員・小選挙区）
	同　　　　　　　92条 I ②	同　　（参議院議員・選挙区）
	同　　　　　　　92条 I ③	同　　（都道府県議会の議員）

参考資料

【こ】	同	92条Ⅰ④	同	（都道府県知事）
	同	92条Ⅰ⑤	同	（指定都市の議会の議員）
	同	92条Ⅰ⑥	同	（指定都市の長）
	同	92条Ⅰ⑦	同	（指定都市以外の市の議会の議員）
	同	92条Ⅰ⑧	同	（指定都市以外の市の長）
	同	92条Ⅰ⑨	同	（町村長）
	同	92条Ⅱ	同	（衆議院議員・比例区）
	同	92条Ⅲ	同	（参議院議員・比例区）
	厚生年金基金令（昭41・政324）45条		清算人がする未支給年金等の供託	
	公認会計士法（昭23・法103）34条の33Ⅰ		登録有限責任監査法人による損害賠償の担保	
	同	34条の33Ⅱ	内閣総理大臣による登録有限責任監査法人に対する損害賠償の担保の供託命令	
	同	34条の33Ⅳ	内閣総理大臣による供託委託契約受託者等に対する供託命令	
	同	34条の34Ⅱ	内閣総理大臣による有限責任監査法人責任保険契約を締結した登録有限責任監査法人に対する供託命令	
	公有水面埋立法（大10・法57）7条1		漁業権者に対する補償金の供託	
	同	8条Ⅰ	都道府県知事の裁定した補償金の供託	
	国外居住外国人等に対する債務の弁済のためにする供託の特例に関する政令（昭25・政22）3条Ⅰ		国外居住外国人に対する債務の弁済のための供託	
	同	附則2項	政令施行前の供託者の保管替え	
	国際刑事裁判所に対する協力等に関する法律（平19・法37）47条		組織的な犯罪の処罰及び犯罪収益の規制等に関する法律の準用（30Ⅳ，36Ⅰ，36Ⅳ，40Ⅱ，44Ⅲ）	
	国債ニ関スル法律（明39・法34）6条Ⅰ		無記名国債証券等を滅失等した者がその元金の償還等を請求する場合の担保	

【こ】	国際的な協力の下に規制薬物に係る不正行為を助長する行為等の防止を図るための麻薬及び向精神薬取締法等の特例等に関する法律（平3・法94） 19条	没収保全命令について，組織的な犯罪の処罰及び犯罪収益の規制等に関する法律の準用（30Ⅳ，36Ⅰ，36Ⅳ，40Ⅱ，44Ⅲ）
	国税徴収法（昭34・法147） 133条Ⅲ・同法施行令50条Ⅰ	配当計算書の異議申出により換価代金を交付することができない場合の換価代金の供託
	同 133条Ⅲ・同施行令50条Ⅳ	換価代金の配当の対象となる債権が停止条件等により換価代金を交付することができない場合の換価代金の供託
	同 134条	弁済期未到来の換価代金の供託
	同 152条	換価の猶予について，納税猶予に係る金額に相当する担保（国税通則法46Ⅴの準用）
	同 158条Ⅰ	消費税等の滞納による国税の担保
	同 159条Ⅳ	保全差押金額に相当する担保
	同 159条Ⅹ	国税の納付額が確定されていない場合に税務署長がする保全差押えをした金銭等の供託
	国税通則法（昭37・法66） 46条Ⅴ	納税猶予に係る金額に相当する担保
	同 121条	民法494・495Ⅰ・Ⅲの準用
	国税犯則取締法（昭33・法67） 7条Ⅲ	差押物件の換価代金の供託
	国民年金基金令（平2・政304） 39条	清算人がする未支給年金等の供託
【さ】	採石法（昭25・法291） 25条	採石権設定の決定等において権利を変更等する場合の補償金の供託
	砂防法（明30・法29） 22条	砂防工事に係る補償金の供託
【し】	資金決済に関する法律（平21・法59） 14条1	発行保証金
	同 14条Ⅱ	権利実行等による不足額の供託
	同 17条	内閣総理大臣による保全金額等の供託命令

参考資料

【し】	同	43条Ⅰ	履行保証金
	同	46条	内閣総理大臣による保全金額等の供託命令
	資金移動業履行保証金規則（平22・内閣府，法務省令5）16条Ⅱ		供託されている債券を換価したときの換価代金の履行保証金としての供託
	同	3条Ⅰ	本店所在地の変更による供託金の保管替え
	同	3条Ⅱ	本店所在地の変更による供託債券等の差替え
	資産の流動化に関する法律（平10・法105）25条Ⅲ		特定目的会社の設立の無効の訴え提起に係る担保（会社法836Ⅰの準用）
	同	25条Ⅳ	発起人，設立時取締役又は設立時監査役の責任を追及する訴え提起に係る担保（会社法847Ⅶの準用）
	同	31条Ⅷ	指定買取人による株式の買取りの通知をする場合の株券代金の供託（会社法142Ⅱの準用）
	同	36条Ⅷ	特定目的会社の成立後における特定出資の発行の無効の訴え提起に係る担保（会社法836Ⅰの準用）
	同	36条Ⅸ	特定目的会社の成立後における特定出資の発行の不存在の確認の訴え提起に係る担保（会社法836Ⅰの準用）
	同	42条Ⅵ	特定目的会社の優先出資の発行の無効の訴え提起に係る担保（会社法836Ⅰの準用）
	同	42条Ⅶ	特定目的会社の優先出資の発行の不存在の確認の訴え提起に係る担保（会社法836Ⅰの準用）
	同	64条Ⅱ	資産流動化計画違反の社員総会の決議の取消しの訴え提起に係る担保（会社法836Ⅰの準用）
	同	65条Ⅳ	特定目的会社の社員総会の決議の不存在若しくは無効の確認又は取消しの訴え提起に係る担保（会社法836Ⅰの準用）

【し】	同　　　　　　　　112条	特定資本金の額又は優先資本金の額の減少の無効の訴え提起に係る担保（会社法836Ⅰの準用）
	同　　　　　　　　162条Ⅱ	特定目的会社の解散の訴え提起に係る担保（会社法836Ⅰの準用）
	実用新案法（昭34・法123）　　　　　　　　　　21条Ⅲ	登録実用新案不実施の場合の通常実施権設定の裁定で定められる対価の供託（特許法88の準用）
	同　　　　　　　　22条Ⅶ	自己の登録実用新案の実施をするための通常実施権設定の裁定で定められる対価の供託（特許法88の準用）
	同　　　　　　　　23条Ⅲ	公共の利益のために登録実用新案の実施をするための通常実施権設定の裁定で定められる対価の供託（特許法88の準用）
	私的独占の禁止及び公正取引の確保に関する法律（昭22・法54）　　　　　　70条の6Ⅰ	排除措置命令の執行免除の保証
	同　　　　　　　70条の14Ⅰ	緊急停止命令等の執行免除の保証
	自動車抵当法（昭26・法187）　　　　　　　　　　15条Ⅲ	一般財産から弁済すべき配当金額の供託請求
	社債，株式等の振替に関する法律（平13・法75）　　278条Ⅰ	振替社債等の供託
	社寺等に無償で貸し付けてある国有財産の処分に関する法律（昭22・法53）7条，同法施行令3条Ⅱ，同法施行規則5条①	売払代金の年賦延納の許可を受けるための延納金額に相当する担保
	住宅地区改良法（昭35・法84）　　　　　　　　　　　16条	不良住宅，土地整備のための土地の収用について，土地収用法の準用
	酒税の保全及び酒類業組合等に関する法律（昭28・法7）　　　　　　　　　　　22条	酒類業組合の創立総会の議決の不存在若しくは無効の確認又は取消しの訴え提起に係る担保（会社法836Ⅰの準用）
	同　　　　　　　　　33条	酒類業組合の理事及び監事の責任を追及する訴え提起に係る担保（会社法847Ⅶの準用）

【し】

同	39条	酒類業組合の総会の議決の不存在若しくは無効の確認又は取消しの訴え提起に係る担保（会社法836Ⅰの準用）
同	39条の2Ⅴ	酒類業組合の総代会の議決の不存在若しくは無効の確認又は取消しの訴え提起に係る担保（39の準用）
同	56条Ⅵ	酒類業組合の合併創立総会の議決の不存在若しくは無効の確認又は取消しの訴え提起に係る担保（会社法836Ⅰの準用）
同	57条	酒類業組合の合併の無効の訴え提起に係る担保（会社法836Ⅰの準用）
同	58条Ⅱ	酒類業組合の清算人の責任を追及する訴え提起に係る担保（会社法847Ⅶの準用）
同	58条Ⅲ	酒類業組合の設立無効の訴え提起に係る担保（会社法836Ⅰの準用）
同	83条	酒造組合連合会及び酒販組合中央会について，酒類業組合の規定を準用（22，33，39，56，57，58）
酒税法（昭28・法6）30条の6		納期限の延長の担保
同	31条Ⅰ	酒税保全の担保
同法施行令（昭37・政97）	41条Ⅱ	酒税保全のために保存している酒類が滅失したときのこれに代わるべき担保
商店街振興組合法（昭37・法141）	17条	商店街振興組合が倉荷証券を発行した場合について，寄託者・預証券所持人の寄託物の受領拒否・受領不能又は寄託物を競売したときの代価の供託（商法624Ⅰの準用）
同	19条Ⅱ	商店街振興組合連合会について，商店街振興組合の規定を準用（17）
同	35条Ⅷ	商店街振興組合の創立総会の決議の不存在若しくは無効の確認又は取消しの訴え提起に係る担保（会社法836Ⅰの準用）
同	41条	商店街振興組合の設立の無効の訴え提起に係る担保（会社法836Ⅰの準用）
同	65条	商店街振興組合の総会の決議の不存在若し

【し】		くは無効の確認又は取消しの訴え提起に係る担保（会社法836Ⅰの準用）
	同 67条Ⅲ	商店街振興組合の出資一口の金額の減少無効の訴え提起に係る担保（会社法836Ⅰの準用）
	同 76条	商店街振興組合の合併の無効の訴え提起に係る担保（会社法836Ⅰの準用）
	同 78条	商店街振興組合の清算人の責任を追及する訴え提起に係る担保（会社法847Ⅶの準用）
消費税法（昭63・法108） 51条		引取りに係る課税貨物についての納期限の延長の担保
消費生活協同組合法（昭23・法200） 94条の2Ⅱ		行政庁による財産の供託命令
商品投資に係る事業の規制に関する法律（平3・法66） 31条		主務大臣による財産の供託命令
商品先物取引法（昭25・法239） 13条Ⅷ		会員商品取引所の創立総会の決議の不存在若しくは無効の確認又は取消しの訴え提起に係る担保（会社法836Ⅰの準用）
	同 18条Ⅱ	会員商品取引所の発起人の責任を追及する訴え提起に係る担保（会社法847Ⅶの準用）
	同 18条Ⅲ	会員商品取引所の設立の無効の訴え提起に係る担保（会社法836Ⅰの準用）
	同 58条	会員商品取引所の理事長，理事及び監事の責任追及の訴え提起に係る担保（会社法847Ⅶの準用）
	同 63条	会員商品取引所の総会の決議の不存在若しくは無効の確認又は取消しの訴え提起に係る担保（会社法836Ⅰの準用）
	同 77条Ⅱ	会員商品取引所の清算人の責任を追及する訴え提起に係る担保（会社法847Ⅶの準用）
	同 137条	組織変更の無効の訴え提起に係る担保（会社法836Ⅰの準用）
	同 153条	会員商品取引所の合併の無効の訴え提起に係る担保（会社法836Ⅰの準用）

参考資料

【し】	同	235条Ⅰ	主務大臣による財産の供託命令
	商法（明32・法48）	518条	有価証券喪失の場合の公示催告申立てをしたときの債務の目的物の供託
	同	524条Ⅰ	売買の目的物の受領拒否・受領不能による供託（供託先：倉庫営業者）
	同	524条Ⅲ	売買の目的物を競売したときの代価の供託
	同	527条Ⅰ	契約解除による売買目的物（供託先：倉庫営業者）又は代価の供託
	同	528条	売買目的物相違の場合の売買目的物（供託先：倉庫営業者）又は代価の供託（527の準用）
	同	556条	委託者の買入目的物の受領拒否・受領不能による供託（供託先：倉庫営業者）又は買入目的物を競売したときの代価の供託（524の準用）
	同	585条Ⅰ	運送品荷受人不確知の場合の運送品の供託（供託先：倉庫営業者）
	同	586条	運送品の引渡しに争いがある場合の運送品の供託（供託先：倉庫営業者）（585Ⅰの準用）
	同	587条	運送品を競売したときの代価の供託（524Ⅲの準用）
	同	591条Ⅱ	託送手荷物の引渡請求がない場合の託送手荷物（供託先：倉庫営業者）又は代価の供託（524の準用）
	同	621条	預証券所持人が寄託物返還請求をするための質入証券記載の債権及び利息の供託（供託先：倉庫営業者）
	同	622条Ⅰ	預証券所持人が寄託物一部返還請求するための質入証券記載の債権の一部及び利息の供託（供託先：倉庫営業者）
	同	624条Ⅰ	寄託者・預証券所持人の寄託物の受領拒否・受領不能による供託（供託先：倉庫営業者）又は寄託物を競売したときの代価の供

515

【し】		託（524Iの準用）
同	627条II	倉荷証券について，預証券に関する規定の準用（621，622I，624I）
同	754条I	荷受人が運送品の受領を怠った場合の運送品の供託（供託先：倉庫営業者）
同	754条II	荷受人不確知又は荷受人の輸送品の受領拒否による運送品の供託（供託先：倉庫営業者）
同	773条	船荷証券数通発行の場合の運送品の供託（供託先：倉庫営業者）
信託法（平18・法108）	98条II	弁済期未到来の場合の受益権の質権者が受託者にさせる供託
同	166VI	信託終了命令の申立てに係る担保
信託業法（平16・法154）	11条I	信託会社の営業保証金
同	11条IV	信託委託契約受託者がする供託
同	11条VIII	不足額の供託
同	43条	内閣総理大臣による財産の供託命令
信用金庫法（昭26・法238）	24条X	信用金庫又は信用金庫連合会の創立総会の決議の不存在若しくは無効の確認又は取消しの訴え提起に係る担保（会社法836Iの準用）
同	28条	信用金庫又は信用金庫連合会の設立無効の訴え提起に係る担保（会社法836Iの準用）
同	39条の4	信用金庫又は信用金庫連合会の役員の責任を追及する訴え提起に係る担保（会社法847VIIの準用）
同	48条の8	信用金庫又は信用金庫連合会の総会の決議の不存在若しくは無効の確認又は取消しの訴え提起に係る担保（会社法836Iの準用）
同	52条の2	信用金庫又は信用金庫連合会の出資一口の金額の減少の無効の訴え提起に係る担保

参考資料

【し】			（会社法836Ⅰの準用）
	同	61条の7	信用金庫又は信用金庫連合会の合併無効の訴え提起に係る担保（会社法836Ⅰの準用）
	同	64条	信用金庫又は信用金庫連合会の清算人の責任を追及する訴え提起に係る担保（会社法847Ⅶの準用）
	同	89条Ⅰ	金融庁長官による信用金庫又は信用金庫連合会の財産の供託命令，解散の場合の裁判所による財産の供託命令（銀行法26Ⅰ，45Ⅲの準用）
森林法（昭26・法249）		10条の11の6Ⅴ	特定所有権又は特定使用権取得の裁定に定める補償金の供託
	同	61条	土地の使用・収用に係る補償金の供託
森林組合法（昭53・法36）18条			森林組合が倉荷証券を発行した場合について、寄託者・預証券所持人の寄託物の受領拒否・受領不能又は寄託物を競売したときの代価の供託（商法624Ⅰの準用）
	同	54条	森林組合の役員の責任を追及する訴え提起に係る担保（会社法847Ⅶの準用）
	同	64条	森林組合の総会の決議の不存在若しくは無効の確認又は取消しの訴え提起に係る担保（会社法836Ⅰの準用）
	同	65条Ⅴ	森林組合の総代会の決議の不存在若しくは無効の確認又は取消しの訴え提起に係る担保（64の準用）
	同	67条Ⅲ	出資組合の出資一口の金額の減少無効の訴え提起に係る担保（会社法836Ⅰの準用）
	同	77条Ⅷ	森林組合の創立総会の決議の不存在若しくは無効の確認又は取消しの訴え提起に係る担保（会社法836Ⅰの準用）
	同	82条の2	森林組合の設立の無効の訴え提起に係る担保（会社法836Ⅰの準用）
	同	88条	森林組合の合併無効の訴え提起に係る担保

【し】			（会社法836Ⅰの準用）
	同	92条	森林組合の清算人の責任を追及する訴え提起に係る担保（会社法847Ⅶの準用）
	同	100条Ⅱ	生産森林組合の管理について，訴え提起に係る担保（会社法836Ⅰの準用）
	同	100条Ⅲ	生産森林組合の設立について，訴え提起に係る担保（会社法836Ⅰの準用）
	同	108条の3 Ⅱ	森林組合連合会の会員が一人となった場合の森林組合等の権利義務の承継無効の訴え提起に係る担保（会社法816Ⅰの準用）
	同	109条Ⅰ	森林組合連合会の事業について，森林組合の規定の準用（18）
	同	109条Ⅲ	森林組合連合会の管理について，森林組合の規定の準用（54，64，67Ⅲ）
	同	109条Ⅳ	森林組合連合会の設立について，森林組合の規定の準用（77Ⅷ）
	同	109条Ⅴ	森林組合連合会の解散及び清算について，森林組合の規定の準用（88，92）
	同	112条	行政庁による財産の供託命令
【す】	水産業協同組合法（昭23・法242）	15条	水産業協同組合が倉荷証券を発行した場合について，寄託者・預証券所持人の寄託物の受領拒否・受領不能又は寄託物を競売したときの代価の供託（商法624Ⅰの準用）
	同	41条の2 Ⅶ	全国連合会の役員の責任を追及する訴え提起に係る担保（会社法847Ⅶの準用）
	同	44条	水産業協同組合の役員の責任を追及する訴え提起に係る担保（会社法847Ⅶの準用）
	同	51条	水産業協同組合の総会の決議の不存在若しくは無効の確認又は取消しの訴え提起に係る担保（会社法836Ⅰの準用）
	同	52条Ⅵ	水産業協同組合の総代会の決議の不存在若しくは無効の確認又は取消しの訴え提起に係る担保（51の準用）

参考資料

【す】	同	54条Ⅲ	出資組合の出資一口の金額の減少無効の訴え提起に係る担保（会社法836Ⅰの準用）
	同	54条の4Ⅲ	共済事業を行う水産業協同組合の共済事業の譲渡等について，54条の規定の準用（54Ⅲ）
	同	62条Ⅵ	水産業協同組合の創立総会の決議の不存在若しくは無効の確認又は取消しの訴え提起に係る担保（会社法836Ⅰの準用）
	同	67条の2	組合の設立の無効の訴え提起に係る担保（会社法836Ⅰの準用）
	同	73条	水産業協同組合の合併無効の訴え提起に係る担保（会社法836Ⅰの準用）
	同	77条	水産業協同組合の清算人の責任を追及する訴え提起に係る担保（会社法847Ⅶの準用）
	同	91条の2Ⅱ	会員が一人となった連合会の権利義務の承継の無効の訴え提起に係る担保（会社法836Ⅰの準用）
	同	92条Ⅰ	漁業協同組合連合会の事業について，漁業協同組合の規定の準用（15）
	同	92条Ⅲ	漁業協同組合連合会の管理について，漁業協同組合の規定の準用（44，51，52Ⅵ，54Ⅲ）
	同	92条Ⅳ	漁業協同組合連合会の設立について，漁業協同組合の規定の準用（62Ⅵ）
	同	92条Ⅴ	漁業協同組合連合会の解散及び清算について，漁業協同組合の規定の準用（73，77）
	同	96条Ⅰ	水産加工業協同組合の事業について，漁業協同組合の規定の準用（15）
	同	96条Ⅲ	水産加工業協同組合の管理について，漁業協同組合の規定の準用（44，51，52Ⅵ，54Ⅲ）
	同	96条Ⅳ	水産加工業協同組合の設立について，漁業協同組合の規定の準用（62Ⅵ）

【す】	同	96条Ⅴ	水産加工業協同組合の解散及び清算について，漁業協同組合の規定の準用（73，77）
	同	100条Ⅰ	水産加工業協同組合連合会の事業について，漁業協同組合の規定の準用（15）
	同	100条Ⅲ	水産加工業協同組合連合会の管理について，漁業協同組合の規定の準用（44，51，52Ⅵ，54Ⅲ）
	同	100条Ⅳ	水産加工業協同組合連合会の設立について，漁業協同組合の規定の準用（62Ⅵ）
	同	100条Ⅴ	水産加工業協同組合連合会の解散及び清算について，漁業協同組合の規定の準用（73，77）
	同	100条の8Ⅲ	共済水産業協同組合連合会の管理について，漁業協同組合の規定の準用（44，51，52Ⅵ，54Ⅲ）
	同	100条の8Ⅳ	共済水産業協同組合連合会の設立について，漁業協同組合の規定の準用（62Ⅵ）
	同	100条の8Ⅴ	共済水産業協同組合連合会の解散及び清算について，漁業協同組合の規定の準用（73，77）
	同	123条の2Ⅱ	行政庁による財産の供託命令
	水産資源保護法（昭26・法313） 24条Ⅶ		除去工事に係る補償金の供託
	水洗炭業に関する法律（昭33・法134） 21条Ⅰ		営業保証金
	同	21条Ⅱ	営業保証金（事業所追加）
	同	21条Ⅲ	権利実行による不足額の供託
【せ】	生活衛生関係営業の運営の適正化及び振興に関する法律（昭32・法164） 23条Ⅷ		組合の創立総会の決議の不存在若しくは無効の確認又は取消しの訴え提起に係る担保（会社法836Ⅰの準用）
	同	27条	組合の設立の無効の訴え提起に係る担保（会社法836Ⅰの準用）
	同	39条	組合の理事及び監事の責任を追及する訴え

【せ】		提起に係る担保（会社法847Ⅶの準用）
	同　　　　　　　　　48条	組合の総会の決議の不存在若しくは無効の確認又は取消しの訴え提起に係る担保（会社法836Ⅰの準用）
	同　　　　　　49条の3Ⅲ	組合の出資一口の金額の減少の無効の訴え提起に係る担保（会社法836Ⅰの準用）
	同　　　　　　　　　52条	組合の清算人の責任追及の訴え提起に係る担保（会社法847Ⅶの準用）
	同　　　　　　52条の10Ⅰ	小組合について，23条Ⅷ，27条，39条，48条，49条の3Ⅲ及び52条の規定の準用
	同　　　　　　52条の10Ⅱ	小組合の合併無効の訴え提起に係る担保（会社法836Ⅰの準用）
	同　　　　　　　　　56条	連合会について，23条Ⅷ，27条，39条，48条，49条の3Ⅲ及び52条の規定の準用
	船舶の所有者等の責任の制限に関する法律（昭50・法94）　　　　　　　　　　19条Ⅰ	責任制限手続開始の申立てを相当とする場合の裁判所による供託命令
	同　　　　　　　　　21条Ⅰ	供託委託契約受託者がする供託
	同　　　　　　　　　22条Ⅴ	受託者から金銭の支払を受けた場合の管理人がする供託
	同　　　　　　　　　30条Ⅰ	責任制限手続開始の決定に対し即時抗告があった場合の裁判所による追加供託命令
	同　　　　　　　　　38条Ⅱ	責任制限手続拡張の決定に対し即時抗告があった場合の裁判所による追加供託命令（30Ⅰの準用）
	同　　　　　　　　　94条Ⅰ	管理人が取り立てた費用等及び訴訟費用の供託
	船舶油濁損害賠償保障法（昭50・法95）　　　　　　　　　　　38条	タンカー油濁損害に係る責任制限について，船舶の所有者等の責任の制限に関する法律の準用
【そ】	相続税法（昭25・法73）38条Ⅳ	相続税又は贈与税の延納許可に係る延納税額に相当する担保
	測量法（昭24・法188）　19条Ⅱ	土地の収用又は使用に係る補償金の供託

【そ】		（土地収用法の適用）
	組織的な犯罪の処罰及び犯罪収益の規制等に関する法律（平11・法136） 30条Ⅳ	債権の没収保全がされた場合に第三債務者がする供託（民執156Ⅰの準用）
	同 36条Ⅰ	没収保全がされた後に差押えがされた場合に第三債務者がする供託
	同 36条Ⅳ	差押えがされた後に没収保全がされた場合に第三債務者がする供託（36Ⅰの準用）
	同 40条Ⅱ	没収保全と滞納処分等が競合した場合に第三債務者がする供託（36Ⅰの準用）
	同 44条Ⅲ	追徴保全命令に基づく仮差押えの執行がされた場合の供託（民事保全法等の適用）
【た】	滞納処分と強制執行等との手続の調整に関する法律（昭32・法94） 20条の6Ⅰ	滞納処分がされた後に差押えがされた場合に第三債務者がする供託
	同 20条の9Ⅰ	滞納処分がされた後に仮差押えがされた場合に第三債務者がする供託（20の6Ⅰの準用）
	同 36条の6Ⅰ	差押えがされた後に滞納処分がされた場合に第三債務者がする供託
	同 36条の12Ⅰ	仮差押えの執行がされた後に滞納処分がされた場合に第三債務者がする供託（20の6Ⅰの準用）
	大深度地下の公共的使用に関する特別措置法（平12・法87） 33条Ⅰ	受領拒否等による補償金の供託
	同 33条Ⅱ	自己の見積り金額と裁決による補償金の額との差額の供託
	同 33条Ⅲ	先取特権等がある場合の補償金の供託
	宅地建物取引業法（昭27・法176） 25条Ⅰ	営業保証金（営業開始）
	同 26条Ⅰ	営業保証金（事務所増設）
	同 28条Ⅰ	権利実行による不足額の供託

【た】	同	29条Ⅰ	事務所移転による保管替え
	同	64条の7Ⅰ	宅地建物取引業保証協会がする供託
	同	64条の8Ⅲ	権利実行による不足額の供託
	同	64条の15	保証協会の社員の地位を失ったときの営業保証金の供託
	同	64条の23	保証協会が大臣指定を取り消されたとき又は解散したときの営業保証金の供託
	担保付社債信託法（明38・法52）	44条Ⅲ	弁済受領金の受領拒否・受領不能・社債権者不確知による受託会社からの供託
【ち】	地方税法（昭25・法226）	16条Ⅰ	徴収猶予・換価猶予に係る金額に相当する額の担保
	同	16条Ⅲ	地方団体の長による増担保命令等
	同	16条の3Ⅰ	徴収金滞納の場合の保全担保
	同	16条の3Ⅲ	徴収金滞納の場合の保全担保について，地方団体の長による増担保命令（16Ⅲの準用）
	同	16条の4Ⅲ	徴収金滞納の場合の保全差押金額に相当する額の担保
	同	16条の4Ⅶ	徴収金滞納の場合の保全差押金額に相当する額の担保について，地方団体の長による増担保命令規定（16Ⅲの準用）
	同	16条の4Ⅹ	徴収金の額が確定していない場合に地方団体の長がする国税犯則取締法に基づき差し押えた金額の供託
	同	16条の4ⅩⅡ	事業税等について，担保供託規定の準用（同Ⅲ，Ⅶ，Ⅹ）
	同	20条の8	民法494・495Ⅰ・Ⅲの準用
	地方揮発油税法（昭30・法104）	8条Ⅰ	納期限延長の担保（揮発油税法13参照）
	同	8条Ⅱ	保税地域からの引取りの保全担保（揮発油税法18Ⅰ参照）
	中小企業等協同組合法（昭24・		事業協同組合が倉荷証券を発行した場合に

【ち】	法181)	9条の6	ついて，寄託者・預証券所持人の寄託物の受領拒否・受領不能又は寄託物を競売したときの代価の供託（商法624Ⅰの準用）
	同	27条Ⅷ	中小企業等協同組合の創立総会の決議の不存在若しくは無効の確認又は取消しの訴え提起に係る担保（会社法836Ⅰの準用）
	同	32条	組合の設立の無効の訴え提起に係る担保（会社法836Ⅰの準用）
	同	39条	中小企業等協同組合の役員の責任を追及する訴え提起に係る担保（会社法847Ⅶの準用）
	同	54条	中小企業等協同組合の総会の決議の不存在若しくは無効の確認又は取消しの訴え提起に係る担保（会社法836Ⅰの準用）
	同	55条Ⅵ	中小企業等協同組合の総代会の決議の不存在若しくは無効の確認又は取消しの訴え提起に係る担保（54の準用）
	同	57条	中小企業等協同組合の出資一口の金額の減少無効の訴え提起に係る担保（会社法836Ⅰの準用）
	同	67条	中小企業等協同組合の合併の無効の訴え提起に係る担保（会社法836Ⅰの準用）
	同	69条	中小企業等協同組合の清算人の責任を追及する訴え提起に係る担保（会社法847Ⅶの準用）
	同	82条Ⅳ	中小企業団体中央会の創立総会の決議の不存在若しくは無効の確認又は取消しの訴え提起に係る担保（会社法836Ⅰの準用）
	同	82条の10Ⅳ	中小企業団体中央会の総会の決議の不存在若しくは無効の確認又は取消しの訴え提起に係る担保（会社法836Ⅰの準用）
	同	106条の2Ⅱ	行政庁による財産の供託命令
	中小漁業融資保証法（昭27・法346）	66条の2Ⅰ	主務大臣による漁業信用基金協会の財産の供託命令

参考資料

【ち】	長期信用銀行法（昭27・法187）16条Ⅰ	他業会社への転移の際の残債務があるときの内閣総理大臣による財産の供託命令
	同 17条	財務大臣による長期信用銀行の財産の供託命令，解散の場合の裁判所による供託命令（銀行法26Ⅰ，45の準用）
	著作権法（昭45・法48）67条Ⅰ	著作権者不明等の場合の補償金の供託
	同 74条Ⅰ	受領拒否等による補償金の供託
	同 74条Ⅱ	著作権者の請求に伴う自己の見積金額と裁定に係る補償金額との差額の供託
	同 95条ⅩⅡ	実演家に支払う商業用レコードの二次使用料について，74条の規定の準用（74Ⅰ，Ⅱ）
	同 95条の3Ⅳ	実演家が報酬を受ける権利について，95条の規定の準用（74Ⅰ，Ⅱ）
	同 97条Ⅳ	レコード製作者又は団体に支払う商業用レコードの二次使用料について，95条の規定の準用（74Ⅰ，Ⅱ）
	同 97条の3Ⅴ	レコード製作者が報酬を受ける権利について，95条の規定の準用（74Ⅰ，Ⅱ）
	同 97条の3Ⅶ	団体が報酬を受ける権利について，97条の3第5項の規定の準用（74Ⅰ，Ⅱ）
	同 103条	著作隣接権者不明等の場合の補償金の供託（67Ⅰの準用）
【つ】	積立式宅地建物販売業法（昭46・法111）19条Ⅰ	営業保証金
	同 26条Ⅰ	主たる事務所移転による保管替え（金銭）
	同 26条Ⅱ	主たる事務所移転による差替え（有価）
	同 30条Ⅰ	供託委託契約受託者がする供託
【て】	抵当証券法（昭6・法15）40条	抵当証券喪失の場合の公示催告申立てをしたときの債務の目的物の供託（商法518の準用）
	手形法（昭7・法20）42条	支払呈示なきときの為替手形金額の供託

525

【て】	同　　　　　　　　77条Ⅰ	支払呈示なきときの約束手形金額の供託（42の準用）
	鉄道抵当法（明38・法53）　　25条Ⅱ	抵当権者に対する一般財産から弁済すべき配当金額の供託請求
	同　　　　　　　　25条ノ2	根抵当権消滅請求するため，第三取得者等がする極度額に相当する金額の供託（民法398の22の準用）
	同　　　　　　　　51条Ⅰ	非鉄道事業者による競売加入の保証
	同　　　　　　　　71条Ⅱ	競買申込の保証
	電話加入権質に関する臨時特例法（昭33・法138）　　12条Ⅰ	質権が設定されている電話加入権契約を解除した場合の返還金の供託
【と】	投資信託及び投資法人に関する法律（昭26・法198）　　162条	内閣総理大臣による投資法人の清算の場合の財産の供託命令
	道路法（昭27・法180）　94条Ⅲ	不用物件の所有者不確知のときの当該不用物件の供託（94Ⅳで民法495Ⅱの準用）
	特定債務等の調整の促進のための特定調停に関する法律（平11・法158）　　7条Ⅰ，Ⅱ	特定調停の目的となった権利に関する民事執行手続の停止命令・続行命令に係る担保
	特定住宅瑕疵担保責任の履行の確保等に関する法律（平19・法66）　　3条Ⅰ	住宅建設瑕疵担保保証金
	同　　　　　　　　7条Ⅰ	不足額の供託
	同　　　　　　　　8条Ⅰ	主たる事務所の移転による供託金の保管替え
	同　　　　　　　　8条Ⅱ	主たる事務所の移転による供託有価証券等の差替え
	同　　　　　　　　11条Ⅰ	住宅販売瑕疵担保保証金
	同　　　　　　　　16条	不足額の供託等（7Ⅰ，8の準用）
	特定多目的ダム法（昭32・法35）　　28条Ⅱ	使用権の取消等の場合の還付金の供託
	特別とん税法（昭32・法38）　　7条Ⅰ	納付前に出港しようとするときの担保（とん税法9Ⅰ参照）

参考資料

【と】	都市計画法（昭43・法100）69条	土地の収用又は使用に係る補償金の供託（土地収用法の適用）
	都市再開発法（昭44・法38）92条Ⅰ	受領拒否等に係る補償金及び過怠金の供託
	同　92条Ⅱ	補償金を受けるべき者の請求に伴う自己の見積金額と裁決に係る補償金等の額との差額の供託
	同　92条Ⅲ	権利未確定の場合の権利変換計画の権利に係る補償金等の支払に代える供託
	同　92条Ⅳ	抵当権等が存する場合の補償金等の供託
	同　105条Ⅰ	抵当権等が存する場合の清算金の供託
	同　118条の15Ⅱ	譲受け希望の申出撤回に伴う対償の供託
	同　118条の19Ⅰ	修正対償額等の供託
	同法施行令（昭44・政232）38条Ⅰ	施行者が不服を通知したときの補償金の供託
	同　39条	保全差押え等に係る補償金の供託
	土地改良法（昭24・法195）123条Ⅰ	補償金又は清算金の供託
	土地区画整理法（昭29・法119）78条Ⅴ	移転等に伴う損失補償金の供託
	同　101条Ⅴ	仮換地の指定等に伴う損失補償金の供託（78Ⅴの準用）
	同　112条Ⅰ	抵当権等が存する場合の清算金等の供託
	土地収用法（昭26・法219）83条Ⅳ	耕地造成の担保
	同　84条Ⅲ	工事代行の担保（83Ⅳの準用）
	同　95条Ⅱ	権利取得裁決に係る補償金等の供託
	同　95条Ⅲ	補償金を受けるべき者の請求に伴う自己の見積金額と裁決に係る補償金等の額との差額の供託
	同　95条Ⅳ	権利未確定の場合の権利取得裁決の権利に係る補償金等の供託

【と】	同	95条Ⅴ	替地の供託
	同	97条Ⅱ	明渡裁決に係る補償金の供託（95Ⅳの準用）
	同	123条Ⅰ	緊急に施行する必要がある事業のため土地を使用するための担保
	同	138条	権利，物件及び土石砂れきの収用又は使用の担保等（83〜123の準用）
	同法施行令（昭26・政342）1条の18Ⅰ		起業者が不服を通知したときの補償金の供託
	同	1条の19	保全差押え等に係る補償金の供託
	特許法（昭34・法121）	88条	通常実施権設定の裁定で定められる対価の供託
	同	92条Ⅶ	自己の特許発明の実施をするための通常実施権設定の裁定で定められる対価の供託（88の準用）
	同	93条Ⅲ	公共の利益のための通常実施権設定の裁定で定められる対価の供託（88の準用）
	とん税法（昭32・法37）9条Ⅰ		外国貿易船が納付前に出港しようとするときのとん税の額に相当する額の担保
【な】	内航海運組合法（昭32・法162）30条		内航海運組合の創立総会の決議の不存在若しくは無効の確認又は取消しの訴え提起に係る担保（会社法836Ⅰの準用）
	同	41条	内航海運組合の理事及び監事の責任を追及する訴え提起に係る担保（会社法847Ⅶの準用）
	同	50条	内航海運組合の総会の決議の不存在若しくは無効の確認又は取消しの訴え提起に係る担保（会社法836Ⅰの準用）
	同	51条Ⅵ	内航海運組合の総代会の決議の不存在若しくは無効の確認又は取消し訴え提起に係る担保（50の準用）
	同	54条の4	内航海運組合の合併の無効の訴え提起に係る担保（会社法836Ⅰの準用）

参考資料

【な】	同	55条	内航海運組合の清算人の責任を追及する訴え提起に係る担保（会社法847Ⅶの準用）
	同	58条	内航海運組合連合会について，内航海運組合の規定の準用（30，41，50，54条の4，55）
【に】	日本銀行法施行令（平9・政385） 8条Ⅲ		質権者の債権取立による第三債務者供託（民法366Ⅲの準用）
	日本国とアメリカ合衆国との間の相互協力及び安全保障条約第6条に基づく施設及び区域並びに日本国における合衆国軍隊の地位に関する協定の実施に伴う土地等の使用等に関する特別措置法（昭27・法140） 14条Ⅰ		土地等の使用又は収用に係る補償金の供託（土地収用法の適用）
	同	15条Ⅰ・Ⅱ	認定土地等の暫定使用のための担保
【の】	農業協同組合法（昭22・法132） 37条の2Ⅶ		監査を行う全国農業協同組合中央会の役員の責任を追及する訴え提起に係る担保（会社法847Ⅶの準用）
	同	40条の2	農業協同組合及び農業協同組合連合会の役員の責任を追及する訴え提起に係る担保（会社法847Ⅶの準用）
	同	47条	農業協同組合及び農業協同組合連合会の総会の決議の不存在若しくは無効の確認又は取消しの訴え提起に係る担保（会社法836Ⅰの準用）
	同	48条Ⅶ	農業協同組合及び農業協同組合連合会の総代会の決議の不存在若しくは無効の確認又は取消しの訴え提起に係る担保（47の準用）
	同	50条Ⅲ	農業協同組合及び農業協同組合連合会の出資一口の金額の減少の無効の訴え提起に係る担保（会社法836Ⅰの準用）
	同	58条Ⅶ	農業協同組合及び農業協同組合連合会の創立総会の決議の不存在若しくは無効の確認又は取消しの訴え提起に係る担保（会社法

【の】		836Ⅰの準用)
	同　　　　　63条の2	農業協同組合及び農業協同組合連合会の設立の無効の訴え提起に係る担保（会社法836Ⅰの準用)
	同　　　　　69条	農業協同組合及び農業協同組合連合会の合併無効の訴え提起に係る担保（会社法836Ⅰの準用)
	同　　　　　70条Ⅱ	会員が一人になった連合会の権利義務の承継の無効の訴え提起に係る担保（会社法836Ⅰの準用)
	同　　　　　72条の2の2	農業協同組合及び農業協同組合連合会の清算人の責任を追及する訴え提起に係る担保（会社法847Ⅶの準用)
	同　　　　　73条の14	組織変更の無効の訴え提起に係る担保（会社法836Ⅰの準用)
	同　　　　　94条の2Ⅱ	行政庁による財産の供託命令
農業信用保証保険法（昭36・法204）　　　56条の2Ⅰ		主務大臣による基金協会の財産の供託命令
農村負債整理組合法（昭8・法21）21条，同法施行規則（昭8・農林，大蔵，内務省令）17条		負債整理組合の負債償還を目的とする積立金の供託
農地法（昭27・法229）　10条Ⅱ		買収農地に抵当権等が存する場合の対価の供託
	同　　　　　10条Ⅲ	受領拒否等による農地買収対価の供託
	同　　　　　43条Ⅴ	所有者等を確知することができない場合における遊休農地の利用権設定の裁定に定める対価の供託
	同　　　　　55条Ⅲ	対価・補償金の増額判決による供託
農林中央金庫法（平13・法93）　　　　40条の2		農林中央金庫の役員等の責任を追及する訴え提起に係る担保（会社法847Ⅶの準用)
	同　　　　　50条Ⅰ	農林中央金庫の総会の決議の不存在若しくは無効の確認又は取消しの訴え提起に係る担保（会社法836Ⅰの準用)
	同　　　　　53条Ⅲ	農林中央金庫の出資一口の金額の減少の無

【の】			効の訴え提起に係る担保（会社法836Ⅰの準用）
	同	85条Ⅰ	主務大臣による財産の供託命令
	同	95条	農林中央金庫の清算人の責任を追及する訴えに係る担保（会社法847Ⅶの準用）
【は】	破産法（平16・法75） 90条Ⅱ		破産手続開始決定の取消しの場合において財団債権の存否等に争いがあるときの供託
	同	202条	最後配当における配当額の供託
	同	205条	簡易配当における配当額の供託（202の準用）
	同	214条Ⅱ	中間配当において寄託した配当額の供託
	同	215条Ⅱ	追加配当における配当額の供託（202の準用）
	万国著作権条約の実施に伴う著作権法の特例に関する法律（昭31・法86） 5条Ⅰ		翻訳物発行前の補償額の供託
	同法施行令（昭39・政259） 8条Ⅰ		翻訳権者の受領拒否等による補償額の供託
【ひ】	非訟事件手続法（平23・法51） 72条Ⅰ		即時抗告に係る執行停止等の担保
	同	84条Ⅰ	再審の申立てに係る執行停止等の担保
	同	88条Ⅰ	裁判上の代位の許可に係る担保
【ふ】	船主相互保険組合法（昭25・法177） 15条Ⅶ		船主相互保険組合の創立総会の決議の不存在若しくは無効の確認又は取消しの訴え提起に係る担保（会社法836Ⅰの準用）
	同	17条Ⅱ	船主相互保険組合設立認可のための供託
	同	20条	船主相互保険組合の発起人の責任追及の訴え提起に係る担保（会社法847Ⅶの準用）
	同	34条	船主相互保険組合の総会の決議の不存在若しくは無効の確認又は取消しの訴え提起に係る担保（会社法836Ⅰの準用）
	同	40条	船主相互保険組合の役員の責任を追及する訴え提起に係る担保（会社法847Ⅶの準用）

【ふ】	同	48条Ⅱ	船主相互保険組合の清算人の責任を追及する訴え提起に係る担保（会社法847Ⅶの準用）
	同	51条	内閣総理大臣による財産の供託命令
	不動産登記法（平16・法123）	70条Ⅲ	登記義務者の所在が知れない場合にする登記の抹消のための供託
【へ】	閉鎖機関令（昭22・勅令74）	19条の28	特殊清算人のする弁済すべき財産の供託
	閉鎖機関の債務の弁済等に関する命令（昭22・総理庁・大蔵省・外務省・商工省・運輸省・農林省・厚生省・司法省令4）	5条の2Ⅰ	閉鎖機関に属する財産の上に存する担保権等によって担保された債権について弁済すべき財産の供託
	同	8条	特殊清算人が大蔵大臣の承認を得てする弁済の目的物の供託
【ほ】	保険法（平20・法56）	61条Ⅰ	死亡保険契約の解除による返戻金が差し押さえられた場合に介入権者がする供託（権利供託）
	同	61条Ⅱ	死亡保険契約の解除による返戻金の差押えが競合した場合に介入権者がする供託（義務供託）
	同	90条Ⅰ	傷害疾病定額保険契約の解除による返戻金が差し押さえられた場合に介入権者がする供託（権利供託）
	同	90条Ⅱ	傷害疾病定額保険契約の解除による返戻金の差押えが競合した場合に介入権者がする供託（義務供託）
	保険業法（平7・法105）	21条Ⅱ	相互会社の行う行為について，有価証券喪失の場合の供託規定の準用（商法518）
	同	21条Ⅱ	相互会社が商人又は相互会社との間で行う売買について，売買の目的物の受領拒否・受領不能の場合の供託（供託先：倉庫営業者）（商法524Ⅰ），委託者が買入目的物の受領拒否・受領不能（供託先：倉庫営

【ほ】			者)又は買入目的物を競売したときの代価供託(商法556)の準用
	同	21条Ⅱ	相互会社が商人又は相互会社との間で行う売買について、契約解除による売買目的物(供託先:倉庫営業者)又は代価供託(商法527Ⅰ)、売買目的物相違の場合の売買目的物(供託先:倉庫営業者)又は代価供託(商法528)の準用
	同	30条の8Ⅵ	相互会社の創立総会の決議の不存在若しくは無効の確認又は取消しの訴え提起に係る担保(会社法836Ⅰの準用)
	同	30条の15Ⅰ	相互会社の設立の無効の訴え提起に係る担保(会社法836Ⅰの準用)
	同	41条Ⅱ	相互会社の社員総会の決議の不存在若しくは無効の確認又は取消しの訴え提起に係る担保(会社法836Ⅰの準用)
	同	49条Ⅱ	相互会社の総代会の決議の不存在若しくは無効の確認又は取消しの訴え提起に係る担保(会社法836Ⅰの準用)
	同	53条の37	相互会社における責任を追及する訴え提起に係る担保(会社法847Ⅶの準用)
	同	57条Ⅵ	相互会社の基金償却積立金の取崩し無効の訴え提起に係る担保(会社法836Ⅰの準用)
	同	60条の2Ⅴ	相互会社の基金の募集の無効の訴え提起に係る担保(会社法836Ⅰの準用)
	同	74条Ⅲ	保険契約者総会の決議の不存在若しくは無効の確認又は取消しの訴え提起に係る担保(会社法836Ⅰの準用)
	同	84条の2Ⅳ	株式会社から相互会社への組織変更無効の訴え提起に係る担保(会社法836Ⅰの準用)
	同	96条の4	不公正な払込金額で株式を引き受けた者に支払いを求める訴え提起に係る担保(会社法847Ⅶの準用)
	同	96条の16Ⅳ	相互会社から株式会社への組織変更無効の

【ほ】		訴え提起に係る担保（会社法836Ⅰの準用）
	同　　　　　　99条Ⅷ	生命保険会社が保険金信託業務を行う場合の営業保証金（信託業法11Ⅰの準用）
	同　　　　　　132条	内閣総理大臣による財産の供託命令
	同　　　　　　179条	内閣総理大臣による清算保険会社等の財産の供託命令
	同　　　　　　190条Ⅰ	外国保険会社の保険業開始のための供託
	同　　　　　　190条Ⅰ，Ⅱ	事業開始前の内閣総理大臣による供託命令
	同　　　　　　190条Ⅳ	保証委託契約受託者に対する供託命令
	同　　　　　　190条Ⅷ	権利実行等による不足額の供託
	同　　　　　　204条	内閣総理大臣による財産の供託命令
	同　　　　　　213条Ⅰ	外国相互会社が国内に従たる事務所その他の事務所を設けた場合について，債権者等からの営業所閉鎖命令の請求に係る担保（会社法827Ⅱの準用）
外国保険会社等供託金規則（平8・法務・大蔵省令1）16条Ⅱ		金融庁長官がする有価証券の換価代金の供託
保険業法（平7・法105）　　　　　　223条Ⅰ		免許特定法人引受社員保険業開始の供託
	同　　　　　　223条Ⅱ	事業開始前の内閣総理大臣による供託命令
	同　　　　　　223条Ⅳ	保証委託契約受託者に対する供託命令
	同　　　　　　223条Ⅸ	権利実行等による不足額の供託
	同　　　　　　230条	内閣総理大臣による財産の供託命令
免許特定法人供託金規則（平8・法務・大蔵省令2）　16条Ⅱ		金融庁長官がする有価証券の換価代金の供託
保険業法（平7・法105）　　　　　　272条の5Ⅰ		少額短期保険業者の少額短期保険業開始のための供託
	同　　　　　　272条の5Ⅱ	事業開始前の内閣総理大臣による供託命令
	同　　　　　　272条の5Ⅳ	保証委託契約受託者等に対する内閣総理大臣による供託命令
	同　　　　　　272条の5Ⅷ	権利実行等による不足額の供託

参考資料

【ほ】	同	272条の6 Ⅱ	責任保険契約を締結した少額短期保険業者に対する内閣総理大臣による供託命令
	同	291条Ⅰ	保険仲立人の保険業開始のための供託
	同	291条Ⅳ	保証委託契約受託者に対する供託命令
	同	291条Ⅷ	権利実行等による不足額の供託
	同	292条Ⅱ	賠償責任保険契約を締結した仲立人に対する供託命令
	保険仲立人保証金規則（平8・法務・大蔵省令3）15条Ⅱ		金融庁長官がする有価証券の換価代金の供託
【ま】	前払式支払手段発行保証金規則（平22・内閣府・法務省令4）16条Ⅱ		金融庁長官がする債券の換価代金の供託
	マンションの建替えの円滑化等に関する法律（平14・法78）76条Ⅰ		受領拒否等による補償金の供託
	同	76条Ⅱ	権利の存否又は帰属が確定しない場合の補償金の供託
	同	76条Ⅲ	先取特権等がある場合の補償金の供託
	同	86条Ⅰ	先取特権等がある場合の清算金の供託
【み】	密集市街地における防災街区の整備の促進に関する法律（平9・法49）227条		補償金及び過怠金の供託についての規定の準用（都市再開発法92）
	民事再生法（平11・法225）77条Ⅳ		共益債権及び一般優先債権のうち異議のあるものの供託
	同	186条Ⅲ	再生計画の遂行を確実にするための担保
	民事執行規則（昭54・最高裁規5）150条の12Ⅰ		電子記録債権が差し押さえられた場合に第三債務者がする供託（権利供託）
	同	150条の12Ⅱ	電子記録債権に対する差押え等が競合した場合に第三債務者がする供託（義務供託）
	民事執行法（昭54・法4）10条Ⅵ		執行抗告に係る執行停止等の担保
	同	11条Ⅱ	執行異議に係る執行処分停止等の担保（10

535

【み】			Ⅵの準用）
	同	32条Ⅱ	執行文付与に関する異議の申立てに係る強制執行停止等の担保
	同	36条Ⅰ	執行文付与に対する異議の訴え等に係る強制執行停止等の担保
	同	38条Ⅳ	第三異議の訴えに係る強制執行停止等の担保（36Ⅰの準用）
	同	55条Ⅰ	不動産の売却のための保全処分（価格減少行為禁止等）の担保
	同	55条Ⅱ	不動産の売却のための保全処分（執行官保管）の担保
	同	77条Ⅰ	不動産の買受人の申立てによる保全処分（価格減少行為禁止等）の担保
	同	91条Ⅰ	不動産の強制競売における配当留保供託
	同	91条Ⅱ	不動産の強制競売における不出頭供託
	同	104条Ⅰ	不動産の強制管理の停止に係る管理人がする配当に充てるべき金銭の供託
	同	108条前段	不動産の強制管理の管理人が配当実施する場合の配当留保供託
	同	108条後段	不動産の強制管理の管理人が配当実施する場合の不出頭供託
	同	111条	不動産の強制管理の執行裁判所が配当実施する場合における配当留保供託（91Ⅰの準用）
	同	111条	不動産の強制管理の執行裁判所が配当実施する場合における不出頭供託（91Ⅱの準用）
	同	117条Ⅰ	執行停止中の船舶に対する強制競売手続を取り消すための保証
	同	121条	船舶の売却のための保全処分（価格減少行為禁止等）の担保（55Ⅰの準用）
	同	121条	船舶の買受人のための保全処分（価格減少行為禁止等）の担保（77Ⅰの準用）

【み】	同	121条	船舶の強制競売における配当留保供託（91Ⅰの準用）
	同	121条	船舶の強制競売における不出頭供託（91Ⅱの準用）
	同	132条Ⅲ	差押禁止動産の範囲の変更による強制執行停止等の担保
	同	137条Ⅱ	動産の執行停止中の差押物売却に係る売得金の供託
	同	141条Ⅰ	動産の強制競売の執行官が配当実施する場合の配当留保供託
	同	141条Ⅱ	動産の強制競売の執行官が配当実施する場合の不出頭供託
	同	142条Ⅱ	動産の強制競売の執行裁判所が配当実施する場合における配当留保供託（91Ⅰの準用）
	同	142条Ⅱ	動産の強制競売の執行裁判所が配当実施する場合における不出頭供託（91Ⅱの準用）
	同	153条Ⅲ	差押禁止債権の範囲を変更してする強制執行による差押え等の申立てがされた場合に，第三債務者に対して支払その他の給付の禁止を命ずるための担保
	同	156条Ⅰ	金銭債権の全額又はその一部が強制執行により差し押さえられた場合に第三債務者がする供託（権利供託）
	同	156条Ⅱ	金銭債権に対して強制執行による差押え等が競合し又は配当要求がされた場合に第三債務者がする供託（義務供託）
	同	157条Ⅴ	強制執行による取立訴訟において供託が命ぜられた場合に執行機関がする配当等の額に相当する金銭の供託
	同	161条Ⅵ	強制執行による債権管理命令に基づき管理人が取り立てた配当に充てるべき金銭の供託（104Ⅰの準用）
	同	161条Ⅵ	強制執行による債権管理命令に基づき管理

【み】			人が配当実施する場合の配当留保供託（108前段の準用）
	同	161条Ⅵ	強制執行による債権管理命令に基づき管理人が配当実施する場合の不出頭供託（108後段の準用）
	同	166条Ⅱ	強制執行による債権執行において執行裁判所が配当実施する場合における配当留保供託（91Ⅰの準用）
	同	166条Ⅱ	強制執行による債権執行において執行裁判所が配当実施する場合おける不出頭供託（91Ⅱの準用）
	同	168条Ⅷ	不動産の引渡し等の強制執行における目的外動産の売得金の供託
	同	169条Ⅱ	動産の引渡し等の強制執行における目的外動産の売得金の供託（168Ⅷの準用）
	同	187条Ⅰ	不動産競売開始決定前の保全処分（価格減少行為禁止等）の担保
	同	187条Ⅱ	不動産競売開始決定前の保全処分（執行官保管）の担保
	同	188条	不動産の担保権実行による売却のための保全処分（価格減少行為禁止等）の担保（55Ⅰの準用）
	同	188条	不動産の担保権実行による売却のための保全処分（執行官保管）の担保（55Ⅱの準用）
	同	188条	不動産の担保権実行による買受人のための保全処分（価格減少行為禁止等）の担保（77Ⅰの準用）
	同	188条	不動産の担保権実行による競売における配当留保供託（91Ⅰの準用）
	同	188条	不動産の担保権実行による競売における不出頭供託（91Ⅱの準用）
	同	189条	執行停止中の船舶の担保権実行による競売手続を取り消すための保証（117Ⅴの準用）

【み】	同	189条	船舶の担保権実行による売却のための保全処分（価格減少行為禁止等）の担保（121，55Ⅰの準用）
	同	189条	船舶の担保権実行による買受人のための保全処分（価格減少行為禁止等）の担保（121，77Ⅰの準用）
	同	189条	船舶の担保権実行による競売における配当留保供託（121，91Ⅰの準用）
	同	189条	船舶の担保権実行による競売における不出頭供託（121，91Ⅱの準用）
	同	192条前段	動産の担保権実行における動産の執行停止中の差押物売却に係る売得金の供託（137Ⅱの準用）
	同	192条前段	動産の担保権実行による競売の執行官が配当実施する場合の配当留保供託（141Ⅰの準用）
	同	192条前段	動産の担保権実行による競売の執行官が配当実施する場合の不出頭供託（141Ⅱの準用）
	同	192条前段	動産の担保権実行による競売の執行裁判所が配当実施する場合の配当留保供託（142，91Ⅰの準用）
	同	192条前段	動産の担保権実行による競売の執行裁判所が配当実施する場合の不出頭供託（142，91Ⅱの準用）
	同	192条後段	動産の一般の先取特権実行における差押禁止動産の範囲の変更による動産競売停止等の担保（132Ⅲの準用）
	同	193条Ⅱ	金銭債権の全額又はその一部が担保権実行又は物上代位により差し押さえられた場合に第三債務者がする供託（権利供託）（156Ⅰの準用）
	同	193条Ⅱ	金銭債権に対して担保権実行又は物上代位による差押え等が競合し，又は配当要求が

【み】			された場合に第三債務者がする供託（義務供託）（156Ⅱの準用）
	同	193条Ⅱ	担保権実行又は物上代位による取立訴訟で供託が命ぜられた場合に執行機関がする配当等の額に相当する金銭の供託（157Ⅴの準用）
	同	193条Ⅱ	担保権実行又は物上代位による債権管理命令に基づき管理人が取り立てた配当に充てるべき金銭の供託（161Ⅵ，104Ⅰの準用）
	同	193条Ⅱ	担保権実行又は物上代位による債権管理命令に基づき管理人が配当実施する場合の配当留保供託（161Ⅵ，108前段の準用）
	同	193条Ⅱ	担保権実行又は物上代位による債権管理命令に基づき管理人が配当実施する場合の不出頭供託（161Ⅵ，108後段の準用）
	同	193条Ⅱ	担保権実行又は物上代位による債権執行の執行裁判所が配当実施する場合の配当留保供託（166Ⅱ，91Ⅰの準用）
	同	193条Ⅱ	担保権実行又は物上代位による債権執行の執行裁判所が配当実施する場合の不出頭供託（166Ⅱ，91Ⅱの準用）
	同	193条Ⅱ	差押禁止債権の範囲を変更してする動産の一般の先取特権実行による差押え等の申立てがされた場合に，第三債務者に対して支払その他の給付の禁止を命ずるための担保（153Ⅲの準用）
	同	195条	留置権による競売及び民法，商法その他の法律による換価のための競売について，担保権の実行としての競売の例の準用
	民事訴訟法（平8・法109）75条Ⅰ		訴訟費用の担保
	同	80条	担保の変換
	同	81条	他の法令により訴えの提起について立てるべき担保への準用

参考資料

【み】			
	同	259条Ⅰ	財産権上の請求に関する判決についての仮執行の担保
	同	259条Ⅱ	手形又は小切手による金銭の支払の請求及びこれに附帯する法定利率による損害賠償の請求に関する判決について，裁判所が相当と認める場合の仮執行の担保
	同	259条Ⅲ	仮執行免脱の担保
	同	297条	控訴審について，第一審の判決における仮執行の担保及び仮執行免脱の規定の準用（259Ⅰ，Ⅱ，Ⅲ）
	同	310条	金銭の支払の請求（手形又は小切手による金銭の支払の請求及びこれに附帯する法定利率による損害賠償の請求を除く。）に関する控訴審の判決について，控訴裁判所が相当と認める場合の仮執行の担保
	同	313条	上告審について，控訴審の判決における仮執行の担保及び仮執行免脱の規定の準用（297，310）
	同	376条	少額訴訟における請求を認容する判決についての仮執行の担保
	同	403条Ⅰ①	上告又は再審の訴えの提起があった場合の強制執行の停止等の担保
	同	403条Ⅰ②	仮執行宣言付判決に対する上告等があった場合の強制執行の停止等の担保
	同	403条Ⅰ③	仮執行宣言付判決に対する控訴等があった場合の強制執行の停止等の担保
	同	403条Ⅰ④	手形又は小切手による金銭の支払請求等について仮執行宣言付判決に対する控訴等があった場合の強制執行の停止等の担保
	同	403条Ⅰ⑤	仮執行宣言付の手形訴訟又は小切手訴訟の判決に対する異議の申立て等があった場合の強制執行の停止等の担保
	同	403条Ⅰ⑥	定期金による賠償を命じた確定判決の変更を求める訴えの提起があった場合の強制執

【み】		行の停止等の担保
	民事調停規則（昭26・最高規8） 5条	調停の目的となった権利に関する民事執行の手続の停止の担保
	民事保全法（平1・法91） 14条1	保全命令の担保
	同 22条Ⅱ	仮差押解放金の供託
	同 25条Ⅱ	仮処分解放金の供託
	同 27条Ⅰ	保全執行停止・既執行処分の取消の担保
	同 32条Ⅱ	保全異議に係る保全執行の続行等の担保
	同 32条Ⅲ	保全命令取消しの担保
	同 38条Ⅲ	事情変更による保全命令取消の担保（32Ⅱ，Ⅲの準用）
	同 39条Ⅰ	特別の事情による仮処分取消の担保
	同 40条Ⅰ	保全取消の担保（27Ⅰの準用）
	同 41条Ⅳ	保全抗告の担保（27Ⅰ，32Ⅱ，32Ⅲの準用）
	同 47条Ⅳ	強制管理による仮差押えに係る配当金の供託
	同 49条Ⅱ	仮差押えの執行に係る金銭の供託
	同 49条Ⅲ	動産に対する仮差押えによる売得金の供託
	同 50条Ⅴ	金銭債権等に対する仮差押えがされた場合に第三債務者がする供託（権利供託）（民執156Ⅰの準用）
	同 50条Ⅴ	金銭債権等に対する仮差押え等が競合した場合に第三債務者がする供託（義務供託）（民執156Ⅱの準用）
	民法（明29・法89） 341条	先取特権について抵当権の規定の準用（379，394）
	同 361条	不動産質権について抵当権の規定の準用（379，394）
	同 366条Ⅲ	質権者の債権取立による第三債務者がする供託

【み】	同	379条	抵当権消滅請求
	同	394条Ⅱ	一般財産から弁済すべき配当金額の供託請求
	同	398条の22Ⅰ	根抵当権消滅請求をするため，第三取得者等がする極度額に相当する金額の供託
	同	461条Ⅱ	主たる債務者が償還義務を免れるためにする保証人に返還すべき額の供託
	同	494条	受領拒否等による弁済供託
	同	497条	自助売却代金の供託
	同	578条	代金支払拒絶権行使に伴い，売主による買主に対する代金の供託請求
【む】	無尽業法（昭6・法42） 24条		内閣総理大臣による財産の供託命令
	同	28条Ⅰ	他業会社となった場合の掛金債務の保全のための供託命令
	同	31条Ⅲ	裁判所による財産の供託命令
【ゆ】	輸出入取引法（昭27・法299）17条Ⅱ		出資組合から非出資輸出組合への移行について，中小企業等協同組合の出資一口の金額の減少無効の訴え提起に係る担保の規定の準用（中小企業等協同組合法57，会社法836Ⅰ）
	同	19条Ⅰ	輸出組合について，中小企業等協同組合の創立総会の決議の不存在若しくは無効の確認又は取消しの訴え提起に係る担保（中小企業等協同組合法（以下「組合法」という。）27Ⅷ，会社法836Ⅰ），役員の責任を追及する訴え提起に係る担保（組合法39，会社法847Ⅶ），総会の決議の不存在若しくは無効の確認又は取消しの訴え提起に係る担保（組合法54，会社法836Ⅰ），総代会の決議の不存在若しくは無効の確認又は取消しの訴え提起に係る担保（組合法55Ⅵ，54），合併無効の訴え提起に係る担保（組合法67，会社法836Ⅰ）及び清算人の責任を追及する訴え提起に係る担保（組合法

【ゆ】		69，会社法847Ⅶ）の規定の準用
	同　　　　　　　　19条Ⅱ	出資輸出組合について，中小企業等協同組合の出資一口の金額の減少無効の訴え提起に係る担保の規定の準用（中小企業等協同組合法57，会社法836Ⅰ）
	同　　　　　　　19条の6	輸入組合について，輸出組合の規定を準用（17Ⅱ，19Ⅰ及び19Ⅱ）
	輸入品に対する内国消費税の徴収等に関する法律（昭30・法37）　　　　　　　7条Ⅷ	内国消費税の納付前の郵便物の受け取り承認の担保（関税法77Ⅶの準用）
	同　　　　　　　　9条Ⅱ	輸入の許可前に引き取った課税物品の内国消費税額の担保
	同　　　　　　　　10条Ⅱ	保税工場外等の保税作業の許可に係る課税物品の内国消費税額の担保
	同　　　　　　　　13条Ⅳ	課税物品で関税が免除されるものを保税地域から引き取る場合の内国消費税の免除に係る内国消費税額の担保
	同　　　　　　　16条の2Ⅳ	保税展示場等の外国貨物の課税物品につき担保を立てる場合の当該物品についての内国消費税額の担保
【り】	陸上交通事業調整法（昭13・法71）　　　　　　　　　　11条	事業の譲受人の見積金額と裁定に係る譲受価額との差額の供託
	立木ニ関スル法律（明42・法22）　　　　　　　　　4条Ⅱ	抵当権があるときの競売代金の供託
	同　　　　　　　　4条Ⅲ	競売免除申立の担保
	旅行業法（昭27・法239）　　　　　　　　　　　7条Ⅰ	営業保証金（新規登録）
	同　　　　　　　　8条Ⅱ	国土交通省令の改正による不足額の供託
	同　　　　　　　　9条Ⅰ	年間取引額増加による不足額の供託
	同　　　　　　　　9条Ⅴ	変更登録による不足額の供託
	同　　　　　　　　18条Ⅰ	権利実行による不足額の供託
	同　　　　　　　18条の2Ⅰ	営業所移転による保管替え（金銭）
	同　　　　　　　18条の2Ⅱ	営業所移転による差替え（有価）

参考資料

【り】	同	22条の8Ⅰ	旅行業協会の弁済業務保証金の供託
	同	22条の9Ⅲ	権利実行による弁済業務保証金の不足額の供託
	同	22条の15Ⅲ	保証社員地位喪失による営業保証金供託
	同	22条の22Ⅰ	協会の指定取消等による営業保証金供託
	旅行業者営業保証金規則（平8・法務・運輸省令1）　6条Ⅲ		登録行政庁がする有価証券の換価代金の供託
【ろ】	労働金庫法（昭28・法227）　24条XI		労働金庫又は労働金庫連合会の創立総会の決議の不存在若しくは無効の確認又は取消しの訴え提起に係る担保（会社法836Ⅰの準用）
	同	28条	労働金庫又は労働金庫連合会の設立の無効の訴え提起に係る担保（会社法836Ⅰの準用）
	同	42条の4	労働金庫又は労働金庫連合会の役員等の責任を追及する訴え提起に係る担保（会社法847Ⅶの準用）
	同	54条	労働金庫又は労働金庫連合会の総会の決議の不存在若しくは無効の確認又は取消しの訴え提起に係る担保（会社法836Ⅰの準用）
	同	55条Ⅴ	労働金庫又は労働金庫連合会の総代会の決議の不存在若しくは無効の確認又は取消しの訴え提起に係る担保（54の準用）
	同	57条の2	労働金庫又は労働金庫連合会の出資一口の金額の減少無効の訴え提起に係る担保（会社法836Ⅰの準用）
	同	65条	労働金庫又は労働金庫連合会の合併無効の訴え提起に係る担保（会社法836Ⅰの準用）
	同	68条	労働金庫又は労働金庫連合会の清算人の責任を追及する訴え提起に係る担保（会社法847Ⅶの準用）
	同	94条Ⅰ	財務大臣による財産の供託命令，解散の場合の裁判所による財産の供託命令（銀行法26Ⅰ，45の準用）

●供託事務処理手続の流れ

① 現金取扱庁における金銭供託

(注) 現金取扱庁は，各法務局・地方法務局の本局並びに東京法務局八王子支局及び福岡法務局北九州支局に限られる。

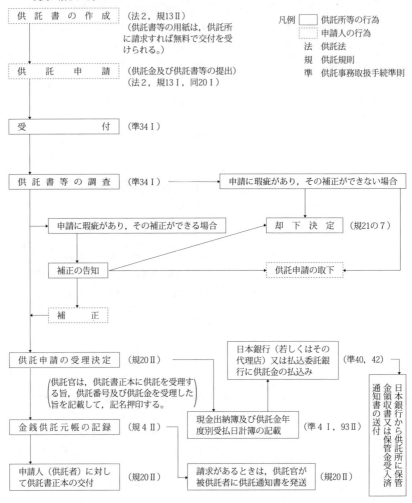

参 考 資 料

② 非現金取扱庁における金銭供託及び全庁における有価証券供託

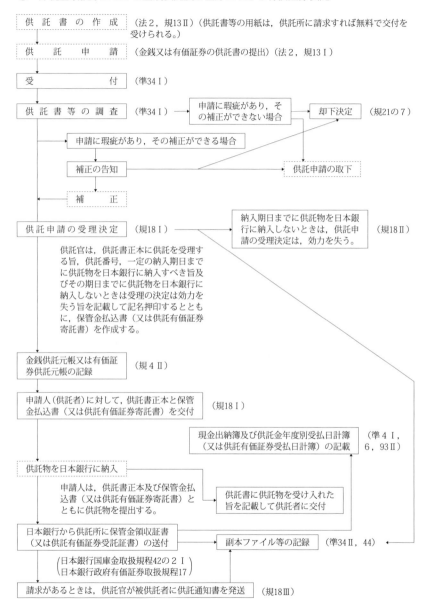

547

③ 振込方式による金銭供託

供託金を受け入れるため金融機関等に「預金口座」を開設した供託所においては，当該口座に供託金を振り込む方法により供託金を提出することができる（規則20の2）。

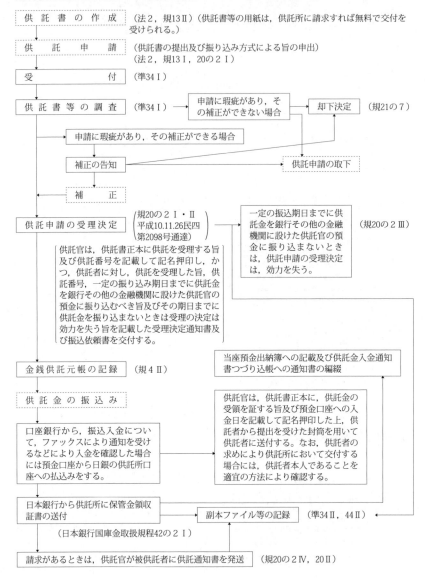

参考資料

④ 電子納付による金銭供託

金銭の供託をしようとする者からの申出により、供託官の告知した納付情報による供託金の納付を受けることができる（規20の3）。

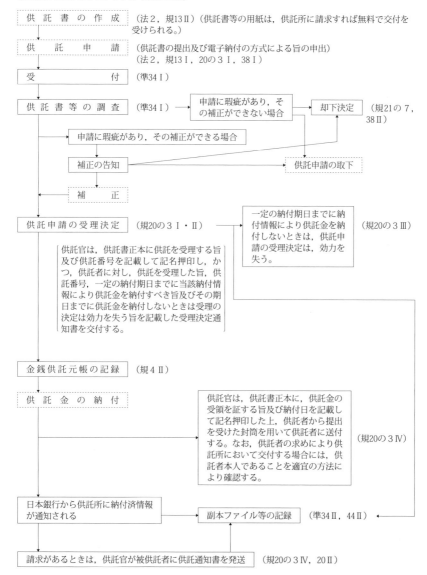

549

⑤ 振替国債の供託

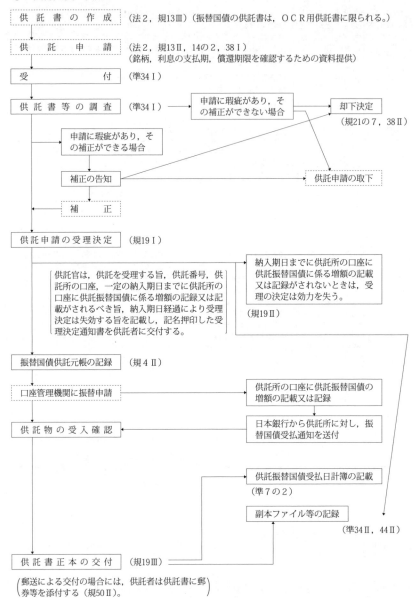

参 考 資 料

⑥ 金銭，有価証券の払渡手続

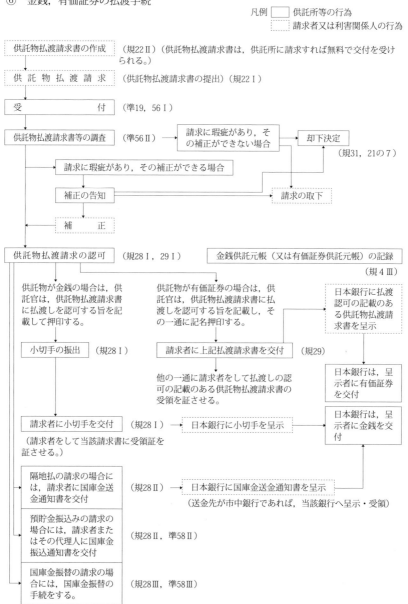

⑦ 振替国債の払渡手続

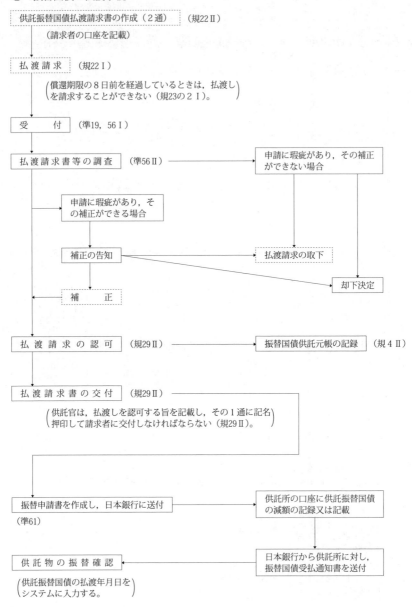

参考資料

⑧　振替国債の償還等

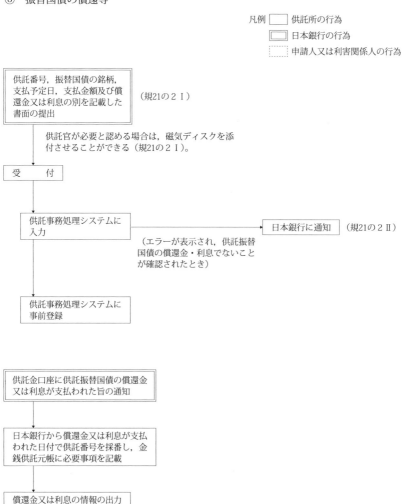

● 書　式

第一号様式（第13条第1項関係）　地代・家賃弁済金銭供託の供託書

参考資料

555

第三号様式（第13条第1項関係）　営業保証金の金銭供託の供託書

参考資料

第四号様式（第13条第1項関係） その他の金銭供託の供託書

第五号様式（第13条第1項・第3項関係）　裁判上の保証のための有価証券供託又は振替国債供託の供託書

参考資料

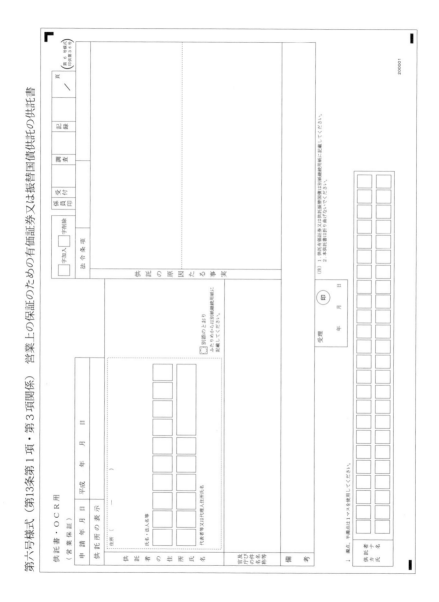

第七号様式（第13条第１項・第３項関係）　その他の有価証券供託又は振替国債供託の供託書

供託書・ＯＣＲ用

（雑）

字加入	字削除	係員印	受付	調査	記録	／　頁

（第７号様式 印供第３７号）

申請年月日	平成　　年　　月　　日
供託所の表示	
供託者の住所氏名	住所（　　—　　） 氏名・法人名等 代表者等又は代理人住所氏名 □ 別添のとおり ふたりめからは別紙継続用紙に記載してください。
被供託者の住所氏名	住所（　　—　　） 氏名・法人名等 □ 別添のとおり ふたりめからは別紙継続用紙に記載してください。 □ 供託通知書の発送を請求する。
法令条項	
供託の原因たる事実	
□ 供託により消滅すべき質権又は抵当権 □ 反対給付の内容	
備考	

受理　㊞　　年　　月　　日

（注）１．供託有価証券又は供託振替国債は別紙継続用紙に記載してください。
２．本供託書は折り曲げないでください。

↓　濁点、半濁点は１マスを使用してください。

供託者カナ氏名

200001

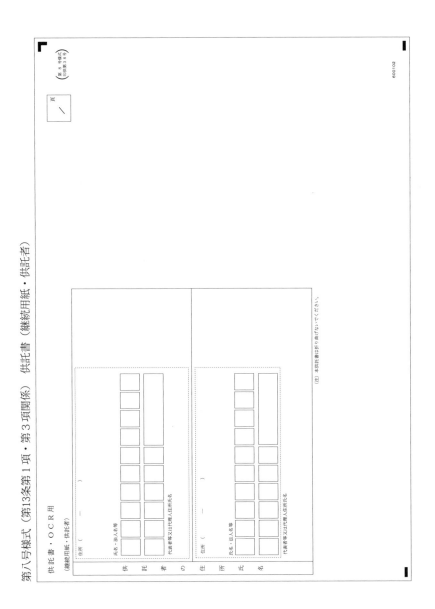

第九号様式（第13条第1項・第3項関係）　供託書（継続用紙・被供託者）
（継続用紙・被供託者）

参考資料

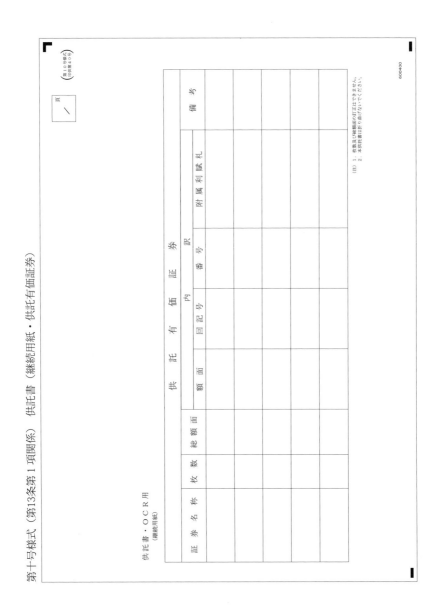

563

第十一号様式（第13条第1項・第3項関係）供託書（継続用紙・その他）

供託書・OCR用
（継続用紙）

（第11号様式）
（印刷第41号）

頁 ／

（注）本供託書は折り曲げないでください。

600300

参考資料

第十二号様式（第13条第3項関係）
供託書・OCR用（継続用紙）
供託振替国債
供託書（継続用紙・供託振替国債）

（第12号様式）
（印供第49号）

600500

| 金額合計 | 百 | 十 | 億 | 千 | 百 | 十 | 万 | 千 | 百 | 十 | 円 |

銘柄

| 金額 | 百 | 十 | 億 | 千 | 百 | 十 | 万 | 千 | 百 | 十 | 円 |

償還期限　回記号　平成　年　月　日
利息支払期　　　　年　月　日　回

備考

銘柄

| 金額 | 百 | 十 | 億 | 千 | 百 | 十 | 万 | 千 | 百 | 十 | 円 |

償還期限　回記号　平成　年　月　日
利息支払期　　　　年　月　日　回

備考

（注）1. 金額の冒頭には¥記号を記入してください。なお、金額の訂正はできません。
2. 本供託書は2折りしないでください。
3. 回契所は2分して記載しないでください。
4. 金額を合計欄は、この継続用紙の2枚以上になるときは最初の用紙に金額の合計を記入してください。

565

新訂　実務　供託法入門		
2015年2月23日　初版第1刷発行	定　価：本体7,000円（税別）	
2019年5月24日　初版第2刷印刷	（〒実費）	
2019年6月3日　初版第2刷発行		

不許複製

編　者	登記研究編集室
発行者	坂　巻　　　徹

発行所　東京都文京区本郷5丁目11-3　株式会社テイハン
電話 03(3811)5312 FAX 03(3811)5545／〒113-0033
ホームページアドレス http://www.teihan.co.jp

〈検印省略〉

印刷／株式会社工友会印刷所
ISBN978-4-86096-082-7

・本書の出版権は，当社が2010年9月7日に元民事法情報センターから譲渡を受けております。
・本書のコピー，スキャン，デジタル化等の無断複製は著作権法上での例外を除き禁じられています。本書を代行業者等の第三者に依頼してスキャンやデジタル化することはたとえ個人や家庭内での利用であっても著作権法上認められておりません。